2012
北京市经济社会统计报告

Beijing Economic—Social Statistical Profile

经济社会发展篇（上册）

北　京　市　统　计　局
国家统计局北京调查总队　编

北京日报报业集团
同心出版社

《北京市经济社会统计报告（2012）》（上册）

编辑委员会

序 言

2011 年是“十二五”时期的开局之年，代表着北京经济社会发展进程中又一个新的起点。保增长、调结构、稳物价，以及房市、车市的限购政策，牵动着全市国民经济与社会生活的发展情况，关系着普通百姓生活的方方面面。在经济形势复杂多变，统计数据备受关注的背景下，北京市政府统计系统认真做好统计分析研究工作，《北京市经济社会统计报告（2012）》（以下简称报告）将与经济社会发展和人民生活息息相关的热点问题囊括其中。

报告延续近年来的编辑体例，以上、下册的形式出版。上册包括形势综述、热点追踪、关注民生和专题研究四部分，下册包括产业发展与重点监测和区域监测与特色经济两部分。从具体内容看，报告突出了以下几个特点：

1. 总结“十一五”，展望“十二五”。2011 年是经济社会发展由“十一五”时期顺利过渡到“十二五”时期的关键一年，以优化经济结构、转变发展方式的主线为指导，北京市经济社会发展呈现积极变化的同时，也存在着亟待解决的问题。报告中分析了农业、能源、服务业、价格市场等重点领域的运行特点，并就“十二五”时期的发展进行了展望。分析报告以历史规律为基础，结合《北京市国民经济和社会发展第十二个五年规划纲要》中提出的发展目标提出政策建议。

2. 反映宏观政策，聚焦热议问题。金融、房地产、物价等诸多调控政策的出台和实施，对北京经济发展产生了深刻影响。报告从经济结构、二三产融合、交通运输能耗、居民收入与经济发展协调增长等方面分析了宏观经济环境及政策效果，聚焦国民经济发展中的热点问题，进行了深度挖掘。并密切关注热点政策实施，具体分析了调控政策下的北京房地产市场和汽车市场。分析报告及时反映政策调控效果，对完善相关政策提出了建设性意见。

3. 关注民生状况，透析百姓生活。改革开放30年来，民生问题日益受到各级政府和社会公众的普遍关注。报告以统计数据为基础，收录了食品、药品安全、菜类价格、外来人口以及停车费上涨的影响等方面的分析报告或调查报告，分析结论对稳定首都菜价，完善食品、药品安全政策等具有参考价值。

报告出版之际，感谢编委会领导及成员的大力支持，感谢稿件作者的辛勤劳动。由于编辑时间较短，书中难免存在缺点和不足，恳请广大读者批评指正。

编　者

2011年12月

目　　录

（上册）

形势综述

热点追踪

关注民生

专题研究

北京市经济社会统计报告

Beijing Economic-Social Statistical Profile

形势综述

2011年北京经济形势分析及2012年走势展望

◆◇朱燕南　吕艳芹　班成英　马俊炯　孙　涛

2011年以来，在复杂多变的内外部环境中，北京市加快转变经济发展方式，坚决贯彻落实中央宏观调控政策，总体经济运行较为稳定，基本符合宏观调控预期。展望未来，世界经济环境依然错综复杂，国内经济仍将以“调结构、转方式”为主线，北京经济还处于转换经济增长格局的时期，初步预计明年经济还将延续调整态势。

一、经济运行的基本情况和判断

初步核算，2011年1–3季度，全市实现地区生产总值11404.3亿元，按可比价格计算，比上年同期增长8%（见表1）。从趋势看，一季度增长8.6%、上半年增长8%、1–3季度增长8%，回调态势趋稳（见图1）。

表1　　1–3季度地区生产总值

指　标	绝对量（亿元）	增速（%）	增速与上半年相比+/–百分点	增速与一季度相比+/–百分点
地区生产总值	11404.3	8.0	持平	–0.6
第一产业	88.6	0.3	–1.0	–1.8
第二产业	2609.0	6.5	–0.8	–1.5
工业	2182.3	7.3	–0.8	–1.3
建筑业	426.7	2.3	–0.5	–1.9
第三产业	8706.7	8.5	+0.3	–0.2

（一）生产领域：农业小幅增长，工业增势趋稳，第三产业稳中趋好

1. 农业生产小幅增长，都市型农业增势较好

1–3季度，全市第一产业增加值按可比价格计算，同比增长0.3%。

图 1　　2009 年以来地区生产总值季度累计增速

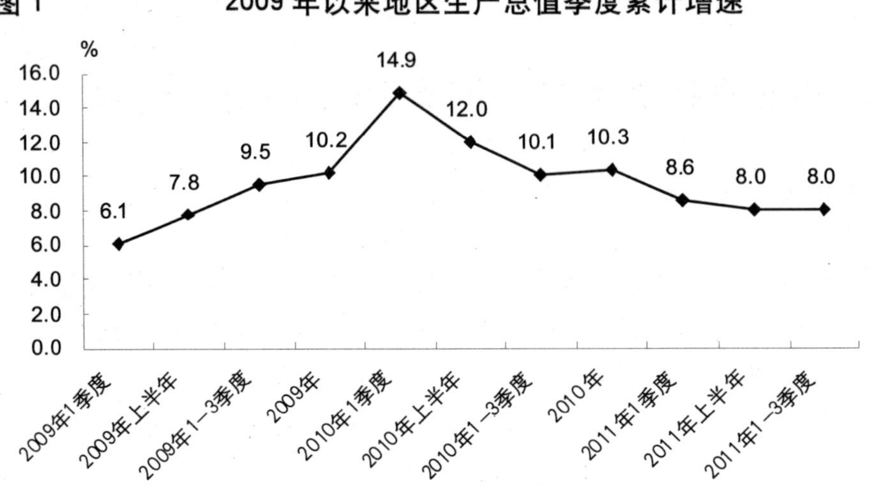

主要农副产品中，禽蛋产量、生猪出栏数分别增长 1.4%和 1%；蔬菜、牛奶产量分别下降 3%和 0.2%。

都市型现代农业快速增长。全市设施农业和种业实现收入 34.3 亿元和 13.7 亿元，同比增长 14%和 33.2%；农业观光园和民俗旅游分别实现收入 14.1 亿元和 6.3 亿元，分别增长 32.2%和 17.3%。

2. 工业生产走势趋稳，医药、装备、汽车行业较快增长

2011 年以来，受宏观调控措施和市场需求减弱的影响，全市工业生产增势趋缓，由上半年的 8%以上回落到 7%以上，但走势逐渐趋稳。1—11 月，全市规模以上工业增加值按可比价计算，同比增长 7.1%，增幅与 1—10 月持平，比 1—3 季度低 0.1 个百分点（见图 2）。

从重点行业看，医药制造业增长 28.9%，通用设备制造业、专用设备制造业分别增长 15.9%和 9.4%，交通运输设备制造业增长 14.2%，增势较好。通信设备、计算机及其他电子设备制造业小幅增长 0.2%。黑色金属冶炼及压延加工业受首钢涉钢产业停产影响，下降 74.4%。

内外市场双双走弱。规模以上工业实现销售产值 12510.6 亿元，同比增长 7.1%，增幅比 1—10 月回落 0.5 个百分点。其中，实现出口交货值 1371.8 亿元，下降 4.7%，降幅扩大 0.7 个百分点；实现内销产值 11138.8 亿元，增长 8.8%，增幅回落 0.4 个百分点。

图 2　　2010 年以来全市规模以上工业增加值累计增速

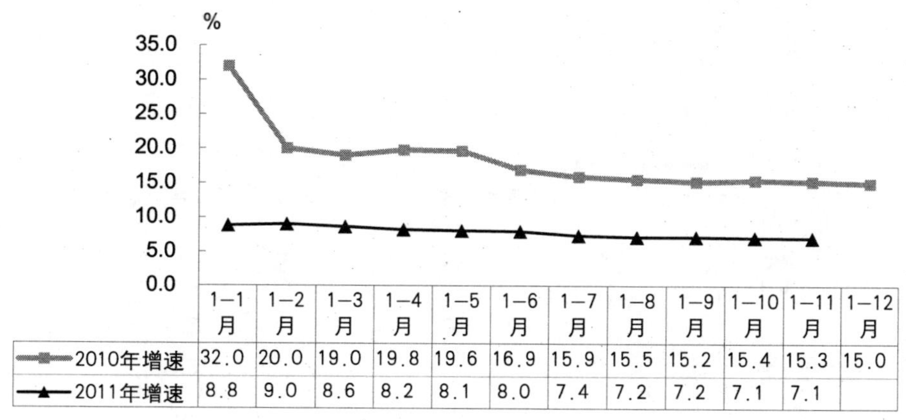

	1—1月	1—2月	1—3月	1—4月	1—5月	1—6月	1—7月	1—8月	1—9月	1—10月	1—11月	1—12月
2010年增速	32.0	20.0	19.0	19.8	19.6	16.9	15.9	15.5	15.2	15.4	15.3	15.0
2011年增速	8.8	9.0	8.6	8.2	8.1	8.0	7.4	7.2	7.2	7.1	7.1	

3. 第三产业稳中趋好

1-3 季度，全市第三产业增加值按可比价格计算，比上年同期增长 8.5%，增幅比上半年提高 0.3 个百分点。其中，信息传输、计算机服务和软件业，租赁与商务服务业增长较快，分别增长 23.5%和 15%；批发与零售业、科学研究技术服务和地质勘察业分别增长 8.9%和 8.8%；受宏观调控影响，金融业仅增长 4.8%，房地产业下降 1%。

（二）需求领域：内需较为平稳，外需处于恢复中

1. 投资完成情况较好

1—11 月，全市完成全社会固定资产投资 5367.3 亿元，同比增长 14.2%。其中，完成房地产开发投资 2840.1 亿元，增长 12.7%；完成基础设施投资 1196.3 亿元，增长 6.6%。

分产业看，第一产业完成投资 40.3 亿元，增长 11.5%；第二产业完成投资 668.9 亿元，增长 54.6%，其中工业投资 660.8 亿元，增长 54%，所占比重由上年同期的 9.1%提高到 12.3%；第三产业（含房地产开发）完成投资 4658.1 亿元，增长 10.1%。

分登记注册类型看，国有内资单位完成投资 1694.8 亿元，增长 8.7%，增幅比 1—10 月提高 4.7 个百分点；非国有内资投资 3260.5 亿元，增长 16.5%，增幅回落 2.6 个百分点；外商及港澳台投资 412 亿元，增长 20.6%，增幅回落 13.3 个百分点（见图 3）。

图 3　　2010 年以来全社会固定资产投资累计增速

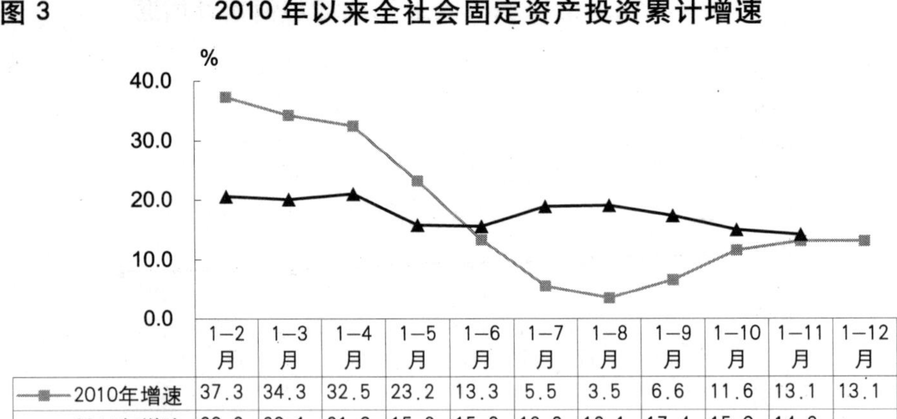

	1-2月	1-3月	1-4月	1-5月	1-6月	1-7月	1-8月	1-9月	1-10月	1-11月	1-12月
2010年增速	37.3	34.3	32.5	23.2	13.3	5.5	3.5	6.6	11.6	13.1	13.1
2011年增速	20.6	20.1	21.0	15.8	15.6	18.9	19.1	17.4	15.0	14.2	

2. *消费品市场走势稳中趋缓，汽车以外消费增长较快*

1-11 月，全市实现社会消费品零售额 6222.9 亿元，同比增长 10.9%，增幅比 1-10 月回落 0.3 个百分点，2011 年以来累计增速基本保持在 11%以上，走势较为平稳。其中，吃类、穿类和烧类商品分别增长 16.8%、20.9%和 28.2%；受汽车限购政策影响，用类增长 5.3%（见图 4）。

图 4　　2010 年以来社会消费品零售额及累计增速

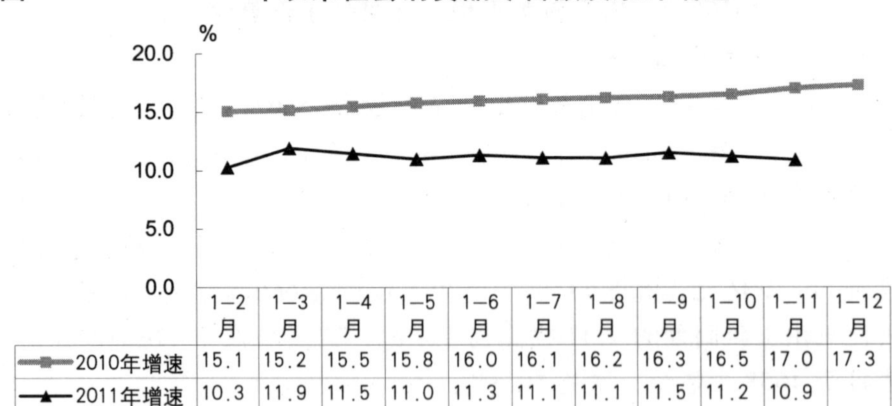

	1-2月	1-3月	1-4月	1-5月	1-6月	1-7月	1-8月	1-9月	1-10月	1-11月	1-12月
2010年增速	15.1	15.2	15.5	15.8	16.0	16.1	16.2	16.3	16.5	17.0	17.3
2011年增速	10.3	11.9	11.5	11.0	11.3	11.1	11.1	11.5	11.2	10.9	

从全市限额以上批零企业销售看，石油及制品类、金银珠宝类、文化办公用品类和通讯器材类分别增长 30.8%、55.8%、44.8%和 46%，分别拉动零售额增长 2.8 个、2.4 个、2.2 个和 1.1 个百分点，是最主要的

增长动力。新兴业态增势迅猛，网上商店零售额增长 1 倍。

3. 出口继续恢复，利用外资、入境游增幅提高

1—11 月，北京地区进出口总值 3531.2 亿美元，同比增长 30.6%，增幅比 1—10 月提高 0.2 个百分点。其中，进口总值 2997.2 亿美元，增长 36.2%，增幅提高 0.2 个百分点；出口总值 534 亿美元，增长 5.9%，增幅回落 0.2 个百分点（见图 5）。

图 5　　　　2010 年以来海关出口累计同比增速

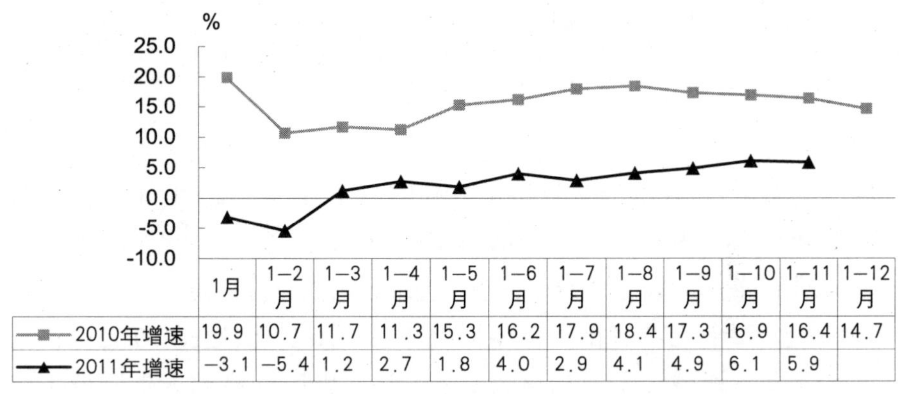

	1月	1—2月	1—3月	1—4月	1—5月	1—6月	1—7月	1—8月	1—9月	1—10月	1—11月	1—12月
2010年增速	19.9	10.7	11.7	11.3	15.3	16.2	17.9	18.4	17.3	16.9	16.4	14.7
2011年增速	−3.1	−5.4	1.2	2.7	1.8	4.0	2.9	4.1	4.9	6.1	5.9	

1—10 月，全市实际利用外商直接投资 65.5 亿美元，同比增长 13.9%，增幅比 1—3 季度提高 0.7 个百分点。

1—11 月，全市累计接待入境游客 484.1 万人次，同比增长 5.8%，比 1—10 月提高 0.3 个百分点。

（三）运行环境：价格涨幅高位回落，新增贷款略有减少，市场预期有所走弱

1. 价格涨幅高位回落

11 月份，全市居民消费价格同比上涨 4.6%，较上月回落 1.3 个百分点，已连续三个月回落。其中，食品类和居住类价格涨幅继续回落。食品类价格同比上涨 9.1%，比上月回落 3.1 个百分点；其中猪肉价格上涨 31.7%，回落 14.2 个百分点，鲜菜价格下降 26%。居住类价格同比上涨 5.6%，比上月回落 1.8 个百分点。食品和居住分别拉动总指数上升 2.4 个和 1.3 个百分点，分别比上月低 0.7 个和 0.5 个百分点（见图 6）。

图 6　　2010 年以来居民消费价格月度同比指数

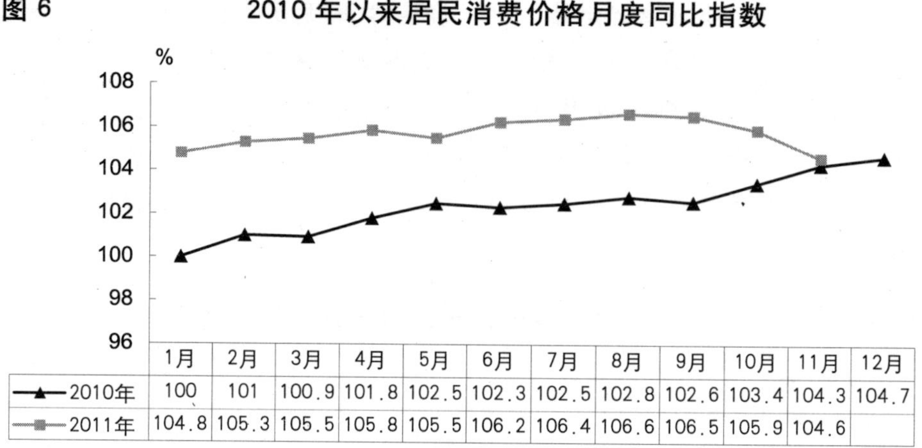

	1月	2月	3月	4月	5月	6月	7月	8月	9月	10月	11月	12月
2010年	100	101	100.9	101.8	102.5	102.3	102.5	102.8	102.6	103.4	104.3	104.7
2011年	104.8	105.3	105.5	105.8	105.5	106.2	106.4	106.6	106.5	105.9	104.6	

从环比看，11 月份消费价格由升转降，下降 0.6%。其中食品类价格环比下降 0.2%，居住类价格环比下降 1.1%。1—11 月，居民消费价格比上年同期上涨 5.7%，涨幅比 1—10 月回落 0.2 个百分点。

11 月份，工业生产者出厂价格同比上涨 1.6%，涨幅比 10 月份回落 1.2 个百分点，连续三个月回落。1—11 月，出厂价格比上年同期上涨 2.4%，涨幅比 1—10 月回落 0.1 个百分点（见图 7）。

图 7　　2010 年以来工业生产者出厂价格月度同比指数

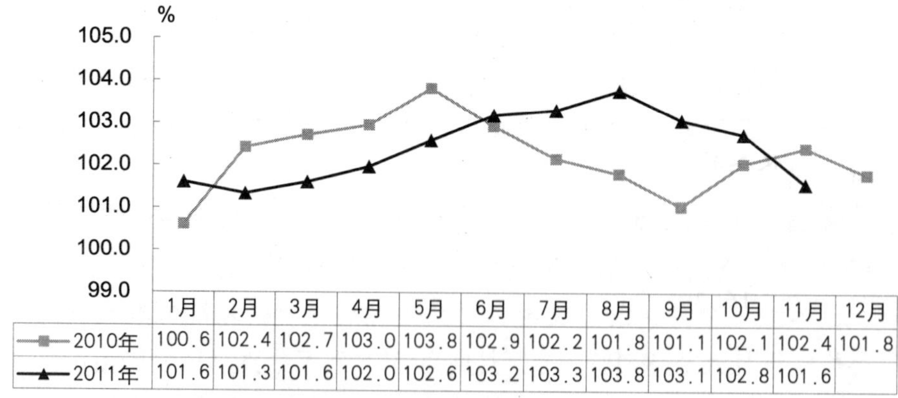

	1月	2月	3月	4月	5月	6月	7月	8月	9月	10月	11月	12月
2010年	100.6	102.4	102.7	103.0	103.8	102.9	102.2	101.8	101.1	102.1	102.4	101.8
2011年	101.6	101.3	101.6	102.0	102.6	103.2	103.3	103.8	103.1	102.8	101.6	

11 月份，工业生产者购进价格同比上涨 5.7%，涨幅比上月回落 2.7 个百分点，连续三个月回落。1—11 月，购进价格比上年同期上涨 8.7%，涨幅比 1—10 月回落 0.3 个百分点（见图 8）。

图 8　　　2010 年以来工业生产者购进价格月度同比指数

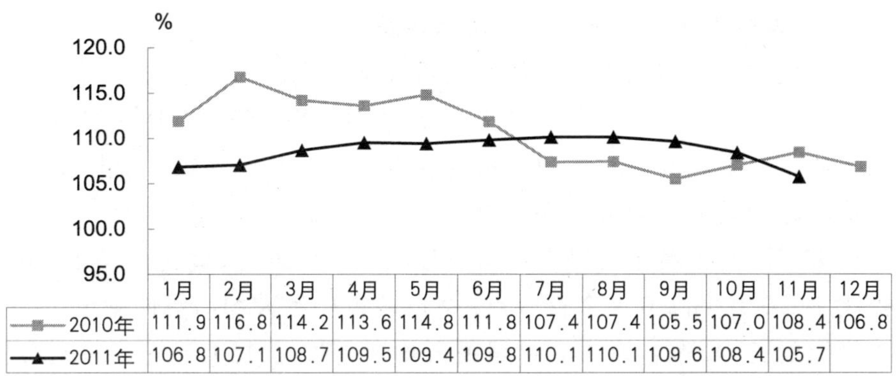

	1月	2月	3月	4月	5月	6月	7月	8月	9月	10月	11月	12月
2010年	111.9	116.8	114.2	113.6	114.8	111.8	107.4	107.4	105.5	107.0	108.4	106.8
2011年	106.8	107.1	108.7	109.5	109.4	109.8	110.1	110.1	109.6	108.4	105.7	

2. 新增贷款略有减少

11月末，全市金融机构（含外资）人民币贷款余额33160.3亿元，比年初增加3785亿元，同比少增32.1亿元。人民币存款余额71207.1亿元，比年初增加6978.7亿元，同比少增2650.1亿元；其中新增个人储蓄存款915.1亿元，同比少增744.2亿元。

3. 市场预期走弱

抽样调查数据显示，三季度，我市企业家信心指数为 132.7 点，比二季度降低 5.1 点。消费者信心指数为 106.3 点，比二季度降低 2.4 点，为 2009 年二季度以来的最低点。

（四）运行质量：财政收入较快增长，企业利润保持增加，就业形势稳定，居民收入增长加快

1. 财政收入较快增长

1—11 月，全市完成地方一般预算财政收入 2802.8 亿元，同比增长 26.6%，增幅比 1—10 月提高 1.4 个百分点。从主要税种看，增值税、营业税分别增长 16.3%和 22.6%，企业所得税和个人所得税分别增长 32%和 28.1%。全市完成地方一般预算支出 2491.4 亿元，同比增长 20.8%。

2. 工业利润增速回落，服务业利润增速提高

1—10月，全市规模以上工业企业实现利润836.6亿元，增长6.9%，增幅比前三季度回落1.8个百分点，已连续4个月回落。

1—8 月，全市限额以上第三产业企业实现利润 6666.7 亿元，增长

31.4%，比 1—5 月提高 4.1 个百分点。

3. 就业形势稳定，居民收入增长加快

三季度末，全市法人单位从业人员 872 万人，同比增加 41.3 万人，增长 5%，比 2011 年二季度末增长 1%。其中，科学研究、技术服务和地质勘查业，租赁和商务服务业，批发和零售业，信息传输计算机服务和软件业同比增量占全部从业人员增量的 75.5%。

1—11 月，全市城镇居民人均可支配收入 30016 元，同比增长 12.3%，增幅比 1—10 月提高 0.8 个百分点；全市城镇居民人均消费性支出 19891 元，同比增长 9.5%；全市农村居民人均现金收入 15932 元，同比增长 13.8%，增幅较 1—10 月提高 0.8 个百分点。农民人均生活消费支出 9820 元，同比增长 7.5%。

综上，2011 年是“十二五”第一年，是加快转变经济发展方式的第一年，全市经济呈现增速回调、走势趋稳态势；同时结构调整与宏观调控取得明显成效，就业形势稳定，价格高位上涨趋势得到初步抑制，表明整体经济仍在预期内运行，符合调控方向。2011 年以来，保增长、调结构以及包括稳物价在内的一系列宏观调控是经济工作的三大重点，通过对各经济领域表现的观察，我们有以下几个判断：

从经济增速看，增势在调整中回调，1—3 季度增长 8%，预计全年基本能够实现 8%的增长目标，在预期之内。

从宏观调控效果看，车市、楼市降温，保障房建设积极推进，房价涨幅持续回落，物价涨势趋缓。一是机动车销售量降幅超四成。二是保障房建设大力度推进，商品房市场降温，房价涨幅持续回落。全市完成政策性住房投资 666 亿元，同比增长 1.3 倍，占房地产开发投资比重为 23.4%，同比提高 17.2 个百分点。政策性住房施工面积 3944.6 万平方米，同比增长 67.7%；其中，新开工面积 1602.6 万平方米，增长 1.3 倍。全市销售商品房 1107.8 万平方米，同比下降 19.5%；其中销售商品住宅 772.1 万平方米，下降 22.7%。自 2010 年 6 月份以来，全市新建住宅价格同比涨幅大致呈逐步回落态势，2011 年 10 月份上涨 1.7%，比 9 月份回落 0.1 个百分点，同比回落 15.8 个百分点。三是价格涨幅趋缓。居民消费价格、生产者价格月度同比涨幅均连续 3 个月回落。

从调结构转方式看，产业、需求结构呈现积极变化，创新驱动进入蓄能阶段，城乡统筹稳步推进。产业结构上，都市型现代农业增势强劲；工业高耗能行业持续收缩，以医药、汽车、装备为代表的现代制造业和高技术制造业均增长 11.4%，均高于规模以上工业平均水平；三产中信息传输、计算机服务和软件业，租赁和商务服务业增长较快。需求结构上，内需继续主导经济增长；重点行业投资较快增长，电子、汽车、医药行业投资均增长 1.2 倍，租赁和商务服务业投资增长 94%；汽车外的其他消费增势较好，新兴业态增势迅猛。创新驱动上，中关村示范区继续蓄能。2011 年以来，示范区开展科技活动的企业占园区企业的比重持续上升，1–10 月达到 67.5%，同比提高 1.1 个百分点；企业内部科技活动经费支出同比增长 20.5%，科技活动人员占从业人员的比重为 27.7%；中关村示范区技术收入占总收入的比重为 13.9%，比上年同期提高 0.8 个百分点。城乡统筹上，2011 年以来，农民收入增长持续快于城镇，1–11 月农民人均现金收入增速高于城镇居民人均可支配收入 1.5 个百分点。

二、对几个重要问题的认识

（一）关于经济增速

2011 年以来，在内外环境共同作用下，北京经济增速出现回调。根据改革开放以来的历史数据，分析 2011 年增速回落的主要原因以及对经济运行的综合考量，我们认为这一速度尚在预期和可承受范围之内，且变化仍处较为平稳区间。

1. 8%低于改革开放以来经济平均增速，但没有出现大落

改革开放以来，北京经济的年均增速为 10.5%，潜在经济增长率大致在 10%–11%之间，合理的波动区间为 9%–12%。目前 8%的增速与之相比确实偏低，但经济放缓幅度尚在合理区间内。与上年全年相比，当前增速回落 2.3 个百分点，而改革开放以来年度间的增速波动平均为 2.8 个百分点，33 年中有 10 年的波动幅度大于 2.3 个百分点，因此当前的经济增速回调并没有表现为大落。

2. 增速回调主要源于主动调控，当前增速仍在预期之内

“十二五”是重要转型期，经济增速出现回调在意料之中，也是有心理准备的。据测算，包括首钢停产和楼市、车市调控在内的一系列调

整合计下拉北京经济增速 2 个百分点左右，表明调整是增速回调的主因。“十二五”规划将未来 5 年的经济年均增速定为 8%，低于“十一五”规划 1 个百分点，2011 年经济增长的目标也是 8%，一方面说明增速回落在预期之内，另一方面也显示出当前增速并未突破预期。

3. 增速回调并未影响经济社会正常运行

政府、企业、居民收入仍保持增长，特别是就业形势稳定，表明增速回调并未影响经济运行质量以及经济社会的平稳运行。

4. 调整将延续 2—3 年，应提高宏观调控的科学性、针对性与灵活性

2011 年以及整个“十二五”时期，北京经济步入调整——突破——提升的新阶段，调整不会一蹴而就，可能至少要持续 2–3 年，到“十二五”中期才有望看到突破与提升的曙光。这一阶段必须提高调控的科学性和灵活性，松一松则面临巨大风险，持续收紧的滞后效应也会进一步显露。要坚定调结构转方式理念，及时地、有针对性地、前瞻性地采取相应措施，有效防止经济出现大幅波动。

（二）关于结构调整

1. 坚持结构调整见成效，“十二五”进入新调整期

“九五”以来，北京加大结构调整力度并取得了明显效果，根据中国统计学会近期发布的《综合发展指数研究》，2000–2009 年，北京的综合发展指数逐步提升并连续十年在 31 个省（区、市）中排名第一。2011 年是“十二五”深度转型期的第一年，北京的结构调整继续稳步推进，效果也进一步显现。

2. 调整成效集中于“压”和“限”，重点扶持领域仍处于蓄能阶段

2011 年以来，结构调整成效主要体现在受到限制的领域，如工业高耗能行业、楼市、车市等；但创新驱动、消费引领、新兴产业等重点发展领域仍处于蓄能阶段，对经济发挥实质性的带动作用尚需时日，提升产业内涵也将是一个比较漫长而艰难的过程。具体来看，当前中关村示范区仅现积极变化信号；相对于其他直辖市，2009 年以来北京的社会消费品零售额增速始终居于末位、职工平均工资和城镇居民收入增长最慢、城镇居民消费倾向最低，促进消费特别是居民消费难度颇大；工业增长还是依赖于汽车、医药、装备行业等已有的带动力量，投资的平稳增长得益于电子、汽车等原有支柱；研究显示，高技术制造业因多年来投入

增势放缓，优势逐步减弱，其中主要行业竞争力在国内高技术大省中处于中下游水平，提升产业内涵迫在眉睫。

3. 集中力量打硬仗，尽早展开攻坚克难

在转方式过程中，调整已经开始并逐步显效，突破和提升尚未到来，而这是实现增长动力转换和可持续发展目标的关键所在，必须尽早采取有效措施，敢于啃硬骨头。如在实现创新驱动过程中，要切实调动企业创新的积极性和主动性，既注重投入也要监测政策效果和产出；在促进居民消费上，要研究和建立居民增收长效机制、巩固消费基础，以新的消费热点和服务性消费吸引居民消费；在产业升级上，应加大对高端产业的投入特别是科技投入力度，对不同行业实行差异化发展策略；培育和发展文化生产力，加强产业发展的规划性、产业与事业相互促进、供给与需求相互对接。

（三）关于通货膨胀

2011年以来，居民消费价格指数持续高位运行，成为各界关注的焦点。但纵观改革开放以来的价格走势，分析价格影响机制，我们认为对当前通胀需客观认识。

1. “滞胀”尚未发生

所谓“滞胀”，指经济发展停滞、失业增加，同时出现通货膨胀。目前北京经济仍在预期内运行、就业稳定、价格上涨尚在可承受区间，经济增速仍高于价格涨幅，因此不存在“滞胀”问题。

2. 正确认识价格上涨驱动力，清醒面对高成本时代的来临

食品是2011年价格上涨中的重要角色，对于与食品价格上涨密切相关的农产品价格上涨，需要客观认识。20世纪90年代以来的绝大多数年份，我市农业生产资料价格涨幅一直高于农产品生产价格涨幅，农产品生产价格涨幅又低于消费价格涨幅，倒挂矛盾十分突出。我局队近期对蔬菜价格的研究显示，菜价上涨或成长期趋势，与菜价影响机制接近的其他农产品价格变化也将显现出这一趋势（2003年以来，农产品生产价格涨幅基本持续高于CPI）。从全球范围看，美国农业部（USDA）远景预测报告中提到，下个十年，即使产量和库存量增长，全球农产品价格还是会保持高位运行。因此，我市农产品价格上涨既是补涨，也是大势所趋，其上涨对调节农产品供求关系，重新配置农业资源、农民增收

等方面有重要作用。

还需看到，非食品价格上涨的影响在逐渐加大，包括国际市场能源及重金属等基础性产品价格上涨的输入性影响，国内原材料、燃料、人工、物流等价格上升等。这意味着高成本时代已经来临，价格上涨将在较长时间内存在。

3. 了解规律，确保和提升调控效果

首先是认识到价格上涨将是中长期趋势，给予理性看待。二是掌握规律、有效调控。例如研究表明，菜价上涨有周期性规律，每年 8 月到次年 2 月基本呈现环比上涨，但 2011 年在调控之下，8 月份以来菜价连续环比下降，说明有针对性的调控收到了积极成效；此外，研究还显示出，供需矛盾、中间环节成本高以及市场炒作等是农产品价格上涨的几个主要原因，那么在认识到农产品涨价已成为趋势并有其合理性、积极性的基础上，就应将对农产品价格的调控集中于增加供应、规范流通环节和加强市场监管上。总之，需要深入了解价格变动规律与影响机制，从而提高调控的科学性、针对性和有效性。

三、2012 年走势展望

2011 年以来，全市经济增势回调趋稳，既有内外部环境共同作用、生产和需求增长双双放缓的影响，也与在调结构转方式取得进展的同时，新动能仍处于培育、成长阶段有关。展望 2012 年，北京仍将面对错综复杂的内外环境，自身也仍处于增长格局和动力转换阶段，初步预计全市经济将延续调整态势。

（一）国际环境

全球经济复苏的不稳定性、不确定性上升，欧洲国家主权债务问题、国际金融市场持续动荡、新兴市场国家通胀压力加大、各种形式的保护主义明显增多、一些主要经济体增速下滑等问题，在相当长时期内都将难以得到明显缓解。近日，经济合作与发展组织（OECD）预测 2011 年全球经济增长率为 3.8%，低于 5 月预测的 4.2%，同时把明年增长率从 4.6%大幅下调到 3.4%。

（二）国内环境

国内经济工作将继续以加快转变经济发展方式为主线，政策取向没有明显变化。在 2011 年 12 月份召开的中央经济工作会议上，提出明年将以稳中求进为总基调，即在保持政策、经济、物价水平、社会大局等基本稳定的基础上，继续在转变经济发展方式上取得新进展；政策取向不会有明显变化，即继续实施积极的财政政策和稳健的货币政策。同时，在国内外大环境的共同影响下，2011 年全国经济增速逐季缓慢下滑，投资、消费需求增长放缓，初步预判 2012 年经济极有可能延续调整态势。

（三）北京自身

北京处于经济增长格局转换阶段，先行指数预示直至明年经济仍将处于调整期。分析显示，目前我市调整成效主要集中于“压”和“限”的领域，而重点扶持发展的领域尚未出现明显变化，短期内还无法成为新的增长动力，因此调整还将是未来一段时间内的主旋律。同时，结合北京经济走势监测预警系统运行结果，先行指数自 2010 年 12 月份开始连续回落，预示着直至明年上半年，经济都将延续调整态势。

2011年北京宏观经济监测预警报告

◆◇刘立功　黄思宁　鲁峰华

一、宏观经济监测预警结果分析

（一）先行指数由降转升

北京市宏观经济监测预警系统的运行结果显示：2010年以来，反映未来经济走势的先行合成指数总体呈现震荡回落态势，2011年9月至11月，指数由降转升，连续3个月小幅上升。2010年上半年，先行指数出现小幅回落，8月份起指数连续4个月小幅回升，12月份起至2011年8月份，指数连续9个月回落，共回落4.41点；2011年9月至11月，指数由降转升，3个月共回升1.21点。反映整体经济运行状况的同步指数自2011年3月份开始出现回落，到2011年11月，指数连续9个月明显回落（见图1）。

图1　　先行合成指数和同步合成指数走势图

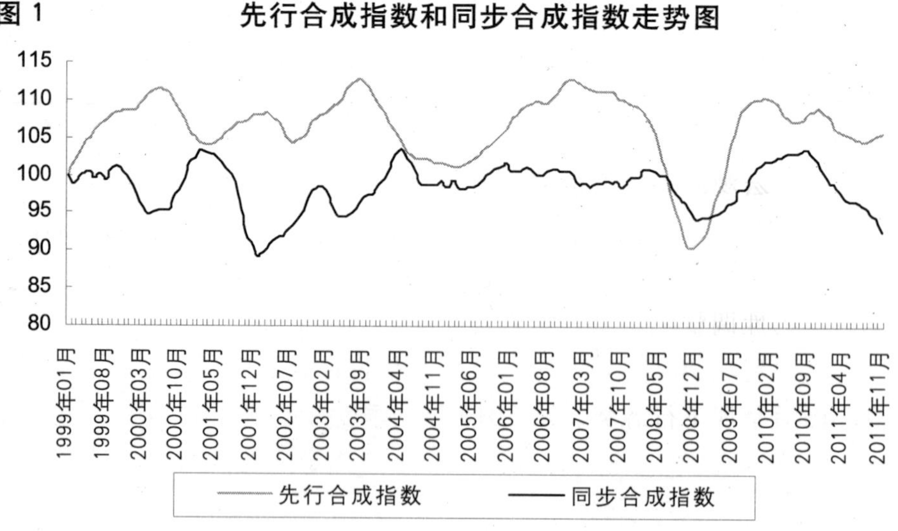

2010年12月至2011年8月，先行指数连续9个月回落，预示2011年全年及2012年一季度北京经济的上升动力不足，2011年9月至11月指数连续3个月回升，预示2012年年中北京经济增长有望回稳。从构成先行合成指数的7个分指标C序列[1]来看，环比呈现“四升三降”的态势（见表1）。其中，全社会固定资产投资额、企业家信心指数、工业产品订货景气指数、财政一般预算支出C序列保持升势；季节调整后的商品房新开工面积、金融机构人民币贷款增加额、上证成交量C序列呈现下降态势。

表1　2011年11月份先行指数分指数C序列情况

以1999年为基期	2011年11月	比2011年10月增减	比2010年9月增减
财政一般预算支出（价格缩减）当月数_C序列	1.01	0.01	0.08
工业产品订货_C序列	1	0.02	−0.05
企业家信心指数_C序列	1.01	0.01	−0.07
全社会固定资产投资（价格缩减）当月数_C序列	0.96	0.01	−0.13
商品房新开工面积_C序列	1.52	−0.01	0.48
上证成交量_C序列	0.46	−0.02	−0.43
中资金融机构人民币贷款每月增加额（价格缩减）_C序列	−78.4	−4.15	−65.07

（二）宏观经济景气指数处于绿灯区

2000年以来，北京市宏观经济景气曲线大多处于绿灯区的上部，仅在2002年上半年、2008年三季度至2009年一季度期间，受宏观经济自身周期结构性调整和外部环境的综合影响，综合景气度处于偏冷区域。近期高点出现在2009年四季度，综合景气指数曾一度步入偏热的黄灯区下界，而后呈现下行态势。从2010年三季度开始到2011年三季度，景气指数始终围绕30分左右小幅波动。2011年前三季度的景气指数分别

1　影响时间序列的因素一般分为长期趋势、季节变动、循环变动及不规则变动，其中循环变动序列记为C序列，它可以揭示时间序列除去趋势、季节和不规则因素的影响后，其周期变动情况。

为30.4分、29.6分和28.6分，10月和11月的景气指数均为27分，处于绿色灯区中下部区域（见图2）。

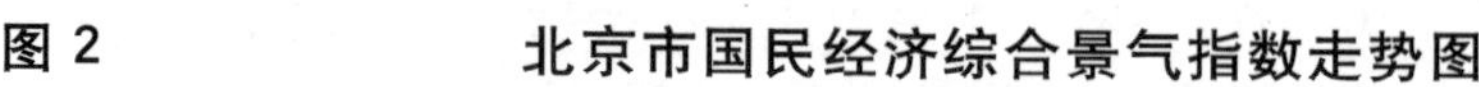

图2　北京市国民经济综合景气指数走势图

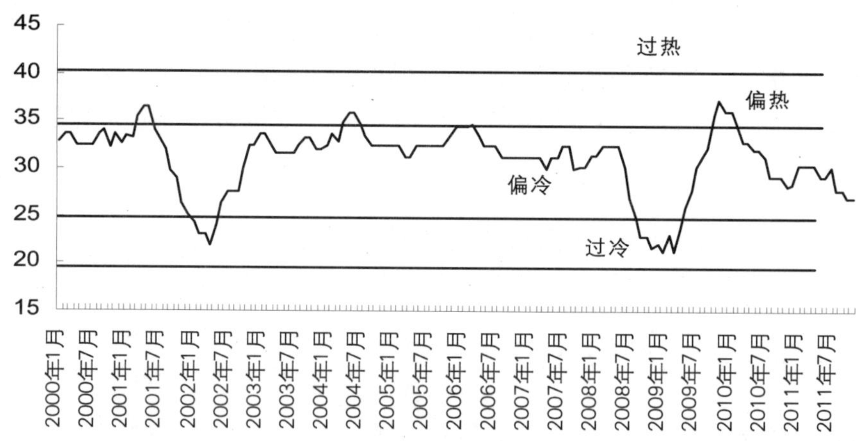

注：综合景气指数值的划分：综合景气指数值在41分以上显示为红灯，表示整体经济处于过热状态；指数值在35−40分之间显示为黄灯，表示经济处于偏热状态；指数值在25−35分之间显示为绿灯，表示经济发展稳定、正常；指数值在19−25分之间显示为浅蓝灯，表示经济偏冷；指数值在19分以下显示为深蓝灯，表示经济过冷。

从监测指标的景气信号显示情况看：1−11月的监测结果中，居民消费价格总指数转为过热的红灯已有11个月，规模以上工业出口交货值增速已持续12个月显示为偏冷的浅蓝灯，规模以上工业增加值及京房预警指数也分别于二季度、四季度逐步下降转为偏冷。社会消费品零售额自二季度降至偏冷后也于三季度再次转为过冷。城镇居民人均可支配收入、全社会固定资产投资、中资金融机构人民币贷款每月增加额、财政一般预算收入及海关进出口总额几项指标增速基本保持了平稳走势，处于绿色的正常范围内（见表2）。

二、先行指数分类指数走势分析

北京市宏观经济预警先行指数由7项指标构成，分别是全社会固定资产投资、商品房新开工面积、工业产品订货、企业家信心指数、上证

表 2　　　　监测指标景气信号图

指标名称	权重	2010年	2011年										
		12	1	2	3	4	5	6	7	8	9	10	11
规模以上工业增加值	0.12	☆	☆	☆	☆	☆	☆	☆	☆	▽	▽	▽	▽
居民消费价格总指数	0.12	△	▲	▲	▲	▲	▲	▲	▲	▲	▲	▲	▲
全社会固定资产投资	0.12	☆	☆	☆	☆	☆	☆	☆	☆	☆	☆	☆	☆
社会消费品零售额	0.12	☆	☆	☆	☆	☆	▽	▽	▽	▼	▼	▼	▼
城镇居民人均可支配收入	0.10	▽	▽	▽	▽	▽	▽	▽	☆	☆	☆	☆	☆
规模以上工业出口交货值	0.10	▽	▽	▽	▽	▽	▽	▽	▽	▽	▽	▽	▽
海关进出口总额	0.08	☆	☆	☆	☆	☆	☆	☆	☆	☆	☆	☆	☆
京房景气指数	0.08	☆	☆	☆	☆	☆	☆	☆	☆	☆	☆	▽	▽
财政一般预算收入同比增速	0.08	▽	☆	☆	☆	☆	☆	☆	☆	☆	☆	☆	☆
中资金融机构人民币贷款每月增加额	0.08	☆	☆	☆	☆	☆	☆	☆	☆	☆	☆	☆	☆
综合景气指数		28.4	30.4	30.4	30.4	30.4	29.2	29.2	30.2	27.8	27.8	27.0	27.0
景气状况		☆	☆	☆	☆	☆	☆	☆	☆	☆	☆	☆	☆

注：过热▲、偏热△、正常☆、偏冷▽、过冷▼

成交量和中资金融机构人民币贷款每月增加额。一方面这些指标作为先行指标具有理论依据，如全社会固定资产投资是一定时期在国民经济各部门、各行业固定资产再生产中投入的资金数量，为经济的进一步发展奠定物质技术基础，因此投资规模的大小直接影响未来一段时间经济增速；股票市场成交量在一定程度上综合反映了人们对经济形势的预期，作为预期指标，其表现通常领先经济的实际表现。另一方面，通过用时差相关分析法和 K-L 信息量法等方法进行测算和比较，发现这 7 项指标跟经济增速相比具有较为明显的先行性。

（一）全社会固定资产投资结构趋于合理

2011 年 1–11 月，北京市完成全社会固定资产投资 5367.3 亿元，同比增长 14.2%。其中，房地产开发投资 2840.1 亿元，增长 12.7%。

“十一五”期间，北京固定资产投资规模不断扩大，已由 2006 年的 3371.5 亿元增加到 2010 年的 5493.5 亿元（见图 3），年均增速 14.4%。在投资规模突破 5000 亿元的同时，调整投资结构已成为首要任务。2011 年以来北京市在调结构、转方式的大背景下，固定资产投资结构呈现一些积极变化：一是房地产开发投资占比下降。1–11 月，全市完成房地产开发投资同比增长 12.7%，低于全市固定资产投资 1.5 个百分点；占全市投资的比重为 52.9%，同比回落 0.7 个百分点。二是费用形成的投资支撑作用明显降低。1–11 月，全市累计完成费用投资 2393.5 亿元，同比增长 3.6%，占全社会投资比重为 44.6%，低于上年 4.1 个百分点。三是建安投资明显加快。1–11 月，全市完成建安投资 2266.3 亿元，比上年同期增长 24%，占全社会投资比重为 42.2%，同比提高 3.3 个百分点。

图 3　　2006–2010 年北京固定资产投资额

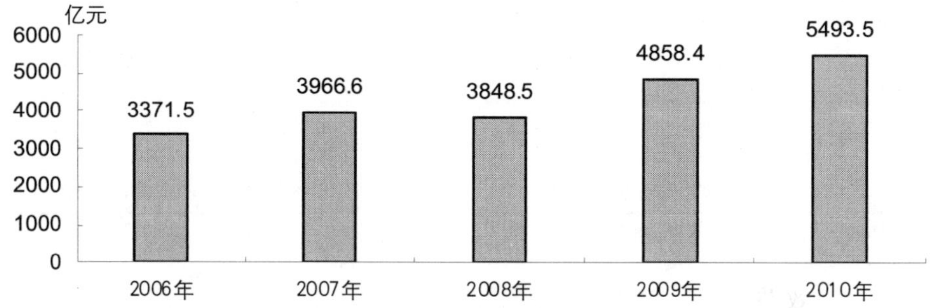

（二）政策性住房成为商品房开发投资的新增长点

1–11 月，全市政策性住房完成投资 666 亿元，同比增长 1.3 倍，成为房地产开发投资主要支撑点。从商品房新开工情况来看，在政策性住房建设快速推进的作用下，全市商品房新开工面积快速增长。1–11 月，商品房新开工面积为 3917.7 万平方米，比上年同期增长 61.4%，其中政策性住房新开工面积为 1602.6 万平方米，同比增长 1.3 倍，占商品房新开工面积比重达到 40.9%；住宅新开工面积为 1303.3 万平方米，比上年同期增长 95.2%。根据我市发展规划，“十二五”期间全市要完成 100 万套保障房的建设计划，政策性住房正逐渐成为我市房地产市场新增长带动因素。

在住房限购政策及加大保障性住房建设力度政策引导下，2011 年 1—11 月，全市住房成交均价为 13914 元/平方米，比 2010 年全年均价（14847 元/平方米）下降 6.3%[2]，住房市场非理性增长和房价过快增长的势头得到较为有效遏制，房地产调控成效开始显现。

（三）工业企业效益良好

2011 年 1—11 月，规模以上工业增加值同比增长 7.1%，与上月持平。1—11 月，现代制造业、高技术制造业增加值同比增长均为 11.4%，是拉动全市工业增长的主要因素（见图 4）。

图 4　　2011 年工业增加值累计增速

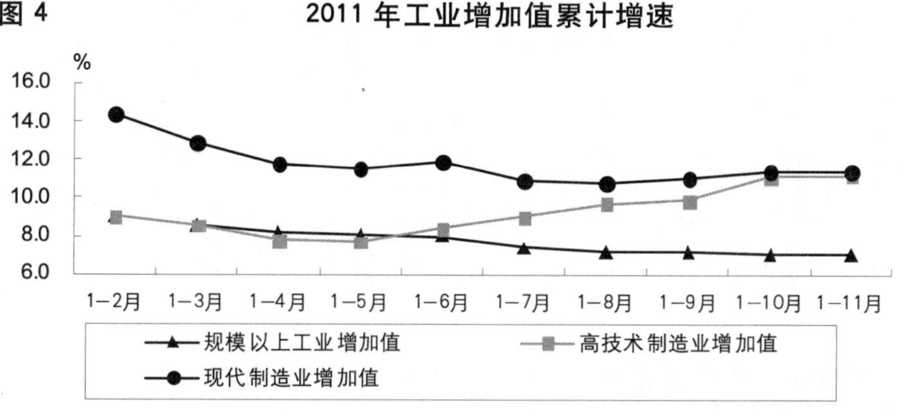

从企业效益来看，2011 年以来，规模以上工业企业利润总额稳步提升，1—11 月利润总额为 836.6 亿元，同比增长 6.9%；亏损面不断降低，1—10 月亏损面为 27.4%，低于上年同期 8.1 个百分点；1—3 季度，全市规模以上工业综合能源消费量 1317.6 万吨标煤（按当量值计算），同比下降 15.4%，降幅比上半年扩大 2.3 个百分点。重点耗能工业企业（其能耗约占规模以上工业能耗的 85%）综合能源消费量 1184.4 万吨标煤，同比下降 17.2%，降幅高于规模以上工业平均水平 1.8 个百分点。按可

2 数据来源：北京市房地产交易管理网。

比价计算，规模以上工业万元增加值能耗同比下降 21.1%，降幅比上半年扩大了 1.6 个百分点，为奥运年以来的最大降幅。在全市 37 个行业中，14 个行业的综合能耗同比增长，其中 4 个行业的增幅超过 10%；23 个行业的综合能耗同比下降，其中 6 个行业的降幅超过 10%。1–11 月工业行业用电量累计下降 7.3%，工业企业节能降耗效果明显，表明北京工业企业在增加值增速放缓的情况下，结构有所优化，效益稳步提升，能耗逐步降低，工业“调结构”效果逐步显现（见图 5）。

图 5　规模以上工业企业利润总额、增速及亏损面走势图

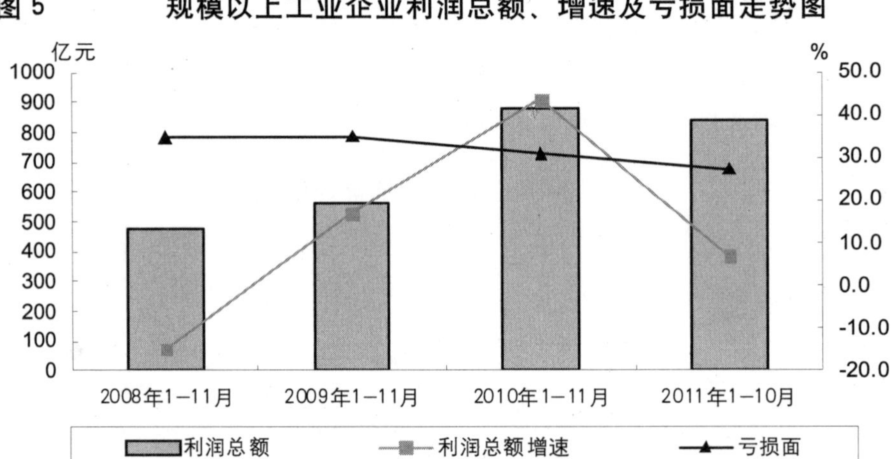

从反映工业经济走势的工业景气度来看，2011 年以来景气状况呈现小幅波动，但始终处于景气区间（见图 6）。三季度全市工业产品订货景气指数为 104.9，比二季度和上年同期分别下降 16.9 点和 14.7 点。

（四）财政收支增长趋稳

2011 年 1–11 月，北京市完成地方财政一般预算收入 2802.8 亿元，同比增长 26.6%，增幅比上年同期扩大 9.6 个百分点。同期，实现地方财政一般预算支出 2491.4 亿元，同比增长 20.8%，增幅比上年同期下降 2.4 个百分点。财政收支进度相对正常，1–11 月一般预算收入与支出分别完成全年预算的 109.2%和 93.3%。

从历史变化情况来看（见图 7），我市财政收支大多保持了两位数以上的增速，虽然受金融危机的影响，财政收支增速在 2009 年一季度出现负增长，但其后波动回升；2010 年，财政收入高于财政支出增速，两者呈现相反走势；2011 年年初受到基期较低的影响，财政支出增速达到相对高位。目前，一季度以来财政收支增速回落态势已接近趋稳。

图 6　　2006 年以来北京市工业产品订货景气指数变动情况

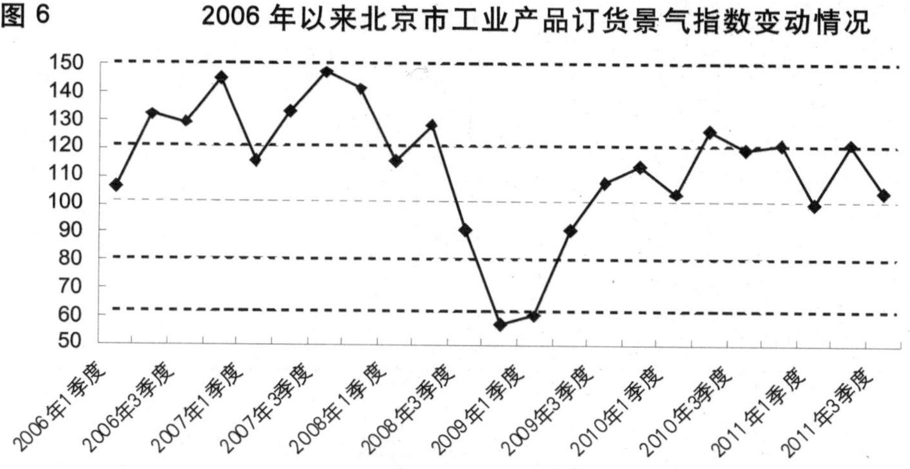

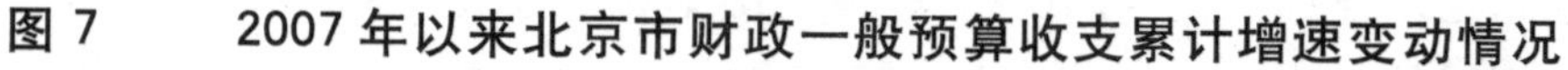

注：工业产品订货景气指数的景气区间划分标准为：[150，120）为“较为景气”区间，[120，110）为“相对景气”区间，[110，100）为“微景气”区间，100 为景气临界点，（100，90]为“微弱不景气”区间，（90，80]为“相对不景气”区间，（80，50]为“较为不景气”区间。

图 7　　2007 年以来北京市财政一般预算收支累计增速变动情况

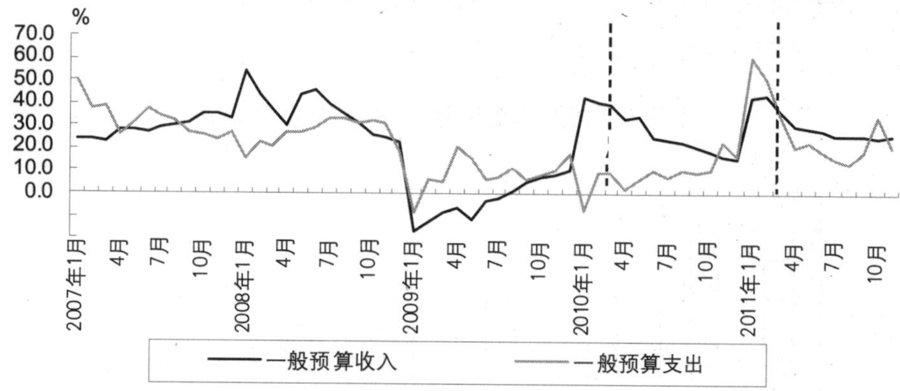

从财政收入结构的变动情况看（见表 3），主要税种与上年同期以及“十一五”同期相比均呈现稳定增长。其中，企业所得税和个人所得税增长较快，2011 年 1－11 月增速分别达到 32%和 28.1%，与上年同期相比分别提高了 10.8 个和 6.5 个百分点。

表 3　财政一般预算收入及其结构变动情况（亿元，%，百分点）

		2011年1-11月	2010年1-11月	"十一五"同期平均情况	与2010年同期相比	与"十一五"同期相比
地方财政一般预算收入	总量	2802.8	2214.7	1654.2	588.1	1148.6
	增速	26.6	17.0	21.0	9.6	5.6
其中：增值税	总量	219.4	188.6	148.1	30.8	71.3
	增速	16.3	13.9	16.1	2.4	0.2
营业税	总量	993.1	809.8	615.4	183.3	377.7
	增速	22.6	17.3	18.2	5.3	4.4
企业所得税	总量	653.3	494.9	383.8	158.4	269.5
	增速	32.0	21.2	24.9	10.8	7.1
个人所得税	总量	255.6	199.5	147.8	56.1	107.8
	增速	28.1	21.6	20.9	6.5	7.2

从财政支出结构看，北京市财政支出以改善民生为重点，进一步向民生领域倾斜。2011 年 1-11 月，财政支出前四项分别为教育、社会保障和就业、交通运输和医疗卫生，共计支出 1061.9 亿元，比上年增加 408.2 亿元，合计占比 42.6%。财政支出结构的变化反映出北京市对公共服务领域的投入不断加大，这有利于加快推进首都民生保障制度体系建设，促进首都社会公平发展（见图 8）。

图 8　北京市财政一般预算支出结构变动情况

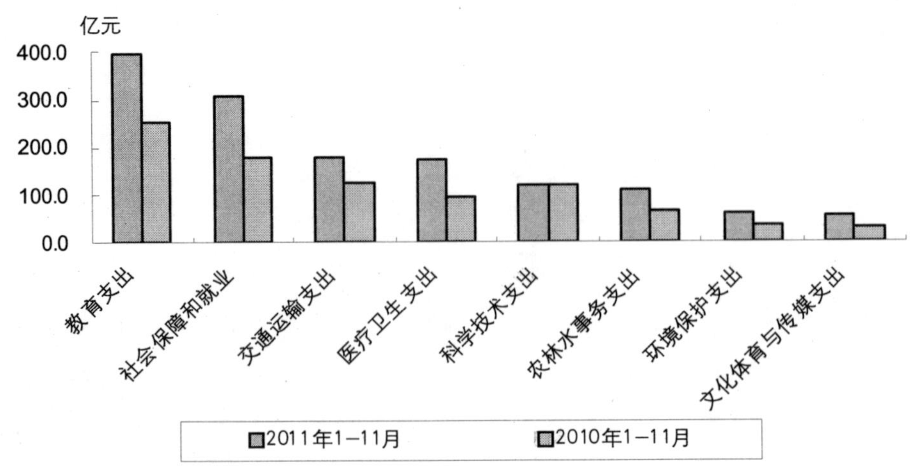

（五）企业家信心指数走势平稳

2011年1–3季度，北京市企业家信心指数呈现走势平稳、小幅波动态势，在二季度达到137.8的高点后，三季度回落至132.7，但1–3季度都处于较为景气区间，表明企业家对未来经济发展持较为乐观态度（见图9）。

图9 企业家信心指数走势图

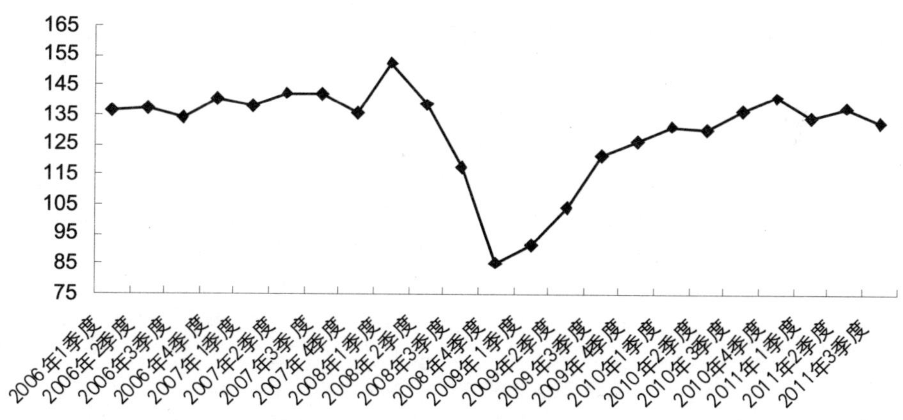

注：企业家信心指数(150，180]为较强景气区间，(120，150]为较为景气区间，(110，120]为相对景气区间，(100，110]为微景气区间，(90，100]为微弱不景气区间，(80，90]为相对不景气区间。

从不同行业来看，2011年以来，房地产业企业家信心指数1–3季度分别为96.5、96.4和90.8，不仅明显低于其他行业，也是8类行业中唯一低于100的行业。同时三季度房地产业企业家信心指数已下滑至微弱不景气区间底部，创下自2009年二季度以来的新低（见图10）。这显示出在银行贷款紧缩和住房限购等政策调控下，房地产企业家对未来走势较为悲观，北京房地产调控政策已开始显现成效；从企业规模来看，企业家信心指数与企业规模呈现正比关系，大型企业家信心指数最高，1–3季度分别为149.9，149.9和148.4，且三季度仅下降1.5个百分点，在五类企业中下降幅度最小。小型企业家信心指数最低，1–3季度分别为115.4，114.5和112.2，是5类企业中唯一一类3个季度都呈现下降趋势的企业。大型企业家和小型企业家信心指数呈现一高一低的重要原因之一在于资金压力。2010年以来，我国5次上调存贷款利率，12次上调存款准备金率，并在 2011 年 9 月 5 日调整存款准备金基数。货币政策趋紧和融资困难对小企业影响最大，而大企业由于资金相对充足，对外部环境变化抵御能力较强，因而受到的影响较小。2011 年 10 月 12 日，国务院出台金融和财税支持小型微型企业发展的政策措施（主要包括加大对小型微型企业的信贷支持，拓宽小型微型企业融资渠道，加大对小型微型企业税收扶持力度，支持金融机构加强对小型微型企业的金融服务等）。预计这些政策的出台将对北京小型企业稳健经营、增强盈利能力和发展后劲起到积极推动作用，也有助于今后北京小型企业家信心指数的提升。

图 10　　房地产业企业家信心指数走势图

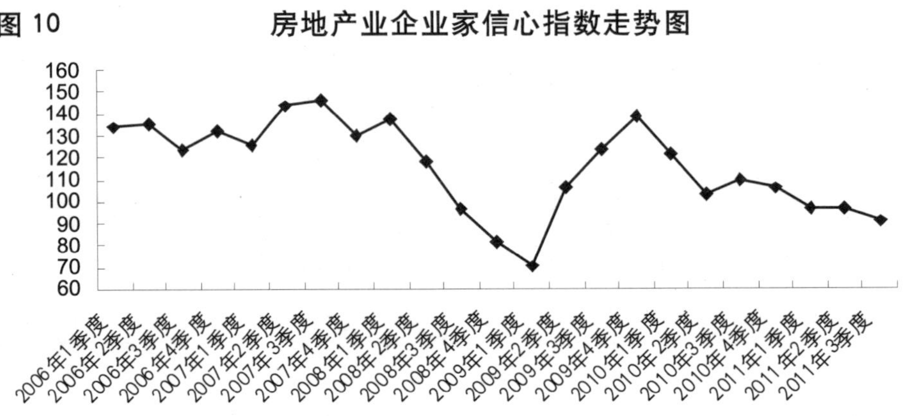

（六）上证成交量震荡下行

股市成交量是衡量股市活跃程度最重要的指标之一。2011 年 1-11 月，上证成交量在 3 月份达到 2930.3 亿股的高点后，震荡下行，但 9 月份开始小幅回升（见图 11）。上证成交量的变化一方面是由于市场资金流动性持续紧缩，同时股票市场扩容较快，给市场造成较大压力，另一方面也反映出在通胀压力较大、欧美债务危机使全球经济不确定性加大的影响下，我国宏观经济形势较为复杂。

我们选取了 10 家具有代表性的北京上市公司成交量[3]跟上证成交量

3　选取的十家北京公司分别为京东方、华锐风电、同仁堂、北京城建、中国软件、王府井、北京银行、燕京啤酒、中关村和全聚德，为消除京东方成交量过大的影响，我们使用了不等权求和。

作对比，发现 2011 年 1—9 月，二者的走势基本一致（见图 12），但 9 月份前者跟后者相比出现了明显的下跌，一定程度上表明投资者对北京企业发展的信心低于全国平均水平。

图 11　　上证成交量走势图

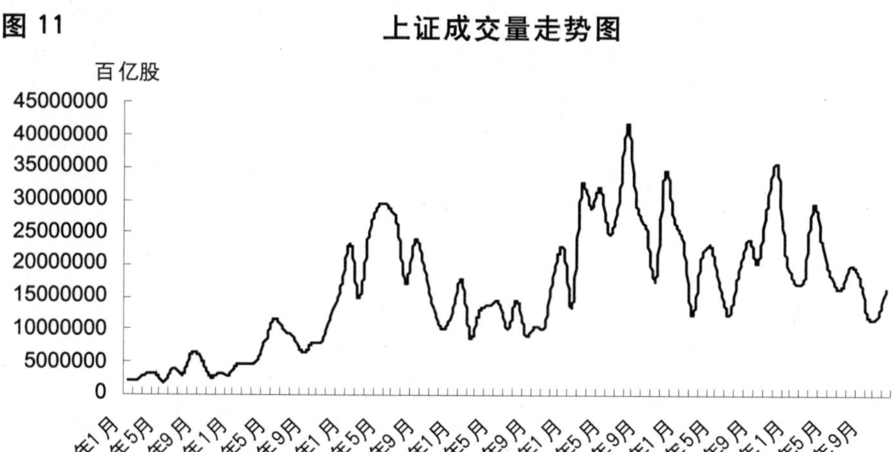

图 12　　北京 10 家上市公司成交量与上证成交量走势图

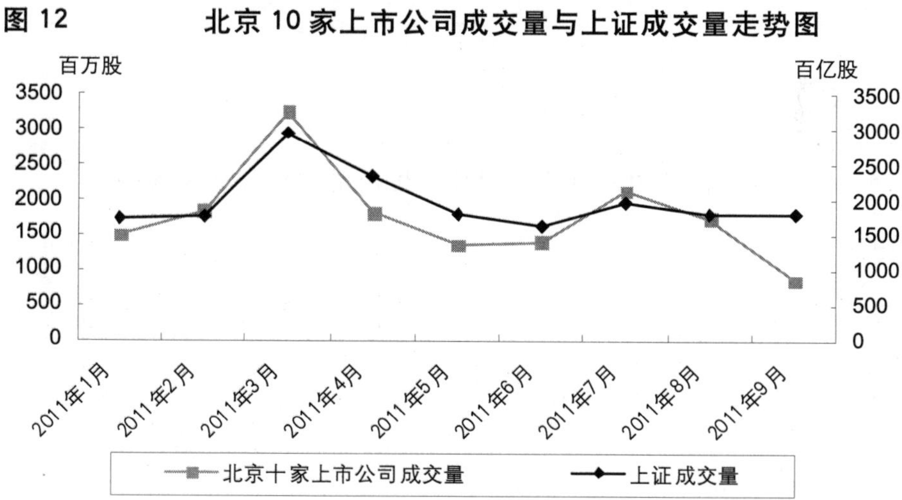

（七）人民币短期贷款增长迅速

2011 年 1—11 月，中资金融机构人民币贷款余额为 32258.3 亿元，比年初增加额为 3694.6 亿元。从近五年来中资金融机构人民币贷款余额的变化可以看出：2009 年，受全国 4 万亿投资影响，贷款增长迅速。随着经济逐步回暖，货币政策逐渐由宽松转为稳健，2010 年及 2011 年 1—11 月贷款余额均低于 2009 年同期水平（见图 13）。其中，中长期贷款比年初增加额明显低于 2009 年、2010 年水平，而同期短期贷款增长迅速（见图 14）。新增贷款短期多增的一个重要原因是随着货币政策的紧缩，企业运营资金紧张，对短期贷款需求量较大，同时短期贷款也有利于银行自身保持合理的流动性，因而银行贷款短期化明显。

图 13　　中资金融机构人民币贷款比年初增加额

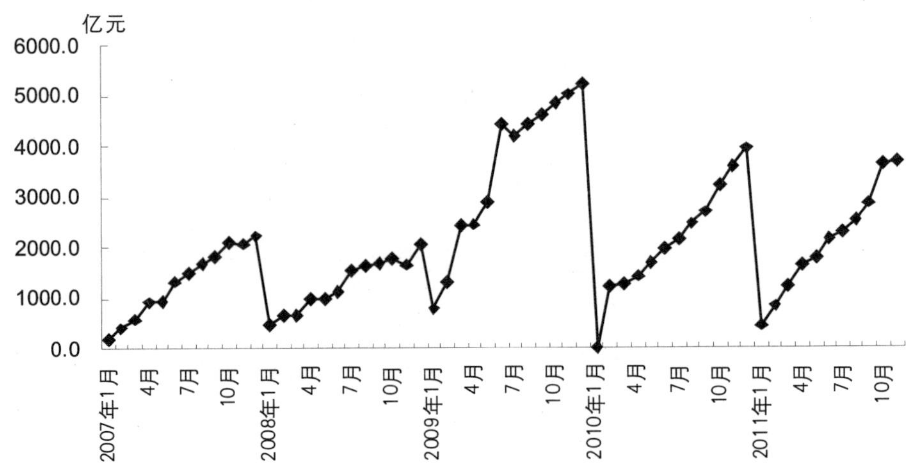

图 14　　中资金融机构人民币短期及中长期贷款比年初增加额

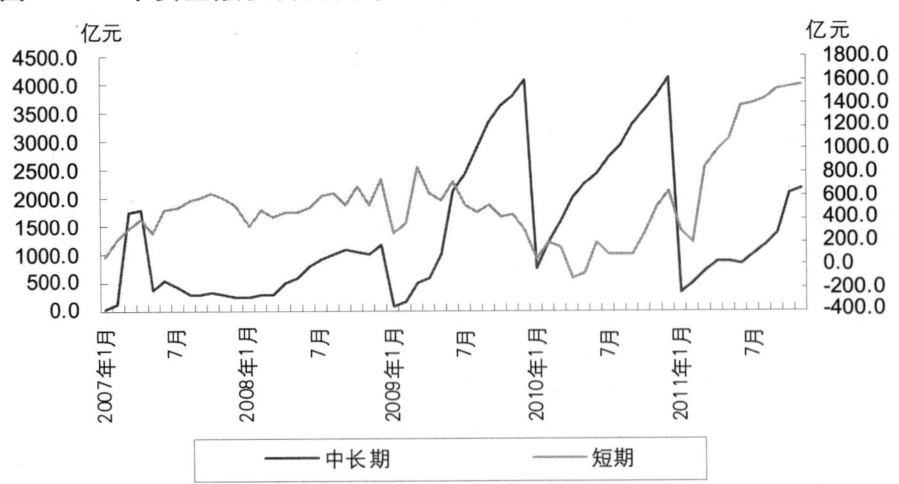

需要注意的是当前民间借贷活跃，民间借贷利率接近历史高位。这主要是因为民营企业，特别是中小型民营企业不容易得到银行贷款，其他融资渠道又比较窄，因此货币紧缩政策对它们的影响最为明显。今后银行应在贷款方面向中小企业适当倾斜，防止中小企业由于民间借贷过多，负担过重出现倒闭现象，进而影响经济的稳定增长。

三、需要关注的经济领域

（一）社会消费品零售额增速降低

2011 年 1−11 月，全市实现社会消费品零售额 6222.9 亿元，同比增长 10.9%，增幅比三季度下降 0.8 个百分点，比上年同期下降 6.1 个百分点，与“十一五”同期平均水平相比下降 5.4 个百分点（见图 15）。

图 15　　2011 年社会消费品零售额累计增速与往期情况对比

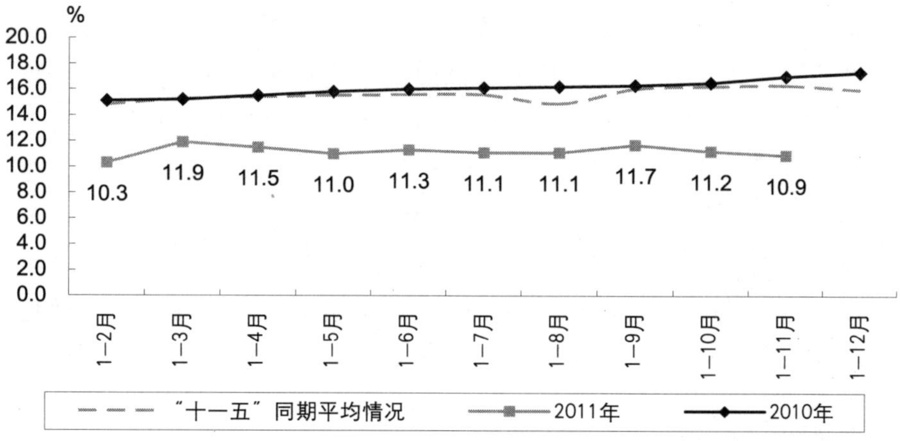

从北京与全国及上海、广州、天津和重庆四个城市消费情况比较来看（见图 16），2011 年 1−9 月，北京与上海的消费总量位居前列，但消费增速仅为 11.5%和 11.6%，在五个城市里增速较低。北京虽然由于受汽车限购等因素的影响，消费增速从 2011 年一季度开始出现明显下降，但限购之前跟其他四个城市相比也处于较低水平，因此汽车限购并不是北京消费增速较低的主要原因。

图 16　　2009 年以来社会消费品零售额累计增速情况对比

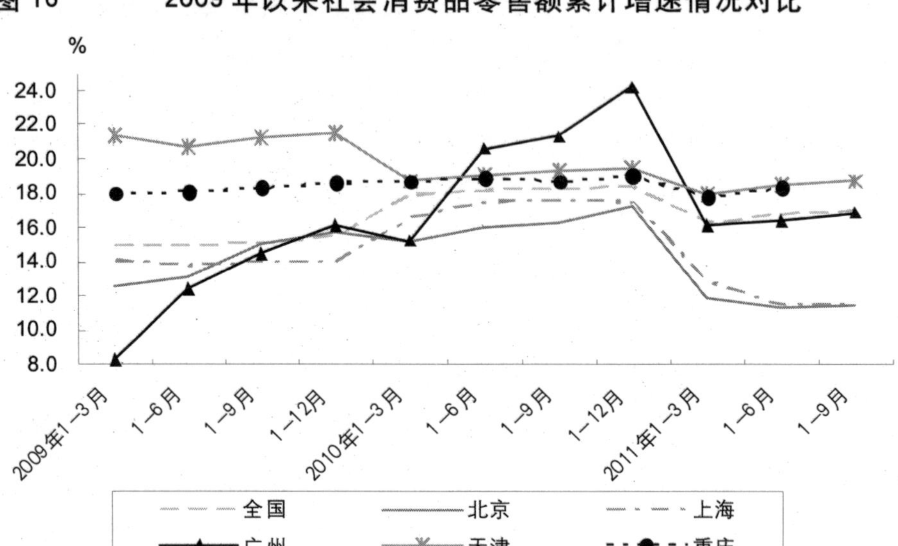

从北京与上海的消费结构来看（见图 17），近三年 1-9 月的数据显示，北京与上海的社会消费品零售额规模总量基本一致，但从结构特点来看，上海吃类和穿类的消费总量均高于北京，用类消费总量虽低于北京，但却呈现快速上升的趋势，2011 年 1-9 月的用类消费占比达到 54.5%，分别高于 2009 年、2010 年同期 10.2 个和 1.7 个百分点；而北京的用类消费比例是呈现缓慢下降态势，从 2009 年 1-9 月用类消费占比 60%下降至 2011 年 1-9 月的 58.4%。说明实施汽车限购措施对北京消费整体的影响存在但并不明显，限购措施出台前后，北京新的消费热点转换较慢。

进一步分析发现，从 2009 年开始，北京市城镇居民收入消费倾向始终低于全国平均水平及其他四个城市（见图 18）。2011 年 1-9 月，北京市城镇居民收入消费倾向[4]仅为 66%，低于上年同期 1 个百分点，也低于全国平均水平 2.7 个百分点，处于五个城市里最低水平。因此居民消费意愿较低对北京社会消费品零售额增速的影响不容忽视。

4　城镇居民收入消费倾向=城镇居民人均消费性支出/城镇居民人均可支配收入*100%。

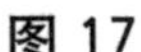

图 17　　北京与上海的社会消费品零售额的结构对比

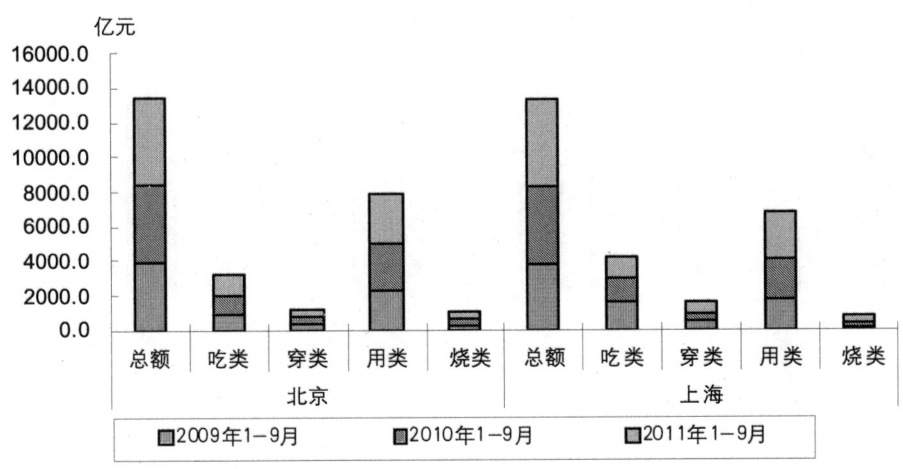

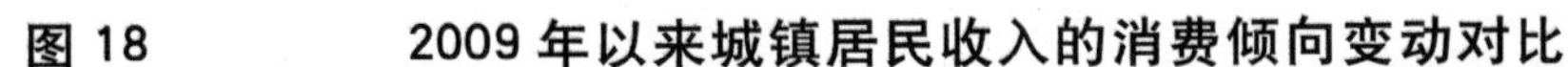

图 18　　2009 年以来城镇居民收入的消费倾向变动对比

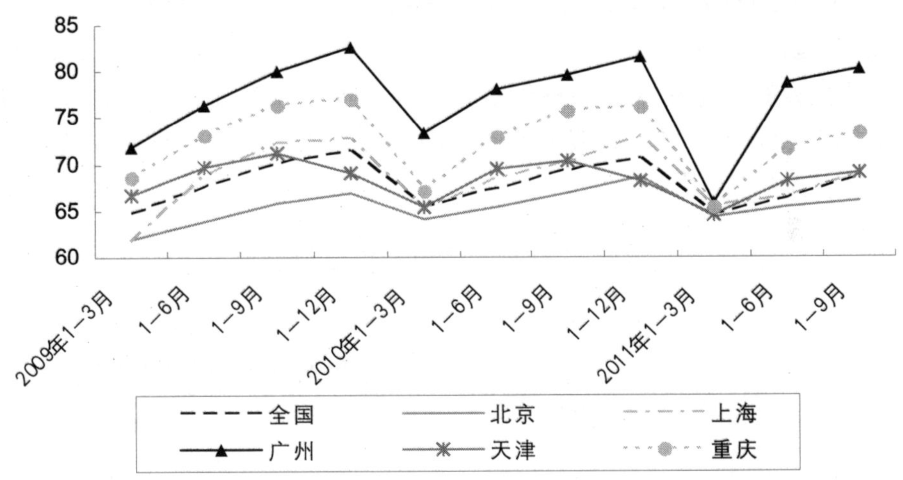

（二）居民收入和消费增长保持平稳

在政府不断出台增收促进政策的带领下，2011 年 1–11 月，我市城镇居民人均可支配收入为 30016 元，同比增长 12.3%，增幅比上半年提高 2.2 个百分点，比“十一五”同期提高 0.36 个百分点；1–11 月城镇居民人均消费性支出 19891 元，同比增长 9.5%，增幅比上半年下降 0.3 个百分点，比“十一五”同期提高 0.13 个百分点（见图 19）。

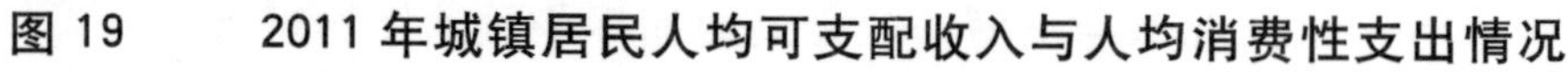

图 19　　2011 年城镇居民人均可支配收入与人均消费性支出情况

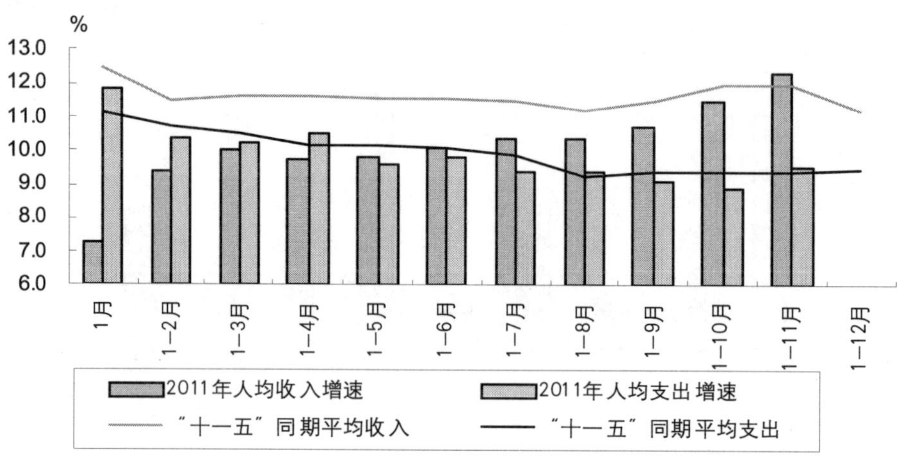

从城镇消费者信心指数调查结果来看（见图 20）：三季度北京消费者信心指数为 106.3 点，比上季度下降 2.4 点，比上年同期下降 2.8 点。构成总指数的满意指数和预期指数分别为 106.7 点和 106 点，比上季度下降 2.6 点和 2.3 点，说明消费者对现在及未来的宏观经济和家庭收入状况仍有所担忧。

图 20　　近年来分季度消费者信心指数走势

120.0
115.0
110.0
105.0
100.0
95.0
90.0

2006年1季度　2006年2季度　2006年3季度　2006年4季度　2007年1季度　2007年2季度　2007年3季度　2007年4季度　2008年1季度　2008年2季度　2008年3季度　2008年4季度　2009年1季度　2009年2季度　2009年3季度　2009年4季度　2010年1季度　2010年2季度　2010年3季度　2010年4季度　2011年1季度　2011年2季度　2011年3季度

需要关注的是，从北京与其他直辖市的人均收入对比来看，北京市城镇居民收入增速相对较慢（见表 4）。2004 年北京的收入水平和增速均名列前茅，但到 2010 年和 2011 年三季度，不仅收入增速出现下降，而且北京相对于天津、重庆工资水平的优势地位也有所下降。由于收入是决定消费的最重要因素之一，居民收入增速的放缓会加快居民消费倾向进一步下降，进而降低消费需求，这不利于消费者信心指数的提升和消费对经济增长的带动作用。

表 4　　各地区城镇人均可支配收入及增速（元、%）

	2004 年总量	比率（以北京为 1）	2004 年增速	2010 年总量	比率（以北京为 1）	2010 年增速	2011 年 3 季度总量	比率（以北京为 1）	2011 年 3 季度增速
全国	9421.6	0.60	11.2	19109.4	0.66	11.3	16301	0.67	13.7
北京	15637.8	1.00	12.6	29072.9	1.00	8.7	24164	1.00	10.7
天津	11467.2	0.73	11.2	24292.6	0.84	13.5	19357	0.80	13.8
上海	16682.8	1.07	12.2	31838.1	1.10	10.4	27166	1.12	13.3
重庆	9221.0	0.59	13.9	17532.4	0.60	11.3	15097	0.62	15.1
广州	16884.0	1.08	12.5	30658.5	1.05	11.0	26122	1.08	12.1

注：表中收入增速除 2004 年外均为实际增速。

（三）通胀压力有所减缓

2011 年 1−11 月居民消费价格累计同比上涨 5.7%，比三季度下降 0.2 个百分点，但与“十一五”同期平均水平相比，指数仍高出 3.89 个百分点（见图 21）。

从物价指数与城镇居民人均消费性支出的结构对比来看（见表 5），两者密切相关：2011 年 1−11 月，食品类和居住类商品是拉动价格上涨的主要类别，分别增长 10.6%和 9%；而在同期居民消费支出中，食品和居住比重也已接近四成，消费支出增速分别达到 7.9%和 12%，表现为较强的刚性需求。而居民消费支出中的衣着、交通和通信、教育文化娱乐三类所占比重也超过四成，但物价上涨温和；家庭设备与医疗保健类的消费支出增速在两位数以上，但同期的物价上涨水平也在 4.5%以下。因此，有效控制食品和居住类的物价上涨仍是稳定整体物价的关键。

图 21　居民消费物价总指数变动情况

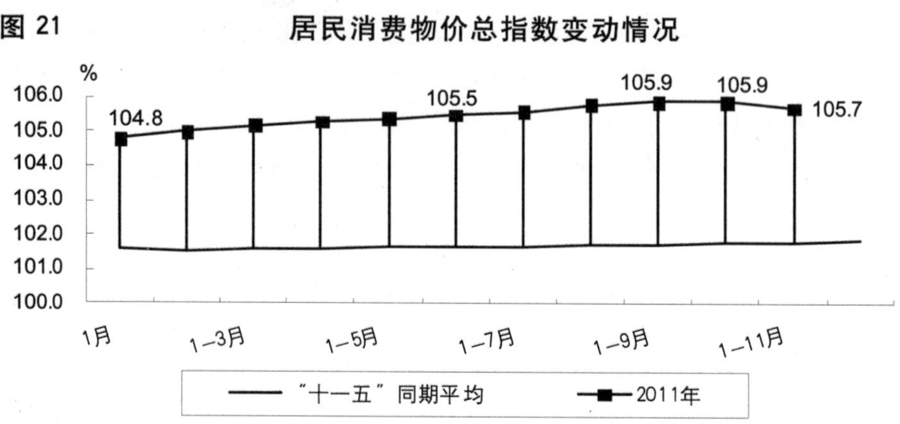

表 5　2011 年 1—9 月物价指数与城镇居民消费性支出的结构对比（元，%）

	2011 年 1—11 月居民消费支出增速				2011 年 1—11 月物价水平
	累计	增速	比重		
人均生活消费支出	19891	9.5		居民消费价格总指数	105.7
食品	6343	7.9	31.9	食品	110.6
衣着	2033	8.4	10.2	衣着	102.6
家庭设备用品及服务	1448	13.4	7.3	家庭设备	104.2
医疗保健	1395	15.6	7.0	医疗保健	103.9
交通和通信	3116	3.9	15.7	交通通信	101.5
教育文化娱乐服务	3077	12.9	15.5	娱乐教育文化	99.6
居住	1583	12.0	8.0	居住	109.0

（四）海关出口仍存在下行压力

2011 年 1—10 月，北京海关出口总额为 481.2 亿美元，增速为 4.9%，低于上年同期 12 个百分点。出口增速放缓的一个重要原因是 2011 年作为北京第一和第三大出口目的地[5]的欧元区和美国爆发了严重的主权债务危机，受此影响，这些国家和地区被迫采取紧缩的财政政策，经济增

5　因为欧元区使用同一货币欧元，本文里视为一个出口目的地。

速放缓，对外需求减少，因此北京出口下行压力较大。2011 年 1−10 月，北京对欧元区出口 47.7 亿美元，同比下降 3.1%，对美国出口 40.8 亿美元，同比增长 18.6%，但增幅也低于上年同期 11.9 个百分点。

从北京出口结构来看，2011 年 1−10 月，机电产品出口达到 284.2 亿美元，同比上升 2.6%；高新技术产品出口 144 亿美元，同比下降 8.5%。高新技术产品出口下降主要是因为占比较高的计算机与通信技术产品下降 13.6%，而其他高新技术产品和生命科学技术产品增速虽然较快，分别达到 335.3%和 33.4%，但是两者合计占比仅为 4.54%（见图 22），不足以带动北京出口增速提升。

2011 年 9 月份国际货币基金组织（IMF）将 2011 年全球经济增速由 4.4%下调至 4.0%，美国参议院于 2011 年 10 月 3 日程序性通过了《2011 年货币汇率监督改革法案》立项预案，进一步对人民币升值施压。全球经济增速放缓和人民币升值压力较大等诸多因素对北京出口产生较大的下行压力，预计未来一段时间内，北京出口增速将继续低位运行。

图 22　　2011 年 1−10 月北京高新技术产品出口构成

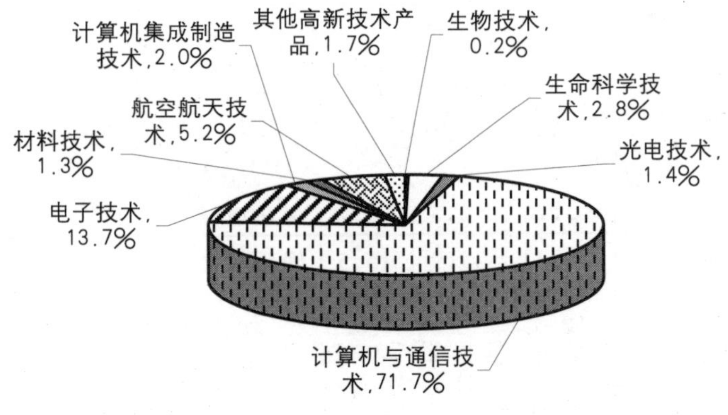

四、全年经济走势展望

2011 年是北京“十二五”开局之年，也是经济“调结构、转方式”的关键之年。从 1−11 月主要经济领域表现来看，全社会固定资产投资增速平稳，投资结构趋于合理；房价快速增长的势头得到明显遏制，政策性住房建设快速推进；工业企业效益有所提高，节能降耗效果显著；

财政收支和社会消费平稳增长，调控政策效果开始逐步显现。

但是，当前北京经济存在的问题也不容忽视。2011 年 1–3 季度，GDP 累计增速分别为 8.6%、8.0%和 8.0%，增速开始放缓；1–8 月，第三产业利润总额增速 31.4%，低于上年同期 8.2 个百分点；1–11 月，规模以上工业增加值累计增长 7.1%，低于上年同期 8.2 个百分点，同期居民消费价格指数累计增长 5.7%，预计全年将创下 1997 年以来的新高，通胀压力较大；出口受全球经济增速放缓和人民币升值的影响，增速将继续低位运行。这些因素都将在一定程度上影响北京经济的平稳较快发展。

从先行指数超前 GDP 增速变化规律来看，先行指数连续下降 3 个月，未来半年到一年左右经济增速将出现回落（见图 23）。2010 年 12 月至 2011 年 8 月，先行指数已连续下降 9 个月，预计北京 2011 年全年经济增速将低于上年；但考虑到 3–8 月份先行指数下降趋势趋缓，所以可以判断经济增速下降幅度有限，全年有望完成 8%的目标；值得注意的是，9 月至 11 月份先行指数连续 3 个月回升，预示 2012 年年中北京经济增长有望回稳。

图 23　　先行指数与 GDP 增速关系

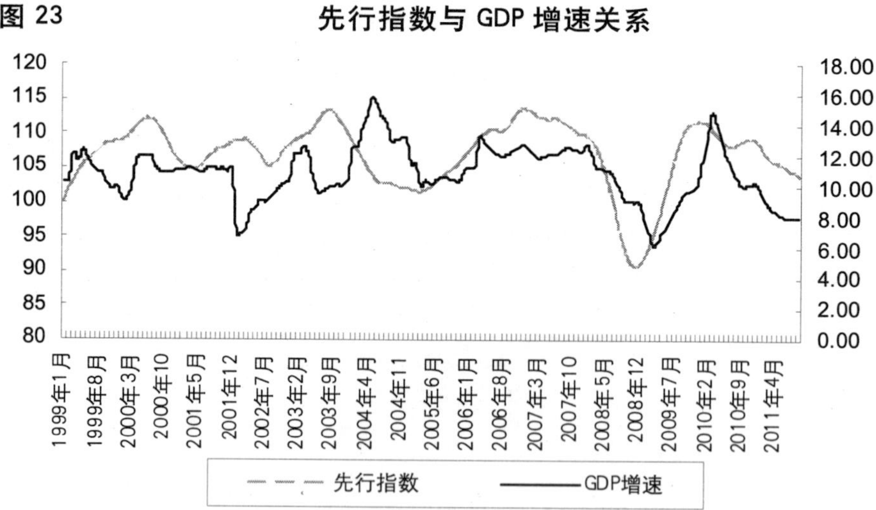

2011年北京农业经济形势分析

◆◇孟素洁　战冬娟

一、农业运行总体评价

2011年前三季度，我市农业总体运行平稳。农产品生产价格一路飙升，7月达到2011年最高点后呈高位回稳走势；秋粮呈现“一减两增”态势，全年粮食增产已成定局；生猪、鲜果实现增产；都市型现代农业发展态势良好；主要农产品生产效益增长，农林牧渔业总产值实现稳定增长。

二、农业增减因素分析

1－9月，全市农林牧渔业总产值达230.6亿元，同比增长12.9%，按可比价计算实际增长0.3%。第一产业增加值达88.5亿元，增长11.1%，扣除价格因素实际增长0.3%（见表1）。

表1　北京市2011年前三季度农林牧渔业总产值和增加值（万元）

指标名称	按现价计算			按可比价计算	
	本期	上年同期	增减(%)	本期	增减(%)
农林牧渔业总产值	2305802.8	2043142.1	12.9	2049653.1	0.3
其中：种植业（含林业）	1065341.4	997868	6.8	1020969.4	2.3
养殖业（含渔业）	1189375	999901.8	18.9	980397.9	−2.0
农林牧渔业增加值	885493.5	797276	11.1	800008.2	0.3

在农林牧渔业总产值名义增长的12.9个百分点中，价格因素拉动农林牧渔业总产值上升12.6个百分点，产品产量增长及农产品结构优化拉

动总产值上升 0.3 个百分点。

（一）生猪、果品是农林牧渔业的主要增长点

种植业（含林业）产值 106.5 亿元，增长 6.8%，实际增长 2.3%。向上拉动总产值名义增速 3.3 个百分点，拉动实际增速 1.1 个百分点。种植业产值主要靠水果拉动，1—9 月，全市水果（含果用瓜）产量 76 万吨，同比增长 3.9%，产值达到 27 亿元，同比增长 11.6%，拉动种植业产值增长 2.8 个百分点。

养殖业（含渔业）产值 118.9 亿元，增长 18.9%，扣除价格因素实际下降 2%，向上拉动总产值名义增速 9.3 个百分点，向下拉动实际增速 1 个百分点。养殖业主要靠生猪拉动。1—9 月，我市生猪出栏 234 万头，同比增长 1%，产值达到 38.3 亿元，增长 41.1%。国家生猪调出大县顺义生猪出栏同比增长 4.9%，产值增加 3.8 亿元，占全市增量的 34.4%。

（二）政策支撑，确保农业提质增效

继“十一五”期间中央和市政府对农业出台的粮食直补、农业保险、生猪补贴、农业标准化基地建设补贴等具体政策之后，2011 年，我市出台了《北京市人民政府关于统筹推进本市“菜篮子”系统工程建设保障市场供应和价格基本稳定的意见》，并由市农委、市财政局、市农业局联合制定并下发了 2011 年关于发展生产推进“菜篮子”工程建设的实施方案。为建设农业设施、增加基本菜田、京张合作、品牌项目建设，安排资金 8.56 亿元（含国家补贴）。

为切实提高我市“菜篮子”主要产品的自给率、控制率、质量合格率和应急保障能力，我市实施了“菜篮子‘三个五’实事工程”，计划年内新建 5 万亩基本菜田，新建 5 个千亩以上的设施蔬菜标准园和 5 个集约化蔬菜育苗基地。截止到 9 月底，全市已新建菜田 3.56 万亩，其中新建设施菜田面积（占地面积）1.1 万亩。标准园和育苗场的建设工作进展顺利，预计年内可顺利完工。

在推进菜篮子工程基础上，开展提质增效“三百”工程，通过“百名专家进菜园”、“百项技术到地头”、“百分竞赛选能手”等活动，围绕高产、高效、优质、安全等目标，推进高产高效示范创建。

三、农业运行特点

（一）风调雨顺，全年粮食增产已成定局

初步统计，今年我市粮食生产呈“两增一减”态势。播种面积减少，单产、总产呈现增长。粮食播种面积下降的主要原因一是播种期推迟；二是城市建设、开发占地；三是种植结构的调整。粮食单产增加的主要原因一是风调雨顺。粮食主要作物冬小麦和玉米生育期气温适合，降水充足，墒情良好，灾害影响小于上年，气候条件有利；二是大力推广优良品种种植、高产示范区创建，为全市粮食增产打下了良好的基础；三是上年旱情较重，粮食单产减产，今年呈恢复性增长，预计全年总产增长 5%左右。

表 2　　1—9 月农产品生产价格累计指数(%)

	1-3 月	1-6 月	1-9 月
农林牧渔业	110.28	111.06	112.56
一、农业产品	101.27	99.43	104.01
小麦	103.61	103.82	102.83
玉米	109.06	108.63	109.31
蔬菜	96.3	96.36	103.56
水果	109.63	104.06	105.06
二、林业产品	100	113	108.64
三、饲养动物及其产品	114.36	119.92	121.98
活猪	118.83	134.72	142.31
牛	107.77	110.26	111.9
绵羊	119.38	118.15	120.38
山羊	122.11	122.56	122.22
肉鸡	108.32	110.18	109.54
牛奶	111.82	108.96	106.8
鸡蛋	116.02	117.85	117.4
四、渔业产品	102.54	110.42	109.43

（二）农林牧渔各业生产价格全面上涨，效益上升

今年以来，我市农林牧渔各业生产价格全面上涨。1—9 月，农产品生产价格指数为 112.56%，农业、林业、畜牧业、渔业产品累计价格指数分别为 104.01%、108.64%、121.98%、109.43%。主要农产品价格更是一路飙升。蔬菜累计上涨 3.56%，水果上涨 5.06%，活猪上涨 42.31%，肉鸡上涨 9.54%，牛奶上涨 6.8%，鸡蛋上涨 17.4%（见表 2）。

从走势上看，农林牧渔业生产价格各月指数 7 月份达到今年以来最高值 120.74%之后高位回稳（见图 1）。

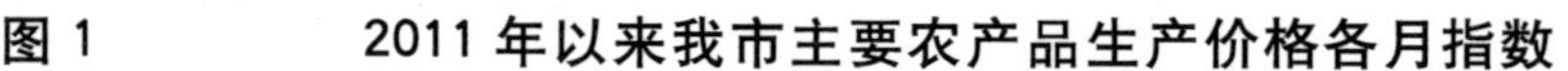
图 1　　2011 年以来我市主要农产品生产价格各月指数

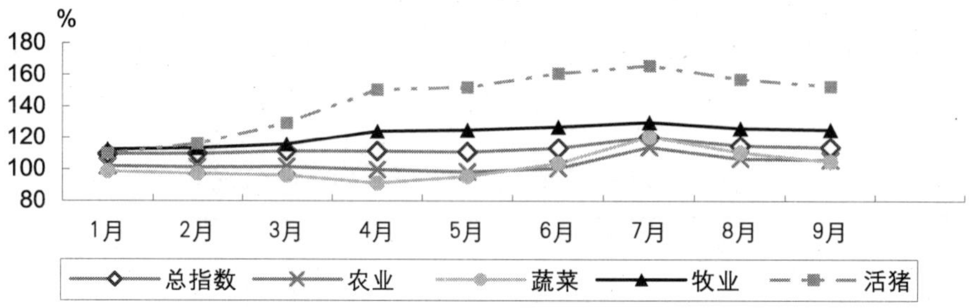

农产品价格上涨的主要原因：一是成本推动。据对 24 个生猪养殖场、12 户养殖户和 10 个郊区县蔬菜生产的调查，今年人工费用约增长 20%左右，饲料价格及水、电、燃油等能源消耗均上涨 10%以上，种子、秧苗和仔畜价格上涨也在两位数以上。但农产品价格上涨高于成本上涨，每头猪纯利润养殖场可达 500 元左右，养殖户可达 600 多元；每亩蔬菜可盈利 3500 元左右。二是供给减少导致价格上涨。据市农业局提供，1–9 月猪肉上市量为 18.5 万吨，同比下降 11.5%，三季度猪肉上市量为 5.56 万吨，环比减少 7.6%，同比减少 20.7%；1–8 月，本市生猪屠宰量同比下降 15.48%，生猪受供给量减少和成本上升等多因素推动，导致价格的上涨。

（三）都市型现代农业增势强劲

1. 设施农业稳定发展

1–9 月，全市已利用设施农业占地面积 27 万亩，同比增长 1.7%；其中温室面积 13.1 万亩，同比增长 6.5%。设施农业共实现收入 34.3

亿元，同比增长14%；其中温室收入22.8亿元，增长16.4%；温室收入占整个设施农业收入的66.4%，比上年同期提高1.4个百分点。分品种看，设施蔬菜和设施瓜果收入分别为21.8亿元和7.6亿元，分别比上年同期增长11.9%和23.7%。

2. 乡村旅游发展势头良好

1—9月，全市观光园个数为1286个，实际经营的民俗旅游接待户数8286户，比上年同期增加526户；农业观光园和民俗旅游接待户总收入分别为14.1亿元和6.3亿元，比上年同期分别增长32.2%和17.3%；接待人次分别为1207万人和1215.4万人，比上年同期分别增长4.9%和6.5%。

3. 籽种农业增势强劲

1—9月，全市种业总收入13.7亿元，同比增长33.2%；其中销往外埠收入9亿元，同比增长53.9%，占总收入的65.8%，比上年同期高8.9个百分点。畜牧业种业收入达11.3亿元，同比增长30.2%，占种业总收入的82.5%；其中销往外埠7.5亿元，同比增长49.5%，占全市销往外埠收入的83.3%。种猪、种蛋、种雏禽总收入达10.7亿元，同比增长30.8%，占种业总收入的78.2%。

4. 沟域经济加快推进，特色农业加快发展

北京提出发展都市型现代农业以来，经过不断培育和发展优质、特色农产品，各区县都形成了一批独具地区特色和优势的农产品，如大兴西瓜、门头沟樱桃、房山磨盘柿、平谷大桃等；有的区县还以此为平台举办农业会展活动和特色节庆活动，使第一产业和第三产业的融合度大大增强。如通州区积极开展宋庄梨园采摘节、张家湾葡萄节和西集樱桃节，顺义国际鲜花港、大兴西瓜节、平谷桃花节以及延庆四季花海、百里山水画廊旅游活动等，吸引了大量游客，大大提高了农产品收益；昌平区目前正在积极筹备2012年国际草莓大会，已发展草莓日光温室2483栋，草莓产值达1.8亿元，占全区产值的15%。

生态涵养区继续加快沟域经济建设，确定了房山区张坊镇千东绿色生态谷、密云古北口等7条重点沟域，截至目前，七条沟域共启动项目89个，预计投入资金23.3亿元，“十二五”北京乡村山川将更加秀美，环境将更加宜人。

2011 年北京工业经济运行形势分析及 2012 年展望

◆◇周 博 王 玚 胡 迪

2011 年是“十二五”时期的开局之年，也是全市工业深入推进调结构、转方式的关键之年。站在新的起点上，全市工业牢牢把握科学发展的主题，以加大项目储备、科技储备、人才储备为切入点，以加快培育新兴行业为着力点，以节能降耗和实现可持续发展为结合点，全市工业经济呈现“减速提质”的运行特征。

一、工业经济总体情况

（一）增速“缓”

2011 年，全市工业生产呈现稳开局、缓运行的增长态势。1-11 月，规模以上工业增加值比上年同期增长 7.1%（按可比价计算），增速比“十一五”时期的同期平均增速低 3.5 个百分点，是自金融危机恢复以来的最低增速（2009 年同期增速为 7.9%，2010 年为 15.3%）。从运行轨迹看，工业经历平稳开局、增速放缓两个阶段。

1. 平稳开局

一季度，规模以上工业增加值同比增长 8.6%，增幅比 2010 年四季度回落 4.1 个百分点。这是在 2010 年经济快速回升，全年增长 15%的较高增速基础上实现的增长。

2. 增速放缓

二、三季度，国家宏观调控效果显现，同时，部分行业政策调整，全市工业增加值增速呈逐季回落态势。二季度和三季度分别同比增长 7%和 5%，增幅分别比一季度回落 1.6 个和 3.6 个百分点；进入四季度，新建项目逐步形成产能，遏制了增速继续放缓的势头。1-11 月，规模以上工业增加值增速为 7.1%，增幅与 1-10 月持平。

图 1　　2008—2011 年工业增加值季度增速

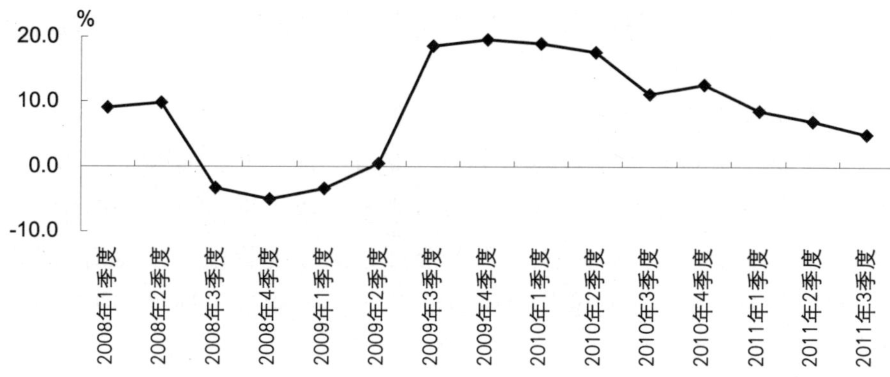

经济效益与生产同步回落。1—10 月，全市规模以上工业经济效益综合指数 245.7，比上年同期提高 5.9 个百分点。实现利润 836.6 亿元，增长 6.9%，增幅比 1—3 季度回落 1.8 个百分点。其中，10 月份实现利润 83.3 亿元，下降 6.8%，降幅比 9 月份扩大 3.6 个百分点，当月利润已连续 4 个月同比下降。

（二）基本面“稳”

1. 生产运行波动小

2011 年前 11 个月，工业增加值各月增速在 4%—8.3%之间震荡，波动幅度为 4.3 个百分点，与 2009 年和 2010 年波动幅度在 20 个百分点左右的局面形成明显反差。说明工业经济在经历金融危机时期（2008—2010 年）的大落大起后，实现了自主性增长，工业运行的稳定性有所增强。

2. 劳动用工平稳增长

1—10 月，规模以上工业从业人员平均人数 110.1 万人，比上年同期增长 2.6%，增幅同比提高 0.5 个百分点。

（三）质量“升”

1. 行业结构有所优化

随着首钢炼钢主流程迁出北京，全市高耗能行业增加值增速回落，比重降低。同时，新兴行业的较快增长，对工业增长的贡献提高。1—11 月，高耗能行业增加值比上年同期增长 0.3%，增幅同比回落 10.7 个百分点，占规模以上工业的比重为 28.9%，同比降低 1 个百分点。医药制造业、通用设备制造业、专用设备制造业和电气机械及器材制造业增速均快于规模以上工业平均水平，1–11 月，对规模以上工业的贡献率为45.9%，同比提高 22.3 个百分点。

2. 工业投资高速增长

1–11 月，全市完成工业投资 660.8 亿元，比上年同期增长 54%，高于“十一五”时期平均增速 50.2 个百分点。工业投资占全社会固定资产投资的比重为 12.3%，同比提高 3.5 个百分点。现阶段，工业仍需保持适度规模、稳步增长来支撑首都经济的发展，工业投资规模的扩大为工业发展后劲奠定基础。

3. 工业节能降耗成效显著

近年来，工业采取“以退促降”，技术降耗和用能结构调整等措施降低工业耗能。前三季度，工业节能降耗成效显著，全市规模以上工业企业综合能耗 1317.6 万吨标煤（按当量值计算），比上年同期下降 15.4%，降幅比上半年扩大 2.3 个百分点。全市规模以上工业万元增加值能耗同比下降 21.1%，降幅比上年同期扩大 15.4 个百分点，比“十一五”末的8.6%扩大 6.8 个百分点[1]。

4. 科技创新能力稳步提升

上半年，全市大中型工业企业研究与发展（R&D）经费支出 43.2 亿元，比上年同期增长 24.2%，增幅提高 3.6 个百分点。R&D 投入强度（R&D 经费内部支出占企业主营业务收入比重）为 0.77%，比上年同期提高 0.1 个百分点。

二、工业经济运行特征

（一）轻、重工业呈现“一快一慢”

1–11 月，规模以上轻工业增加值比上年同期增长 15.3%，增幅比 1–3 季度提高 0.3 个百分点；重工业增长 5%，增幅回落 0.5 个百分点。2011 年以来，轻工业增速始终快于重工业，差距从 1–2 月的 0.6 个百分点逐步扩大到 1–11 月的 10.3 个百分点（见图 2）。

1　此数据为 2010 年初步数据。

图 2　　2010—2011 年轻、重工业增加值累计增速

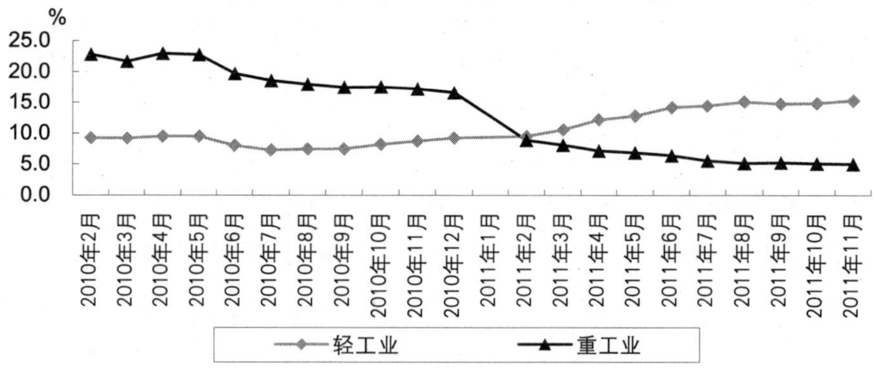

（二）上、中、下游产业呈现“降、缓、快”

1. 上游资源开采类、原材料基础行业趋于下降

1—11 月，石油和天然气开采业、黑色金属矿采选业增加值比上年同期分别下降 4.6%和 74.4%，降幅比 1—3 季度分别扩大 2.8 个和 0.3 个百分点；煤炭开采和洗选业增长 1.8%，增幅回落 0.5 个百分点，其中，11 月份下降 1.9%。石油加工、炼焦及核燃料加工业增加值比上年同期下降 4.6%。非金属矿物制品业和化学原料及化学制品制造业增加值分别仅增长 1%和 0.1%。其中，11 月份三个行业分别下降 19.2%、12%和 6.8%。

2. 中游生产资料制造类高位回落

1—11 月，通用设备制造业、交通运输设备制造业增加值分别增长 15.9%和 14.2%，增幅分别比 1—3 季度回落 1.3 个和 1.3 个百分点。专用设备制造业增长 9.4%，增幅虽然比 1—3 季度小幅回升，但已低于两位数增长，比上半年回落 2.7 个百分点。

从主要产品看，1—11 月，全市生产汽车 136.8 万辆，增长 1.7%，其中，轿车 60.8 万辆，增长 8.6%，载货汽车 56.5 万辆，下降 9.8%。

3. 下游终端消费类快速发展

1—11 月，食品制造业、饮料制造业和纺织服装、鞋、帽制造业增加值比上年同期分别增长 10.2%、15.8%和 12.3%，增幅比 1—3 季度分别提高 0.7 个、4.4 个和 0.1 个百分点；医药制造业保持高速增长，增速达 28.9%（见表 1）。

表 1　　2011 年 1—11 月主要行业增加值增速（%）

	1—11 月增加值增速	比 1—3 季度±百分点	11 月份增加值增速	比 10 月份±百分点
全 市 合 计	7.1	−0.1	5.1	0.1
石油加工、炼焦及核燃料加工业	−4.6	−2.8	−19.2	−8.0
化学原料及化学制品制造业	0.1	−0.9	−12.0	−13.3
医药制造业	28.9	−0.1	37.3	21.1
非金属矿物制品业	1.0	−0.4	−6.8	−8.4
黑色金属冶炼及压延加工业	−74.4	−0.3	−77.4	−0.9
通用设备制造业	15.9	−1.3	16.0	8.6
专用设备制造业	9.4	0.5	10.5	−1.4
交通运输设备制造业	14.2	−1.3	6.7	1.9
电气机械及器材制造业	8.1	3.4	21.7	15.8
通信设备、计算机及其他电子设备制造业	0.2	2.1	3.5	−4.2
电力、热力的生产和供应业	4.8	−0.5	4.6	−6.7

三、影响工业增速回落的主要原因

“十二五”开局之年，首都经济进入深度调整期，全市工业经济在多重因素叠加作用下呈现减速态势，影响原因是多方面的，既有主观因素，也有客观因素；既有短期因素，也有长期因素；既有外部环境影响，也有内生动力不足的桎梏。

（一）外因作用范围广、反应快

1. 宏观政策的主动调整作用

一方面，2011 年以来，中央加大宏观调控力度，将控制通货膨胀作为首要任务，央行先后六次上调存款准备金率、三次加息以收紧资金流动性。企业资金压力在前三个季度逐渐加大。专项调查显示，三季度有 33.4%的规模以上工业企业认为本季度流动资金出现紧张，分别比一季度和二季度提高 5.4 个和 1.4 个百分点。1—10 月，全市规模以上工业流动资产周转率为1.7次，同比放慢0.1次。另一方面，北京出台“限购乘用车、调控房地产、停止首钢炼钢业务活动”等一系列推进结构调整的政策，主导行业进入深度调整期。从工业看，部分相关领域不同程度受到影响。1-11月，黑色金属冶炼及压延加工业增加值同比下降74.4%（上年同期为增长5.6%），首钢涉钢业务停产，下拉规模以上工业增加值增速0.6个百分点。与房地产相关的非金属矿物制品业持续回落。1-11月，该行业增加值同比增长1%，增幅分别比上半年和1-3季度回落4.5个和0.4个百分点，从7月份到11月份的五个月中，有四个月当月速度同比下降。1-11月，多数建材产品产量同比下降。如水泥产量比上年同期下降14.5%、耐火材料制品下降7.4%、复合木地板下降28.8%；卫生陶瓷制品下降0.2%。从企业看，受《北京乘用车限购政策》实施的影响，北京现代汽车和北京奔驰在京销售量占企业汽车总销量比重均有所降低。

2. 产业政策调整的影响

一是2011年汽车下乡政策取消、国内投资需求减弱、道路运输车辆新油耗标准的实施等多方面影响，载货车订单减少，产量下滑。自4月份以来，全市载货汽车产量同比持续下降，1-11月，降幅为9.8%，分别比上半年和1-3季度扩大3.3个和2.4个百分点。二是风电产业受项目审批收紧(投资装机容量在5万千瓦以下的项目须报国家发改委备案)的影响，吊装工程进度减缓，全行业处于低迷状态。1-11月，电机制造业增加值比上年同期下降13.4%（上年同期为增长20.6%），其中，华锐风电科技股份有限公司、金风科创和三一电气有限公司等风电设备制造企业工业总产值下降27.3%。

3. 外需不振，出口低迷

2011年以来，美欧等国主权债务危机不断升级、蔓延，使得全球经济复苏更加艰难，国际市场需求持续不振。1-11月，规模以上工业实现出口交货值1371.8亿元，比上年同期下降4.7%，工业出口交货值速度始终在下降区间徘徊。工业出口交货值占工业销售产值的比重仅为11%，同比降低1.9个百分点，比金融危机时期（2008年和2009年）的平均比重降低6.7个百分点。

4. 突发事件的影响

一是日本大地震造成部分企业原材料及核心部件供应紧张，影响生产。二是北非部分国家政治局势动荡使得全市工业在北非的工程订单受损。1-11 月，石油和天然气开采业增加值下降 13%。三是“问题轮胎事件”给企业的生产配套带来不利影响，从而减缓了企业的生产进度，失去在旺季抢占市场机遇。四是“7 · 23”甬温线特别重大铁路交通事故导致新建和在建高速铁路项目的建设速度降低。1-11 月，全市铁路运输设备制造业增加值同比下降 0.7%（上半年为增长 19.7%）。

（二）内因影响程度深、持续长

2011 年首都经济进入深度调整期，同时，外需不振，内需放缓，北京工业长期以来存在的“两个不足”凸显。

1. 高端引领不足

2011 年以来，高技术制造业在医药领域的带动下，多数月份增速快于规模以上工业，1-11 月，高技术制造业增加值比上年同期增长 11.4%，增幅高于规模以上工业平均水平 4.3 个百分点。但增加值占规模以上工业的比重仅为 18%，低于上年同期 3.4 个百分点，比金融危机前（2007 年）低 10 个百分点。其中，电子及通信制造业增加值同比下降 3.3%。多年以来电子行业一直是北京高技术制造业的重要领域，曾经是北京工业科技创新、高端驱动的代表，但近些年，在外部需求不足，产品竞争加剧，产品价格下行的影响下，其成本优势明显减弱，创新不足的弊端逐步显现。2009 年，高技术制造业中电子及通信设备制造业 R&D 经费支出占该领域工业总产值的比重仅为 0.7%，低于高技术制造业 0.9 个百分点，低于广东 1.5 个百分点，与美国（2006 年数据）差距更大，相差 14.9 个百分点。尤其是 2011 年以来以手机制造为主导的星网工业园产业群受到了新型智能手机的严重冲击。1-11 月，星网工业园企业共实现工业总产值 705.7 亿元，同比下降 19.2%。

2. 发展后劲不足

工业投资是工业发展的先行指标，反映今后工业发展的规模和方向。“十一五”时期，由于北京工业发展定位不明晰，造成工业投资持续不足，五年间，工业共完成投资额 2145 亿元，年平均增长 3.8%，增速远低于“十五”时期 14.2 个百分点。金融危机以后，市委、市政府逐步加大投资力度，但工业项目从投资建设到量产的周期较长，一般需要 2–3 年的时间。2011 年高耗能行业大举退出，而新建项目的产能尚未充分发挥，工业有限的增量难以弥补产业退出的减量，出现了断层。

四、对策与建议

（一）正确处理“进”与“退”的关系

着眼“十二五”，调结构、转方式是该时期工业经济工作的主线。应把握好“新兴产业培育”和“落后产能淘汰”的衔接。研究建立工业“均衡增长”机制，做好工业投资项目的长期规划和储备，避免项目“扎堆”或短缺，造成工业经济增速大起大落。同时，随着工业用地紧张加剧，应在以先进技术推动传统产业升级上下工夫，提高技改投资的比重，实现增量调优，存量调升共赢。

（二）正确处理“创”与“产”的关系

北京在“十二五”规划中提出在全国率先实现创新驱动的发展格局，但目前高端制造业对工业经济的带动作用还不尽如人意。应注重鼓励创新与产出的政策与措施的有效性，充分利用北京在科技、人才资源上的优势地位，促进企业积极研发投入，加强产学研结合，推动技术进步与创新成果在本市工业企业的生产、应用和转化，产出为实际生产力，提升北京工业的市场竞争力。

五、2012 年工业经济形势展望

（一）宏观环境

从国际看，受欧债危机的影响，世界经济特别是欧洲经济前景依然不乐观，仍存在很大不确定性。经济合作与发展组织（OECD）28 日在半年度经济展望报告中指出，全球经济复苏正在丧失动能，并将今明两年全球国内生产总值（GDP）增长预期由 5 月份报告中的 4.2%和 4.6%分别下调至 3.8%和 3.4%。世界经济环境的稳定和需求好转尚需时日。

从国内看，刚刚召开的中央政治局会议明确提出要继续坚持积极的财政政策和稳健的货币政策，保持宏观经济政策的连续性和稳定性。因此，2012 年的政策取向基本稳定。同时，中央强调要增强推动明年经济社会发展，要突出把握好稳中求进的工作总基调，牢牢把握发展实体经济这一坚实基础，为进一步推进结构调整、稳定经济增长提供良好的发展环境。

（二）经济周期

经济周期规律呈现减缓迹象。改革开放以来，全市工业经济经历了五个完整的发展周期。分别为：1981–1986 年、1986–1990 年、1990–1996 年、1996–2002 年、2002–2008 年，各周期约为 4–6 年。2008 年金融危机爆发，北京工业经济进入新一轮周期。2008 年工业经济增速触底后，2009 年和 2010 年逐步恢复，2010 年增速达到此轮周期的波峰（全市工业增加值的增速为 14.7%），2011 年，在结构调整、市场需求减弱等多重因素作用下，增速出现回调（预计全年工业增加值增速在 7.2%左右），进入此轮周期的下行通道。根据前五轮的经济增长周期规律看，从波谷到波峰约为 2–4 年不等，从波峰回落到谷底多为 2 年时间。因此，单从经济周期规律看，2012 年工业增加值增速继续放缓的可能性较大（见图 3）。

图 3　　工业增加值与 GDP 增速

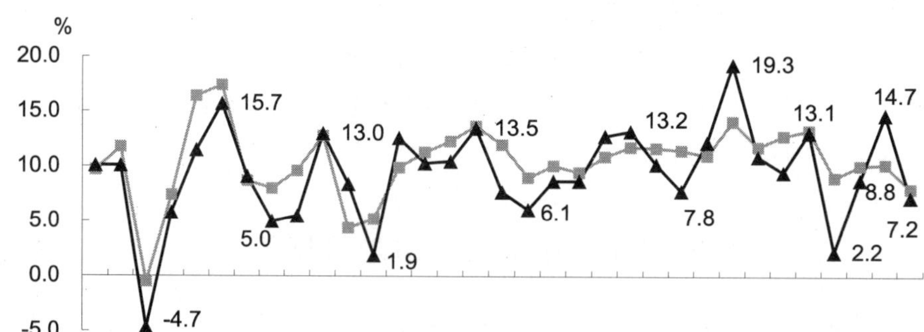

（三）供给方面

1. *新增产能集中释放*

2011 年四季度，工业近两年新建项目先后投产，产能较为集中地释放。截至 11 月末，全市新建投产企业 22 户，共拉动规模以上工业增加值增长 0.5 个百分点。2012 年，这部分企业产能将会继续释放。同时，2012 年北京现代汽车有限公司的三工厂项目、北京奔驰汽车有限公司 GLK 新车型上线，数字电视产业园内新建项目等相继投产，将形成部分新增量。

2. 减量因素影响力减弱

2011 年 1—11 月，首钢迁出拉低全市工业增加值增速 0.6 个百分点，成为影响全市工业增速放缓的主要因素之一。近几年全市加大对高耗能行业的关闭、迁出的力度，随着大型高耗能企业的调整逐步到位，预计 2012 年工业内部产业退出调整对全市工业经济速度的影响将减弱。

（四）需求方面

1. 制造业采购经理指数（PMI）走低

11 月份，北京制造业采购经理指数（PMI）为 49.1%，比上月降低 3.1 个百分点，是自 2009 年 8 月以来首次降至临界点 50%以下。其中，新订单指数、原材料库存指数均处于 50%以下的收缩区间，分别为 49.4% 和 42.8%。PMI 指数走低表明当前市场需求减弱，企业生产意愿不强，此态势或将延续一定时间。

2. 工业品出厂价格指数继续下行

工业品出厂价格指数是工业经济发展的先行指标，其反映工业产品市场供需关系的变化。近期工业品出厂价格指数持续下行，表明市场需求出现转淡迹象。11 月份同比上涨 1.6%，涨幅比上月缩小 1.1 个百分点，环比价格连续三个月下降。

制造业采购经理指数（PMI）和工业品出厂价格指数反映出当前市场需求在减弱，经济的活跃度在下降，由于需求变化有一定的延续性，将进一步影响企业的生产经营。

综合以上各方面因素，初步预测 2012 年工业增加值将保持稳定增长，略好于 2011 年增长水平。分阶段看，2012 年上半年将延续 2011 年逐步回落态势，下半年随着新建项目投产，工业增速逐步回升。

2011 年北京第三产业总体平稳运行

◆◇周俊玲

2011 年前三季度，北京第三产业在增加值、收入、企业效益以及就业状况等方面实现稳定发展。从产业内部来看，信息服务业增势强劲，金融、批发零售业受宏观调控政策影响增速继续回落，房地产降幅有所收窄；生产性服务业、文化创意产业运行平稳。中关村国家自主创新示范区对经济带动作用明显，大中型企业效益稳定增长。

一、第三产业总体运行稳定

前三季度在宏观经济政策趋紧环境下，第三产业总体保持稳定增长。1—3 季度，第三产业实现增加值 8706.7 亿元，按可比价格计算，比上年同期增长 8.5%，增速比上半年提高 0.3 个百分点，高于全市地区生产总值增速 0.5 个百分点。第三产业占全市地区生产总值的比重达到 76.3%，对全市经济增长贡献率为 80.9%，比上半年提高 1.8 个百分点。

1—8 月，规模以上第三产业法人单位实现收入 4.6 万亿元，同比增长 15.7%，增速比 1—5 月回落 0.7 个百分点。规模以上企业实现利润总额 6666.7 亿元，同比增长 31.4%，比 1—5 月提高 4.1 个百分点；企业亏损面为 45.4%，比 1—5 月下降 2.1 个百分点。规模以上第三产业单位从业人员平均人数为 468.7 万人，同比增长 4.5%，与 1—5 月基本持平。

与上半年相比，第三产业十三个门类中，七个门类收入增速高于上半年，包括交通运输仓储和邮政业、信息传输计算机服务和软件业、批发和零售业、住宿和餐饮业、房地产业、水利环境和公共设施管理业、卫生社会保障和社会福利业；金融业、租赁和商务服务业、科技服务和地质勘察业、居民服务和其他服务业、教育、文化体育和娱乐业六个门类收入增速出现不同程度的回落（见表 1）。

表 1　　2011 年 1–8 月规模以上第三产业分行业收入情况

分行业	1–8 月 绝对值(亿元)	1–8 月 增速（%）	1–5 月 增速（%）
第三产业	45662.9	15.7	16.4
交通运输、仓储和邮政业	1962.3	7.6	6.7
信息传输、计算机服务和软件业	2309.3	16.2	15.6
批发和零售业	23629.4	17.2	16.8
住宿和餐饮业	515.7	15.8	14.9
金融业	7205.5	13.5	16.6
房地产业	1388.9	4.5	−0.5
租赁和商务服务业	4021.8	14.7	20.7
科学研究、技术服务和地质勘察业	2545.6	19.8	21.2
水利、环境和公共设施管理业	160.4	19.2	18
居民服务和其他服务业	88.2	20.5	24.6
教育	638.1	18.7	22.8
卫生、社会保障和社会福利业	583.2	16.9	16.5
文化、体育和娱乐业	614.4	15.7	18.9

二、第三产业运行主要特点

（一）宏观调控政策效果持续

受宏观调控政策影响，批发零售业、金融业增加值增速连续三个季度回落。1–3 季度，批发零售业、金融业分别实现增加值 1586.5 亿元和 1505.3 亿元，按可比价格计算，比上年同期增长 8.9%和 4.8%，增速比上半年回落 0.8 个和 1.8 个百分点，比“十一五”时期平均增速降低 10.1 个和 6.2 个百分点。

房地产业降幅收窄。1–3 季度，全市商品房销售面积为 915.8 万平方米，同比下降 8.3%，受政策性住房影响降幅比上半年收窄 10.1 个百分点。房地产业实现增加值 730.1 亿元，按可比价格计算，比上年同期下降1%，降幅比上半年收窄4.5个百分点（见表2）。

表2　　2011年1-3季度第三产业主要行业增加值情况

分类	增加值（亿元）	增速（%）	构成（%）	上半年增速（%）
第三产业	8706.7	8.5	100.0	8.2
交通运输、仓储和邮政业	569.5	8.4	6.5	8.6
信息传输、计算机服务和软件业	1105.8	23.5	12.7	18.3
批发和零售业	1586.5	8.9	18.2	9.7
金融业	1505.3	4.8	17.3	6.6
房地产业	730.1	-1.0	8.4	-5.5
租赁和商务服务业	837.4	15.0	9.6	15.6
科学研究、技术服务和地质勘察业	839.5	8.8	9.6	10.9

（二）信息传输、计算机服务和软件业增势强劲

1-3季度，信息传输、计算机服务和软件业实现增加值1105.8亿元，按可比价格计算，比上年同期增长23.5%，增幅比上年同期提高9.8个百分点，比上半年提高5.2个百分点，对全市第三产业增加值增长的贡献率为32.6%，带动第三产业增速提高2.8个百分点；1-8月，信息传输、计算机服务和软件业从业人员平均人数为46.3万人，增长11.4%，高于第三产业从业人员增速6.9个百分点，一批重点品牌企业收入利润实现快速增长。

（三）生产性服务业、文化创意产业保持稳定

1-3季度，生产性服务业实现增加值5771.3亿元，同比增长15%，增速比上半年提高0.3个百分点。1-8月，规模以上生产性服务业实现收入3.8万亿元，同比增长16.5%，高于第三产业增速0.8个百分点；从业人员平均人数238.7万人，同比增长6.9%，高于第三产业从业人员增速2.4个百分点。

1-8月，规模以上文化创意产业单位实现收入4506.4亿元，同比增长17.2%，高于第三产业增速1.5个百分点。九大领域增速“四升四降

一平”，旅游休闲娱乐、软件网络及计算机服务、文化艺术和新闻出版四大领域增速高于上季度，收入分别增长25.8%、18.6%、16.5%和15.4%，分别高于1–5月收入增速2个、0.5个、1.3个和5.8个百分点；艺术品交易、设计服务、广播电视电影、广告会展四大领域收入增速低于上季度，收入分别增长58.6%、17.4%、12.6%和5.2%，分别比1–5月回落9.3个、1.1个、5.4个和0.5个百分点；其他辅助服务领域收入同比增长9.9%，与上季度持平。

（四）中关村国家自主创新示范区对经济带动作用明显

随着建设国家自主创新示范区各项鼓励政策和优惠措施的深入推进，中关村示范区第三产业继续保持较快增长态势。1–8月，中关村科技园区第三产业实现收入6420.3亿元，同比增长20.9%，增速比全市第三产业高5.2个百分点。其中，园区内信息传输、计算机服务和软件业实现收入1738.5亿元，同比增长18.3%，增速比全市信息传输、计算机服务和软件业高2.1个百分点。

（五）大中型企业盈利能力突出，小型企业增势良好

大中型企业是我市第三产业的骨干力量。1–8月，大中型企业收入、利润、从业人员占第三产业比重分别达到81.1%、91.4%和71.6%。大型和中型企业分别实现利润2514亿元和3576.4亿元，同比增长34.2%和40.1%，增速比全市高2.8个和8.7个百分点。小型企业实现收入8238.2亿元，同比增长23.3%，比全市高7.8个百分点（见表3）。

表3　2011年1–8月规模以上大、中、小型企业情况

分类	单位数	收入		从业人员		利润总额	
		绝对值（亿元）	增速（%）	绝对值（万人）	增速（%）	绝对值（亿元）	增速（%）
第三产业合计	30183	43530.2	15.5	394.8	5.2	6666.7	31.4
大型	714	18951.9	13	168.4	5.9	2514.0	34.2
中型	4694	16340.1	14.5	114.3	6.9	3576.4	40.1
小型	24775	8238.2	23.3	112.1	2.4	576.2	11.3

三、关于当前第三产业增长态势的总体评价

2011年，随着金融危机经济刺激政策逐步退出，货币政策从适度宽松转向稳健，房地产调控、机动车限制等政策出台，导致国内需求增长放缓；同时，发达国家经济增长乏力，内外需求都出现了新变化。与“十五”、“十一五”时期相比，第三产业增速有所回落。从1–3季度情况来看，第三产业增加值增速比“十五”、“十一五”时期平均增速分别低4.3个和3.8个百分点，但总体运行较为平稳，各季度增速保持在8%–9%之间，波动幅度仅为0.5个百分点。虽然增速低于“十五”、“十一五”时期，但应认识到这是“调结构、转方式”的必经阶段。

从产业内部来看则喜忧参半。受主动调控影响，房地产业、金融业、批发和零售业增长放缓或下降均在预期之内。同时，内外需求减弱在不同程度上影响了批发和零售业、租赁和商务服务业、科学研究技术服务和地质勘察业。其中，经济刺激政策退出对科学研究技术服务和地质勘查业影响较为明显。前三季度，房地产业、金融业、批发和零售业对第三产业增加值的拉动力为2.4%，比“十一五”时期平均拉动力下降3个百分点，信息传输计算机服务和软件业、科学研究技术服务和地质勘查业、租赁和商务服务业对第三产业增加值的拉动力比“十一五”时期仅提高0.5个百分点。

北京市第三产业经历了“十五”、“十一五”快速发展时期后，全市第三产业发展站在新的起点上。面对新的经济发展环境，我市应充分发挥其区位、科技、人才资源等优势，明确发展方向，积极培育和引进新的经济增长点，使全市第三产业保持平稳、较快发展。

2011年北京能源消费情况分析

◆◇周　锐　薛　婷

"十二五"开局之年，全市经济增长稳中趋缓，能源需求总体保持低位。2011年以来，首钢在京主要涉钢业务停产使得高耗能行业的能耗比重进一步下降，加之有利的气候条件拉低第三产业和居民能耗增速，共同带动全市能源消费量增速低位运行，比"十一五"平均水平回落3–5个百分点；万元GDP能耗降幅扩大，比"十一五"平均水平扩大2个百分点左右。在全年经济稳定增长的预期下，预计可以超额完成全年万元GDP能耗下降目标。但随着第三产业和居民生活用能对能耗的带动作用逐步增强，第三产业和居民生活用能的刚性增长，加之2011年较低的基数，将显著增大明年节能降耗的难度。

一、全市用能概况

（一）能耗、电耗增速低位运行

2011年以来，全市能耗、电耗增速保持低位运行态势。全市能源消费量增速基本保持在±1%区间内变动，比"十一五"年均增速回落3–5个百分点；全社会用电量增速连续10个月低于2%，比"十一五"年均增速回落5–7个百分点（见表1）。

1–3季度，全市能源消费总量5022.1万吨标煤，同比微降0.9%，是奥运年以来能耗增速的又一次明显回落；全社会用电量为608亿千瓦时，同比微增0.9%，增速为2007年以来的最低水平（见图1）。

（二）单位GDP能耗、电耗降幅扩大

2011年以来，全市万元GDP能耗、电耗降幅比"十一五"时期进一步扩大。

表 1　全市能耗、电耗及变化情况

全市	能源消费量		万元 GDP 能耗		用电量		万元 GDP 电耗	
	能耗（万吨标煤）	增速（%）	单耗（吨标煤）	增速（%）	用电量（亿千瓦时）	增速（%）	单耗（千瓦时）	增速（%）
“十一五”平均	-	4.7	-	-5.99	-	7.3	-	-3.69
2011 年 1 季度	1803.2	-0.5	0.5329	-8.37	208.9	0.6	617.3	-7.32
2011 年 1-2 季度	3314.1	1.1	0.4629	-6.35	390.9	1.2	545.9	-6.22
2011 年 1-3 季度	5022.1	-0.9	0.4575	-8.19	608.0	0.9	553.9	-6.57

注：万元 GDP 能耗、万元 GDP 电耗及速度按 2010 年可比价格计算。

图 1　2006 年以来全市能耗、电耗速度变化情况

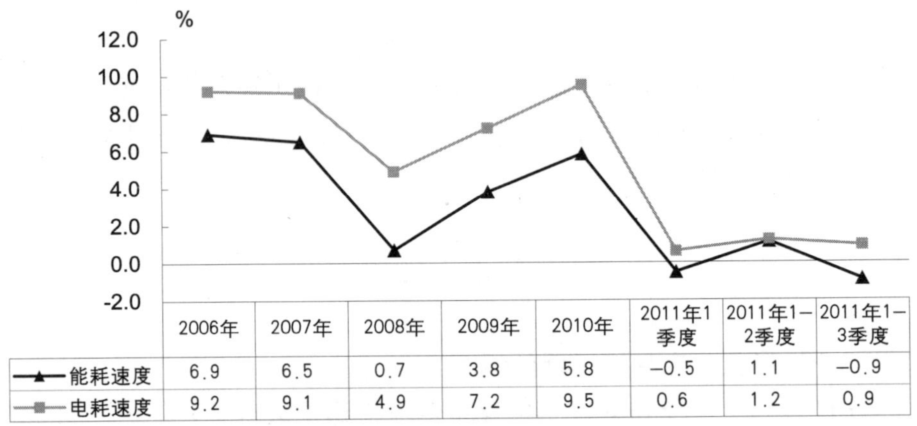

	2006年	2007年	2008年	2009年	2010年	2011年1季度	2011年1-2季度	2011年1-3季度
能耗速度	6.9	6.5	0.7	3.8	5.8	-0.5	1.1	-0.9
电耗速度	9.2	9.1	4.9	7.2	9.5	0.6	1.2	0.9

图 2　2008 年以来季度万元 GDP 能耗、电耗速度变化情况

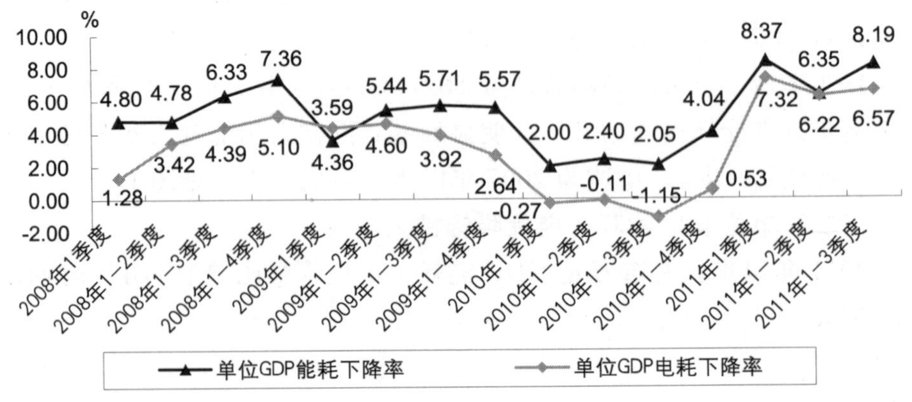

前三季度万元 GDP 能耗、电耗下降率始终高于“十一五”平均水平。1—3 季度，按 2010 年可比价格计算，全市万元 GDP 能耗 0.4575 吨标煤，同比下降 8.19%，比“十一五”年均降幅扩大 2.2 个百分点；全市万元 GDP 电耗 553.9 千瓦时，同比下降 6.57%，比“十一五”年均降幅扩大 2.88 个百分点（见图 2）。

（三）工业对节能的贡献近九成

1—3 季度，全市三次产业实现节能量 403.9 万吨，第一、二、三产业分别实现节能量 6.6 万吨、366.6 万吨和 30.7 万吨。其中，工业节能量 360 万吨，占全市节能量的 89.1%，是节能的主要部分。首钢在京涉钢主流程停产是带动全市能耗下降 0.9%的首要因素，拉动能耗下降 4.4 个百分点。

（四）各功能区能源利用效率均有所提高

1—3 季度，除城市功能拓展区受首钢停产影响能耗有 9.63%的较大降幅外，其他三大功能区能源消费量低速增长。各功能区万元 GDP 能耗均呈现不同程度的下降，能源利用效率有所提高。其中，城市发展新区和生态涵养发展区降幅较大，分别为 17.06%和 6.54%（见表 2）。

表 2　　2011 年 1—3 季度各功能区能耗情况

	能源消费总量（万吨标准煤）			单位 GDP 能耗（吨标准煤/万元）	单位 GDP 能耗增速（按可比价计算）
	本期	同期	速度(%)		
首都功能核心区	517.4	513.1	0.85	0.1894	-4.66
城市功能拓展区	1880.8	2081.1	-9.63	0.3552	-17.06
城市发展新区	2090.5	2029.8	2.99	0.8850	-4.57
生态涵养发展区	304.2	301.5	0.91	0.6794	-6.54

在全市 16 区县和亦庄开发区中，多数区县万元 GDP 能耗下降率已达到或接近年度节能降耗目标值，只有两个区县与目标值差距较大。

二、主要领域能耗情况

（一）规模以上工业能耗降幅扩大

2011 年以来，全市规模以上工业综合能源消费量持续下降，除 1–2 月同比下降 8.4%外，其余月份降幅均在 10%以上。前十个月降幅逐月扩大，只有 11 月当月降幅有所收窄。

1–11 月，全市规模以上工业综合能源消费量 1608.1 万吨标煤（按当量值计算），同比下降 15.1%。重点耗能工业企业（其能耗约占规模以上工业能耗的 85%）综合能源消费量 1443.8 万吨标煤，同比下降 16.8%，降幅高于规模以上工业平均水平 1.7 个百分点。按可比价计算，规模以上工业万元增加值能耗同比下降 20.7%（见图 3）。在全市 37 个行业中，14 个行业的综合能耗同比增长，其中 4 个行业的增幅超过 10%；23 个行业的综合能耗同比下降，其中 6 个行业的降幅超过 10%。

图 3　2011 年 2 月以来规模以上工业能耗及万元工业增加值能耗速度

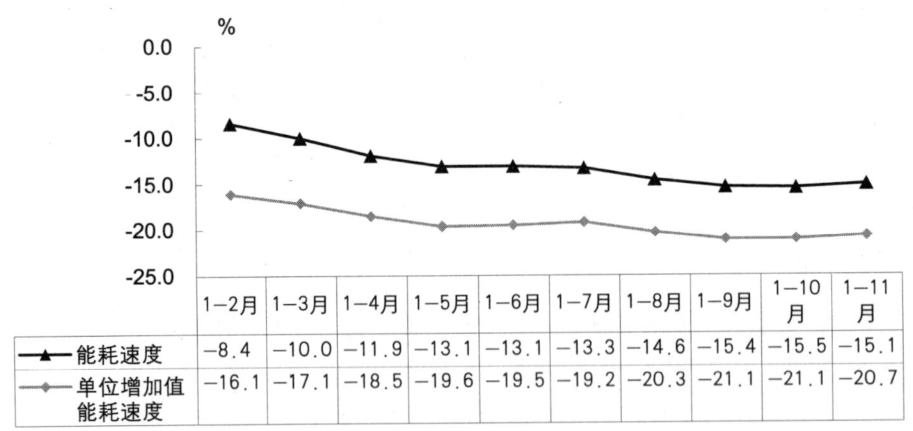

	1–2月	1–3月	1–4月	1–5月	1–6月	1–7月	1–8月	1–9月	1–10月	1–11月
能耗速度	–8.4	–10.0	–11.9	–13.1	–13.1	–13.3	–14.6	–15.4	–15.5	–15.1
单位增加值能耗速度	–16.1	–17.1	–18.5	–19.6	–19.5	–19.2	–20.3	–21.1	–21.1	–20.7

（二）第三产业和居民生活能耗增速放缓

从第三产业重点耗能单位情况看：2011 年以来，全市各月份重点监测的第三产业单位（年耗能 5000 吨标煤以上）能耗累计增速在 2%–5%之间，增速总体呈下降趋势。1–11 月，重点监测的第三产业单位能耗

1064.2 万吨标煤，同比增长 3.3%，增速比上年同期放缓 6 个百分点左右，比 2011 年 1–3 季度下降 0.8 个百分点。在重点监测单位分布的 13 个行业中，8 个行业的能耗同比增长，5 个行业的能耗同比下降。其中，交通运输、仓储和邮政业能耗同比增长 4.4%，对第三产业重点耗能单位能耗变化的贡献率高达 97%以上。

从用电量情况看：2011 年以来，第三产业和居民生活用电量同比增速比“十一五”时期明显放缓，1–11 月，第三产业和居民生活用电量分别为 315.8 亿千瓦时和 132.3 亿千瓦时，同比分别增长 7.2%和 3.4%，增速比“十一五”平均水平分别低 4 个、6 个百分点左右（见图 4）。

图 4　　第三产业及居民用电量速度

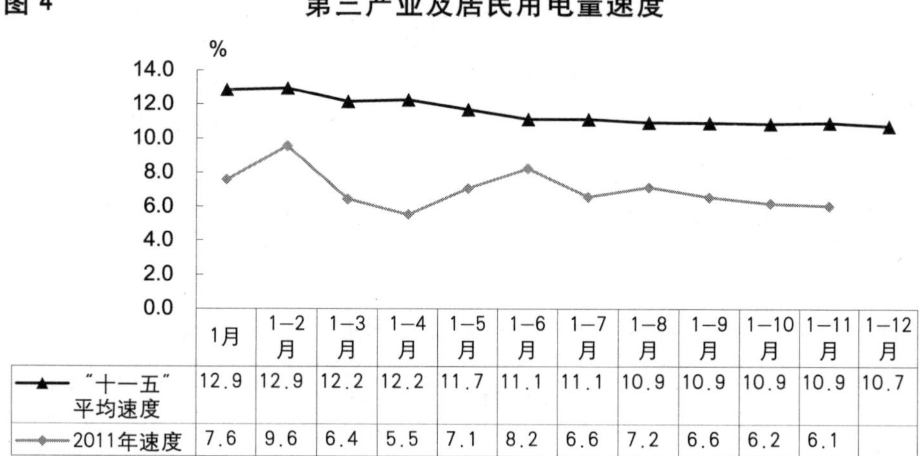

	1月	1–2月	1–3月	1–4月	1–5月	1–6月	1–7月	1–8月	1–9月	1–10月	1–11月	1–12月
“十一五”平均速度	12.9	12.9	12.2	12.2	11.7	11.1	11.1	10.9	10.9	10.9	10.9	10.7
2011年速度	7.6	9.6	6.4	5.5	7.1	8.2	6.6	7.2	6.6	6.2	6.1	

综合以上分析，1–11 月全市能耗、电耗延续了 2011 年以来低位运行态势，但随着首钢停产因素的影响逐步释放，加之去年第四季度部分高耗能企业因节能降耗压力陆续限产停产导致基数相对较小，预计 12 月工业能耗将继续保持下降态势，但降幅会缩小；据气象部门预测，2011 年冬季出现极端天气的可能性较小，因此第三产业和居民生活用能出现大幅增长的可能性不大。预计全年能源消费量略有增长，在全年经济稳定增长的预期下，可以超额完成全年万元 GDP 能耗下降 3.5%的目标。

三、两大因素拉低能耗增速

（一）高耗能工业能耗全面下降

1–11 月，全市规模以上高耗能行业综合能源消费量 1318 万吨标煤，同比下降 17.9%，高于工业能耗降幅 2.8 个百分点。五大高耗能行业综合能源消费量全面下降。2011 年以来，黑色金属冶炼及压延加工业、电力、热力的生产和供应业能耗持续下降，下半年开始，石油加工业和非金属矿物制品业能耗由升转降。

首钢在京涉钢主流程停产的影响：自年初开始，首钢在京涉钢业务关停，使其能耗减少约 2/3。1–11 月，首钢综合能源消费量同比减少 248.1 万吨标煤（当量值），使黑色金属冶炼及压延加工业能耗同比下降 69.8%，拉动规模以上工业能耗下降 13.1 个百分点，对全市规模以上工业能耗下降的贡献率 87.2%。同时，首钢的停产也使全市电力需求减少约 15 亿千瓦时，电力产量下降，带动电力、热力的生产和供应业能耗持续下降（见表 3）。

表 3　　2011 年 1–11 月规模以上工业能耗变化情况

行业	综合能耗（万吨标煤）	比重（%）	比重同比变动（±）百分点	速度（%）	对规上工业能耗变化的贡献率（%）
全部规模以上工业	1608.1	100.0	0.0	−15.1	100.0
高耗能行业合计	1318.0	82.0	−8.9	−17.9	101.0
石油加工、炼焦及核燃料加工业	467.6	29.1	−0.2	−0.8	1.3
化学原料及化学制品制造业	130.8	8.1	1.2	−2.8	1.3
非金属矿物制品业	178.6	11.1	2.3	−6.0	4.0
黑色金属冶炼及压延加工业（含黑色金属矿采选业）	107.5	6.7	−13.1	−69.8	87.2
电力、热力的生产和供应业	433.5	27.0	0.9	−4.5	7.2
非高耗能行业合计	290.1	18.0	8.9	1.0	−1.0
交通运输设备制造业	47.3	2.9	1.0	3.7	−0.6
饮料制造业	30.8	1.9	0.5	4.0	−0.4
通信设备、计算机及其他电子制造业	24.3	1.5	0.7	8.5	−0.7

部分高耗能产品市场需求下降的影响：下半年以来，建材市场需求下降，1-11 月水泥和砖的产量同比分别下降 13.6%和 21.5%，水泥熟料从上半年的同比增长 20%转为 1-11 月的同比基本持平，对应非金属矿物制品业能耗降幅总体呈扩大趋势，能耗累计降幅从 1-7 月的 0.7%增至 1-11 月的 6.0%。

（二）气候因素促成第三产业和居民生活能耗增速放缓

冬季取暖用能因素：由于 2011 年一季度气温较去年同期高，全市按期结束集中供暖，而去年同期气温偏低，供暖延后一周，因此一季度第三产业和居民生活用能增量较小，增速放缓，同比分别增长 4.7%和 2.8%，增幅比上年同期分别降低 6.4 个和 14.3 个百分点，对一季度全市能耗增长的拉动作用比上年同期低 6.2 个百分点。进入四季度以来，全市未出现极端天气，供暖期正常，第三产业和居民生活用能的增幅不会高于正常水平。

夏季制冷用能因素：据气象资料显示，2011 年夏天北京连续闷热天气减少，35℃以上的高温天气仅 3 天（去年 14 天）；同时降水丰富，夏季降水量高于近十年平均值。根据气象与电力部门的统计，连续 3 天以上的闷热天气才会使电力负荷显著上升。气候因素使全市制冷用能明显降低，电力高峰负荷甚至出现近十年来首次回落，7 月和 9 月全市用电最大负荷同比分别下降 12.5%和 3.5%，三季度当季第三产业和居民生活用电增速同比下降 9.1 个百分点。

四、未来节能形势不容乐观

（一）2011 年较低基数带来较大压力

从目前情况看，在首钢停产和良好气候双重利好因素的影响下，2011 年能耗、电耗增速将处于近十年来的较低水平（近十年来能耗、电耗的最低增速出现在 2008 年，分别是 0.67%，3.4%），预计全年能耗增速在 2%左右。明年能耗增长预期较高，2011 年较低的能耗基数使得明年节能降耗的压力显著增大。

（二）第三产业和居民生活用能刚性增长

近年来，第三产业和居民生活能耗比重持续增加，2011 年 1-3 季度，其占全市总能耗比重达 65.4%，同比提高 4 个百分点。第三产业和居民生活用能刚性增长，使得全市节能降耗的难度显著加大，日益成为我市节能工作的重点和难点。

“十二五”未来四年全市节能工作的新形势，要求我们在保证全市经济社会平稳发展的基础上，一方面，应重点挖掘第三产业及居民生活领域的节能潜力，促进经济社会与资源环境的统筹协调发展。第三产业节能方面，应针对第三产业能耗多样性、复杂性的特点，制定切实有效的应对措施，加大对耗能大户的监测力度；居民生活节能方面，应加大政府宣传和引导力度，同时坚持市场推动与全民参与并举，强化全民节能意识，提倡科学用能方式，合理控制居民生活能耗增速。另一方面，在工业领域“以退促降”的空间日益缩小后，应加大技术节能投入力度，充分挖掘技术节能潜力，拓展更深的节能领域，推进效率节能和管理节能，使节能工作由“以退促降”为主向“内涵促降”为主转变。

2011年北京固定资产投资运行形势分析

◆◇余高潮

2011年是“十二五”开局之年，也是政策调控之年。国际国内经济形势复杂多变，又恰逢国家宏观调控与我市主动调控效应叠加，对投资增长形成了较大的压力。在此背景下，全市积极应对外部环境变化与自身优化调整的严峻考验，投资领域呈现出“运行平稳，重点突出”的良好运行态势，基本符合调控预期。

一、投资总体形势

（一）增速平稳

近年来，受多方面因素影响，我市投资波动较大，年内高低点差别明显，一定程度上不利于对投资形势的整体把握，也不利于保持经济运行的平稳性。

2011年，我市投资运行的平稳程度明显增加，基本维持在15%–20%的运行区间，前11个月波动幅度仅为6.8个百分点，远低于上年同期水平（33.7个百分点）。1–11月，我市完成全社会固定资产投资增速为14.2%，虽为年内低点，但总体保持仍然接近15%的增速水平（见图1）。

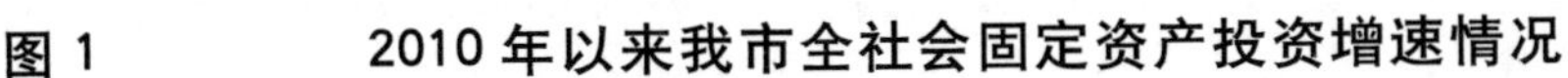
图1　2010年以来我市全社会固定资产投资增速情况

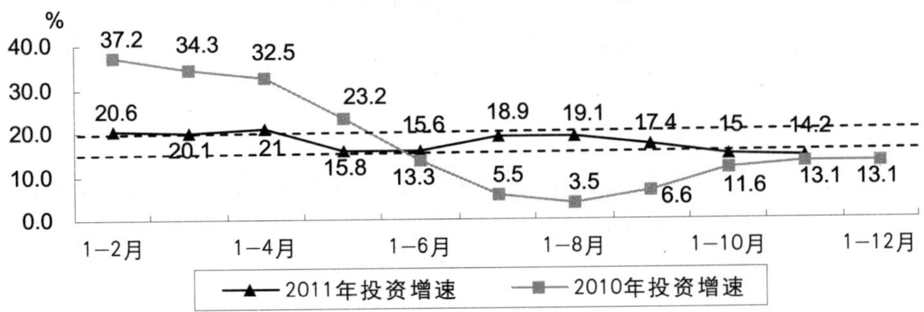

（二）符合预期

2011 年，我市积极贯彻“调整结构优化增长”的调控思路，按照“进度适度前移”的原则，对各季度投资按照“14：28：28：30”的节奏进行调控。

从各月运行情况看，我市投资基本符合预期进度。1–11 月，我市完成全社会固定资产投资 5367.3 亿元，完成全年任务的 89.5%，与预期进度（90%）基本一致。

二、投资运行特点

2011 年，我市投资结构明显优化，重点十分突出，投资向实体和产业领域集聚程度明显增加，对功能区差异化发展和薄弱地区的带动作用明显增强，对民生改善和业态承载的倾斜程度明显加大。与此同时，大项目带动投资增长态势突出，房地产开发投资高比重的局面有所改观。

（一）投资向实体和产业领域集聚程度明显增加

2011 年，我市更加注重发挥投资对经济的拉动作用，实体投资和产业投资明显增强。

1. 实物投资量明显提高

1–11 月，我市完成建安投资 2266.3 亿元，比上年同期增长 24%，增速高于全社会投资 9.8 个百分点；占全社会投资比重为 42.2%，同比提高 3.3 个百分点。1–11 月，我市费用形成投资 2393.5 亿元，同比增长 3.6%，增速低于全社会投资 10.6 个百分点。

与此相对应，1–11 月，我市城镇投资（不含房地产开发）新开工项目个数比上年同期增长 14.4%，新开工面积同比增长 21%，新开工项目计划总投资同比增长 44.2%；施工面积同比增长 18.5%，竣工面积同比增长 12.5%，实体领域保持全面增长。

2. 工业投资持续高速增长

2011 年，我市全社会投资（不含房地产开发投资）行业结构变动明显，工业投资和金融业投资比重同比明显上升；交运仓储邮政业比重出现下降（见表 1）。

表 1　　全社会投资（不含房地产开发投资）行业结构变动情况（万元，%）

	2011 年投资	2010 年投资	2011 年比重	2010 年比重	比重变动
总计	2527.2	2179.5	100	100	0
第一产业(A)	40.3	36.1	1.6	1.7	−0.1
第二产业(B+C+D+E)	668.9	432.7	26.5	19.9	6.6
工业(B+C+D)	660.8	429.2	26.1	19.7	6.5
采矿业	5.9	7.5	0.2	0.3	−0.1
制造业	507.7	291.1	20.1	13.4	6.7
电力燃气水生产业	147.2	130.6	5.8	6.0	−0.2
建筑业	8.1	3.5	0.3	0.2	0.2
第三产业(F+G+…+T)	1818.0	1710.7	71.9	78.5	−6.6
交运仓储邮政业	569.4	574.4	22.5	26.4	−3.8
信息计算机软件	87.6	107.1	3.5	4.9	−1.4
批发和零售业	23.4	27.8	0.9	1.3	−0.4
住宿和餐饮业	30.6	33.6	1.2	1.5	−0.3
金融业	68.1	14.7	2.7	0.7	2.0
房地产业	229.9	259.2	9.1	11.9	−2.8
租赁和商务服务业	40.8	21.0	1.6	1.0	0.6
科研地质勘察业	72.6	70.0	2.9	3.2	−0.3
水利环境公共设施业	385.2	322.0	15.2	14.8	0.5
居民服务其他服务业	8.3	5.6	0.3	0.3	0.1
教育业	118.6	79.3	4.7	3.6	1.1
卫生社会保障福利业	38.9	32.2	1.5	1.5	0.1
文化体育和娱乐业	44.1	60.2	1.7	2.8	−1.0
公共管理社会组织业	53.7	62.6	2.1	2.9	−0.7

工业投资持续高速增长。尽管自4月份以来工业投资增速持续下降，但仍保持相对高位。1—11月，我市工业投资完成660.8亿元，比上年同期增长54%，对全市投资形成了重要支撑；工业投资占全社会投资（不含房地产开发投资）比重为26.1%，同比提高6.5个百分点。

金融业投资比重明显上升。1—11月，我市金融业完成投资68.1亿元，比上年同期增长3.6倍，占全社会投资（不含房地产开发投资）比重为2.7%，同比提高2个百分点。

（二）投资对功能区差异化发展和薄弱地区的带动作用明显增强

2011年，我市四类功能区差异化特色化发展趋势明显，薄弱地区发展基础得到加强，投资的带动作用明显。

1. 四类功能区布局合理，差异化发展态势明显

1—11月，我市功能拓展区和发展新区完成投资占全社会投资比重均超过40%。1—11月，我市功能核心区突出城市功能疏解，完成投资321.4亿元，比上年同期下降2.2%。功能拓展区突出区域优化升级，完成投资2289亿元，同比增长11%。发展新区突出投资转移承接，完成投资2239.4亿元，增长18%。生态涵养区突出投资潜力释放，完成投资517.4亿元，增长25.5%。

2. 发展薄弱地区投资增强，投资外移特征明显

1—11月，我市城南地区完成投资1730.1亿元，比上年同期增长17.9%，增速高于全市增速3.7个百分点。列入西部发展计划的石景山、丰台、门头沟和房山四区完成投资共计1181.8亿元，同比增长18.7%，增速高于全市4.5个百分点。

投资重心向郊区转移。1—11月，我市郊区完成投资2756.8亿元，比上年同期增长19.4%；城区完成投资2610.4亿元，同比增长9.2%。

（三）投资对民生改善和业态承载的倾斜程度明显加大

2011年，我市加大保障性住房的建设力度，同时注重房地产开发投资结构的优化升级，保障性住房完成投资成倍增长，写字楼（办公楼）明显升温。

1. 政策性住房建设力度加大

1—11月，我市政策性住房完成投资666亿元，比上年同期增长1.3倍，占房地产开发投资比重为23.4%。若扣除政策性住房，我市房地产

开发投资同比下降 2.5%。

11 月末，我市政策性住房施工面积 3944.6 万平方米，比上年同期增长 67.7%；其中，住宅施工面积 3179.2 万平方米，同比增长 59.4%。1—11 月，我市政策性住房新开工面积 1602.6 万平方米，同比增长 1.3 倍；其中，住宅新开工面积为 1303.4 万平方米，同比增长 95.2%。

2. 写字楼（办公楼）明显升温

1—11 月，全市写字楼完成投资 333.3 亿元，由上半年的同比下降 14.9%转为增长 37.2%。11 月末，全市写字楼（办公楼）施工面积为 1404.4 万平方米，同比增长 39.7%，增速比上半年提高 11.2 个百分点，其中新开工面积为 448.4 万平方米，增长 2 倍。1—11 月，全市写字楼（办公楼）竣工面积为 167.9 万平方米，由上半年的同比下降 4.5%转为增长 20.6%。

（四）大项目带动投资增长态势突出，房地产开发投资高比重的局面有所改观

1—11 月，我市计划总投资 10 亿元以上的大项目（不含房地产开发）196 个，完成投资 1332.7 亿元，分别比上年同期增长 12.6%和 26%，对投资（不含房地产开发投资）增长的贡献率达到 79.2%。

房地产开发投资比重有所降低。1—11 月，我市完成房地产开发投资 2840.1 亿元，比上年同期增长 12.7%，占全社会投资比重为 52.9%，比上年同期下降 0.7 个百分点。

三、需注意的问题

（一）项目落地慢，投资增长基础不牢固

2011 年以来，我市投资项目落地较慢，拆迁、审批等因素问题突出，投资增长的基础尚不牢固。特别是基础设施领域，其项目体量大、公益性等特点使得项目落地难、工程推进慢、协调难度大等问题严重制约了建设进度。1—11 月，我市完成基础设施投资 1196.3 亿元，同比增长 6.6%，自下半年以来持续呈现个位数增长。其中，铁路基础设施建设完成投资 39.9 亿元，同比下降 26.9%；城市公共交通完成投资 271.4 亿元，下降 12.4%。

具体来看，一是拆迁。尽管新拆迁条例已经出台，但实施情况仍待进一步评估。此外，近年来拆迁遗留的收尾部分实施难度较大，拆迁周期无法得到有效控制，项目成本居高不下。二是审批。部分重大基础设施项目前期运作周期较长，审批环节进展困难，落地较慢。

（二）竣工面积少，住房市场供给量不足

3 月以来，我市商品房竣工面积一直低于上年同期水平。上半年，全市商品房竣工面积为 543.7 万平方米，比上年同期下降 30.5%，降幅达年内最高。1—11 月，全市商品房竣工面积为 1367.6 万平方米，同比下降 19.2%，其中住宅竣工面积为 800 万平方米，下降 24.9%。

分类型看，1—11 月，全市政策性住房竣工面积为 340 万平方米，比上年同期下降 36.8%，纯商品房竣工面积为 1027.6 万平方米，下降 11%。政策性住宅竣工面积为 255.4 万平方米，同比下降 39.3%，纯商品住宅竣工面积为 544.6 万平方米，下降 15.4%。若政策性住房不能按时竣工，必然影响后期住房保障工作的开展；而纯商品房竣工面积的持续低位运行，则无法满足由于收入增长和家庭人口变化形成的改善性需求。

四、未来展望

2012 年是“十二五”规划全面实施之年。初步判断，我市投资仍然处于规模扩大、结构调整的机遇期，同时部分瓶颈性、结构性问题也仍将存在，投资增长存在一定的不确定性。

（一）机遇大于挑战

2012 年外部形势更加复杂，机遇与挑战并存，但总的来看，机遇大于挑战。

1. 有利因素

一是我市经济发展基本面依然向好，科技和文化创新双轮驱动将进一步推动各类高端发展要素的集聚，为投资科学发展提供了新的机遇。二是“十二五”规划的逐步实施，为投资增长提供了充足的项目支撑，投资增长潜力深厚。三是本市主动调控影响有所消化，特别是房地产市场结构的调整有助于增强投资运行的稳定性。四是结构性减税、服务业增值税改革试点等积极财政政策和定向宽松的稳健货币政策为投资增长形成了一定的政策支撑，增强了市场投资的信心。五是城南地区、西部地区和重点新城以及两城两带、六高四新等高端产业功能区发展势头良好，为我市投资增长提供了充足的动力。

2. 不利因素

一是外部经济环境的不确定性和不稳定性仍然存在，特别是国际与国内各经济领域间的交互影响将对经济运行稳定性提出挑战。二是房地产市场调控总体偏紧，土地市场收益仍存在下滑的可能。三是融资平台监管趋严，拆迁成本居高不下，项目资金平衡问题十分突出。

（二）结构重于规模

当前北京经济发展的阶段性特征仍然要求投资要保持适度稳定增长，同时，更要求投资结构继续调整优化，突出投资重点、丰富投资主体、提高投资效益。因此，在“规模结构并举”的同时，更应侧重投资结构。

1. 投资规模

为增强经济发展动力，投资仍需保持适度稳定增长，建议 2012 年规模保持在 6400 亿元左右，增速保持在 8%左右。

2. 投资结构

一是突出投资重点。进一步突出投资重点，布局方面重点突出城南地区、西部地区、高端产业功能区和重点新城建设，持续推进城市功能完善和薄弱地区转型发展；产业方面重点突出文化创意、生产性服务和高端制造，在结构转型中加快培养新的增长点；房地产市场方面重点突出惠及民生、业态承载等实体需求，以房地产市场调控为契机，继续优化房地产开发投资结构。二是丰富投资主体。进一步贯彻落实扩大民间投资指导意见，创新民间投资渠道，鼓励民间投资范围由竞争性和非公益性领域拓展到准公益性和纯公益性领域，进一步提高投资增长的稳定性和内生性。同时，进一步发挥央地合作的优势，促进中央要素资源更深层次的投入到城市建设和产业发展中，实现央地的协调发展。三是提高投资效益。进一步强化项目落地成本控制和建设周期约束，在确保建设质量的基础上“促开工、促投产”，积极扩大实物量投资，推动投资早出成效，切实提高投资效益。

2011年北京房地产市场运行情况分析

◆◇李贝贝

2011年，在政策性住房大力开发建设的带动下，北京市房地产开发投资增长平稳，建安投资比重不断提高，开发供应增长较快，新开工面积持续高速增长。

同时，2011年是我市房地产政策调控最为严厉的一年，商品房销量大幅下降，销售价格下行趋势日渐明显。开发企业项目到位资金偏于紧张，融资难度加大。受近年来住宅市场频频遭遇政策调控影响，写字楼、商业营业用房等商业地产逐渐成为当前房地产市场投资的热点领域。

一、房地产市场运行特点

（一）房地产开发投资增速回升趋稳，建安工程投资比重提高

1. 开发投资增速回升趋稳

2011年以来，我市房地产开发投资增速呈现出“逐步增长——快速回落——回升趋稳”的运行态势，上半年波动幅度较大，下半年回升趋稳。其中1-4月同比增长22.5%，达上半年增速最高，从5月份开始，受费用形成投资减少和上年同期基数较高的影响，房地产开发投资增速快速回落至3.7%，三季度开始回升趋稳。1-11月，全市完成房地产开发投资2840.1亿元，比上年同期增长12.7%（见图1）。

2. 建安工程投资比重不断提高

从2011年初开始，全市建安工程投资不断加快增长，成为带动房地产投资增长的主要力量。1-11月，全市建安工程完成投资1087.3亿元，比上年同期增长39.4%；占全市房地产开发投资比重为38.3%，比上半年提高0.4个百分点，比前三季度提高2.1个百分点。

图 1　　2010—2011 年我市房地产开发投资增速

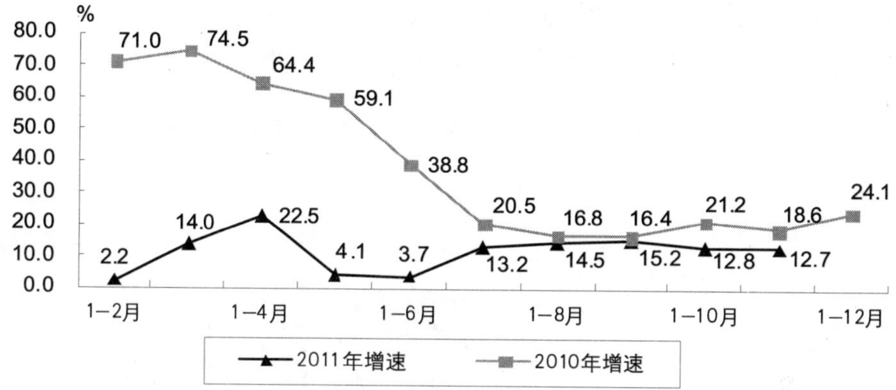

（二）房地产开发建设进度较快，新开工面积高速增长

1. 施工面积持续增长

2011 年 2 月份开始，全市商品房施工面积一直处于不断加快增长的阶段，8 月份增速达年内最高，为 26.3%，之后随着政策性住房开工建设目标的完成，增速略有回落。11 月末，全市商品房施工面积为 11682.8 万平方米，比上年同期增长 21.3%。其中，住宅施工面积为 6988.1 万平方米，增长 22%。

2. 新开工面积高速增长

2011 年 4 月份以来，在我市房地产开发“促开工”及政策性住房建设大力推进的影响下，商品房新开工面积增速不断提高。上半年，全市商品房新开工面积为 1827.8 万平方米，比上年同期增长 64.3%；1—8 月为 2788.7 万平方米，增长 90.8%，增速达全年最高。1—11 月，全市商品房新开工面积为 3917.7 万平方米，比上年同期增长 61.4%。

（三）房地产市场销售持续低迷，纯商品住宅销量降幅较大

1. 市场销售持续低迷

在调控及限购政策影响下，我市房地产销售市场延续上年的低迷态势，大量购买力被“冰封”，楼市成交量应声下降，年内销售水平一直低于上年同期，其中 4 月份商品房销售面积同比下降 30.1%，降幅最大。商品住宅销售面积同比降幅在二、三季度持续缩小之后，随着房价下行的趋势不断明显，购买者观望情绪渐浓，四季度降幅又逐渐扩大。1—11

月，全市商品房销售面积为1107.8万平方米，比上年同期下降19.5%，比前三季度扩大11.2个百分点。其中，住宅销售面积为772.1万平方米，下降22.7%，降幅为下半年来最大（见图2）。

图2　2010—2011年我市商品住宅销售面积及增速

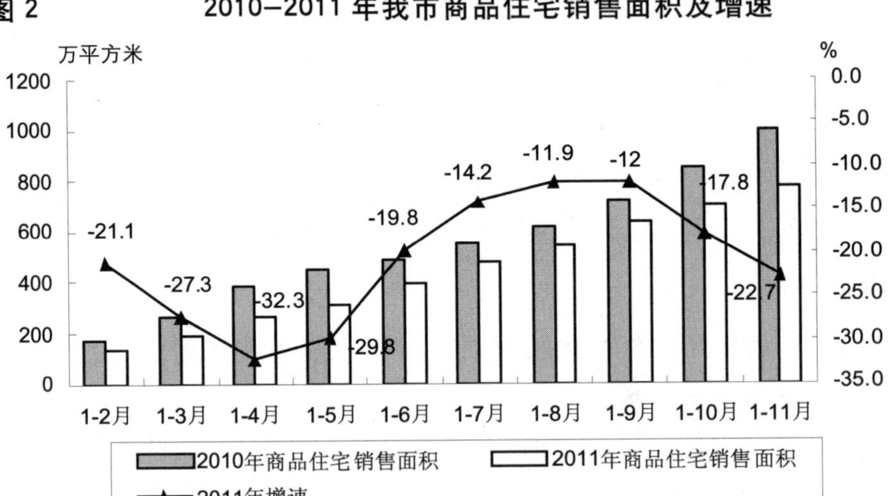

2. 纯商品住宅销量降幅较大

限购政策的直接作用对象是纯商品住宅。在限购政策的影响下，纯商品住宅的销量明显低于上年水平。1—11月，全市共销售纯商品住宅535.5万平方米，比上年同期下降32.1%，降幅比1—10月扩大0.3个百分点。其中，11月当月销售48.6万平方米，比10月当月下降7.3%，比上年同月下降34.9%。

（四）开发企业项目到位资金趋紧，金融贷款持续下降

在宏观调控政策影响下，我市房地产开发企业项目到位资金由升转降。2011年1—11月，全市开发项目本年到位资金为4773.9亿元，由上半年的同比增长0.9%转为下降2.1%。在加息、提高存款准备金率和上调利率等一系列银根紧缩政策的影响下，全市房地产企业获得金融贷款的难度不断加大，上半年增长11%，从7月份开始由升转降，1—11月，全市房地产开发项目获得金融贷款总额1025.2亿元，下降15.4%；占本年到位资金的比重为21.5%，比上半年下降1.4个百分点。

二、调控政策对我市房地产市场的影响

（一）政策性住房建设步伐加快，房地产向安居惠民倾斜

2011 年是我市政策性住房建设进度最快、任务最繁重的一年。年初出台的“京十五条”中明确强调全力做好住房保障工作，2011 年计划通过新建、改建、购买、长期租赁等方式筹集保障性住房 20 万套，竣工各类保障性住房 10 万套。在此推动下，我市政策性住房建设力度不断加大，据住建部公布的数据显示，截至 9 月底，我市已新开工建设 21.8 万套保障性住房。

1. 开发投资成倍增长

1—11 月，全市政策性住房完成投资 666 亿元，比上年同期增长 1.3 倍。其中住宅完成投资为 531.1 亿元，增长 1.2 倍；占全市房地产开发投资的比重为 31.5%，同比提高 21.8 个百分点。

2. 住宅新开工面积占比过半

1—11 月，全市政策性住房新开工面积为 1602.6 万平方米，比上年同期增长 1.3 倍。其中住宅新开工面积为 1303.4 万平方米，增长 95.2%；占全市房地产开发新开工面积的比重为 53.3%，同比提高 13.6 个百分点。

3. 销量保持增长

在政策性住房建设力度不断加大的同时，全市政策性住房销售面积也保持增长。1—11 月，全市政策性住房中，住宅销售面积为 236.6 万平方米，比上年同期增长 12.6%；占全市商品住宅销售面积的比重为 30.6%，同比提高 9.6 个百分点。

（二）市场需求抑制明显，商品房销售价格稳中有降

“京十五条”中发布了更为严格的“限购令”：对本市户籍居民家庭限购 2 套房，禁购 3 套房；非本市户籍居民家庭要提供本市有效暂住证和连续 5 年(含)以上在本市缴纳社会保险或个人所得税缴纳证明，同时实行差别化信贷政策，贷款购买二套房首付比例不得低于 60%，贷款利率不低于基准利率 1.1 倍。

1. 市场需求抑制明显

限购政策对销售市场产生了立竿见影的效果，新建商品房和二手房

销量齐跌，2011 年 3 月当月全市新建商品房销售面积为 91 万平方米，比上年同月下降 31.7%。据北京市房地产交易管理网数据显示，3 月当月全市二手房销售面积为 132.5 万平方米,比上年同月下降 48.4%。1–11 月，全市新建商品房销售面积为 1107.8 万平方米，比上年同期下降 19.5%，二手房销售面积为 1287.5 万平方米，下降 33.1%。

2. 销售价格稳中有降

2011 年前两个月，全市新建住宅涨幅较高，环比分别上涨 0.8%和 0.4%，调控政策出台后，除 4、5 月环比微涨 0.1%外，其他各月价格均持平，连续 5 个月停止上涨。新建商品住宅二季度环比涨幅明显回落，4–6 月分别上涨 0.1%、0.2%和 0.1%，三季度各月价格持平，10 月份环比下降 0.1%。

随着二手住宅交易量的大幅下滑，其价格也开始松动。春节过后，除 4 月和 7 月环比微涨 0.1%外，其余各月价格环比均呈下降趋势。10 月份，全市二手住宅价格环比下降 0.5%，降幅达年内最大。

（三）商业地产日渐升温，商服用地入市交易活跃

1. 商业地产开发建设升温

随着国内经济和房地产发展水平的提高、尤其是近年来住宅市场频频遭遇政策调控，写字楼、商业营业用房等商业地产逐渐成为当前房地产市场投资的热点领域。

2011 年 1–11 月，全市写字楼等商业地产开发投资为 609.9 亿元，由上半年的同比下降 5%转为增长 21%，增速比前三季度加快 4.2 个百分点。11 月末，全市写字楼等商业地产施工面积为 2553.6 万平方米，同比增长 16.2%，增速比前三季度加快 2.3 个百分点；新开工面积为 730 万平方米，增长 95.5%。

2. 商服用地入市交易活跃

据市国土局数据显示，2011 年 1–10 月，全市商服用地供应 312.2 公顷，成交价款为 625.7 亿元，分别比上年同期增长 7.7%和 1.1 倍；商服用地入市交易 301.9 公顷，成交价款为 446.8 亿元，同比增长 1.1 倍。

三、值得关注的问题

（一）开发企业项目到位资金趋于紧张，融资难度加大

在销量不断萎缩和流动性持续收紧的影响下，自2011年3月份开始，我市房地产开发项目本年到位资金增速一直低于开发投资增速， 1-11月全市房地产开发项目本年到位资金比上年同期下降2.1%，其中银行贷款下降15.4%，企业融资情况不容乐观。据企业景气调查结果显示，受房地产调控政策影响，三季度全市房地产企业资金情况指数和融资指数分别处于相对不景气和较为不景气区间，分别为85.7和67.2，比上季度分别下跌3.7点和3.5点，比上年同期分别下跌5点和14点。

随着房地产市场调控的深入，房地产开发资金如果愈发紧张，各种问题也会相继被引发。一是开发投资增长缺乏资金支持。资金是维持投资增长的血液，如果企业资金链断裂，极有可能造成项目停工，从而减缓项目建设进程，后期可能出现“烂尾楼”现象。二是中小房地产企业融资难度将进一步加大。若房地产市场供求双方长期处于僵持状态，成交量进一步萎缩，将会导致企业资金回笼周期拉长及难度加大，各类资金也将会放缓进入或撤离该行业，企业融资难度将进一步加大。

（二）竣工面积持续低位运行，难以满足后期住房需要

2011年3月份开始，我市商品房竣工面积一直低于上年同期水平。上半年，全市商品房竣工面积为543.7万平方米，比上年同期下降30.5%，降幅达年内最大。1-11月，全市商品房竣工面积为1367.6万平方米，比上年同期下降19.2%，其中住宅竣工面积为800万平方米，下降24.9%。

分类型看，1-11月全市政策性住房竣工面积为340万平方米，同比下降36.8%，纯商品房竣工面积为1027.6万平方米，下降11%。政策性住宅竣工面积为255.4万平方米，同比下降39.3%，纯商品住宅竣工面积为544.6万平方米，下降15.4%。若政策性住房不能按时竣工，必然影响后期住房保障工作的开展，例如廉租、公租房的配租和经济适用房、限价房的配售等不能如期进行。纯商品房竣工面积的持续低位运行，不仅难以满足广大人民群众住房需要，同时更加无法满足由于收入增长和

家庭人口变化形成的改善性需求。

（三）住宅用地交易市场冷清，影响后期新增商品房供应

调控新政不仅优先确保保障性住房建设用地，同时对企业土地市场准入资格和资金来源的审查更为严格，参加本市土地竞买的单位或个人，必须说明资金来源并提供相应证明。在调控政策、开发企业观望情绪及资金趋紧的影响下，住宅用地成交价款大幅下降。

据市国土局数据显示，2011 年 1—10 月，全市国有土地供应 1681.1 公顷，成交价款为 1233.9 亿元，其中住宅用地供应 580.2 公顷，成交价款为 540 亿元，比上年同期下降 22.1%。住宅用地入市交易市场更为冷清。1—10 月，全市土地入市交易 1688.5 公顷，成交价款为 880.5 亿元，同比下降 0.2%，其中住宅用地入市交易 567.7 公顷，成交价款为 381.1 亿元，同比下降 38.4%。住宅用地交易持续低迷，势必影响后期形成市场新增商品房的供应量。

四、2012 年房地产市场初步展望

今年的宏观调控政策已初显成效，销售市场降温，房价下行明显，在目前尚未有任何放松调控信号的背景下，2012 年将继续促使我市房地产市场进入深度调整。

（一）有利因素

1. 政策性住房建设将继续大力推进

“十二五”期间，我市计划通过建设、收购各类保障性住房 100 万套，因此 2012 年政策性住房建设将继续作为一项重要任务开展。随着政策性住房建设的稳步推进，政策性住房投资将会对未来房地产开发投资起到一定支撑作用，预计 2012 年房地产开发投资将保持平稳增长态势。

2. 存款准备金率 3 年来首次下调

2011 年 11 月 30 日，央行宣布存款准备金率下调，这是时隔 3 年以来的首次下调，将释放流动性资金 4000 亿元左右。这预示着在通胀压力逐渐减小的前提下，稳增长将成为政府工作主题。如果 2012 年继续放宽货币政策，将在一定程度上减轻房地产企业的资金压力。

（二）不利因素

1. 内外宏观环境错综复杂

受楼市限购和消费市场限车影响，2011 年我市一季度、1-2 季度和 1-3 季度国内生产总值分别增长 8.6%、8%和 8%，经济增长面临的压力较大，发展的确定性依然比较严峻。同时，国内经济增速放缓、出口下滑及欧洲债务危机等因素使内外宏观环境更加错综复杂。

2. 限购政策在遏制投机的同时也对刚性需求产生影响

以往出台的房地产调控政策在抑制投机方面往往收效不大，而今年“限购令”的政策效果却十分明显。限购政策本质上属于行政手段，而且影响范围不仅仅是投机需求，对于因劳动力转移形成的刚性需求、因家庭收入增长和人口变化形成的改善型需求也产生影响。

2011年北京流通市场运行情况简析

◆◇饶　琦

2011年，在全球经济复苏缓慢，欧洲债务危机一波未平，一波又起。国内大力推进“调结构、转方式”的背景下，北京市各行业经营情况稳定，其中批发零售业保持合理增长，购销总额有望突破8万亿元，对首都经济发展贡献更加突出。

同时2011年也是消费结构转变的关键之年，各种业态升多降少，网上商店蓬勃发展，北京市的汽车调控政策出台对市场影响显著。

一、各行业经营情况

（一）总体情况

1. 购销总额有望突破8万亿元

2011年1—11月，全市批发和零售业商品购销总额达到79348.9亿元，全年有望突破8万亿元。其中商品销售总额39748.6亿元，比上年同期增长16.5%，增速低于“十一五”同期平均增速6.8个百分点。

2. 对经济增长贡献突出

2011年1—3季度，全市批发零售业实现增加值1586.5亿元，占第三产业增加值的18.2%，占全市地区生产总值的13.9%，规模仅次于工业，在三产中位居首位；同比增长8.9%，对全市经济增长的贡献率15.5%，增速和贡献率在各行业中均居第三位。

3. 企业效益稳步增长

2011年1—8月，限额以上批发零售企业实现主营业务收入23238.2亿元，同比增长16.6%，实现利润总额804.7亿元，增长30%。其中批发企业实现主营业务收入20082.3亿元，增长17.5%，增幅比1—5月提高0.8个百分点；实现利润总额710.9亿元，增长24%，增幅比1—5月提高4个百分点。限额以上住宿餐饮企业实现主营业务收入512.4亿元，同比增长 15.8%，增幅比 1-5 月提高 0.8 个百分点。

（二）批发业保持合理增长

1-11 月，全市批发业实现商品销售总额 33630.7 亿元，同比增长 17.5%，增速比 1-10 月回落 1 个百分点，比“十一五”同期平均增速低 6.3 个百分点（见图 1）。

图 1　批发业销售额累计增速

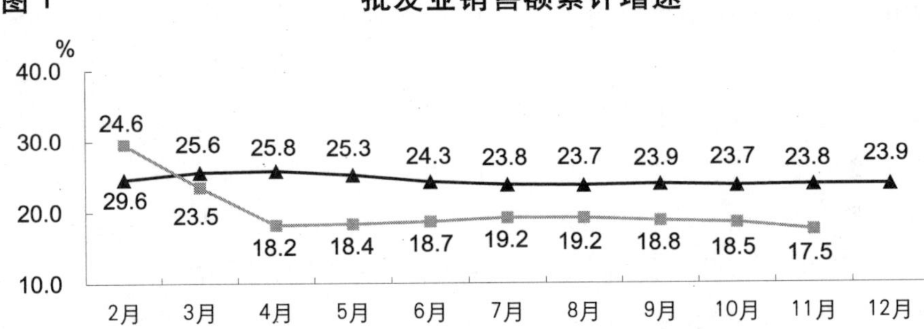

1. 市内批发增长快于市外批发

1-11 月，全市限额以上批发企业实现市内批发额 6741.8 亿元，同比增长 20.3%，增速比 1-10 月提高 0.5 个百分点，高于市外批发额（含出口额）增速 3.4 个百分点；占限额以上批发企业销售额的 20.2%，比重较 1-10 月提高 0.3 个百分点。

2. 地方企业增长快于中央企业

“十一五”期间，地方批发企业增速一直高于中央批发企业，今年以来，优势有所缩小。1-11 月，全市限额以上批发企业中，地方企业实现销售额 19630 亿元，占限额以上批发企业销售额的 58.7%；同比增长 18.5%，低于“十一五”年均增速 14.4 个百分点，高于中央企业增速 1.9 个百分点，增速差距较“十一五”平均水平缩小 6 个百分点。

3. 龙头企业支撑作用显著

1-11 月，全市按销售额排名前 100 家批发企业中有 52 家中央企业，48 家地方企业，共实现销售额 21972.2 亿元，占批发业销售额的 65.3%；同比增长 23.3%，增速高于批发业 5.8 个百分点；对批发业销售额增长的贡献率高达 82.9%，拉动批发业销售额增长 14.5 个百分点。

4. 前三类商品占比超五成

1—11 月，限额以上批发企业销售的 25 类商品中，金属材料类、汽车类和石油及制品类 3 类商品合计实现销售额 16938 亿元，占限额以上批发企业销售额的 50.7%；同比增长 25.5%，低于"十一五"年均增速 7 个百分点；对销售额增长的贡献率为 68.6%，拉动销售额增长 12.1 个百分点。

其中汽车类实现销售额 4721.3 亿元，增长 22.6%，增速同比回落 44.6 个百分点，低于"十一五"年均增速 35.5 个百分点。

（三）零售业增长平稳

1—11 月，全市零售业实现商品销售总额 6118 亿元，同比增长 11.6%，增速比 1—10 月回落 0.1 个百分点，比"十一五"同期平均增速低 9.1 个百分点（见图 2）。其中限额以上零售企业实现网上销售额 305.6 亿元，同比增长 1.3 倍，占限额以上零售企业销售额的 5.7%，比重较 1—10 月提高 0.3 个百分点。

图 2　　零售业销售额累计增速

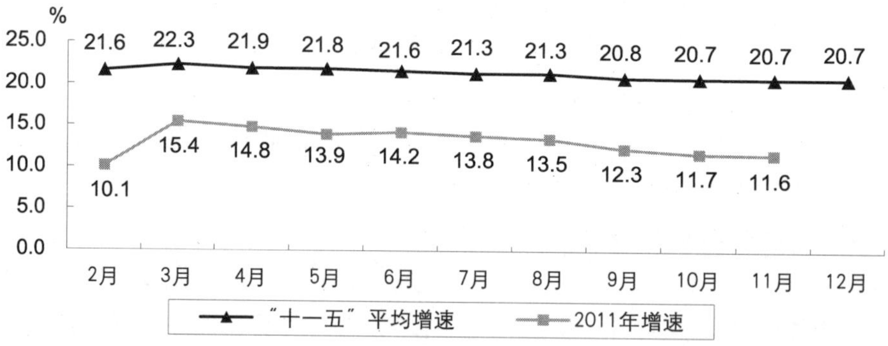

（四）住宿餐饮业增势良好

1—11 月，全市住宿餐饮业实现营业额 913.8 亿元，同比增长 14.7%，增速比 1—10 月回落 0.1 个百分点。其中住宿业增长 12.6%，增速比 1—10 月回落 0.4 个百分点；餐饮业增长 15.8%，增速与 1—10 月持平。

二、消费品市场运行情况

2011 年 1−11 月，全市实现社会消费品零售额 6222.9 亿元，同比增长 10.9%，增速同比回落 6.1 个百分点；扣除价格因素，实际增长 7.4%。从各月看，规模稳步扩大，其中 9 月份在中秋、国庆双重促销带动下，实现零售额 633 亿元，为目前单月最高；增速较为平稳，受汽车销售下滑影响，平均低于“十一五”时期增速 4−5 个百分点（见图 3）。

图 3　　零售额累计增速

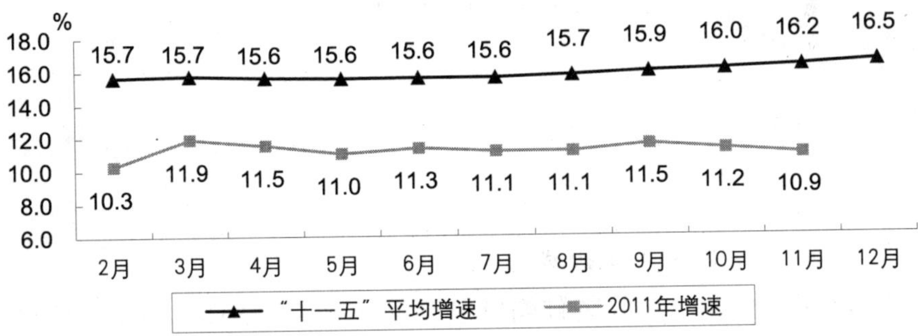

（一）烧类商品增势强劲

从商品用途看，烧类商品增势强劲，1−11 月实现零售额 544 亿元，同比增长 28.2%，增速比 1−10 月提高 0.5 个百分点；占比近六成的用类商品增速最低，实现零售额 3644.1 亿元，增长 5.3%；吃、穿类商品销售稳定，分别实现零售额 1436.9 亿元和 597.9 亿元，增长 16.8%和 20.9%。

（二）主要商品销售特点

1. 汽车：惨淡——好转——稳定

惨淡：随着今年年初汽车限购政策的出台，汽车市场陷入低迷。1−2 月，全市共销售机动车 4.9 万辆，同比下降 73.4%；好转：3 月份后，摇号中签者开始购车，备案二手车可带牌销售政策出台，加之汽车厂商采取多种应变措施，有效刺激了市场需求，降幅有所收窄。3−8 月，全市共销售机动车 38 万辆，同比下降 40.1%；稳定：自 9 月份开始，全市汽车市场渐趋稳定状态，9−11 月，全市共销售机动车 27 万辆，同比下降 28.1%。

1−11 月，限额以上批发零售企业中，汽车类实现零售额 1153.4 亿元，同比下降 20.7%，降幅比 1−10 月扩大 0.5 个百分点（见图 4）。

图 4　　2011 年汽车类零售额累计增速

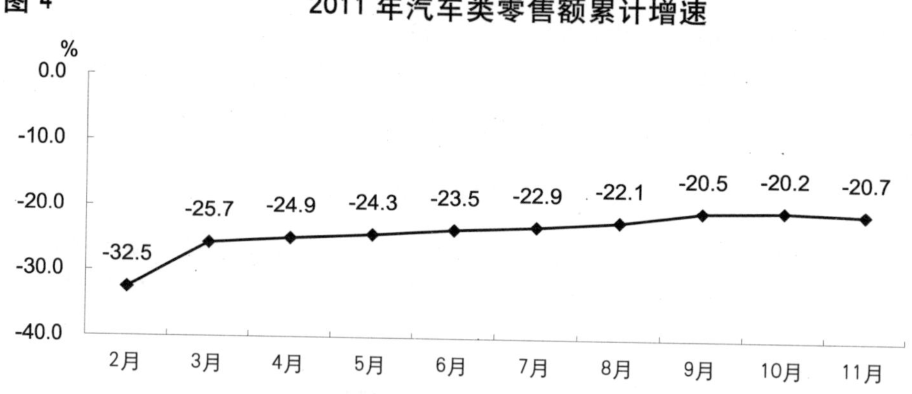

2. 前四类商品占比近六成

1−11 月，汽车类、服装鞋帽针纺织品类、石油及制品类和粮油食品饮料烟酒类 4 类商品合计实现零售额 2744.3 亿元，占限额以上批发零售企业零售额的 56.4%。除汽车销售下降外，其余 3 类商品均快速增长，其中服装鞋帽针纺织品类增长 20.5%；石油及制品类增长 30.8%；粮油食品饮料烟酒类增长 15.1%。

3. 居住类商品增速回落

1−11 月，限额以上批发零售企业中，家用电器和音像器材类、家具类和建材及装潢材料类 3 类居住类商品合计实现零售额 320.2 亿元，同比增长 11%，增速比 1−10 月微降 0.1 个百分点，同比回落 7.5 个百分点。

4. 金银珠宝类零售额高开低走

今年以来，受金价起伏影响，金银珠宝类零售额逐月下降（见图 5）。其中 11 月份，金银珠宝类实现零售额 18.4 亿元，同比下降 8.5%，年内首次出现负增长。1−11 月，金银珠宝类实现零售额 291 亿元，增长 55.8%，对限额以上批发零售企业零售额增长的贡献率为 22.6%，拉动限额以上批发零售企业零售额增长 2.4 个百分点。

图 5　　2011 年各月金银珠宝类零售额

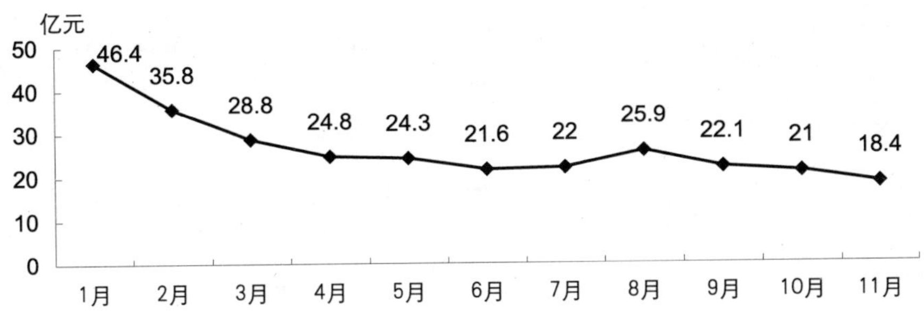

（三）网上零售成倍增长

1-11 月，18 种零售业态中 14 种业态增长，专卖店、邮购、电视购物和自动售货亭 4 种业态下降(见表 1)。其中网上商店实现零售额 223.1 亿元，在各业态中取代超市位居第六；同比增长 1 倍，增速远高于其他业态。销售规模居首的是专卖店，实现零售额 1114.6 亿元，受汽车销售下滑影响，同比下降 12.8%。

表 1　　1-11 月零售额分业态

零售业态	1-11 月零售额（亿元）	增长（%）
有店铺零售	4104.6	6.3
专卖店	1114.6	-12.8
专业店	1057.0	8.1
百货店	646.9	27.7
加油站	421.0	29.8
大型超市	324.9	12.4
超市	201.3	12
厂家直销中心	92.9	8.7
购物中心	78.8	17.1
家居建材商店	69.7	1
仓储会员店	38.7	5.7
便利店	35.5	23.7
折扣店	19.7	21.8

表 1　　1–11 月零售额分业态（续表）

零售业态	1–11 月零售额（亿元）	增长（%）
食杂店	3.5	27.2
无店铺零售	281.1	77.2
网上商店	223.1	102.4
电话购物	51.1	26.7
邮购	4.3	–3.4
电视购物	2.4	–15.2
自动售货亭	0.1	–82.8

三、需要关注的问题

（一）关注消费结构的调整

今年汽车调控政策的出台，表明了政府“调结构、转方式”的决心，取得了一定效果，但任重而道远。1–11 月，限额以上批发零售企业销售的 25 类商品中，汽车类和石油及制品类实现零售额分居第一位和第三位，合计实现零售额 1675.2 亿元，占限额以上批发零售企业零售额的比重虽有所下降，但仍高达 34.4%。北京消费品市场尚未完全摆脱对“车”和“油”的依赖，还需挖掘新的消费增长点，进一步调整消费结构。

（二）关注居民消费的增长

促进居民消费增长既是保障民生，提高人民生活水平的客观要求，也是扩大内需，拉动经济增长的重要力量。“十二五”规划提出：“合理调整国民收入分配格局，着力提高城乡中低收入居民收入，增强居民消费能力。坚持把保障和改善民生作为加快转变经济发展方式的根本出发点和落脚点。”但从零售额实现主体看，居民实现零售额增速较低。平均低于社会集团实现零售额增速 10–15 个百分点，对消费者市场存在不利影响。

（三）关注网上商店的成长

近两年，网上商店以其商品丰富、物美价廉、方便快捷的优势博得了消费者的青睐，持续成倍增长，无论是规模还是增速均居无店铺零售之首。但随着业务范围的扩大，白热化的竞争压力、日益上涨的经营成本、物流配套设施的建设和消费者权益的保障等问题日益凸显。对这些问题需加以重点关注，以实现网上商店质和量的同步提高。

（四）关注物价水平

今年以来，受美国量化宽松货币政策，国际大宗商品价格高位运行，生产成本上升等因素影响，物价处于较高水平，打击了消费者的消费意愿。国家采取多种措施，加大农副产品供给量，发放临时价格补贴等，价格调控效果明显，有利于消费品市场平稳发展。

2011年北京对外经济贸易情况简析

◆◇刘　洁

2011年，北京地区进出口规模继续扩大，出口稳中略升，进口继续回调；实际利用外资阶梯式增长；对外经济合作业务保持稳定。需要关注的问题体现在：欧债危机持续深化，新兴市场国家需求难以取代发达经济体，出口企业综合成本上升压力犹存等。同时，在国家采取的“稳增长、调结构、促平衡”各项措施下，出口企业应积极面对挑战，主动调整，打造新的竞争优势。

一、总体情况

（一）进口、出口增速延续上年趋势

1-11月，北京地区进出口总值3531.2亿美元，比上年同期增长30.4%。其中出口534亿美元，增长5.9%；进口2997.2亿美元，增长36.2%。从月度趋势看，2011年进出口累计增速趋势与2010年保持一致，但增幅低于2010年，具体体现为进口增速继续回调，累计出口增速稳中有升（见图1）。

图1　2010-2011年北京地区进、出口累计增速

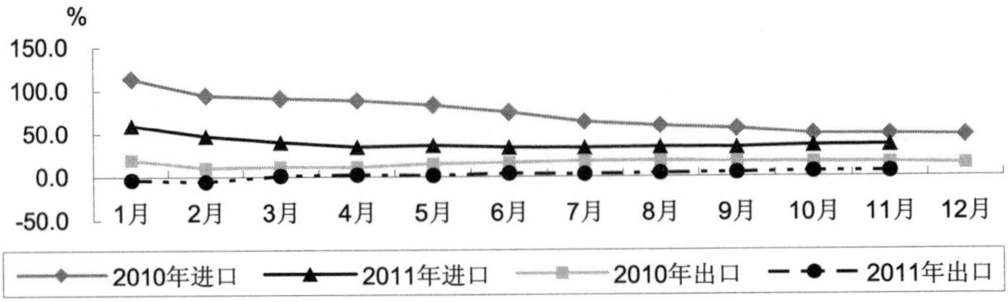

（二）实际利用外资阶梯式增长

1—10 月，北京批准合同外资 92.6 亿美元，同比增长 23.4%；实际利用外商直接投资 65.5 亿美元，同比增长 13.9%。从月度趋势看，第三季度累计增速超过并稳定在 5%以上，第四季度累计增速保持两位数增长（见图 2）。

图 2　　1—10 月北京实际利用外资累计金额及增速

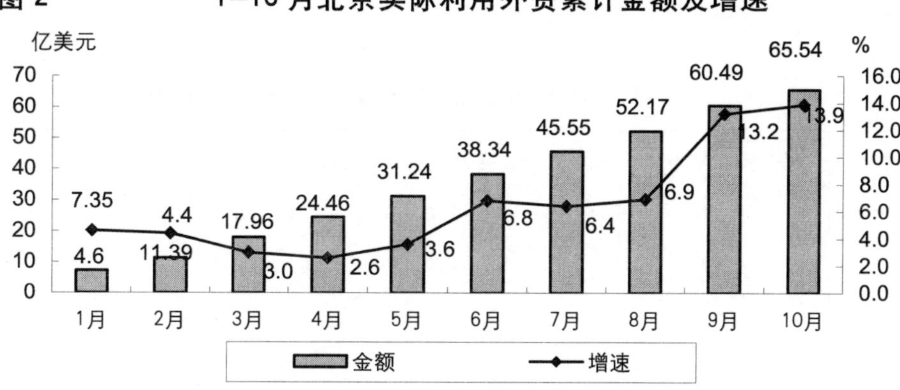

（三）对外经济合作业务保持稳定

1—10 月，北京对外承包工程新签合同额 16.2 亿美元，同比下降 15.9%；完成营业额 18.1 亿美元，同比增长 11.4%；期末在国外人数 12806 人，下降 24.3%。1—10 月，对外劳务合作业务累计新签对外劳务人员合同工资总额 1090 万美元，对外劳务人员实际收入总额 2900 万美元，期末在国外人数 5038 人，下降 9.8%。

二、北京地区进出口运行特点

1—11 月，对前十大贸易伙伴出口六升四降；出口商品增长面显著扩大，但手机、成品油维持下降趋势；主要商品支撑全市进口保持较快增长；私营企业出口表现抢眼，国有企业奋起直追。

（一）对前十大贸易伙伴出口六升四降

1—11 月，北京对前十大贸易伙伴出口共计 374.4 亿美元，占全市出口额的 70.2%。与上年同期相比，有 6 个实现增长、4 个呈现下降。

增长方面：对伊朗、日本、俄罗斯分别出口 14.5 亿、49.4 亿和 44.7 亿美元，同比增长 69.8%、52.7%和 51.7%；对韩国、美国、香港分别出口 27.6 亿、44.7 亿和 41.3 亿美元，同比增长 31.9%、15.9%和 11.1%。

下降方面：对东盟、欧盟分别出口 61.7 亿和 86 亿美元，下降 23.2%和 6.2%，两者影响全市出口增速 4.8 个百分点；对台湾出口 11.8 亿美元，下降 9.4%；对印度出口 26.2 亿美元，下降 0.1%，与上年同期基本持平（见表 1）。

表 1　　1—11 月北京地区前十大出口贸易伙伴情况

排名	国家及地区	金额（亿美元）	同比（%）	比重（%）
1	欧盟	86.0	−6.2	16.1
2	东盟	61.7	−23.2	11.6
3	日本	49.4	52.7	9.3
4	美国	44.7	15.9	8.4
5	香港	41.3	11.1	7.7
6	韩国	27.6	31.9	5.2
7	印度	26.2	−0.1	4.9
8	伊朗	14.5	69.8	2.7
9	台湾	11.8	−9.4	2.2
10	俄罗斯	11.2	51.7	2.1

从排名和比重情况看，三年来欧盟、东盟稳居前两位且比重超过一成；日本位次逐年提升，2011 年超过美国位居第三，三年来占比分别为 5.8%、7.3%和 9.3%；美国、香港、韩国、印度排名与比重相对稳定；台湾排名下滑且低于伊朗；俄罗斯首次位列前十（见表 2）。

（二）出口商品增长面显著扩大

1—11 月，21 个类别出口商品中，共有 17 类商品实现增长，占全市出口额的 43.3%；4 类商品下降，占全市出口额的 56.7%。与上半年相比，实现增长的商品增加 4 类，占比增加 12.9 个百分点，增长面显著扩大。

表 2　　2009 年以来北京地区出口贸易伙伴排名及比重

排名	2011 年 1–11 月		2010 年		2009 年	
	国家及地区	比重(%)	国家及地区	比重(%)	国家及地区	比重(%)
1	欧盟	16.1	欧盟	16.3	欧盟	19.2
2	东盟	11.6	东盟	11.9	东盟	13.9
3	日本	9.3	美国	8.5	美国	6.7
4	美国	8.4	日本	7.3	香港	6.4
5	香港	7.7	香港	6	日本	5.8
6	韩国	5.2	韩国	5.3	韩国	5.1
7	印度	4.9	印度	4.8	印度	4.6
8	伊朗	2.7	伊朗	3	台湾	2.4
9	台湾	2.2	台湾	2.7	阿联酋	2.2
10	俄罗斯	2.1	巴拿马	1.9	哈萨克斯坦	1.9

增长方面：出口贱金属 52.1 亿美元，增长 36.1%，拉动全市出口增长 2.7 个百分点。其中，出口钢材 27.6 亿美元，增长 32.8%；出口铁合金 6 亿美元，增长 2 倍。出口化工产品 40.7 亿美元，增长 32.3%，拉动全市出口增长 2 个百分点。出口运输设备 50.6 亿美元，增长 10.8%。其中，出口汽车 7.1 亿美元，增长 13.9%。出口纺织品 22.9 亿美元，增长 12%。其中，出口服装 17.9 亿美元，增长 11%。另外，出口食品、珠宝分别为 5.5 亿和 3.5 亿美元，同比增长 46.4%和 45.2%，增长较快。

下降方面：出口机电音像设备 229.9 亿美元，下降 1.7%。其中，出口手机 1.3 亿台，同比下降 20.3%；实现出口额 76.9 亿美元，下降 23.3%，影响全市出口增速 4.6 个百分点。出口矿产品 72.5 亿美元，下降 10.5%。其中，出口成品油 534 万吨，下降 34.9%；实现出口额 45.8 亿美元，下降 19.9%，影响全市出口增速 2.3 个百分点；出口煤 8.6 亿美元，下降 15.5%（见表 3）。

表 3　　1-11 月北京地区各类别商品出口情况

排名	商品类别	金额（亿美元）	同比（%）	拉动全市出口增速（百分点）
1	机电音像设备	229.9	-1.7	-0.8
2	矿产品	72.5	-10.5	-1.7
3	贱金属及制品	52.1	36.1	2.7
4	运输设备	50.6	10.8	1.0
5	化工产品	40.7	32.3	2.0
6	纺织品	22.9	12.0	0.5
7	光学医疗仪器	17.9	23.1	0.7
8	塑料橡胶制品	8.9	7.3	0.1
9	矿物制品	6.2	18.9	0.2
10	杂项制品	5.9	6.4	0.1
11	食品	5.5	46.4	0.3
12	植物产品	4.9	15.5	0.1
13	珠宝	3.5	45.2	0.2
14	鞋帽伞等制品	2.4	31.5	0.1
15	木浆、纸制品	1.7	0.6	0.0
16	木制品	1.4	23.9	0.1
17	皮革制品	1.1	1.6	0.0
18	动物产品	1.0	20.6	0.03
19	油脂	0.1	151.6	0.01
20	武器	0.1	-25.8	0.0
21	艺术品	0.03	-28.0	0.0

（三）主要商品支撑全市进口保持较快增长

10 月份，排名前十位的商品共实现进口额 2079.4 亿美元，占全市出口额的 69.4%，对全市进口增长的贡献率为 64.8%。与上年同期相比，有 9 种商品实现增长,1 种商品呈现下降。其中，进口原油 1353.8 亿美元，增长 35.5%，对全市进口增长的贡献率高达 44.5%。其他贡献率较高的商品依次是汽车、成品油、农产品、铁矿砂，分别进口 211.9 亿、83.1 亿、100.2 亿和 148.1 亿美元，对全市进口增长的贡献率分别为 5.5%、4%、3.4%和 3.2%。另外，液化石油气进口 28.3 亿美元，增长 1.4 倍，2011 年以来保持成倍增长；集成电路出口 52.8 亿美元，下降 4.8%，2011 年以来波动较为明显（见表 4）。

表 4　　1—11 月北京地区前十大进口商品情况

排名	商品	金额（亿美元）	同比（%）	贡献率（%）
1	原油	1353.8	35.5	44.5
2	汽车	211.9	26.3	5.5
3	铁矿砂	148.1	20.5	3.2
4	农产品	100.2	37.3	3.4
5	成品油	83.1	60.5	4.0
6	集成电路	52.8	−4.8	−0.3
7	自控仪器及器具	43.0	29.3	1.2
8	粮食	31.0	11.6	0.4
9	液化石油气	28.3	143.1	2.1
10	飞机	27.1	35.1	0.9

（四）私营企业出口表现抢眼 国有企业奋起直追

1—11 月，北京地区私营企业出口 50 亿美元，同比增长 34.2%，高出全市增速 28.3 个百分点，拉动全市出口增长 2.5 个百分点。国有企业出口 286.2 亿美元，占全市出口额的 53.6%；增长 10.9%，增幅比上半年提高 3.5 个百分点。外商投资企业出口 196.1 亿美元，占全市出口额的 36.7%；下降 3.1%，降幅比上半年收窄 2.2 个百分点。

三、实际利用外资运行特点

从实际利用外资占比看，1—10月，第二产业占全市的11.6%，比上年同期增加1.7个百分点；第三产业占88.4%，减少1.7个百分点。从具体行业看，第二产业中电力、燃气及水的生产和供应业三大行业成倍增长；第三产业中批发和零售业、金融业保持较高增幅，房地产业、租赁与商务服务业延续下降态势。

（一）第二产业中三大行业成倍增长

1—10月，第二产业实际利用外资7.6亿美元，同比增长36.7%，高于全市增速22.8个百分点。其中，电力、燃气及水的生产和供应业1.5亿美元，增长3.9倍；交通运输设备制造业、专用设备制造业均为1.2亿美元，分别增长1.6倍和1.3倍。

（二）第三产业中行业表现各异

1—10月，第三产业实际利用外资57.9亿美元，同比增长11.7%。其中，批发和零售业、金融业分别为11.1亿和2.8亿美元，增长83.2%和46.8%，保持较高增幅；计算机服务和软件业、科研和技术服务业分别为9.3亿和4.1亿美元，增长19%和16.2%；房地产业、租赁和商务服务业分别为10.6亿和15.9亿美元，下降17.7%和7.7%，延续下降态势。

四、需要关注的问题

（一）欧债危机深度蔓延一定范围内拖累出口

自2011年下半年以来欧洲主权债务危机卷土重来，欧元区经济再度下滑，直接对北京出口造成一定冲击。1—11月，北京对欧盟出口86.2亿美元，下降6.2%，拖累全市出口增速1.1个百分点。未来对欧盟出口仍将面对较大压力。不过鉴于欧元区核心经济体如英国、德国经济表现仍然稳健，预计未来北京对欧盟出口大幅下跌概率较小。

（二）新兴市场国家需求难以取代发达经济体

在欧债危机继续发酵，传统经济强国需求持续走低的背景下，新兴市场国家也难以取而代之，提振北京出口总值。例如，1—11月，北京对东盟出口61.7亿美元，同比下降23.2%，对北京出口增速造成显著影响。目前，新兴市场国家经济增速下滑通胀压力仍未见明显好转，巴西和印度实际GDP增速2011年以来呈现明显回落态势，两国9月CPI仍在7.3%和9.7%的历史高位。再加上泰国洪灾，或可推高全球范围内大米等粮食价格，这可能会直接影响到对东盟等新兴市场国家的出口。

（三）新出口订单指数表现不佳

据国家统计局、中国物流与采购中心公布数据显示，11月我国新出口订单指数为53.6%，比上月回落0.9个百分点，为两年以来新低。因此从外部需求来看，我国出口仍面临较大不确定性。数据显示，20个行业中，仅有木材加工及家具制造业、食品加工及制造业等13个行业新出口订单指数高于50%（临界点）。

（四）出口企业综合成本上升压力犹存

时至今日，出口企业仍面临着综合成本上升的压力。从国内看，土地、能源、资源等要素价格已进入集中上升期，外贸企业尤其是中小外贸企业的经营环境趋紧。我国劳动力供求矛盾未来一段时期仍然比较突出，“招工难、用工贵”问题突出，人工成本将快速提升。从国际看，资源能源需求刚性增长与供给受限的矛盾，将推动资源能源及其他生产要素价格持续上涨。人民币升值压力也将持续加大，这些因素将影响未来出口增速的高低。

（五）积极应对战略调整

2011年是“十二五”开局之年，面对当前持续复杂艰难的经济环境，国家采取了各项措施“稳增长、调结构、促平衡”，加快对外贸易发展方式转变。因此，外贸出口的放缓是暂时的、阶段性的，是在国际环境极为复杂形势下采取的应对措施。外贸企业应将出口订单减少这一被动局面转化为主动调整结构的机遇。在传统竞争力有所丧失之时，努力依靠技术创新、产业升级、打造品牌等手段形成出口新竞争优势。

2011 年北京财政金融运行情况简析

◆◇周　锐

2011 年 1–10 月，全市财政收入提前完成全年预算，企业所得税、个人所得税增速放缓，财政支出增长迅速；存款增长乏力，人民币贷款当月新增明显，人民币中长期贷款快速增长，外汇贷款恢复；股市震荡，指数再创新低，受市场信心不足及十一长假等因素影响，证券市场交易额继续下滑。

一、财政收支情况

（一）财政收入提前完成全年预算

今年以来，全市一般预算收入保持了较高的增长速度。1–10 月，全市累计完成一般预算收入 2630 亿元，同比增加 529.7 亿元，增长 25.2%，比 1–9 月增速下降 0.4 个百分点，完成全年预算 102.5%。其中，当月完成 326.4 亿元，同比增长 22.3%，比上月提高 5.6 个百分点（见图 1）。

图 1　　2011 年 1—10 月一般预算收入增速变化情况

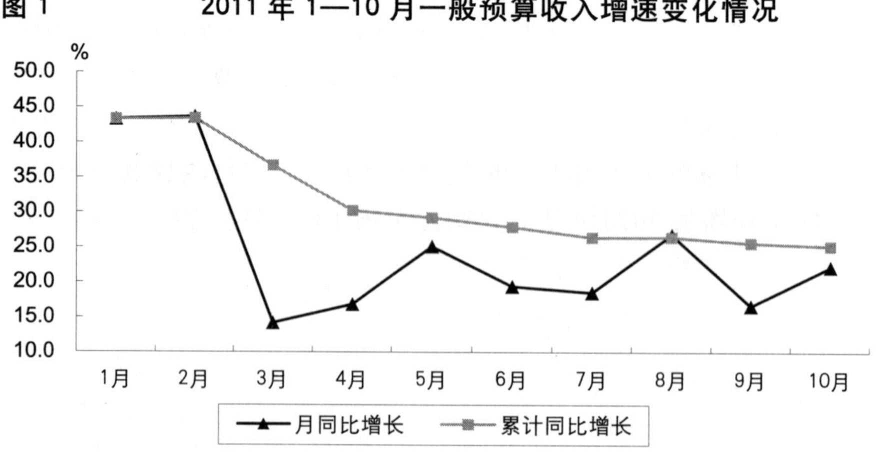

（二）企业所得税、个人所得税已完成全年预算，增速有所放缓

四大税合计完成1989.2亿元，占到一般预算收入的75.6%，同比增加389.8亿元，增长24.4%。其中，企业所得税累计完成623.8亿元，增长31.7%，比1-9月降低5.6个百分点，完成年度预算111.6%；个人所得税累计完成240.1亿元，增长29.7%，比1-9月降低3个百分点，完成年度预算102.8%；营业税累计完成924.9亿元，增长20.3%，增速与上月基本持平，完成年度预算99.2%；增值税累计完成200.4亿元，增长16.7%，比1-9月降低1.6个百分点，完成年度预算88.1%。

（三）财政支出增长迅速

全市一般预算支出2226.7亿元，完成年度预算83.4%，同比增长34.9%，增速比1－9月提高15.7个百分点。其中，当月支出421亿元，增长2.1倍。

全市教育支出363.5亿元，增长29.7%，完成预算的79.3%；社会保障和就业支出278.8亿元，增长37.5%，完成预算的109.6%；医疗卫生支出155亿元，增长48.7%，完成预算的86%；一般公共服务支出166.4亿元，增长12.7%，完成预算的74.8%；节能环保支出52.1亿元，增长41.2%，完成预算的84.5%。

二、金融机构存贷款运行情况

截至10月末，北京市金融机构（含外资，下同）本外币各项存款余额74062.2亿元，按可比口径同比增长11.4%，比上月末降低0.5个百分点，比年初增加7681.6亿元，同比少增2035.5亿元；本外币各项贷款余额39361.7亿元，按可比口径同比增长12.6%，比上月末提高0.7个百分点，比年初增加3070.4亿元，同比少增1071.3亿元。

（一）存款增长乏力，人民币存款同比增速回落，外币存款同比负增长

10月末，人民币各项存款余额71778亿元，按可比口径同比增长12.2%，增速比上月末下降0.3个百分点，增速连续3个月回落，同比少增2405.3亿元。外汇各项存款余额361.2亿美元，比上月末减少1.2亿美元，比年初减少27.4亿美元，按可比口径同比下降2.4%，增速比上月末下降3.6个百分点。

（二）人民币单位活期存款快速增长

10 月末，人民币单位存款余额 45639.7 亿元，比年初增加 3764.7 亿元，当月新增 883.8 亿元。其中，人民币单位活期存款余额 17241.8 亿元，当月增加 2086.2 亿元；人民币单位定期存款余额 16732.5 亿元，当月减少 465.8 亿元；人民币单位通知存款余额 3428.1 亿元，当月减少 1028.6 亿元。

（三）人民币贷款当月新增明显，外汇贷款恢复

10 月末，人民币各项贷款余额 33070.8 亿元，比年初增加 3695.5 亿元，当月新增 755.8 亿元。按可比口径同比增长 15.6%，增速比上月末提高 0.5 个百分点。

10 月末，外汇各项贷款余额 994.9 亿美元，当月新增 23.1 亿美元。按可比口径同比增长 4.7%，增速比上月末提高 1.7 个百分点，增速 6 个月来首次回升（见图 2）。

图 2　　2011 年 1—10 月贷款月度同比增速变化情况

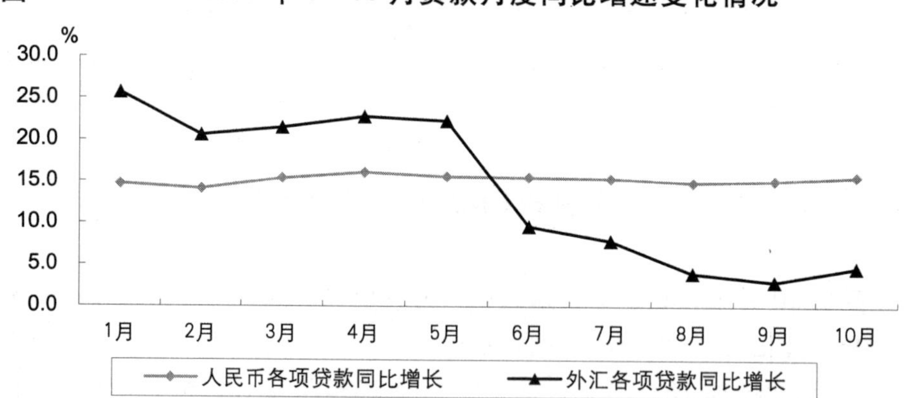

（四）人民币中长期贷款快速增长

10 月末，人民币中长期贷款余额 22634.2 亿元，比年初增加 2111.8 亿元，当月新增 721 亿元。人民币短期贷款余额 9577.5 亿元，比年初增加 1696.1 亿元，当月新增 128.4 亿元。10 月末，当年新增人民币中长期贷款，今年来首次超过新增人民币短期贷款（见图 3）。

图 3　　2011 年 1—10 月人民币贷款月度变化情况

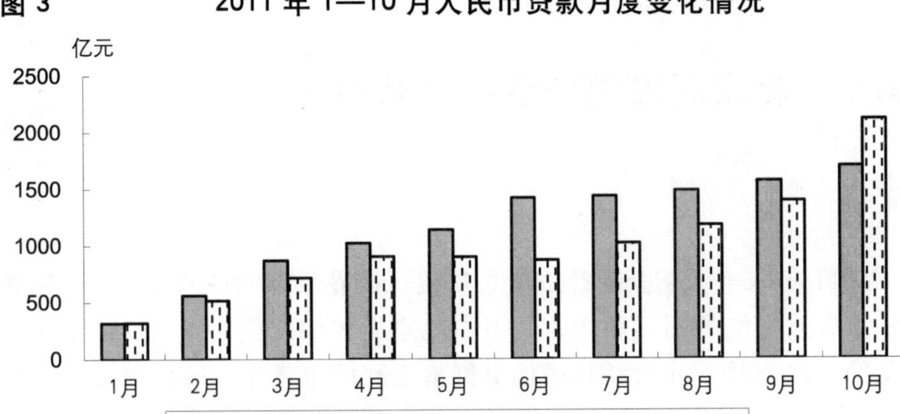

三、金融市场运行情况

10 月沪深股市呈现震荡行情，股指在 10 月 24 日再创年内新低 2307.15 点、9653.51 点后出现反弹，月末上证指数收盘 2468.25 点，上涨 104.36 点，深证成指收盘 10480.91 点，上涨 188.58 点，受市场信心不足及十一长假等因素影响 10 月北京证券市场交易额继续下滑。

1–10 月，北京市金融市场累计交易额 66995.1 亿元，同比增长 1%，增速比 1–8 月下降 8.5 个百分点。其中，当月交易额 4528.8 亿元，比上月减少 622.5 亿元，是今年来成交最少的月份。

从交易品种看，股票交易额累计 53770.3 亿元，同比下降 11%。其中，当月交易额 3013.1 亿元，比上月减少 285.4 亿元；债券交易额累计 11473.2 亿元，同比增长 4.4 倍。其中，当月交易额 1394.2 亿元，同比增长 3.8 倍。

10 月末，北京市证券市场月末库存市值 55635.3 亿元，比上月增加 2782.3 亿元；月末交易结算资金余额 969.9 亿元，比上月增加 96.4 亿元；累计散户开户数为 516.7 万户；累计法人开户数为 32632 户。

2011 年北京居民消费价格走势分析

◆◇冯　艳　王　倩

2011 年以来，在全球经济增长放缓，世界范围内通胀加剧，全国物价水平普遍上涨的国际国内背景下，北京居民消费价格指数延续上年四季度的上涨态势，在食品和居住类价格上涨的推动下，不断攀升、高位运行。且在经济增长速度放缓的情况下，依然保持较高的上涨幅度。未来一段时间，短期政策性因素影响逐步消除后，通过调整经济结构、转变经济发展方式，逐步消化输入性因素以及成本上升等因素对价格的长期影响，但货币因素的影响在短期内仍然无法完全消除，2012 年北京居民消费价格仍面临上涨的压力，但涨幅将有所回落。

一、居民消费价格指数基本情况

1-11 月，北京市居民消费价格指数为 105.7%，比上年同期高 3.5 个百分点。其中，消费品价格指数为 105.2%，比上年同期高 3.5 个百分点；服务项目价格指数为 106.7%，比上年同期高 3.3 个百分点。

表 1　　2011 年 1-11 月北京居民消费价格分类指数（%）

项目	1-11 月累计指数	涨跌构成
总指数	105.7	5.7
一、食品	110.6	2.7
二、烟酒	102.4	0.0
三、衣着	102.6	0.2
四、家庭设备用品及维修服务	104.2	0.2
五、医疗保健和个人用品	103.9	0.4
六、交通和通信	101.5	0.2
七、娱乐教育文化用品及服务	99.6	-0.1
八、居住	109.0	2.1

八大类指数“七升一降”。除娱乐教育文化用品及服务类价格略有下降外，其余各类价格均有不同程度的上涨（见表1）。

在居民消费价格指数上升的5.7%中，年内新涨因素约为3.1个百分点，在总指数涨幅中所占比重为54%；上年滞后因素约为2.6个百分点，所占比重为46%。

二、居民消费价格运行特点

（一）经济增速放缓环境下居民消费价格攀升

一般情况下，居民消费价格指数与经济增长速度呈正相关的关系。经济增长速度加快，物价涨幅随之升高，物价的上涨一般滞后于经济增长。如2007年北京地区生产总值增速为14.5%，是自1985年以来的最快增速，随之居民消费价格指数出现攀升，在2008年2月达到106.6%，全年指数为 105.1%。然而本轮价格是在经济增速放缓的环境下不断上涨。2010年以来经济增速呈现逐步放缓态势，2011年一季度、上半年、三季度北京地区生产总值增速分别为8.6%、8%和8%，分别比上年同期低6.3个、4个和2.1个百分点。而居民消费价格指数则强劲攀升，2011年8月达到106.6%的高点。经济增速放缓与居民消费价格攀升相组合，在以往是十分鲜见的（见图1）。

图1　2001年1月–2011年11月北京各季度地区生产总值增速及居民消费价格指数

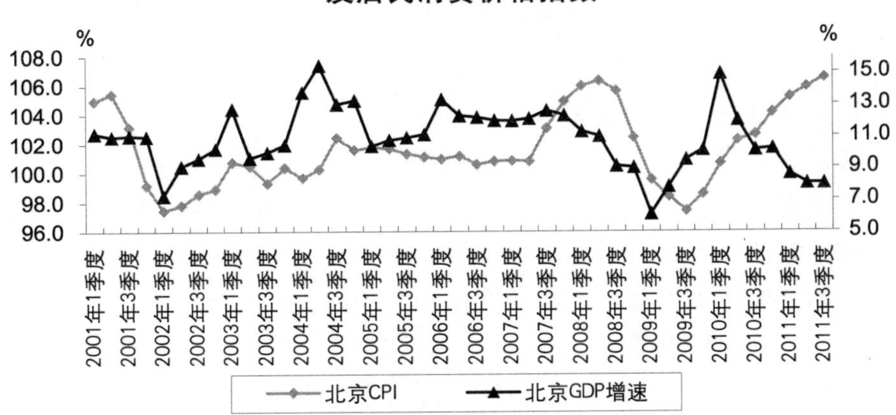

（二）总指数高位运行

2011 年以来，我市居民消费价格指数延续 2010 年四季度的上升趋势，高位开局，前三季度逐步攀升，尽管四季度指数快速回落，但仍位于较高水平（见图 2)。

高位开局：1 月份我市 CPI 同比指数为 104.8%，从近十年的数据看，仅低于 2001 年和 2008 年的 105.3%。

逐步攀升：2 月份至 8 月份，居民消费价格持续攀升。2 月份指数超过 105%，6 月份超过 106%，8 月份达到 106.6%，为年内最高点。

快速回落：9 月份起，CPI 开始回落。9、10、11 月份分别回落 0.1 个、0.6 个和 1.3 个百分点，呈现快速回落的态势。

图 2　　2011 年 1—11 月居民消费价格指数

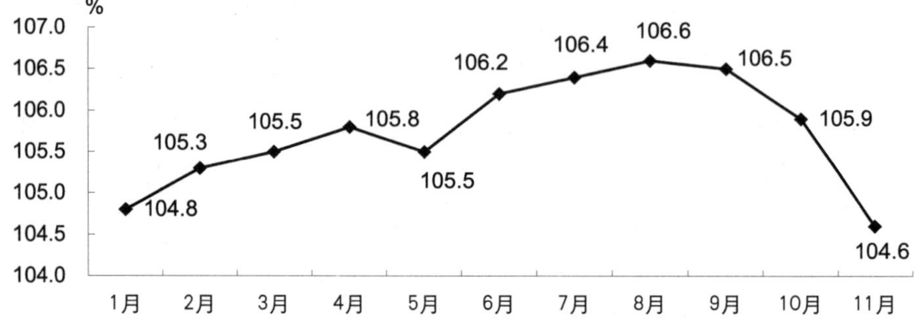

（三）食品、居住双轮驱动

进入 2011 年后，食品类和居住类对居民消费价格指数的推动作用不相上下，形成双轮驱动格局。

1. 食品类涨价是总指数上升的主要推手

2011 年以来，食品类价格上涨明显。除 5 月份涨幅有所缩小外，整体上呈现涨幅逐月扩大的态势，10 月份开始出现回落态势。1—11 月，食品类价格累计上涨 10.6%，拉动总指数上升 2.7 个百分点，是推动总指数上行的主要动力。与居民生活密切相关的粮、油、肉、蛋、水产品、鲜果价格分别累计上涨 11.3%、14.7%、22%、11.1%、9.6%和 12.8%，共拉动总指数上升 1.46 个百分点。尤其是猪肉价格大幅攀升，从 4 月份起快速上涨，年中涨幅已升至 60%以上，对总指数的影响较大。因原料涨价，在外用膳食品、糕点饼干面包价格上涨 10.3%和 12.5%，推升总指数 0.98 个百分点。

2. 居住类价格攀涨推升总指数

受市场需求和调控政策的影响，北京市居住类价格自 2010 年 2 月份开始逐步上行，成为推升居民消费价格指数的又一重要因素。2011 年 1-11 月，居住类价格累计上涨 9%，推动总指数上升 2.1 个百分点。涨幅和对总指数的拉动作用在八大类中仅次于食品类，居第二位。其中，私房房租、住房估算租金分别累计上涨 15.4%和 12.2%，拉动总指数上升 1.99 个百分点。

（四）涨价面明显扩大

2011 年 6 月份以来，居民消费价格指数中八项大类指数保持七升一降的态势，仅娱乐教育文化用品及服务类下降，其他各类价格均呈现不同程度的上涨。与 2008 年同期的“五高三低”相比，涨价的类别增加了衣着、交通和通信两类。1-11 月，在 262 个基本分类中，累计上涨的有 177 个，比上年同期增加 51 个，比年初增加 24 个，比上半年增加 13 个。涨价面呈逐步扩大的态势。

（五）新涨价因素逐步增强

按照一般规律，翘尾因素呈前高后低的趋势。如果新涨因素不再增加，下半年指数将会下行。然而，2011 年下半年各月新涨价因素不断增加，从 6 月份的 2.6%增加到 10 月份的 4.7%，呈现逐步增强的趋势，11 月份有所减弱（见表 2）。

表 2　　2011 年各月新涨因素和翘尾因素（%）

	1 月	2 月	3 月	4 月	5 月	6 月	7 月	8 月	9 月	10 月	11 月
总涨幅	4.8	5.3	5.5	5.8	5.5	6.2	6.4	6.6	6.5	5.9	4.6
翘尾因素	4.1	3.2	3.2	2.7	2.5	3.6	3.3	2.8	2.2	1.2	0.5
新涨因素	0.7	2.1	2.3	3.1	3.0	2.6	3.1	3.8	4.3	4.7	4.1

（六）中药材、首饰、汽油和停车费价格上涨

2011 年以来，中药材价格高企，各月价格涨幅均在 25%以上。国际市场黄金价格震荡上行，首饰价格在前 9 个月逐步增长，同比涨幅在 9 月份达到 26.4%后有所回落。国内成品油价格在 2 月份和 4 月份有两次上调，在 10 月份有一次下调。4 月份我市机动车停车费有所上调。这些变化影响中药材、首饰价格分别比上年同期上涨 32.2%和 18.8%，汽油和停车费分别上涨 13.2%和 52.4%，总共拉动总指数上升 0.75 个百分点。

三、北京居民消费价格指数与全国及重点城市比较

（一）与全国对比

总体来看，北京居民消费价格与全国走势大体一致，但也呈现出自身的一些特点。

1. 指数涨幅高于全国

2011 年以来，除 1 月份以外，北京其他各月的累计价格指数均比全国高 0.1—0.3 个百分点。1—11 月北京居民消费价格累计指数比全国高 0.2 个百分点（见图 3）。

图 3　2011 年 1—11 月北京与全国居民消费价格累计指数对比图

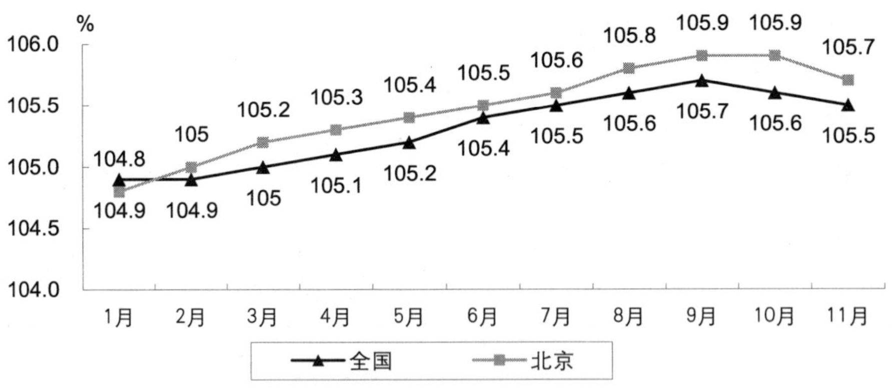

2. 同比涨幅回落晚于全国

全国居民消费价格同比涨幅自 8 月份开始回落，我市居民消费价格同比涨幅在 9 月份有所回落，比全国滞后一个月。居民消费价格涨幅回落主要受食品类涨幅缩小的影响。由于农产品价格的上涨一般是从产地到消费城市，上游到下游的传导，有一定的滞后期，因此北京食品类价

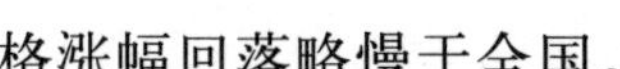
格涨幅回落略慢于全国。

3. 服务项目价格涨幅高于全国、消费品价格涨幅低于全国

2011年各月我市服务项目价格当月同比指数大致高于全国3个百分点左右，主要是由于北京房租的涨幅高于全国（见图4）。扣除服务项目后，北京消费品价格各月指数低于全国1.5个百分点左右。

图4　　2010年1月—2011年11月北京与全国居住类同比指数

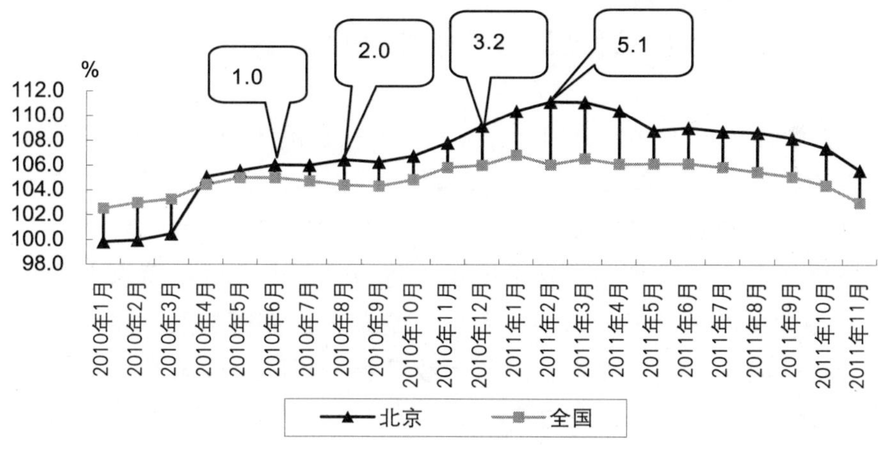

（二）京、津、沪、渝、穗五城市比较

1—11月，在五个主要城市中，北京居民消费价格累计指数最高（见表3）。

表3　　1—11月京、津、沪、渝、穗累计指数比较（%）

	北京	天津	上海	重庆	广州
总指数	105.7	104.9	105.2	105.3	105.6
一、食品	110.6	111.5	110.9	114.4	112.2
二、烟酒	102.4	104.5	101.3	103.4	103.4
三、衣着	102.6	101.6	104.3	101.1	104.4
四、家庭设备用品及维修服务	104.2	106.3	107.1	102.1	104.3
五、医疗保健和个人用品	103.9	101.9	104.4	102.0	102.9
六、交通和通信	101.5	100.0	100.1	99.2	99.5
七、娱乐教育文化用品及服务	99.6	99.6	99.2	98.8	100.9
八、居住	109.0	104.8	105.5	103.7	104.9

从分类指数看：1–11月北京食品类价格涨幅在五城市中最低，低于重庆3.8个百分点。其中，蛋类、干鲜瓜果价格涨幅均低于其他四城市，粮食、肉禽及其制品、鲜菜价格涨幅居中。食品类涨幅较低主要归因于北京在食品保障供给、地方补贴等方面的政策到位，对于稳定食品价格起到了积极的作用。居住和交通通信类价格涨幅在五城市中最高，涨幅分别高于其他四个城市3.5个和1.4个百分点以上。

四、居民消费价格变动原因分析

导致本轮物价上涨的原因十分复杂，既有货币流动性充裕、国际输入性通胀压力等因素，也有资源等要素成本上涨累积效应不断释放的影响。

（一）宏观的货币因素

价格从根本上讲是一种货币现象，货币量是决定价格总水平的宏观因素。一般来说，只要货币超量发行，就会导致价格上涨。为应对全球金融危机，我国实行适度宽松的货币政策和积极的财政政策，本轮价格上涨，出现在经济增速放缓的环境下，根本原因是为应对2008年全球金融危机所采取的一系列刺激政策的滞后作用，是2009年–2010年货币和财政政策效应的延续。

（二）资源成本因素

资源要素的价格上涨不仅直接导致消费价格总指数上升，而且增加了企业的生产成本和流通费用，传导至消费终端，从而间接推升居民消费价格的上涨。第一，成品油价格上涨直接提高了商品的流通成本，对经济的影响面广泛，企业物流成本上升，从而导致消费品和部分服务类价格上涨。第二，全球范围内的资源价格普涨，企业的原材料购进价格上涨的趋势难以避免，带动食品、衣着、家庭设备用品、娱乐教育文化用品价格上行。第三，国内劳动力结构发生变化，供需关系改变，加之食品等生活必需品价格的上涨致使劳动力成本提高，最终表现为商品价格的上涨。

（三）外部的输入性因素影响

输入性因素主要通过相关商品的价格传导和外汇储备的增加两个途径来影响国内价格变动。

2011年，受利比亚及中东北非政治动荡影响，原油价格大幅攀升，北海布伦特原油上半年最高涨至每桶127美元。全球多个国家气候异常，干旱和洪涝灾害肆虐，对世界农产品带来负面冲击，加之游资炒作加剧，国际市场大豆、玉米、小麦价格均比上年同期有较大幅度的上涨。根据我们曾经对国际大宗商品 CRB 指数对居民消费价格指数影响的研究，国际农产品、能源等大宗商品价格的上涨对国内市场产生了通胀预期效应和实质性拉动作用。

五、2012年走势

从国际环境看，2011年以来主要发达经济体经济增长乏力，欧洲主权债务危机恶化，亚太经济增长面临的风险逐渐提高，全球经济增长放缓，特别是新兴经济体增长低于预期。而金砖五国的居民消费价格普遍上涨。国际大宗商品价格虽有下滑，但仍然维持在高位。大豆、玉米、小麦价格均比上年同期有较大幅度的上涨。黄金、原油价格震荡上行，虽然9月份明显回调至年中水平，但仍大幅高于上年同期水平。在主要国家仍维持宽松的货币政策的情况下，流动性依然充足，加之大宗商品价格仍在高位，输入性通胀压力仍未得到有效缓解。

从国内形势看，虽然2012年物价水平将有所回落的判断已成为广泛共识，但推动价格上涨的根本因素并未完全解决。全国范围的高成本时代已经来临，原材料价格、人工成本的上升将是未来一段时间推动价格上涨的刚性动力。全国上游产品价格继续上涨，1-11月份工业生产者出厂价格累计上涨6.4%。人工成本不断上升，2011年以来多个省市都调高了最低工资标准。

在国际国内大环境影响下，北京下一阶段价格形势依然严峻。短期政策性因素的影响逐步消除后，通过调整经济结构、转变经济发展方式，有望逐步消化输入性因素以及成本上升等因素对价格的长期影响，但货币因素在短期内仍然无法完全消除。目前最大的不确定性就是全球的经济走势。如果全球经济逐步复苏，会导致资源成本进一步走高，我国出口也将有所增长，在外汇储备方面的货币影响也将加强，这将加大总体（当然也包括北京）的通胀压力。而如果全球危机短期没有明显好转，各国将继续实行宽松的货币政策，对我国仍有输入性货币压力，通胀压力和经济增速减缓压力将并存。综合来看，2012 年北京居民消费价格指数将有所回落，但仍会维持在较高的水平。

2011年北京工业生产者价格形势分析

◆◇郭翰超　李智沛

继2010年北京市工业生产者价格实现“V”型反转后，2011年继续上行。1–11月，工业生产者出厂价格同比上涨2.4%，购进价格上涨8.7%。

一、工业生产者价格运行情况

（一）出厂价格温和上涨，购进价格高位运行

2011年1–11月，工业生产者出厂价格温和上涨，累计涨幅为2.4%，比上年同期扩大0.1个百分点；购进价格累计涨幅为8.7%，比上年同期回落2.1个百分点，总体仍高位运行（见图1）。

图1　　工业生产者价格指数年度走势

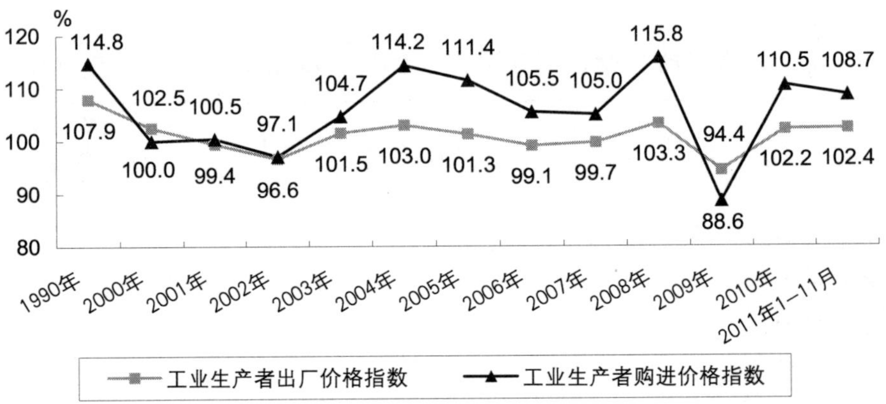

能源、冶金及农副食品是带动工业生产者出厂价格(PPI)上涨的主导力量。其中，石油加工、炼焦及核燃料加工业，煤炭开采和洗选业等能源类产品出厂价格同比分别上涨18.4%和22.6%，带动PPI上涨2个百分点；有色金属冶炼及压延加工业，黑色金属冶炼及压延业等冶金类产

品出厂价格分别上涨115.8%和14.7%，带动PPI上涨0.9个百分点；农副食品加工业产品出厂价格上涨16.2%,带动PPI上涨0.4个百分点(见表1)。

表1　带动PPI上涨的前五个行业出厂价格指数及其影响程度（%）

	1-11月份出厂价格指数	影响总指数涨跌百分点
小　计	—	3.3
石油加工、炼焦及核燃料加工业产品	118.4	1.3
煤炭开采和洗选业产品	122.6	0.7
有色金属冶炼及压延加工业产品	215.8	0.6
农副食品加工业产品	116.2	0.4
黑色金属冶炼及压延加工业产品	114.7	0.3

九大类原材料、燃料、动力产品购进价格指数“八升一降”。其中，燃料、动力类、农副产品类购进价格同比分别上涨18.2%和29.8%，共拉动购进价格总指数上涨7个百分点，是拉高总指数的主导力量（见表2）。

表2　九大类原材料、燃料、动力产品购进价格指数及影响程度（%）

	1-11月购进价格同比指数	影响总指数涨跌百分点
合　计	—	8.7
燃料、动力类	118.2	5.6
农副产品类	129.8	1.4
化工原料类	112.9	0.9
黑色金属材料类	114.0	0.6
有色金属材料和电线类	116.0	0.4
木材及纸浆类	106.0	0.1
纺织原料类	108.5	0.1
建筑材料及非金属矿类	103.3	0.1
其他工业原材料及半成品类	98.9	-0.5

（二）年内价格运行“先扬后抑”，四季度涨幅加速回落

1-11 月，北京市工业生产者价格“先扬后抑”，前 8 个月稳步走高，9-11 月涨幅连续回落（见图 2）。

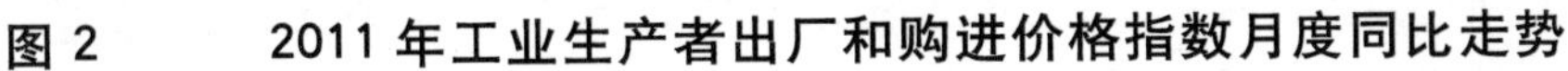

图 2　　2011 年工业生产者出厂和购进价格指数月度同比走势

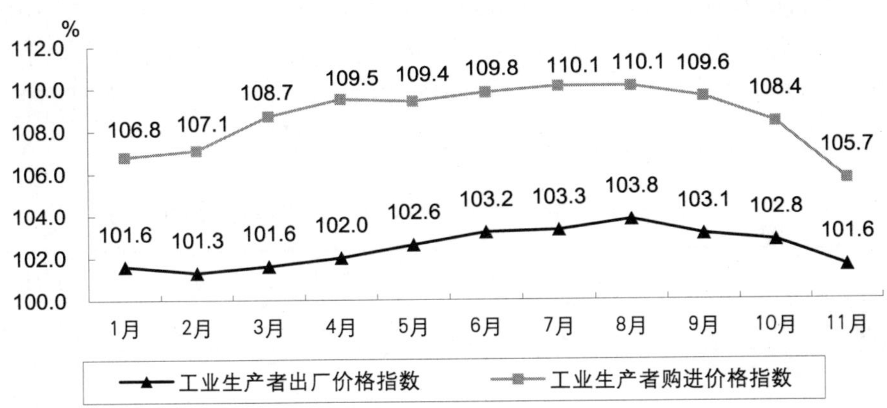

年初以来，北京市工业生产者价格稳步上行，出厂价格同比指数由 1 月份的 101.6%，经过 2 月份短暂回调后稳步提升，至 8 月份达到 103.8% 的高点。购进价格从年初 106.8%的高位，攀升至 8 月份的 110.1%，进入两位数上涨区间。9 月份开始，两大指数涨幅连续 3 个月回落，环比价格连续 3 个月下降。

四季度，工业生产者价格涨幅回落速度明显加快。其中，11 月份，出厂价格同比上涨 1.6%，比上月回落 1.2 个百分点，为 2 月份以来最低值，回落幅度比上月扩大 0.9 个百分点；环比下降 0.4%，比上月扩大 0.1 个百分点。购进价格同比上涨 5.7%，比上月回落 2.7 个百分点，为年内最低值，回落幅度比上月扩大 1.5 个百分点；环比下降 0.9%，比上月扩大 0.4 个百分点。

（三）生产资料价格温和上涨，年底涨势放缓

2011 年，北京市生产资料出厂价格温和上涨，1-11 月同比累计上涨 2.6%，其中采掘类产品上涨 22%，原料类产品上涨 8.7%。有色金属冶炼及压延加工业、煤炭开采和洗选业、石油加工、炼焦及核燃料加工业、黑色金属矿采选业、黑色金属冶炼及压延加工业、非金属矿物制品

业、化学原料及化学制品制造业等基础生产资料价格涨势突出，同比累计分别上涨 115.8%、22.6%、18.4%、14.9%、14.7%、8.3%、8.3%。

年内生产资料价格也呈“先扬后抑”走势。价格涨幅由 1 月份的 1.8% 持续攀升至 8 月份的 4.2%，年底涨势放缓。其中，11 月份价格同比上涨 1.5%，比 9、10 月份分别回落 1.9 个和 1.3 个百分点，环比下降 0.5%，连续 3 个月下降。上半年涨势突出的成品油、煤炭、钢材、水泥、有色金属、铁矿石等主要生产资料，10 月份以来价格涨幅连续 2 个月回落，多数产品出厂价格同比涨幅降至年内最低（见表 3）。

表 3　　2011 年下半年主要生产资料出厂价格同比指数（%）

	7 月	8 月	9 月	10 月	11 月
煤油	140.5	142.6	141.7	139.3	129.3
柴油	118.0	118.0	117.2	115.9	114.2
石油液化气	117.5	129.5	119.5	119.3	115.1
无烟煤	130.3	127.8	122.2	122.0	114.8
强度等级水泥	111.3	124.9	126.9	117.8	105.5
通用硅酸盐水泥	102.4	112.2	115.2	113.8	103.4
钢筋	126.6	123.6	117.8	110.1	109.1
精炼铜	141.5	136.1	125.4	106.7	103.7
铁精矿	114.2	116.6	114.5	113.5	98.0

（四）生活资料价格小幅上涨，食品类涨势突出

2011 年，生活资料出厂价格小幅上涨。1—11 月同比累计上涨 1.6%，比上年同期提高 1.3 个百分点。各月价格小幅波动上行，月度同比涨幅由年初的 0.9%扩大至 11 月份的 2%，涨幅差在 0.9 个百分点之内，环比指数持续在 100%及以上运行。

生活资料中，食品类出厂价格同比累计上涨 7.5%，衣着类上涨 0.3%，一般日用品类和耐用消费品类分别下降 2.8%和 0.2%。食品类涨势最为突出，成为推动 2011 年生活资料价格上行的主要力量。食品类价

格月度同比涨幅由年初的4.7%提高至10月份的8.1%，11月份受生猪及部分蔬菜价格下跌影响，涨幅回调，同比上涨6%，仍保持高位运行。

主要产品中，1–11月农副食品加工业产品出厂价格同比累计上涨16.2%，其中鲜、冷藏肉上涨24.9%，冻肉上涨16.2%，蔬菜加工品上涨21.7%，水果、坚果加工品上涨24%。食品制造业产品同比累计上涨5.6%，其中，糕点上涨21.1%，面包上涨12.4%，饼干上涨10.6%，糖果上涨15.9%，方便食品上涨13.2%。饮料制造业产品同比累计上涨1.9%，其中白酒上涨2.7%，啤酒上涨2%，固体饮料上涨34.3%。

（五）热力、燃气、水等资源性产品价格涨幅较大

2011年，资源类产品价格保持上涨走势。1–11月热力出厂价格同比上涨3.7%；燃气价格上涨6.1%，涨幅比上年提高3.8个百分点；水价上涨5.3%，比上年提高2.5个百分点。其中，燃气及水价涨幅分别为2004年和2006年以来最大值。

二、工业生产者价格变动原因分析

（一）输入型因素影响

年初以来，国际市场流动性泛滥，全球性通胀压力较大，大宗商品价格大幅攀升，以有色金属、原油、煤炭、化工产品等为代表的资源类产品价格持续走高，推动了国内及北京地区相关行业产品价格不断上涨。

下半年特别是8、9月份以来，随着欧洲主权债务危机蔓延，主要发达经济体形势不容乐观，国际市场大宗商品价格高位盘整，原油等价格震荡下行，前期强力推高北京工业生产者价格的输入型因素影响逐步减弱，主要生产资料价格涨幅回落。

（二）要素成本变化

年初以来，国内通货膨胀压力逐步增大，加之日本地震等一系列突发事件影响，企业生产所需的原材料价格持续攀升，用工成本增加较快，随着贷款利率多次上调，企业生产经营成本增加，企业陆续上调产品出厂价格，带动上半年价格指数走高。

年底受经济增速下滑，外需乏力，以及国际市场大宗商品价格震荡回落等多种因素影响，原材料价格出现下调，部分行业及企业为提高市场竞争力下调产品价格。

（三）政策性因素影响

2011年以来，国家调控稀土政策推动有色金属价格不断走高。此外，4月份国家发改委调整北京地区部分发电企业上网电价，7月份北京市水务局上调企业污水处理价格，推动相关产品价格走高。

7月份，财政部大幅下调汽油、柴油等能源和原材料进口关税，10月份国家发改委调低国内成品油零售价，带动下半年石油加工、化工等产品价格涨幅回落。随着限购令范围扩大，国内商品房市场维持弱势，钢材、水泥等需求不旺，导致近期主要生产资料价格涨势趋缓。

（四）基期因素影响

2010年工业生产者价格整体呈“两波上行”走势，6-9月PPI涨幅逐步回落，四季度开始，全球货币环境宽松，美国实施量化宽松的货币政策，大宗商品价格上涨，PPI再度持续走强。上年同期基数也是造成2011年四季度PPI涨幅回落的重要原因。

（五）周期性因素影响

我国生猪养殖周期性特点决定了生猪价格的周期性波动。上半年由于生猪出栏量下降，生猪收购价格不断上升，加之游资炒作等多重因素影响，带动生活资料价格持续上行。四季度以来随着生猪出栏量扩大，猪肉价格涨幅回落，带动农副食品价格回落。

三、2012年工业生产者价格走势展望

结合当前经济形势及价格运行规律，初步判断2012年北京PPI涨幅将低位运行。

一是在各项调控政策及国外经济持续不景气等因素影响下，2012年国内经济增速回落，作为滞后指标，2012年PPI涨幅有望继续收窄。同时，以汽车和房地产为动力的经济引擎在2012年预计不会转旺，产业链中钢材、水泥以及其他相关生产资料价格缺乏上行拉力。

二是2012年全球经济继续调整，大宗商品价格可能维持震荡，输入型价格上涨压力有望进一步缓解。同时，受欧美经济影响，国内出口增速可能继续放缓，从而加剧国内市场竞争，价格下行可能性较大。

三是历史规律显示，1990 年以来 PPI 呈波动运行态势，涨幅连续扩大的年份不超过 2 年。2010 年 PPI 由降转升， 2011 年涨幅扩大，上涨势头已延续 2 年。结合 20 余年价格运行规律，2012 年 PPI 涨幅继续扩大的可能性不大。

四是 2011 年上半年 PPI 涨势突出，对明年价格上行造成一定压力，基数因素将影响明年上半年 PPI 涨幅明显回落。

需要说明的是，如果国内资源性产品价格改革实施、财政政策及货币政策微调、欧美经济好于预期、原油产区不稳定因素带动原油价格走高，PPI 可能保持低位平稳上涨。如果国外经济持续低迷，国内经济紧缩效应进一步显现，PPI 将不排除个别月份下降的可能性。

2011年北京消费者信心指数调查报告

◆◇姚　芳

据对北京2340名城镇消费者信心指数调查显示：三季度北京消费者信心指数[1]为106.3点，比上季度下降2.4点，比上年同期下降2.8点。构成总指数的满意指数和预期指数分别是106.7点和106.0点，比上季度下降2.6点和2.3点。除就业状况满意指数比上季度略有上升外，宏观经济、家庭收入状况和物质生活水平状况三类满意指数及四类预期指数全面下降。调查同时表明，与上季度相比，认为目前不是购房好时机的消费者比重略降，消费者购买耐用商品意愿增强，认为目前物价水平高和较高的消费者比重再超九成，超五成消费者不看好股票（基金）市场。

一、调查样本结构

表1　　消费者年龄、文化程度构成（%）

年　龄	比重	文化程度	比重
18-25岁	8.0	初中及以下	20.7
26-35岁	19.7	中专及高中	28.9
36-45岁	20.4	大学本科、专科	46.7
46-55岁	24.0	研究生	3.7
56-65岁	27.9	--	-
合　计	100.0	合　计	100.0

1　北京市消费者信心指数取值介于0和200之间，100为指数强弱临界点，指数超过100，表明消费者信心处于强信心区，数值由100趋近200，表明消费者信心逐渐增强；反之，指数小于100时，表示消费者信心处于弱信心区，数值由100趋近0，表明消费者信心逐渐减弱。

从三季度 2340 名城镇消费者信心指数调查样本结构看，消费者按年龄分为五组，占比最高的是 56—65 岁消费者，比重为 27.9%，其次 46—55 岁，占 24.0%，其余依次是 36—45 岁、26—35 岁、18—25 岁消费者；按文化程度分为四组，大学专科、本科文化程度的消费者最多，占 46.7%（见表 1）。

消费者按家庭月平均收入水平分为九组（见表 2）。

表 2　　消费者家庭人均月收入构成

家庭人均月收入（元）	比重（%）
1. 500 以下	3.7
2. 501—1000	14.4
3. 1001—1500	17.7
4. 1501—2000	23.3
5. 2001—3000	19.5
6. 3001—4000	10.3
7. 4001—5000	4.5
8. 5001—10000	5.3
9. 10000 以上	1.3
合 计	100.0

二、第三季度我市消费者信心总体情况

调查显示，三季度北京消费者信心指数为 106.3 点，继二季度下降 2.0 点以来再次下降 2.4 点，为 2009 年二季度以来的最低点（见图 1）。其中，反映消费者对当前经济生活评价的满意指数为 106.7 点，比上季度下降 2.6 点；反映消费者对未来经济生活发展变化的预期指数为 106.0 点，比上季度下降 2.3 点。构成总指数的满意指数和预期指数比上季度均有下降，表明消费者对当前经济评价和未来经济预期信心减弱。

图 1　　2008–2011 年分季度消费者信心指数走势图

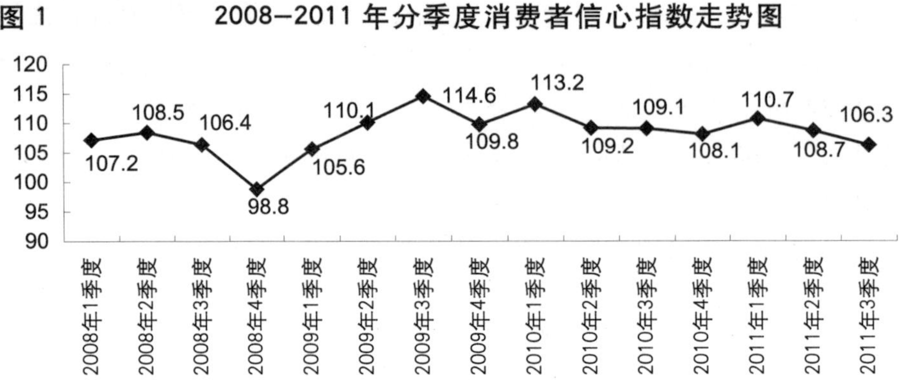

三、消费者信心指数下降因素分析

从构成总指数的满意指数和预期指数变动情况分析，除就业状况满意指数比上季度略有上升外，宏观经济、家庭收入状况和物质生活水平状况三类满意指数及四类预期指数全面下降，是导致总指数下降的主要因素。

（一）消费者对当前经济评价和未来经济预期均下降

调查显示，三季度，消费者对目前北京经济总体状况的满意指数为 111.3 点，比上季下降 4.1 点，比上年同期下降幅度达 8.7 点；对未来六个月北京经济总体形势的预期指数为 116.0 点，比上季下降 3.5 点，比上年同期下降 8.4 点。宏观经济满意指数和预期指数均下降，说明消费者对本市宏观经济现状评价下降，对未来经济发展预期走低。三季度，对目前北京经济总体状况保持乐观态度的消费者比重为 30.7%，比上季度下降了 4.0 个百分点，而预期未来半年经济形势向好的消费者占 33.0%，比上季度下降了 2.2 个百分点。

（二）消费者对目前就业状况满意程度略有上升，但就业预期减弱

调查表明，三季度，消费者对目前就业状况的满意指数较上季度上升 0.9 点，已连续五个季度上升，并于今年三季度首次（2008 年 2 月以来）突破 100 点后，上升至当季的 102.9 点，比上年同期上升 5.7 点；消费者对未来三个月就业形势的预期指数为 106.8 点，低于上季度 1.9 点，比上年同期下降 0.5 点（见图 2）。就业状况满意指数的持续上升，

表明消费者对目前就业形势的评价上升，预期指数下降，表明消费者对未来三个月就业形势预期减弱。

图 2　　2008 年二季度–2011 年三季度就业状况满意指数、预期指数走势图

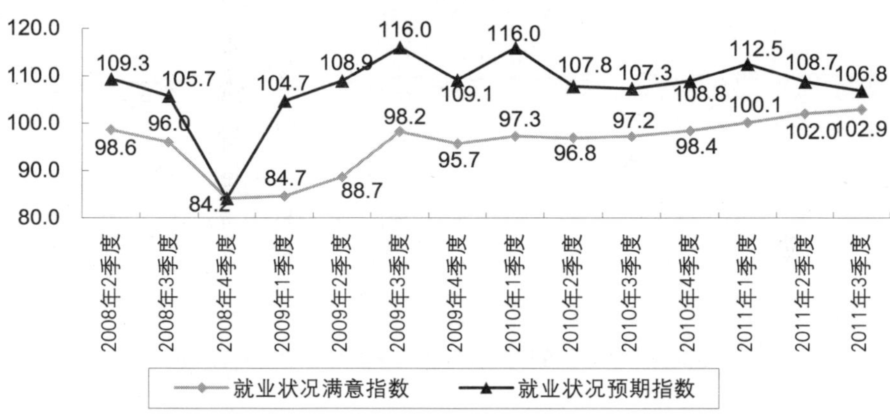

调查显示，21.5%的消费者认可目前就业形势，认为目前就业形势“好”和“较好”，14.4%的认为“较差”和“差”，60.1%的认为一般，4.0%的说不清；对未来三个月就业形势的预期，22.3%的消费者认为会“好转”或“略有好转”，对就业形势持乐观态度，13.9%的认为“略差”或“差”，比持乐观态度的消费者比重低 8.4 个百分点，59.8%的认为差不多，另有 4.0%的说不清。从不同文化程度看，硕士及以上文化程度的消费者对当前就业形势满意度最高，认为“好”和“较好”的比重为 23.0%，满意度最低的是大学（专）本科消费者，持乐观态度的比重为 20.2%；文化程度与对就业形势的预期呈负相关，初中及以下文化程度的消费者对未来三个月就业形势预期最乐观，预期就业形势会“好转”和“略有好转”的消费者比重为 30.7%，最不乐观的是硕士及以上文化程度的群体，预期向好的比重为 10.3%。

（三）消费者对家庭收入现状评价及预期下降

调查显示，消费者对当季家庭收入状况的满意指数为 96.2 点，比上季下降 1.7 点，高于上年同期 1.3 点，离强弱中界点 100 相差 3.8 点，表明消费者对家庭收入现状评价下降；对未来三个月家庭收入状况预期

指数为 99.1 点，比上季下降 0.9 点，表明消费者对收入增长预期略有减弱（见图 3）。

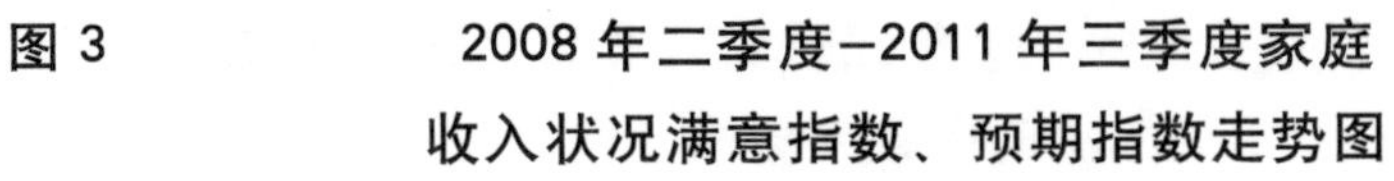

图 3　2008 年二季度–2011 年三季度家庭收入状况满意指数、预期指数走势图

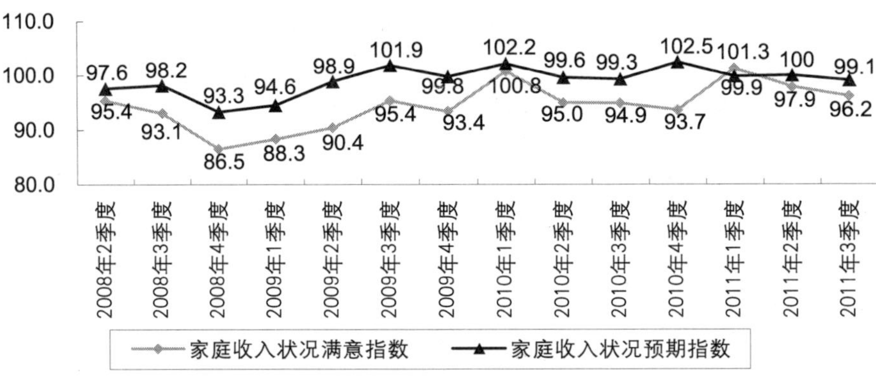

调查结果显示，13.0%的消费者认为家庭收入与过去三个月相比“增加”，16.0%的认为收入“减少”；认为未来三个月家庭收入会增加的消费者占 12.0%，认为会减少的占 11.3%。从不同年龄分组看，18–25 岁消费者对目前家庭收入最满意，认为家庭收入与过去三个月相比增加的比重为 22.4%；满意度最低的是 36–45 岁的消费者，认为家庭收入增加的占 10.5%。而对于未来三个月，18–25 岁消费者对家庭收入预期乐观，认为收入会增加的比重为 17.7%，预期最不乐观的是 56–65 岁的消费者，仅有 7.2%的人认为家庭收入会增加。

（四）消费者对家庭物质生活水平状况信心减弱

调查显示，三季度消费者对家庭物质生活水平满意指数为 116.5 点，比上季下降 5.2 点，较上年同期下降 4.0 点；对未来半年家庭物质生活水平预期指数为 102.2 点，下降 2.9 点，较上年同期下降 5.6 点。满意指数与预期指数双双下降，表明我市消费者对家庭物质生活水平信心减弱。

据调查，36.2%的消费者对目前的物质生活水平“满意”和“较满意”，高出“不太满意”和“不满意”比重 21.2 个百分点；认为未来半年内家庭物质生活水平与目前相比会“好转”和“略有好转”的消费者占 17.4%。从不同收入分组看，家庭人均月收入 1 万元以上的消费者对当前家庭物质生活水平“满意”和“较满意”占比最高，比重为 80.0%，最低的是 500 元以下收入的消费者，比重为 13.9%，低于最高收入组 66.1 个百分点；对未来半年内家庭物质生活水平的预期最好的也是 1 万元以上收入的消费者，预测“好转”和“略有好转”的占 44.0%，预期最差的是 4001—5000 元收入的消费者，预测“好转”和“略有好转”的占 13.8%。

四、辅助指标变动因素简析

物价、房价升降，股市的跌宕起伏均可导致消费者信心的涨落。三季度调查显示：

（一）认为目前物价水平高和较高的消费者比重再超九成

调查显示，认为目前物价水平高和较高的消费者比重较上季增加了 2.4 个百分点，继上季度首次超过九成后，继续增加，至本季度高达 93.4%（见图 4）。其中，超过半数的消费者认为物价水平高，占 54.6%，认为物价水平较高的占 38.8%；另有 6.4%的消费者认为一般，认为较低和低的消费者占 0.2%。从消费者对未来三个月本市物价走势的预期来看，66.0%的消费者预测物价将会较大上涨和略有上涨，比上季度上升了 2 个百分点；25.6%的消费者预测物价保持不变；7.7%的消费者认为物价水平将会略有下降和较大下降；另有 0.7%的消费者表示说不清。

图 4　2011 年三季度消费者对当前、未来三个月物价水平评价

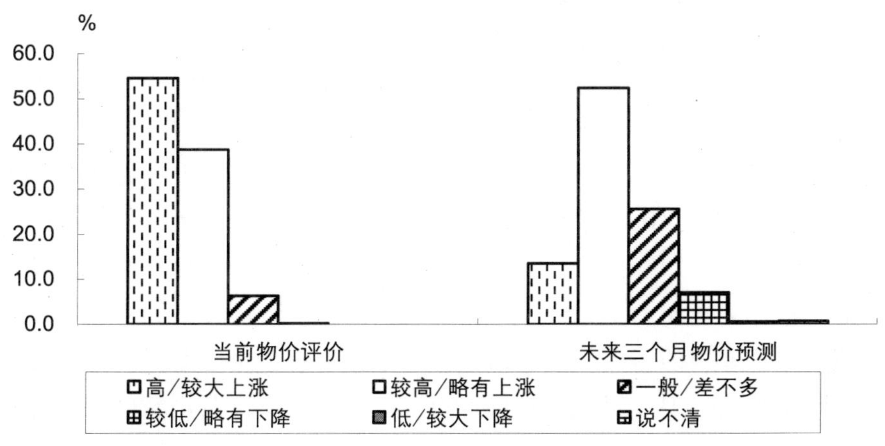

（二）消费者购买耐用商品意愿增强

34.6%的消费者认为目前是购买耐用商品的好时机，比上季度增加14.6个百分点，13.5%的认为目前不是购买耐用商品的好时机，比上季减少8.6个百分点，51%的认为一般，0.9%的认为说不清；认为未来三个月是购买耐用商品好时机的消费者占32.6%，比上季度增加12.5个百分点，认为不太好和不好的占11.8%，比上季度减少5.2个百分点，54.8%的认为一般，0.8%的认为说不清。认为目前、未来三个月是购买耐用商品好时机的消费者比重均增加，且增幅均超过10个百分点，认为不是好时机的消费者占比均减少，表明消费者购买耐用商品意愿增强。

（三）认为目前不是购房好时机的消费者比重略降，但仍近七成

调查显示，68.4%的消费者认为目前购房时机不太好和不好，比上季度减少了1.3个百分点，6.7%的消费者认为目前是购房的好时机，比上季度减少0.3个百分点，24.1%的消费者认为一般，0.8%的说不清。虽然认为目前不是购房好时机的消费者比重较上季度有所下降，但比重仍接近七成。10.7%的消费者预期未来半年内是购房好时机，比上季度略增0.5个百分点，55.0%的预测不是购房好时机，比上季度减少了2.3个百分点，33.5%的认为一般，0.8%的说不清。

（四）超五成消费者不看好股票（基金）市场

56.9%的消费者认为目前不是买卖股票（基金）的好时机，比上季度增加了10.7个百分点，比认为是好时机的消费者比重（7.6%）高出49.3个百分点，19.3%的认为一般，16.2%的说不清；对于未来三个月，45.7%的消费者认为不是买卖股票（基金）的好时机，比上季度增加8.2个百分点，10.3%的消费者预测是好时机，30.1%的认为一般，13.9%的说不清。

（五）消费者购车意愿有所增强

调查显示，14.2%的消费者认为目前是购车的好时机，比上季度增加1.0个百分点；40.7%的消费者认为目前购车时机不太好和不好，比上季度减少了7个百分点。预测未来半年内是购车好时机的消费者为15.2%，比上季增加0.8个百分点，预测不是购车好时机的占35.7%，比上季度减少了4.7个百分点。认为目前或未来半年内是购车好时机的消费者比重增加，认为不是好时机的比重均减少，表明消费者购车意愿增强。

2011年北京企业景气调查报告

◆◇高燕燕　张　超

2011年以来，在市委、市政府的正确领导下，北京积极推进产业结构调整、加快转变经济发展方式，宏观调控效果进一步显现，总体经济继续保持稳定运行态势。据国家统计局北京调查总队企业景气调查显示，三季度，我市企业景气指数和企业家信心指数继续稳步运行在景气度较高的"较为景气"[1]区间，但受通胀形势严峻、国内外市场需求有所减弱和外部环境不确定因素增加等因素的影响，景气度水平均有所回调。本期企业景气指数为139.4，与二季度相比基本保持稳定，小幅回调0.6点，同比回落2.1点；企业家对经济前景判断趋于谨慎，信心指数也由二季度的137.8回落5.1点至132.7，比去年同期回落4点（见图1）。

图1　　企业家信心指数和企业景气指数走势图

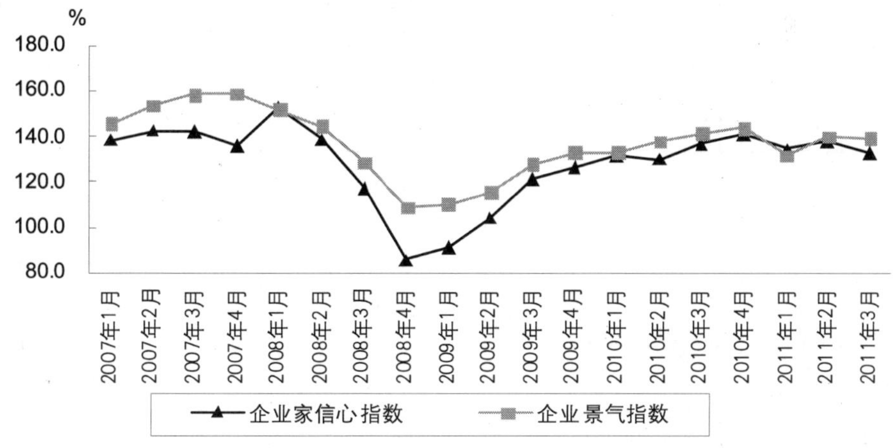

1　景气区间的划分标准为：180 以上为"非常景气"区间，[180，150）为"较强景气"区间，[150，120）为"较为景气"区间，[120，110）为"相对景气"区间，[110，100）为"微景气"区间，100 为景气临界点，（100，90]为"微弱不景气"区间，（90，80]为"相对不景气"区间，（80，50]为"较为不景气"区间，（50，20]为"较重不景气"区间，20 以下为"严重不景气"区间。

一、企业家对经济前景谨慎乐观，信心指数有所回落

2011年以来，北京经济总体运行较为稳定，企业运行态势尚好，主要行业和重点产业发展较快，企业家信心指数仍保持在较高的景气状态，三季度，企业家信心指数为132.7，自2010年一季度以来连续七个季度站在130点以上。但在通胀压力较大和外部环境错综复杂交织存在的影响下，企业家面临生产经营压力的挑战加大，信心指数比上季和上年同期回落了5.1和4点。在国内外复杂的经济形势面前，企业家对宏观经济的判断和微观经营的把握持谨慎乐观态度。调查显示，对经济持乐观判断的企业家占41.3%，比上期下降4.4个百分点；判断偏差的企业家比重小幅上升0.8个百分点，为8.7%；半数的企业家判断经济平稳运行，比上期提升3.5个百分点。从景气监测的八大行业看，信心比较饱满的行业是信息传输、计算机服务和软件业，住宿和餐饮业，两个行业的信心指数超过150点。而房地产业在宏观调控影响下，商品住宅销售下降，资金压力得不到缓解，供需双方继续观望，市场前景不明朗，企业家的信心受挫。三季度房地产业企业家信心指数为90.8，比上季度和上年同期回落5.9和18.4点，是近两年来的低点，居八个行业之尾（见表1）。

表1　　2011年三季度分行业企业家信心指数状况

	企业家信心指数	比二季度增减
工业	125	-8.7
建筑业	123	-15.7
交通运输、仓储和邮政业	129.8	6.9
批发和零售业	148.5	3.7
房地产业	90.8	-5.9
社会服务业	132.4	-12.2
信息传输、计算机服务和软件业	158.6	-5.9
住宿和餐饮业	154.9	0.3

二、企业景气指数平稳运行，多项分类指数呈现回落趋势

三季度，通胀压力并无明显缓解迹象，市场需求有所减弱，企业面临的不确定性因素增加，结构调整压力和挑战加大，业务开展有所减缓。调查显示，反映企业生产经营的生产总量、产品订货、劳动力需求、固定资产投资等多项指标的景气指数较二季度呈现回落态势，且低于去年同期水平。但总体来看，企业运行较为平稳，八大行业的企业景气指数四升四降，均运行在“较为景气”区间。三季度企业景气指数 139.4，与上季度基本持平，比去年同期回落 2.1 点，连续 8 个季度运行在 130 点以上。值得注意的是，生产要素价格上涨、流动资金紧张、劳动力结构失衡等问题继续困扰企业发展。

（一）企业生产经营有所放缓，生产总量和产品订货景气指数回落

三季度，随着国内外市场需求转弱，企业整体生产经营活动也有所放缓。我市生产总量景气指数为 125.6，较二季度和上年同期分别回落 10.4 和 10.6 点。分行业来看，除工业和房地产业外，其他六大行业均位于“较为景气”区间。其中，工业企业生产放缓是拉动总指数下行的重要原因。该行业的景气度从二季度的 133.1 的较高水平下探至三季度的“相对景气”临界值边缘，环比下降 22.9 点，拉动总指数下行 6.6 点。

据统计，进入三季度以来，北京规模以上工业增加值增幅持续回落，8 月同比增长 4%，较 6 月和 7 月增幅分别回落 3.6 和 0.8 个百分点。部分参与调查的企业反映，单一的产品结构已不能满足市场需求，企业发展遇到瓶颈，迫切需要提高自主研发能力，加大科技投入，开发新产品，扩大销售渠道，但是受资金紧张、高技术人员匮乏等因素影响，加之外部环境异常复杂，企业的科技创新推动力不足，产品更新换代迟缓，无法有效契合市场需求，致使销售困难、订单减少，未来收入增长缺乏动力。

三季度，全市产品订货景气指数为 118.2，比上期和上年同期回落 5.1 和 3.1 点，重回“相对景气”区间。其中制造业和建筑业回落幅度较大，与上期相比分别回落 22.1 和 21.9 点。

（二）企业各种经营成本持续上扬，多重压力挤压企业盈利空间

2011 年以来，以大豆、煤炭、铁矿石为代表的国际大宗商品价格的

持续上涨、融资成本显著增加和劳动力成本的不断上升对企业经营成本构成较大压力，不断挤压企业的盈利空间。

景气调查表明，劳动要素成本提升、经营难度增大成为企业当前面临的主要问题。表现在：第一，价格倒挂，原材料成本上升。1-8 月北京工业生产者购进价格指数同比上升 109%，工业生产者出厂价格比去年同期上升 102.4%，二者倒挂 6.6 个百分点，价格“高进低出”的格局依旧，使得企业生产成本不断上涨。三季度，工业的主要原材料及能源购进价格、建筑业的材料购进价格、批发和零售业的商品购进价格景气指数分别为 63.8、38.1、77.9，连续十个季度低位徘徊在景气临界线以下。第二，提高最低工资标准，提升劳动力成本。2011 年以来，随着最低工资标准的提高和物价水平的较快上涨，劳动力成本明显上升。为缓解用工难、招工难、留不住人才的窘境，企业普遍提高员工的工资待遇和保障水平来增强吸引力，直接推动劳动力成本的水涨船高。第三，市场竞争激烈，产品议价能力降低。受外部市场竞争激烈的影响、企业普遍反映订单议价能力偏低，难以通过提升产品价格转嫁成本压力，也难以通过大幅提升生产效能来消化成本压力。景气调查显示，三季度除交通运输、仓储和邮政业的业务收费价格指数提升之外，工业、批发零售业等五个行业的产品销售（提供服务）价格指数出现不同程度回落，回落幅度在 1.5-14.4 点之间。其中，房地产业和社会服务业两大行业的价格指数已跌至不景气区间。在要素成本上升的打压下，八大行业成本费用指数持续低迷，本季运行在 46.7-70.9 的不景气状态，企业盈利空间有所缩小。三季度，我市盈利（亏损）变化景气指数为 118.8，比上季和上年同期回落 1.7 和 10.4 点。

（三）劳动力需求景气指数稳中微调，大型企业用工需求好于中小企业

2011 年以来，在北京经济运行总体良好的大背景下，企业用工意愿保持稳定。三季度受季节性用工、劳动力成本持续攀升等因素影响，劳动力需求景气指数小幅向下微调 2.7 点到 115，同比微升 0.9 点。判断劳动力需求基本稳定的企业比重从上季的 66.2%上升到本期的 69.7%，增加了 3.5 个百分点。

分企业规模来看，大型企业用工状况好于中小型企业。三季度，大

型企业劳动力需求景气指数为 125，高于上季和上年同期 2.6 和 8.3 点，而中小型企业在劳动力成本上升、经营环境复杂的形势下，劳动用工需求比较谨慎，特别是小型企业当季的劳动力需求指数只有 103.2，低于上季和上年同期水平，比大型企业低了 21.8 点。

调查显示，本市劳动力结构性矛盾依然突出，在不同行业和领域，高级管理人员、一般管理人员和劳动密集型普通用工普遍紧缺。三季度，在有用工需求的企业中，高级管理人员、一般管理人员占到 28.3%和 28.2%，推销展销人员、财会人员、技师或高级技师也占到有用工需求企业的 15%以上。调查显示，由于餐饮、住宿行业工资薪酬低，员工流动性大，目前已经在一定程度上影响了本市部分行业的服务稳定性。

（四）流动资金景气指数继续回落，融资指数持续不景气

自上年末以来，在央行实施稳健的货币政策回收流动性、信贷政策调控、地区融资需求旺盛和中小型企业担保不足等因素的影响下，导致企业融资环境趋紧，获得资金的难度普遍加大，流动资金相对不足。2011 年以来，企业融资指数连续三个季度处于不景气状态。从企业规模看，只有大型企业融资状况处于景气区间，中小型企业融资指数继续处于不景气状态。

中小型企业融资难，特别是小型企业融资难表现在：一是小型企业银行贷款利率上浮幅度普遍加大。企业调研显示，多数中小企业表示 2011 年以来贷款利率较基准利率普遍上浮，上浮幅度从 10%到 60%不等，而多数大型企业仍可以获得基准利率贷款或者略有下浮。二是中小企业民间融资利率更高。央行调查统计司对全国 6299 家工业和非工业企业的调查显示，2011 年前 5 个月，企业民间融资利率为 15.6%。其中，小型企业民间融资的加权平均利率最高，达到 17.1%；中型企业次之，为 14.7%；大型企业最低，为 11.5%。

此外，随着原材料购进价格持续上涨，生产成本不断上升，占用了企业更多的流动资金，导致企业资金紧张的现象更加突出，当季流动资金景气指数为 111.5，已经连续两个季度下滑。多行业反映流动资金趋紧，以资金需求量大的建筑业和房地产业为首。当季，建筑业和房地产业流动资金景气指数分别为 82.5 和 85.7，继续运行在不景气区间。越来越多的建筑业企业建议适度放宽融资政策，比重从上期的 30.3%上升到 38.8%。

三、生产经营不确定性增加，企业家对下季经济走势的预期趋于谨慎

四季度，受世界经济增长乏力，发达经济体主权债务危机深化，国内通胀压力严峻以及原材料价格波动等因素的影响，企业经营不确定性增加，企业家对未来发展保持谨慎乐观态度。景气调查短期预测显示，四季度，预期企业家信心指数基本与本期持平；企业景气指数小幅上升，预期提升 1 个点左右。

2011年北京小微型企业发展报告

◆◇何　静

一、小微型企业整体运行状况

2011 年 1—8 月，北京市共有规模以上小微型企业[1]2.9 万户，占全市总量[2]的 77.9%，占中小微型企业总量的 80.8%；资产总计 75881.2 亿元，增长 16.8%，占全市总量的 10.8%，占中小微型企业总量的 42.6%；收入合计 9562.8 亿元，增长 23.0%，占全市总量的 16.4%，占中小微型企业总量的 34%；利润总额 670.1 亿元，比上年增长 9.4%，占全市总量的 9%，占中小微型企业总量的 19.1%；小微型企业共上缴税金总额 387 亿元，增长 20.5%，占全市总量的 13.1%，占中小微型企业总量的 39.3%；吸纳就业人数 146.7 万人，增长 5.0%，占全市总量的 24.5%，占中小微型企业总量的 44.3%。

二、小微型企业运行特点

（一）就业人数稳定增长，第三产业从业人员超过六成

2011 年以来，全市就业环境稳定，小微型企业继续发挥社会稳定器的作用，吸纳就业人数保持稳定增长。1—8 月，小微型企业共吸纳就业人员 146.7 万人，占全市总量的 24.5%，占中小微型企业总量的 44.3%，比上年同期增长 5%，增速超过 1—5 月 0.8 个百分点。

在全市不断完善政策法规体系，大力扶持小微型企业发展，引导企业进一步优化产业结构的背景下，小微型企业已成为调整和优化产业结

1　本报告中涉及的小微型企业及中小微型企业均指规模以上企业中的小微型企业及中小微型企业。本报告中的小微型企业及中小微型企业规模划分标准依据新《统计上大中小微型企业划分标准》。

2　本报告中涉及的全市经济总量均指规模以上企业经济量。

构的重要推动力量，就业结构呈现出第二产业比重下降，第三产业比重上升的趋势。1-8 月，全市小微型企业中，第二产业吸纳就业人员 49.5 万人，第三产业吸纳就业人数 97.2 万人。第二、三产业从业人员数构成为 33.8∶66.2,相对于上年同期第二、三产业从业人员构成 41.2∶58.8，第三产业占比上升 7.4 个百分点。

（二）结构调整作用明显，生产性服务业为主体

在全市产业结构调整的带动下，小微型企业中第三产业占比提升。1-8 月，第三产业小微型企业 2.3 万户，占 79.8%，比上年提高 7.4 个百分点（见表 1)。

表 1　1-8 月小微型企业第三产业主要指标比重变化情况

	全市小微型企业数	第三产业小微型企业数	第三产业占全市比重（%）	第三产业比重比上年增长（%）
资产总计（亿元）	75881.2	70857.5	93.4	1.6
收入合计（亿元）	9562.8	7002.6	73.2	8.0
应交税金（亿元）	387.0	291.2	75.2	7.9

生产性服务业小微型企业发展带动了第三产业比重的上升。1-8 月小微型生产性服务业企业实现收入 5754.1 亿元，资产总计 54186.6 亿元，占第三产业比重均超过 75%，分别达到 82.2%、76.5%；利润总额 535.0 亿元，占第三产业总量的 98.3%，高于全市生产性服务业比重 4.3 个百分点。

消费性服务业发展速度较快，1-8 月共实现收入 1189.3 亿元，资产总计 16476.6 亿元，分别比上年同期增长 23.4%、26.6%，高于第三产业平均增速 0.2 个、10.3 个百分点。

（三）高技术小微型企业引领中关村经济发展

中关村国家自主创新示范区作为六大高端产业功能区之一，是北京企业创新的集聚地，小微型企业所占比重已超过 70%，成为提升企业自主创新能力、加快经济发展方式转变的生力军。1-8 月，中关村示范区共有小微型企业 3712 户，占总量的 74.1%，实现总收入 2553.6 亿元，其中，技术收入 256.5 亿元，同期增长 23.3%，超过中关村示范区平均增速 2.3 个百分点。

电子与信息、新能源与高效节能领域的小微型企业贡献突出。1–8 月，两个领域小微型企业分别实现技术收入 177 亿、27.7 亿元，比上年同期增长 20.9%、61.8%，对中关村示范区技术收入的贡献率达到 85.1%，拉动作用明显。同时，电子与信息、新能源与高效节能领域小微型企业分别聚集了科技活动人员 5.5 万、0.5 万人，比上年同期增长 6361 人、1070 人，在各领域中位居前二。两领域发明专利数及专利申请数绝对值增量也均位居各领域前三位。科技人才的增加及专利技术的提高对小微型企业技术收入增长有至关重要的作用（见表 2）。

表 2　1–8 月中关村示范区小微型企业各领域技术收入增长情况

	技术收入（亿元）	技术收入增速（%）	技术收入比上年同期增量（亿元）	技术收入增量占总增量比重（%）
合　计	256.5	23.3	48.4	100.0
电子与信息	177.0	20.9	30.6	63.3
生物工程和新医药	3.8	13.9	0.5	1.0
新材料及应用技术	5.5	18.0	0.8	1.7
先进制造技术	17.0	17.2	2.5	5.1
航空航天技术	2.3	54.0	0.8	1.7
现代农业技术	2.0	123.0	1.1	2.2
新能源与高效节能技术	27.7	61.8	10.6	21.8
环境保护技术	6.2	16.3	0.9	1.8
海洋工程技术	0.7	64.2	0.3	0.6
核应用技术	1.5	28.7	0.3	0.7
其他	12.9	0.4	0.0	0.1

（四）文化创意产业的小型企业发展稳定[3]

2011 年以来，北京市积极贯彻国家推进文化改革发展的号召，加快

3 （四）中涉及的小型企业、中型企业及大型企业规模划分标准均依据原《统计上大中小型单位划分标准》。且涉及收入合计及就业人数均不包含事业单位数。

发展文化产业、推动文化产业成为国民经济支柱性产业。小型企业在文化创意产业中稳定发展，与全市产业发展保持一致。1—8 月，北京市文化创意产业总体保持平稳增长态势，实现收入合计 4081.9 亿元，就业人数 78.3 万人。其中，小型企业实现收入合计 1249.1 亿元，增长 15.4%，增速超过同期大型企业；吸纳从业人员 24.5 万人，增长 2.9%。小型企业收入合计、就业人数均占总量的三成左右。

（五）亏损面缩小，部分行业带动利润增长

2011 年下半年，国家各项扶持小微型企业政策陆续出台，引导小微型企业保持平稳增长，增长质量有所提升。1—8 月，小微型企业实现利润总额 670.1 亿元，占全市总量的 9%，占中小微型企业总量的 19.1%，比上年增长 9.4%。企业亏损面呈现逐季缩小趋势。1—2 月，小微型企业亏损面 53.3%，1—5 月为 49.3%，1—8 月为 47.1%。亏损面两季度缩小了 6.2 个百分点。

小微型企业效益提升一方面因为上游的大企业下半年订单增加，连带下游的制造业小微型企业订单增长，利润增加明显。另一方面，少数金融业企业由于投资收益增加带动行业利润增长。但受缺工、接单不足和原材料价格上涨影响，建筑业、住宿餐饮业等劳动密集型行业延续 1—5 月的亏损态势。

三、小微型企业存在的问题

（一）回款压力大，资金紧张问题加剧

2011 年，在原材料成本上升、劳动力成本增加、人民币升值、行业结构转型升级等多种因素叠加的影响下，上游大型企业出现资金紧张、资金链收紧等问题，上游大企业应付账款延期导致中小微型企业尤其是小微型企业应收账款累积，账期延长，应付账款时间收紧，两头挤压，小微型企业回款压力明显增大。以工业企业为例，1—8 月，全市工业企业应收账款 2221.3 亿元，占营业收入的 22.4%，其中的小微型企业应收账款 689.1 亿元，占营业收入的 31.1%，比全市比重高 8.7 个百分点，小微型企业应收账款压力明显大于全市平均水平。在小微型企业流动资金普遍较为紧张的背景下，应收账款回款周期长、周转资金被长期挤占

的情况严重威胁到了小微型企业正常生产经营，小微型企业资金链断裂的风险进一步加大。

（二）劳动力成本上升，部分行业存在用工缺口

2011年，国内外形势复杂多变，物价水平上涨较快，最低工资标准提高，多数小微型企业相应提升工资水平，劳动力成本明显上升，但受实力所限，小微型企业工资相对大企业仍缺乏吸引力，相当部分企业存在用工缺口，用工难和用工贵加重了企业经营困难。企业景气调查[4]结果显示，三季度小型企业劳动力需求景气指数103.2，比上季度下调3.5点，低于同期大型企业21.8点。劳动密集型企业缺工情况更为突出。在2011年针对中小微型企业的问卷调查中，建筑业、住宿餐饮业两行业反映从业人员缺少现象最为严重，26.8%的建筑业企业和26.7%的住宿餐饮业企业表示过去一年中企业从业人员减少，分别比2010年提高了11.9个、1.7个百分点。

（三）小微非公经济集中于内资企业和传统行业

目前，本市小微型企业主要为非公企业，1–8月，本市小微型企业中共有非公企业2.2万户，占全市非公企业的82.2%，占全部小微型企业的76.2%。多数小微型非公企业还处于资本原始积累阶段，抗御市场风险和适应市场变化的能力较弱，存在传统行业集中等问题。

从所有制形式看，小微型非公企业以内资企业为主。1–8月，小微型非公企业中内资企业实现收入4458.3亿元，占比79.2%，港澳台投资企业及外商投资企业分别实现收入286亿元、882.5亿元，分别占比5.1%、15.7%。

从行业看，小微型非公企业主要集中在批发零售业、制造业等传统行业，产品科技含量不高，技术引进消化和创新能力低，缺乏科技型民营企业和高新技术企业。1–8月，小微型非公经济共实现收入5626.8亿元，其中，批发零售业、制造业分别实现收入2117.6亿、1234.2亿元，在各行业中位居前二，两者合计占总量的59.6%。而高技术企业集中的信息传输、计算机服务和软件业实现收入277.2亿元，仅占4.9%，比1–5月下降0.2个百分点。

4　企业景气调查中涉及的小型企业、大型企业规模划分标准均依据原《统计上大中小型单位划分标准》。

（四）间接税比重大，高税费加重小微型企业负担

近几年，国家针对中小企业发布了一系列税收优惠政策，但针对小微型企业的税收优惠政策普遍缺失，小微型企业受惠程度有限。在2011年北京市企业发展问卷调查中，52.9%的小型企业和66.5%的微型企业反映当前国家的税收政策对企业影响程度一般甚至完全没有，而大型企业该比重仅为17.1%。税费负担重已成为资金紧张之外影响小微型企业生产经营的最主要因素。1-8月，小微型企业应交税金占利润总额的比重为57.8%，高于同期全市平均水平18.1个百分点，且比1-5月提升了20.9个百分点。扣除税费后，小微型企业利润更加微薄。

此外，我国目前的现行税制还不完善，小微型企业的增值税、营业税等间接税比重较大，1-8月，小微型企业营业税、增值税合计207.1亿元，占应交税金的53.5%，比大型企业间接税比重高9个百分点。与所得税不同，增值税、营业税等间接税针对销售额和营业收入征税，不与利润直接挂钩。间接税比重大导致小微型企业相对大型企业，出现了利润低，但税负重的现象，进一步加重了小微型企业的税收负担。

2011年北京非公经济发展报告

◆◇朱一菊

一、非公经济总体发展状况

（一）非公规模稳步扩大，营业收入增长逐季放缓

1-8月，我市共有规模以上[①]非公单位27330户，经济规模稳步扩大，当期非公经济资产总计56440.9亿元，与上年同期相比，增长19.5%，增速高于全市平均增速8.4个百分点，占全市经济比重的6.3%，比1-5月提升0.3个百分点。

收入增长逐季放缓。1-8月，非公经济实现营业收入20950.9亿元，比上年同期增长13.2%。但是受外部欧债危机继续深化、国内经济减缓影响，内外需求压力加大，非公经济业务开展受限，营业收入增速呈现逐季放缓趋势，比1-2月和1-5月分别回落5.8个和1.9个百分点，低于国有经济增速3.9个百分点（见图1）。

图1　非公经济营业收入增长情况

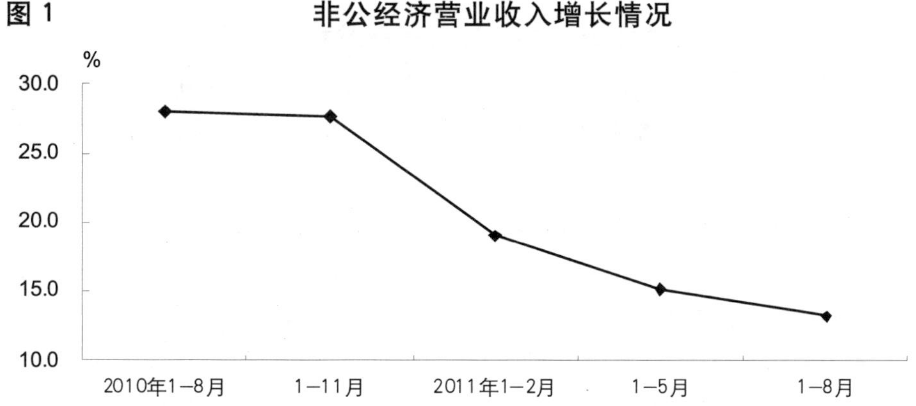

① 本报告中涉及的非公经济及全市经济均指规模（限额）以上经济。

1. 私营及私营控股经济占据非公经济主体地位

从私营及私营控股经济、港澳台投资经济和外商投资经济三种非公经济类型看，私营及私营控股经济是非公经济主体。1-8 月，全市共有私营及私营控股单位 23483 户，占非公单位总数的 85.9%，是港澳台投资经济和外商投资经济单位数量的 18 和 9.2 倍。资产总量 28286.6 亿元，比上年同期增长 22.1%，营业收入 9556.2 亿元，比上年同期增长 11.4%，占全市非公经济比重的 50.1%和 45.6%。

2. 港澳台投资经济在三种非公经济类型中份额最小

1-8 月，全市共有港澳台投资单位 1307 户，仅占全市非公经济比重的 4.8%，资产总量和营业收入分别为 8713.4 亿和 2662.1 亿元，占非公经济比重的 15.4%和 12.7%，低于私营及私营控股经济、外商投资经济。与 1-5 月相比，港澳台投资经济稳定发展，经济规模和企业效益增速均有所提升，当期资产总量和营业收入同比增长 13.2%和 13.5%，比 1-5 月增速分别提升 3.8 个和 1.3 个百分点，在三种非公经济类型中增速唯一回升。

3. 外商投资经济发展较快

1-8 月，全市共有外商投资单位 2540 户，比 1-5 月略有上升，资产总量和营业收入分别为 19441 亿和 8732.5 亿元，比上年同期增长 18.7%和 15.2%。

（二）受多重成本上升影响，非公经济盈利水平回落

2011 年以来，在内外市场需求减弱和成本上升的影响下，非公经济盈利空间缩小，企业盈利水平有所下降。1-8 月，非公经济实现利润 1167.4 亿元，比上年同期增长 5.9%，增速比 1-5 月大幅回落 11.2 个百分点。当期收入利润率 5.6%，比 1-5 月和上年同期分别回落 0.1 个和 0.6 个百分点。影响非公经济盈利的主要因素：一是材料价格上涨，企业生产成本压力加大。2011 年以来，随着石油、煤炭等大宗商品价格持续上扬，企业生产成本压力加大，1-8 月，非公经济主营业务成本 16230.8 亿元，比上年同期增长 13.5%。二是融资难度加大，融资成本上升。随着金融机构贷款利率不断上调，银行对实力较弱的非公单位贷款利率普遍上浮，非公经济融资成本不断上升，1-8 月利息支出 145.3 亿元，比上年同期增长 48.8%，高于国有经济 20.3 个百分点。三是为了缓解招工

难、用工难、留人难、技术人员匮乏的状况，非公单位员工待遇提高，劳动力成本上升。1–8 月，非公经济应付职工报酬 1217.9 亿元，比上年同期增长 22%。当期主营业务成本、利息支出和应付职工报酬的增速均高于非公经济营业收入增速，带动单位收入成本率上升 1 个百分点（见图 2）。

图 2　　非公经济利润增长情况

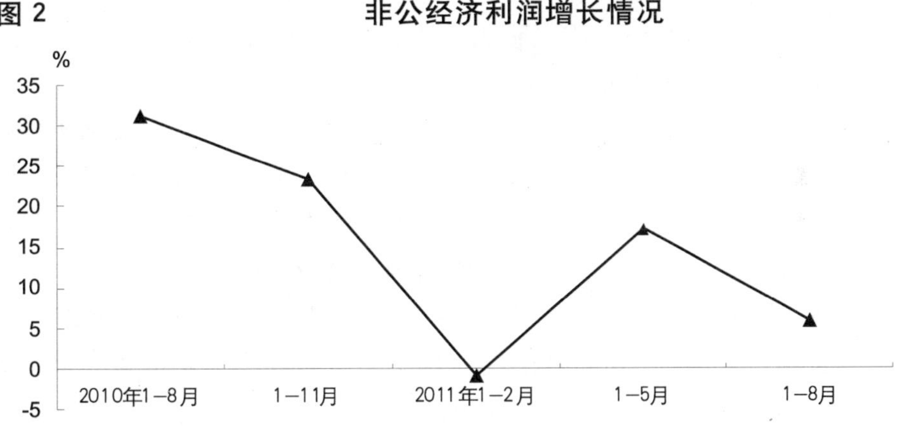

1. 外商投资经济成非公经济盈利主体

1–8 月，外商投资经济实现利润总额 807.6 亿元，占到全市非公经济比重的 69.2%，与上年同期相比增长 14.4%，在三种非公经济类型中增速最高。凭借先进的技术和管理经验，外商投资经济的高效经营成为获利主要因素。1–8 月，外商投资经济资产周转率 44.9%，比私营及私营控股经济、港澳台投资经济分别高 11.1%和 14.3%；万人平均收入为 122.1 亿元，比私营及私营控股经济、港澳台投资经济分别高 68.6 亿和 44.7 亿元。

2. 港澳台投资经济扭转负增长趋势

1–8 月，港澳台投资经济实现利润总额 195.9 亿元，比上年同期略增 0.1 个百分点，扭转 1–5 月负增长态势。其中规模较大的房地产业由于出租率和出租价格上调，利润总额 29.7 亿元，扭转 1–5 月的负增长态势，同比增长 4.9%；金融业在汇兑损益和利息收入上涨的拉动下，利润总额比上年同期增长 73.8%，增速比 1–5 月提升 36.8 个百分点。

3. 私营及私营控股经济低利润率现象明显

1–8 月，私营及私营控股经济实现利润总额 164 亿元，与上年同期相比，利润总额下降 37.3 亿元，在三种非公经济类型中唯一负增长，以占非公经济 50.1%的资产实现 14%的利润，当期收入利润率为 1.7%，低于港澳台投资经济和外商投资经济 5.7 个和 7.5 个百分点。

（三）从业人员稳定增长，非公经济社会贡献突出

2011 年以来，非公经济克服业务开展难度加大、企业订单减少的困难，从业人员规模继续扩大，在解决就业和建立和谐社会方面作出了突出贡献。1–8 月，非公经济从业人员 284.6 万人，比上年同期增长 7.9%，占全市从业人员比重的 42.4%。与 1–5 月相比，非公经济就业规模继续扩大，从业人员人数增加 6.2 万人，增速和所占比重均保持稳定水平。

充满活力的私营及私营控股经济是创造就业岗位的生力军，从业人员占非公经济比重的 2/3 左右。1–8 月，私营及私营控股经济吸纳就业人员 178.7 万人，比上年同期增长 7.6%，占全市非公经济从业人员比重的 62.8%。港澳台投资经济从业人员增长速度加快。1–8 月，共有从业人员 34.4 万人，比上年同期增长 10.5%，增速高于 1–5 月 2.5 个百分点。外商投资经济从业人员规模比较稳定，当期共有从业人员 71.5 万人，比上年同期增长 7.2%，与 1–5 月相比，从业人员略增 0.8 万人。

二、非公经济发展特点

（一）私营及私营控股经济主导非公经济第三产业发展

非公经济产业布局以第三产业为主，第三产业比重不断上升。1–8 月，第三产业非公经济资产总量 49278.6 亿元，实现营业收入 15839.5 亿元，占全部非公经济比重的 87.3%和 75.6%，比 1–5 月均提升 0.5 个百分点，与上年同期相比，资产总量和营业收入分别增长 19.7%和 13.7%，均高于非公经济平均增速。

非公经济第三产业以私营及私营控股经济为主体，经济规模稳步上升。1–8 月，第三产业私营及私营控股单位 19055 户，资产总量 24867.8 亿元，占非公经济第三产业比重 86.9%和 50.5%。实现营业收入 7704.5 亿元，比重达到 48.6%，比 1–5 月提升了 1.7 个百分点。其中交通运输、仓储和邮政业，信息传输、计算机服务和软件业，住宿餐饮业，水利环境和公共设施管理业，教育等行业发展较快，增速在14.2%−41.3%之间，均高于非公经济平均增速。

（二）现代服务业引领港澳台投资经济发展

港澳台投资经济规模较小，主要以现代服务业为主体。1−8月，港澳台投资经济中现代服务业共有739户，超过全部港澳台投资经济比重的一半以上，资产总量6715.9亿元，占港澳台投资经济比重的77.1%。

分行业看，房地产，信息传输、计算机服务和软件业，金融业是港澳台投资经济重点投资领域。三个行业资产总量分别为3049.5亿、1540.3亿和1462.1亿元，合计占到港澳台投资经济比重的69.5%。2011年以来，受外部需求减弱、市场竞争加剧以及资金紧张等因素影响，信息传输、计算机服务和软件业规模缩小，资产总量下降15.5%。与上年同期相比，信息传输、计算机服务和软件业，金融业营业收入增长较快，同比增长18.5%和47.6%。而资产总量最高的房地产业受房地产限购政策影响，营业收入负增长7.8%，影响港澳台投资经济现代服务业增长放缓，增速为8.6%，比港澳台投资经济平均增速低4.9个百分点（见表1）。

表1　港澳台投资经济现代服务业发展状况

	企业个数（个）	资产总计（亿元）		收入合计（亿元）	
	本期数	本期数	增速（%）	本期数	增速（%）
现代服务业	739	6715.9	10.7	942.7	8.6
其中：房地产业（含中介物业）	250	3049.5	15.2	165.9	−7.8
信息传输、计算机和软件业	140	1540.3	−15.5	458.5	18.5
金融业	29	1462.1	49.5	32.7	47.6

（三）批发零售业支撑外商投资经济较快增长

外商投资经济行业分布比较集中，金融业、批发零售业、租赁和商务服务业是支持外商投资经济发展的主要力量。1−8月，三个行业资产总量分别为5236.5亿、4213.6亿和3609亿元，合计占外商投资经济比重的67.2%，比上年同期增长30.6%、19%和17.8%。批发零售业在高端汽车销售快速增长带动下，1—8月增长较快，当期实现营业收入4255.3亿元，占全部外商投资经济营业收入的48.7%，比上年同期增长23.2%，拉动外商投资经济增长10.6%；利润总额413.5亿元，比上年同期增长20.9%，占外商投资经济比重的51.2%，是外商投资经济利润增长的主要拉动因素（见表2）。

表2　外商投资经济行业分布情况

	资产总计（亿元）		收入合计（亿元）		利润总额（亿元）	
	本期数	增速（%）	本期数	增速（%）	本期数	增速（%）
外商投资经济	19441.0	18.7	8732.5	15.2	807.6	14.4
其中：制造业	2290.4	7.2	2227.9	5.5	153.0	7.6
信息传输、计算机和软件业	1565.3	14.0	620.1	14.9	62.4	4.8
批发零售业	4213.6	19.0	4255.3	23.2	413.5	20.9
金融业	5236.5	30.6	205.7	22.4	40.7	121.7
租赁和商务服务业	3609.0	17.8	887.6	16.5	71.7	-6.9

（四）外商及港澳台投资经济现代制造业发展减缓

2011年以来，非公经济现代制造业发展减缓。1—8月，非公经济现代制造业实现营业收入2594亿元，与上年同期相比，增速逐步回落，从1—2月的11.8%到1—5月的2.9%，1—8月回落到2.3%。外商及港澳台投资经济现代制造业发展减缓是其主要影响因素。当期外商及港澳台投资经济现代制造业分别实现营业收入1618.1亿和559.6亿元，比上年同期略增0.2%和0.3%，均低于非公经济平均水平。其中以外商及港澳台投资经济为主的通讯设备制造业受外部经济影响，营业收入比上年同期下降80.4亿元。私营及私营控股经济由于受外部经济影响较小，现代制造业比上年同期增长14.3%（见表3）。

表 3　　非公经济现代制造业发展情况

	营业收入（亿元）	比重（%）	增速（%）
现代制造业	2594.0	100.0	2.3
其中：私营及私营控股经济	416.2	16.0	14.3
港澳台投资经济	559.6	21.6	0.3
外商投资经济	1618.1	62.4	0.2

三、值得关注的问题

（一）非公经济融资难，私营及私营控股经济民间借贷比重高

为缓解通胀压力、抑制过快增长的流动性压力，我国多次上调存贷款准备金率和加息，信贷增速逐步回落，企业融资环境趋紧，非公经济融资难的问题尤其突出。《北京市企业发展状况问卷》调查显示，2011年，37.7%的非公单位判断融资困难或者非常困难，仅 9.4%的企业判断融资容易。非公经济融资难的原因主要在于缺乏有效的担保和抵押（68.8%）和银行缺乏相应的放贷流程（34.4%）。为了筹集发展所需要的资金，私营及私营控股经济不得不采用民间借贷方式作为银行贷款的补充，过去的两年中，45.5%的私营经济有过民间借贷行为。而民间借贷的高利率加重企业成本压力，1—8 月，私营及私营控股经济利息支出比上年同期增长 38.5%。

（二）受资金紧张和人才缺乏限制，非公经济创新动力不足

目前，许多非公单位尤其是中小企业总体上发展方式仍然是粗放、低技术、低水平、同质产品多、可替代性强，在经济发展减缓，市场竞争加剧的背景中，企业普遍反映遭遇发展瓶颈，迫切需要开发新产品，扩大销售渠道。但是只有 17.4%的非公单位选择加大技术创新力度、突出主业优势来渡过危机，59.8%的非公单位选择采用加强管理、降低成本的方式来维持经营。在实际经营中仅 1%的单位在本行业之外进行投资或开展新业务。影响非公单位技术创新的主要因素一是资金紧张、融资困难，占比 56.6%，二是缺乏研究人员、研发能力不强，占比 38.7%。

（三）政策预期迷茫，非公经济经营不确定性增加

2011 年以来，虽然国家为了促进经济平稳发展，推进产业结构升级，货币政策和产业政策频繁出台，但是由于信息不对称，非公经济政策信息收集困难，46.3%的企业要靠自行收集，从而导致这些单位缺乏政策预期，对宏观经济形势把握不准，企业自身发展规划容易与宏观政策矛盾，陷入生存与发展的困境中。因此，希望政府在保持政策稳定的同时能扩大政策宣传。

北京市经济社会统计报告

Beijing Economic-Social Statistical Profile

热点追踪

北京建设世界城市科技发展比较分析

◆◇崔　萍　任盼盼

在世界城市高端化、精细化发展过程中，科学技术的引领作用日益凸显，成为提升经济发展质量、改善生产生活方式的重要引擎。纵观世界城市发展历程，科技发展始终是世界城市的核心要素和重要驱动，用科技手段引领北京城市发展应成为北京建设世界城市的着力点。

一、世界城市科技发展特征

从国际科技发展脉络分析，世界城市科技发展的特征主要体现在以下四个方面：一是科技资源丰富。世界城市注重投入充足的科学研究和发展资金，用于培养和吸引高素质的科研人员，形成优化配置的科技资源结构。二是信息化水平高。随着信息经济的发展，信息化水平对于科技发展具有基础性支撑作用，信息网络健全、覆盖面广，信息技术和信息资源得到广泛应用是支撑科技发展的集中体现。三是科技成果显著。世界城市掌握着科技领域关键核心技术和创新成果，用高新技术不断改造和提升传统产业，成为推进城市发展的根本动力。四是完备的产学研合作机制。产学研相结合的机制是科技发展的有效模式，充分发挥企业的主体作用、以市场为导向、产学研结合是科技发展的机制保障。

科技发展是北京建设世界城市目标的重要内容。“十一五”时期北京提出了“创新型城市”的建设目标，《“科技北京”行动计划》进一步提出要把北京建设成为我国创新发展的核心引领区和具有全球影响力的科技创新中心。以中关村国家自主创新示范区为依托，通过在我国创新型国家建设中发挥高端辐射作用，北京已经基本具备建设世界城市的科技基础。

二、北京建设世界城市的科技发展比较分析

（一）科技资源的国际比较

从科技资源看，北京的科技资金和研究人员达到了较大规模，研究与发展（R&D）经费投入强度较高。但与世界城市相比，企业科研投入所占比重相对较低，高层次的科技领军人才相对缺乏。

1. 科技投入强度较高，企业投入仍需加强

R&D 经费是衡量科技发展和科技投入的重要指标。2010 年，北京市 R&D 经费支出为 822 亿元，约折合 121 亿美元，虽低于巴黎 2007 年投入水平，但分别相当于香港（2009）、新加坡（2008）和上海（2010）的 7.3 倍、2.4 倍和 1.7 倍。2003—2009 年，北京市 R&D 经费支出年均增速达到 17.3%，分别高于日本、香港、新加坡 16.9 个、10.3 个和 1.5 个（2003—2008 年）百分点（见表 1）。

表 1　研究与试验（R&D）经费支出

	北京	上海	巴黎	香港	新加坡	日本
R&D 经费支出（亿美元）	31.0 (2003)	15.6 (2003)	—	11.0 (2003)	19.7 (2003)	1450.9 (2003)
	121.4 (2010)	70.9 (2010)	212.5 (2007)	16.6 (2009)	50.4 (2008)	1842.7 (2009)
年均增速（%）	17.3 (2003—09)	22.3 (2003—09)	—	7.0 (2003—09)	15.8 (2003—08)	0.4 (2003—09)

注：数据来源于《北京统计年鉴》，《上海统计年鉴》，新加坡统计局网站，香港政府统计处网站，日本总务省统计局，《巴黎统计年鉴 2010》，R&D 经费按年平均汇率折算成美元。

R&D投入强度[1]是衡量科研经费投入水平的重要指标，世界经济合作与发展组织（OECD）公布的OECD 30 个成员国和 9 个非OECD国家的R&D数据结果[2]显示，2007 年以色列、瑞典、芬兰等国的R&D投入强度居前列，分别为 4.68%、3.6%和 3.47%。北京市自 2002 年以来R&D

1　R&D 投入强度为 R&D 经费支出相当于 GDP 的比重。

2　经济合作与发展组织发布的《主要科学技术指标》数据库（Main Science and Technology 2009—1）。

经费支出相当于地区生产总值的比例均在5%以上，2010年达到5.82%，高于上述国家，同时也高于巴黎（2.9%，2007年）、新加坡（2.66%，2008年）、香港（0.79%，2009年）等城市（见图1）。

图1　部分国家和城市R&D投入强度

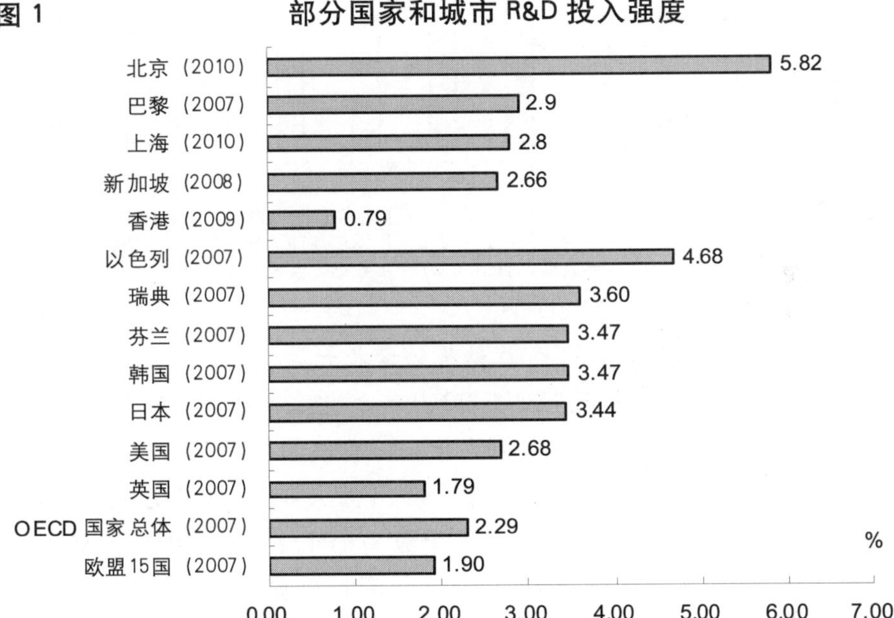

注：数据来源于世界经济与合作发展组织《主要科学技术指标》数据库（Main Science and Technology 2009-1），《北京统计年鉴》，《巴黎统计年鉴2010》，《上海统计年鉴》，香港政府统计处网站。

从R&D经费支出执行部门角度看，美国、日本、英国、法国等国家的企业是R&D经费支出的主体，所占比重多在60%以上，其中卢森堡和以色列则分别达到了83.8%和78.7%。2010年，北京市企业R&D经费支出占全市36.4%[3]（见图2），与其他国家和城市相比，企业支出比重偏低。北京是我国高等院校、科研院所以及大型国有企业的聚集地，这些机构集中了优质的科研资源，科技研发活动较为活跃。2009年，中央单位在京投入R&D经费占全市的70.8%[4]，而中小企业的科技投入相对不足，增加中小企业R&D经费支出对于提升企业科技竞争力乃至整个城市的科技发展水平具有重要作用。

3　数据来源于《北京统计年鉴》。
4　数据来源于《高研发投入强度下的北京科技创新能力研究》，统计报告[2011]49号。

图 2 部分国家和城市企业 R&D 经费支出比重

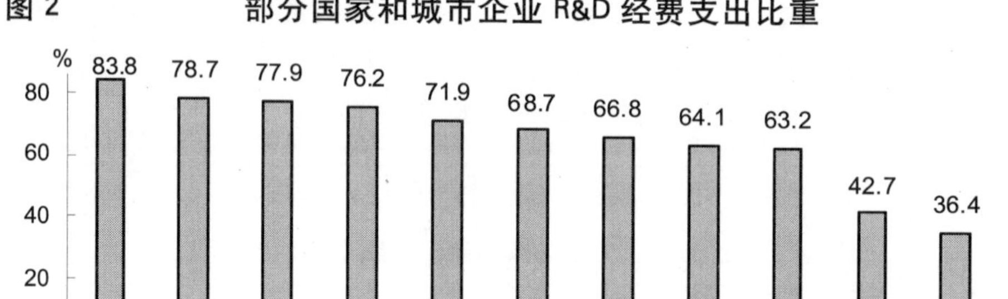

注：数据来源于世界经济合作与发展组织（OECD），《主要科学技术指标》数据库（Main Science and Technology 2009-1），《高研发投入强度下的北京科技创新能力研究》，上海统计年鉴，香港政府统计处。北京、上海为 2010 年数据，香港为 2009 年数据，其他国家均为 2007 年数据。

2. 科研人员规模较大，人员结构仍需提升

人力资源是科技资源的核心，2010 年，北京市研究与发展（R&D）人员折合全时人员当量为 19.4 万人年，分别高于巴黎（2007）、新加坡（2008）和香港（2009）5.6 万人年、15.3 万人年和 17.0 万人年。从相对数量看，北京市每万人口中研发人员数为 104.2 人，分别高于新加坡、香港和上海 18.3 人、71.0 人和 44.7 人，同时也高于美国、日本、英国、法国等国家（见表 2）。

表 2 部分国家和城市每万人口中研发人员数（人）

	北京	上海	美国	日本	英国	法国	香港	新加坡	韩国
每万人口中研发人员数	104.2 (2010)	59.5 (2010)	46.5 (2006)	60.7 (2006)	30.0 (2006)	51.0 (2006)	33.2 (2009)	85.9 (2008)	43.1 (2006)

注：数据来源于《北京统计年鉴》，《上海统计年鉴》，《2010 国际统计年鉴》，香港政府统计处，《新加坡统计年鉴》。美国、英国为研究人员数，日本、法国、韩国为研究人员和技术人员数，北京、上海为 R&D 人员折合全时人员数。

通过上述比较可以看到，北京的科研人才在规模上具有一定优势，世界城市往往是全球创新中心或创新枢纽，而高端科研人才起着至关重要的作用。新加坡注重科技人才的引进和培养，通过多项优惠政策吸引高科技人才，通过多次教育分流和筛选，挑选精英人才进入高等学校，加强高端科技人才培养。日本实施“特别研究员”制度，利用资金资助

来吸引国际高端研究人员，从1996—2001年招收的特别研究员人数从420人增至925人。加拿大出巨资实施“首席科学家计划”（CRC，Canada Research Chair），通过大学面向世界招聘2000名高层次人才。在北京的科技人才结构中，尤其需要具有国内外先进水平的战略科学家、科技领军人才引领地区科技发展。

（二）信息条件的国际比较

移动电话和网络服务是信息传输和交换的重要载体，对科技发展具有重要作用。2010年，北京市每千人拥有移动电话1079部，而香港为1630部，新加坡为1436部，英国为1231部，差距较为明显（见表3）。

2009年，北京市每千人宽带用户数[5]为321个，高于新加坡、香港等城市，同时也高于各发达国家的水平。无线网络是信息技术发展的新趋势，香港的数码港高科技园区实现了无线局域网全覆盖，吸引了众多创意和特效制作公司进驻，新加坡、硅谷等都提供免费的无线局域网服务，首尔具有很高的无线网络覆盖率，当地居民可以在公共交通工具无线上网，甚至可以在地铁上网。目前，北京正朝着建设“无线城市”目标迈进，中关村、CBD、金融街等地区实现了无线网络全覆盖，预计2012年无线网络将覆盖全市，但目前北京的无线网络资费水平将影响着企业和居民的使用程度。

表3　　每千人移动电话和宽带用户数

	美国	日本	英国	法国	香港	新加坡	首尔	北京	上海
每千人移动电话数（部/千人）	890 (2008)	864 (2008)	1231 (2008)	934 (2008)	1630 (2008)	1436 (2010)	780 (2008)	1079 (2010)	1031 (2010)
每千人宽带用户数（个/千人）	260 (2008)	236 (2008)	281 (2008)	285 (2008)	279 (2008)	207 (2008)	318 (2008)	321 (2009)	345 (2009)

注：数据来源于《北京统计年鉴》,《国家统计年鉴》,《上海统计年鉴》，香港政府统计处网站，新加坡统计局网站，《2010国际统计年鉴》。首尔每千人宽带用户数为国家数。

（三）科技发展成果比较分析

1. 国际专利申请偏少，企业创新主体地位仍需加强

专利合作条约（Patent Cooperation Treaty，PCT）是专利领域的

5　每千人宽带用户数根据国家统计年鉴中互联网宽带接入端口数据与人口数据计算平均值。

一项国际合作条约，向专利合作条约受理局递交专利保护申请程序是国际专利申请的重要途径，该专利数量也是国家或城市科技创新成果产出的集中体现。2009 年，北京市拥有国际专利申请数 694 件，每万人拥有国际专利申请数为 0.4 件，略高于香港和上海，但远低于英国、美国、法国、日本等发达国家水平。把 R&D 投入强度与人均国际专利申请数进行对比分析可以看到，日本、韩国 R&D 投入强度和人均国际专利申请数都较高，美国 R&D 投入强度并不是很高，但人均国际专利申请数较高，而北京的 R&D 投入强度高于其他国家和城市，但人均国际专利申请数与日本、韩国、美国、新加坡等相比存在一定的差距（见图 3）。

图 3　　部分国家和城市 R&D 投入强度和人均国际专利申请数

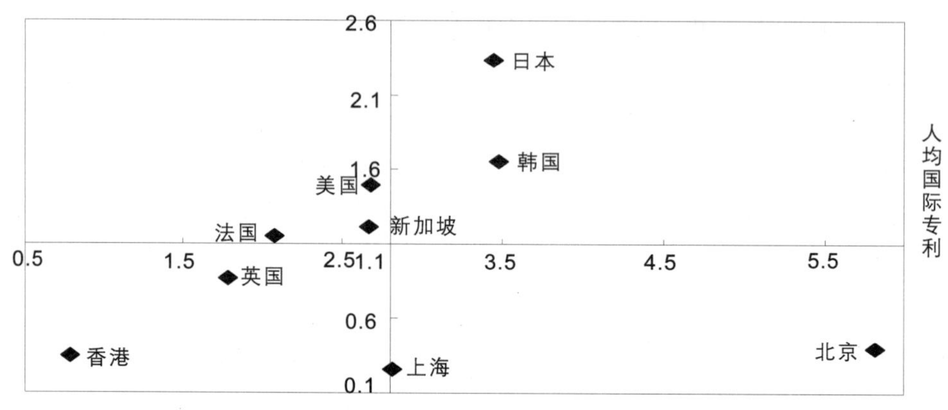

注：国际专利申请数来源于北京市知识产权局，人均国际专利申请数根据国际专利申请数量与 2008 年、2009 年平均人口计算平均值，英国、法国按 2008 年年中人口计算平均值。国际专利申请数为 2009 年数据，R&D 投入强度数据年份有所不同。

对专利申请主体进行进一步分析，2010 年，PCT 专利申请数量最多的是日本的索尼公司，专利申请达到 2154 件，在 PCT 专利申请数量居前 50 位的申请者中，日本、美国和德国分别占据 18 位、14 位和 6 位，中国仅有中兴通讯和华为两家企业分别居第 2 和 4 位。2010 年，在 PCT 专利申请数量前 50 名的高校中，美国、日本和韩国分别占据 30 位、10 位和 5 位，没有中国的高校进入 PCT 专利申请前 50 名行列。

2. 技术合同交易稳步发展，科技产业实力仍需提升

技术合同成交额和科技产业发展是衡量科技成果转化和应用能力的重要指标。2010 年，北京市技术合同成交额为 1579.5 亿元，是上海市的 3.0 倍[6]。其中技术出口 584.6 亿元，占技术合同成交额的 37.0%。从增长速度看，2001—2010 年，北京市技术合同成交额年均增速为 26.5%，高于上海市 7.0 个百分点。与上海市相比，北京的技术合同交易规模和增速有一定的优势。

信息产业、现代制造业、高技术产业是知识和技术密集、科技研发活动活跃的产业。2010 年，北京市信息产业、现代制造业和高技术产业增加值分别为 1989.2 亿元、1082.3 亿元和 888.8 亿元，这些产业发展规模虽然有所扩大，但增幅有限。信息产业增加值占 GDP 比重最高，也仅为 14.1%,现代制造业和高技术产业增加值占 GDP 的比重分别为 7.7% 和 6.3%，并且近年来比重有下滑趋势。

（四）科技园区发展比较分析

国外发展经验表明，产学研的合理结合对于提升企业、高校和研究机构的研究水平具有促进作用,科学园区建设是产学研结合的重要模式。自 1951 年斯坦福科学园诞生以来，印度的班加罗尔科技园，英国的剑桥大学科技园，日本的筑波科技园，韩国的大德科技园等相继建立，这些科技园走在各个城市乃至国家科技发展的前沿。2009 年 3 月，国务院批复建设中关村国家自主创新示范区，目前中关村已发展成为拥有近 2 万家高新技术企业，39 所高等院校，140 多家研究院所“一区十园”跨行政区域的高端产业功能区，在探索体制机制改革、推动科技创新和高技术产业化方面发挥着重要的引领和示范作用。

1. 园区企业专业化生产具备一定规模，但企业科技经费投入仍有不足

科技园区的企业多是专业化的高科技企业，活跃在前沿科技的各个领域。剑桥工业区的企业专注于自身擅长的领域，核心业务非常明确。硅谷的产业结构主要集中在微电子、计算机产业、生物技术等。中关村国家自主创新示范区聚集了电子信息、生物医药、环保新能源、高技术服务业、现代制造业等领域的企业。其中软件与信息服务业持续引领国

6 数据来源于《北京统计年鉴》,《上海统计年鉴》。

内产业发展，约占全国总量的七分之一；计算机市场占有率、手机产量稳居国内第一；集成电路设计收入占全国的四分之一。但中关村拥有国际知名品牌的企业不多，目前仅有联想、百度两家。

2009年，中关村示范区投入R&D经费235.4亿元，占全市的比重为35.2%，占全国高新区的17.5%，共有3727家企业开展R&D活动，占全部企业的22%。工业企业实现新产品销售收入2406.8亿元，占总收入的比重为51.9%[7]。中关村企业在全市以及全国的创新活动中具有重要的引领作用。从国际企业R&D投入强度看，1990年至2003年，美国硅谷企业研发投入占销售收入比重平均为11%左右，高于美国企业的平均水平8个百分点[8]。2009年，中关村企业R&D经费占总收入1.81%，仅比全国高出0.11个百分点[9]。

2. 产学研相结合逐步深入，研究机构的市场化服务仍需探索

产学研结合是科技园区建设的重要目的，也是科技发展的有效模式。硅谷的发展特点是以具有雄厚科研力量的世界知名大学为依托，以高技术的中小公司群为基础，并拥有英特尔、惠普、苹果等大公司，融科学、技术、生产为一体。欧盟委员会提出依托欧洲技术研究院建设，集聚欧洲最优秀的学生和科研人员与企业进行知识的开发和利用，解决交叉学科领域长远关键技术以及相关技术标准问题。剑桥科学院的宗旨是将科学研究与工业生产相结合，园区联合培养本科生和研究生。中关村科技园区集中了知名高等院校、科研机构以及众多科技企业等优质资源，致力于推进产学研完美结合。大学科技园区在孵化企业、转化成果、科技咨询、创业投资、大学生创业就业等方面起着的积极作用。在进一步发展中，仍需探索和总结国外大学科技园服务自主创新的新机制和新模式，提升专业化、市场化服务能力。

三、北京建设世界城市科技发展对策建议

通过对比分析可以看到，北京的科技发展与世界城市以及发达国家

7 数据来源于《中关村示范区创新高地显现》，统计报告[2011]22 号。
8 数据来源于宋霞，《美国硅谷－硅谷模式研究：技术多元化的经济》。
9 数据来源于《高研发投入强度下的北京科技创新能力研究》，统计报告[2011]49 号。

存在一定差距，可以通过拓宽科技资金来源渠道、推动科技成果国际化、完善科技合作机制等手段提升科技发展水平。

（一）优化资源配置，吸引高端科技领军人才

北京的研究与试验发展经费规模和投入强度都较高，但与其他城市和国家相比，企业所占比重偏低，企业作为科技发展的市场主体，投入缺乏将造成科研活动先天不足。因此，北京可以通过资金倾斜、税收优惠等各项措施鼓励企业投身科技创新，调动科研积极性，促使资金在企业、高等院校、研究机构之间合理匹配，提高资源利用效率。

人才的培养和吸引是个长期工程，不仅需要资金支持和物质条件，更重要的是创造良好的工作环境和社会发展空间。北京在科技发展领域中却缺少具有国际视野的高端领军人才。北京在户籍、保障制度等方面要减少对人才流动的限制，更要进一步培养和营造鼓励创新、宽容失败的氛围和意识。

（二）建立专业化风险投资机构和机制

风险投资是中小科技企业融资的重要方式，北京的风险投资规模较小，缺乏专业化的投资机构，可以用政府投资或担保方式成立风险投资基金，吸引社会资本的投入。此外，可以建立和引进专业化的高端投资机构和队伍，完善企业信息披露机制，完善政府信息公开和信息服务机制，增强风险投资机构对未来重要技术领域的识别和评估能力，增加机构的投资回报利润、降低其风险。

（三）推进科技成果国际化、高端化

近些年来，北京的专利申请数量、技术合同交易额实现较快增长，但缺乏具有国际影响力的高端科技成果，国际专利申请数量较少；在北京科技发展进程中，需要增强企业的知识产权保护意识，为企业申请国际专利提供系统的行政服务，鼓励企业推进科研成果的国际化。

（四）以市场需求为导向，完善产学研结合机制

全市中关村科技园区产学研结合制度不断完善，但在全市范围内，企业、高校、科研机构的结合并不十分密切，表现在企业和高校的合作项目比例不高、尤其是中小企业与学研的合作不普遍。今后可以借鉴斯坦福大学的模式，鼓励企业科技人员学习学校课程、为企业技术人员和学生提供相互交流的机会。同时，以市场和企业技术需求为导向选择和制定重点支持的技术领域和重大项目，促进高校之间建立知识联盟，创新技术人才流动机制，营造优良的产学研合作的外部环境。

（五）加强科技发展成果在社会发展领域的应用

科技成果在社会发展领域的应用是科技发展的重要目的，也能在更高层次推进科技发展。要加强科技发展成果在信息基础设施建设、生物医药、新能源和环保材料、公共交通等领域的应用，提升科技对社会发展的支撑能力。

提升绿色发展水平　助推北京世界城市建设

◆◇崔　萍　郭玉娟　任盼盼

北京为巩固扩大“绿色奥运”成果，全面践行绿色发展理念，深入转变发展方式，从绿色生产、绿色消费和生态环境三个方面进一步提出推动“绿色北京”建设，把北京建设成为生产清洁化、消费友好化、环境优美化、资源高效化的绿色现代世界城市。由于绿色城市建设是当今世界城市发展的主流，绿色发展是城市实现可持续发展、提升城市综合竞争力的重要内容，因此提升绿色发展水平是北京世界城市建设的重要内容。

一、绿色发展及内涵

绿色发展是在传统发展模式上的一种创新，是建立在生态环境和资源承载力约束条件下，实现可持续发展重要支撑的一种新型发展模式。

城市的绿色发展是和绿色城市相联系的，绿色城市在欧洲的实践表现为在城市形态、土地利用、交通模式以及城市经济和城市社会管理手段等方面实现的绿色发展。2005 年全球 50 多位市长在美国旧金山签署《城市环境协定——绿色城市宣言》，提出绿色不是单纯对环境内容的关注，而是融合了生态保护、居民生活、经济社会发展三个方面，涵盖了水、交通、废弃物、能源、城市设计、环境健康和城市自然环境等内容。随着可持续发展观念的逐步深入，绿色城市发展模式在国内也逐渐进入人们的视野，成为一些城市发展追求的目标。《2010 中国绿色发展指数年度报告——省际比较》报告中，通过经济增长绿化度、资源环境承载潜力和政府政策支持三个方面的描述比较城市的绿色发展状况，分别反映经济增长中生产效率和资源使用效率、资源与生态保护及污染排放、政府在绿色发展方面的投资、管理和治理等方面情况。

二、北京绿色发展国际比较

从国内外对绿色发展的认识和实践看，当今城市的绿色发展水平已不单表现为城市的环境状况，更表现为城市发展中对资源节约利用的效率和效果，表现为在维护和改善城市环境方面所做的努力。

（一）资源节约

1. 土地资源现状及节约利用情况

土地资源人均占有量少，可开发利用量不足。北京市土地面积共16411 平方公里，人均[1]拥有土地面积 0.084 公顷，分别低于纽约和巴黎 0.161 和 0.020 公顷。其中，2008 年北京市农用地、建设用地和未利用地分别占土地面积的 66.8%、20.6%和 12.6%。在已利用的土地中，近郊区和平原区土地利用率达到 98%以上，利用程度较高。在未利用的土地中，宜农地约 156 平方公里，仅占土地总面积的 0.95%，且主要分布在北部和西南部的延庆盆地、山前洪积扇、浅山缓坡及永定河沿岸，如果开发将容易加剧水土流失和环境恶化；宜林、宜牧地主要分布在山区和半山区，开发利用难度较大。

2. 水资源现状及节约利用情况

水资源严重短缺，远低于国际公认的警戒线标准。著名的世界城市都依河而建，且多在水量充沛的入海口。其中，纽约位于东河和哈得孙河的河口；东京位于隅田川和荒川的河口；巴黎塞纳河在城中穿过；伦敦的泰晤士河也穿过城区。2007 年四个世界城市所在国家的人均淡水资源量均在 2000 立方米以上。相比之下，北京的水资源较为匮乏，西部的永定河已经断流，东部的潮白河则水量日减，2010 年全市人均水资源量仅为 124.3 立方米，远远低于国际公认的人均水资源 1000 立方米的警戒线，属于严重缺水地区。

用水效率逐步提高，仍有一定的提升空间。北京单位地区生产总值用水量连年下降（见图 1），2010 年为 24.9 立方米/万元，与 2001 年相

1　人均土地面积中所用常住人口数为 2010 年 11 月 1 日零时北京市第六次全国人口普查数据。

比，下降 76.3%，水资源利用效率明显提升。对污水的处理能力不断增强，2010 年全市每天处理污水 365 万立方米，比上年增加 9 万立方米；污水处理率达到 81.0%，比上年提高 0.7 个百分点。2010 年通过采取 117 项节水措施，全市节水量达到 1.2 亿立方米。

图 1　　2001—2010 年北京市单位水耗及降低率

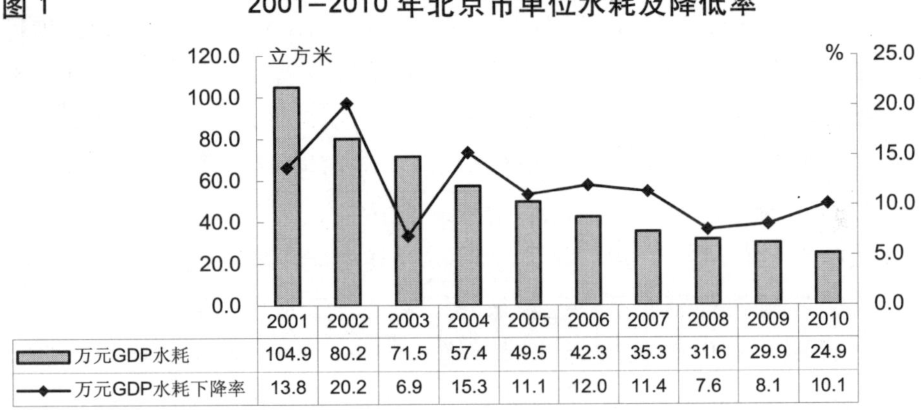

近几年北京用水效率明显提升，但和英国相比，仍有一定的提升空间。2010 年，北京每万美元 GDP 用水量为 169 立方米，高于英国 103 立方米；人均生活用水量 85 立方米，高于英国 50 立方米（见表 1）。

表 1　　北京及五个国家用水效率（立方米）

指标	北京	美国	法国	日本	英国	韩国
万美元 GDP 用水量	169	491	252	186	66	363
人均生活用水量	85	216	107	137	35	141

注：北京为 2010 年数据，其中 GDP 按 1 美元=6.8 元人民币换算；其他国家数据来自《水资源利用国内外比较与发展趋势》2007 年 2 月，马静、陈涛等著。

纵观世界城市水资源的利用情况，尽管许多城市拥有充足的淡水资源，但依然注重对水资源的节约利用。柏林通过提高再生水处理等级，增加可用水资源的总量；伦敦有了 30 年治理泰晤士河的经验，制定了严格的节水和污水处理政策；纽约通过改造设备防止漏水，开展教育活动动员全体市民自觉节约用水。虽然北京水资源的利用效率不断提高，但面对水资源严重短缺的现状，节约利用并有效保护水资源、提高再生水资源的利用效率依然是北京建设世界城市进程中要给予重点关注的问题。

3. 能源现状及节约利用情况

高碳能源占比较大，能源消耗仍然增长较快。能源是城市发展的重要物质基础和生活保障。当前北京的能源结构为煤炭占全部能源消费的32%，油品、外调电力和天然气分别占30.9%、23.5%和12.8%，此外还有少量其他能源。而伦敦和东京基本没有煤炭消费，主要以天然气、电力消费等为主；纽约的能源消费中煤炭仅占6%。与世界城市相比，高碳能源在北京能源消费中的比重仍然偏大，不仅能源利用效率低，城市的碳排放量不断增加，更易对环境造成较大污染，因此加快发展低碳能源和高碳能源的低碳化利用应是北京城市发展中能源利用的趋势。

北京能源消费弹性系数近年来均维持在较低水平，其中2008年仅为0.07，说明北京以较低的能源消耗增长支撑了较快的经济增长速度。1990—2010年，北京能源消费年均增长4.8%，在全国属于增长较慢的地区，但与世界城市相比，仍然偏快。1990—2005年，东京的能源消耗年平均增长率仅为0.8%；2000年以来，纽约能耗增速均低于北京，有些年份甚至呈现负增长。

能源利用效率逐步提高，但利用水平仍然偏低。2001年以来，北京万元地区生产总值能耗呈现持续下降趋势（见图2），能源利用效率逐步提高。

图2　2001—2010年北京市单位能耗及降低率

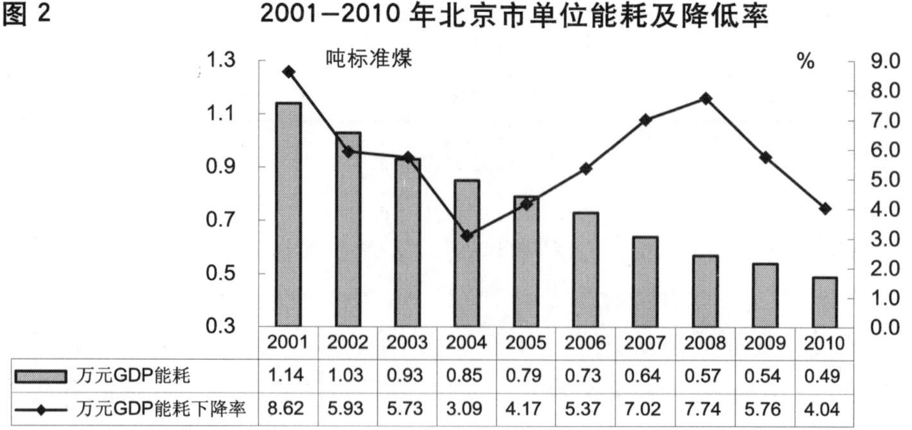

	2001	2002	2003	2004	2005	2006	2007	2008	2009	2010
万元GDP能耗	1.14	1.03	0.93	0.85	0.79	0.73	0.64	0.57	0.54	0.49
万元GDP能耗下降率	8.62	5.93	5.73	3.09	4.17	5.37	7.02	7.74	5.76	4.04

2010 年北京万元地区生产总值能耗为 0.49 吨标煤，是东京、伦敦和纽约三个城市 2007 年单位能耗平均水平的 3.8 倍，是香港、新加坡的 4.1 倍和 1.3 倍，与世界主要城市相比，单位能耗依然较高（见表 2）。

表 2　　城市万元地区生产总值能耗（吨标准煤）

指标	北京	东京	伦敦	纽约	香港	新加坡
万元地区生产总值能耗	0.49	0.04	0.08	0.26	0.12	0.39

注：北京为 2010 年数据，其他城市为 2007 年数据。

开发利用新能源，采取可行的节能措施。北京属于太阳能资源较为丰富的地区，近几年全市实施了光伏屋顶、光能示范上网电站、阳光校园、光能热水、阳光惠农、园林阳光夜景六大“金色阳光”工程利用太阳能，但总体开发利用量仍然较低，2010 年全市清洁能源比重仅为 52.2%。比较而言，新加坡特别重视开发利用新能源，2008 年投入 3.5 亿新元将太阳能作为清洁能源开发利用的重点。德国、西班牙等国家采用固定电价法推动光伏发电的发展。英国、澳大利亚等国家推行太阳能等可再生能源配额制，鼓励太阳能热利用和光伏利用。新加坡节能建筑和节能灯的推广备受青睐，由旧楼改造的“零能耗”建筑能源利用率比常规建筑高 60%，而“最基本能耗标准”计划从 2011 年 9 月开始推行。纽约市鼓励居民使用清洁能源，对节能环保型汽车免除纽约市税。与其他国家或城市相比，北京除要制定促进新能源开发利用的鼓励措施外，还需加快推进节能政策，有效促进能源的节约利用。

（二）环境保护

环境整治力度逐步加强，生活环境质量得到提升。2010 年，全市生活垃圾无害化处理能力达到 16680 吨/日，比 2005 年提高 61.2%；生活垃圾无害化处理率达到 96.9%，比 2005 年提高 0.9 个百分点。2001 年以来，区域环境噪声平均值和道路交通干线噪声平均值均处于较好级别[2]，2010 年分别为 54.1 和 70 分贝。其中，交通干线噪声平均值与发达国家或城市噪声法规中设定的机动车噪声标准限制值相当，如美国加利福尼亚州

2　城市区域环境噪声 50—55 分贝为较好级别；道路交通噪声 68—70 分贝为较好级别。

对小客车和轻型载货车的噪声限制值，以及OECD对载客少于 9 人的小客车噪声的限制值均为 70 分贝。

大气污染物含量仍较高，治理强度还需加大。2010 年北京空气质量二级和好于二级天数所占比例达到 78.4%，比 2001 年提高 27.7 个百分点。但与世界主要城市相比，北京大气污染物的含量仍然较高。2010 年，北京可吸入颗粒物、二氧化氮、二氧化硫年日均值分别为 121、57 和 32 微克/立方米。其中，可吸入颗粒物年日均值在九大城市中浓度最高（见表 3），高于纽约、东京、伦敦和巴黎四个世界城市将近 100 微克/立方米，也高于上海 40 微克/立方米；二氧化氮年日均值分别比纽约、东京、伦敦和巴黎高出 24、14、7、17 微克/立方米，高于新加坡 35 微克/立方米。

表 3　2009 年城市可吸入颗粒物和二氧化氮浓度（微克/立方米）

指标	纽约	东京	伦敦	巴黎	香港	新加坡	首尔	北京	上海
可吸入颗粒物年日均值	21	23	23	29	50	77	55	121	81
二氧化氮年日均值	33	43	50	40	43	22	78	57	53

注：北京数据为 2010 年，首尔数据为 2008 年数据；新加坡可吸入颗粒物为第二高日均值。

污水处理水平不断提高，但仍低于主要城市。北京污水处理水平不断提高，2010 年污水处理率达到 81.0%，比 2000 年提高 41.6 个百分点，但和其他城市相比，还存在一定差距。2010 年北京污水处理率和 1989 年东京污水处理率相近，分别低于新加坡、瑞典、纽约 19 个、19 个和 8 个百分点（见表 4）。

表 4　城市污水处理率（%）

指标	北京	新加坡	纽约	东京	瑞典
污水处理率	81	100	89	80	100

注：北京为 2010 年数据，来自《2010 年北京统计年鉴》；其他城市为 1989 年数据，来自《国外城市污水处理厂的建设与运行管理》2000.1，刘鸿志著。

从环境治理情况看，德国是一个发达的工业化国家，经过 100 多年的工业化过程，环境受到了严重污染，自 1970 年以来德国深切认识到环境污染带来的危害，逐渐关闭了一些煤炭和化工厂，并利用环保技术对污染的地点进行了环境修复；经过反思经济发展和环境治理之间的关系，德国开始征收企业环境税，有效促进了二者协调发展；另外德国还通过综合教育，使公众具有了良好的环境保护意识。经过多方面的治理，德国的城市环境得到了明显改善。通过对比发达国家城市的环境治理经验，北京还存在较大差距，今后在调整能源结构、引导居民绿色出行、提高全民环保意识以优化提升城市的环境质量方面还需深入探索。

（三）生态建设

绿化美化工作稳步推进，生态建设不容松懈。北京市绿化美化工作不断推进，各项绿化指标呈逐年增长态势（见表 5）。2010 年末，北京城市绿化覆盖率为 45%，林木绿化率为 53%，分别比 2005 年提高 3 个和 2.5 个百分点；人均公园绿地面积达到 15 平方米，比 2005 年增加 3 平方米。但与其他城市相比，2010 年北京人均公园绿地面积仅相当于纽约 1988 年的水平，与世界上绿化水平较高的华沙和绿地规模较大的伦敦相比有较大差距。波兰首都华沙面积为 446 平方公里，绿化面积约为 1.26 万公顷，人均占有绿地面积 78 平方米。伦敦在较为完备的生态建设制度和体系保障下，绿地建设规模较大，城市外围建成了环城绿带，平均宽度 8 公里，最大宽处达 30 公里，楔形绿地、绿色廊道等形成了绿地网络，2003 年伦敦人均公园绿地面积高于北京 2009 年 8.5 平方米。

表 5　　2005—2010 年北京市绿化情况

年份	园林绿地面积（公顷）	城市绿化覆盖率（%）	森林面积（公顷）	林木绿化率（%）	公园绿地面积(公顷)	人均公园绿地面积（平方米）
2005	38877	42.0	619243.2	50.5	11365	12.0
2006	45495	42.5	626006.3	51.0	11788	12.0
2007	46320	43.0	636565.7	51.6	12101	12.6
2008	46993	43.5	641368.3	52.1	12316	13.6
2009	61695	44.4	658914.1	52.6	18070	14.5
2010	62672	45.0	666050.7	53.0	19020	15.0

三、提升北京绿色发展水平的建议

（一）提高节约环保意识，运用经济手段和行政手段共同引导

公众和政府是社会发展的两大主体，在推动北京绿色发展进程中发挥着重要作用。在当前北京拥有的资源环境条件下，每个居民均应树立节能环保的意识。在生产和生活中注意节约用水；自觉使用节能灯、节能电器等以节约利用能源；主动选择自行车等绿色出行交通工具，形成少开车、多坐公交车的绿色环保意识；养成爱护花草树木的习惯，坚决杜绝随地吐痰等现象，及时自觉地清理自家宠物粪便，积极维护周围的环境卫生。

政府应充分发挥好引导和管理作用。一是积极宣传，定期进行教育培训，以引导全体居民树立节能环保意识。二是要学习借鉴先进城市和国家的经验和做法，采取有效手段进行管理。例如，征收车辆“环保税”的做法，对排量在设定标准之外的车辆进行限制或定期加收一定的税费，并通过奖励的方式鼓励自行车出租服务，以减少机动车尾气排放对环境造成的污染；采取立法的方式，对破坏城市生活和生态环境的做法，按照恶劣程度进行处罚，并将随地吐痰、乱摘花草、放任宠物随地大小便等行为纳入处罚范围；在绿化美化方面制定法律法规，规定任何一个新建单位必须有一定比例的面积作为绿化用地，而且绿化和建房同时完工，以保证每个单位旁边都具备一定的绿化条件；利用直接税收减免和投资税收抵免等税收优惠政策来促进企业重视和加强城市生态保护和资源节约。

（二）加强科技研发，运用科技手段促进节能减排

在世界城市高端化、精细化发展过程中，科技也逐渐成为改善生产生活方式、促进节能减排的重要手段。北京要坚持加强科技创新能力建设，提升自主创新水平，深入推进节能减排，提升生态文明水平，走绿色低碳、生态友好发展之路。要充分发挥科技高地的引领作用，运用新技术开发利用太阳能和其他可再生能源；加快转变煤炭工业发展方式，加快石油天然气工业发展。另外依托重大能源项目推进装备自主化，加快推进能源科技进步，学习国外先进的节能技术，通过科技进步，大力推广绿色建筑，突出抓好建筑标准制定、新材料和新技术应用以及结构、

设计等关键环节，大幅度提高建筑节能水平；加强汽车制造业的技术改造，设计生产先进的环保型轿车；通过研发制造高科技节能电器并推广使用来提高生活用能水平；推进重大用能企业技术改造，鼓励使用低能耗、低污染的新设备，提高工业用能水平。

（三）深化环境评价制度，注重绩效考核结果运用

政府部门之间的相互协调配合及上级政府部门对下级的监管均为促进环境保护及综合治理发挥重要作用，应充分发挥政府部门的作用，健全环境评估审批责任追究机制和部门协调联动机制，对可能影响环境建设的工程进行严格审核，科学分析工程建设对环境的影响，并提出针对性的防治措施，履行好政府部门监管职责，做好环境防范和保护工作。

在强调经济社会协调可持续发展的当今社会，政府绩效考核也越来越重视对资源环境的考核。北京市区县政府绩效考核中“资源与环境”是一个重要的考核评价领域，组织部门应注重区县政府绩效考核中资源环境评价结果的运用，从区县政府对资源环境的管理方面发现问题，并找出解决问题的方式和方法，以促进全市资源环境整体质量的提升。

从国际影响力看北京建设世界城市努力方向

◆◇崔　萍　任盼盼

近年来，越来越多的学者将世界城市描述为在世界城市网络体系中处于核心节点位置的城市。这些处于网络节点位置的城市通过物质流、资本流、信息流、人才流的快速流动，实现对全球资源的有效配置，因此现代意义的世界城市是国际城市的高端形态，其核心特征是具有较强的国际影响力，这既是成为世界城市的基础条件，也是国际上用于衡量世界城市的共性标准。因此，努力提升国际影响力是北京建设世界城市的重要内容。

一、国际影响力及其构成要素

所谓国际影响力即在全球经济、政治、社会、文化等各领域中具有影响和控制能力。当前，世界城市的国际影响力主要表现在三个方面：

一是经济水平。世界城市通常具有雄厚的经济实力，包括拥有较大规模的经济体量、较高程度的经济水平、较为明显的后工业化经济结构特点；二是集聚水平。世界城市要具有较强的集聚和控制能力，成为全球资本流动控制中心和全球经营管理调控中心，在人才、物质、资本、技术和信息顺畅流动的基础上发挥经济、社会、文化事务的控制力和影响力；三是交往水平。世界城市要具有良好的资源流动的承载能力和国际交往能力，形成较高的国际化水平和开放度。

按照北京建设中国特色世界城市的战略目标，从国际影响力角度比较和分析北京城市发展水平，不仅遵循了世界城市的发展规律，符合世界城市的共性特征，而且通过更高标准和更高要求规划北京城市的发展方向，对于北京建设世界城市具有重要的现实意义。

二、北京建设世界城市的国际影响力比较

（一）经济水平的国际比较

1. 经济发展水平迈上新台阶，与世界城市差距依然明显

近年来，北京经济始终保持平稳较快发展趋势，人均 GDP 由 2005 年的 5615 美元升至 2010 年的 11218 美元，年均增速达到 14.8%，已步入中等富裕城市行列。但与各个城市相比经济发展水平还存在明显差距，2010 年北京人均 GDP 仅相当于东京（2007）、伦敦（2007）、巴黎（2008）和美国(2008)人均 GDP 的 18.2%、16.9%、16%和 24%，是新加坡(2010)、香港（2010）和首尔（2007）的 1/4、1/3 和 1/2，低于上海（2009）345 美元（见表 1）。

表 1　　主要城市基本情况和人均 GDP

	北京	上海	纽约	东京	伦敦	巴黎	香港	新加坡	首尔
土地面积（平方公里）	16411 (2010)	6341 (2009)	47214 (2007)	2188 (2008)	1580 (2008)	12012 (2008)	1104 (2010)	712 (2010)	605 (2010)
占国家土地面积比重（%）	0.17	0.07	0.49	0.58	0.65	2.2	0.01	100	0.61
人口（万人）	1961 (2010)	1921 (2009)	1930 (2007)	1299 (2009)	756 (2007)	1160 (2008)	710 (2010)	508 (2010)	1046 (2009)
占国家人口比重（%）	1.5	1.4	6.4	10.1	12.3	18.6	0.5	100	21.5
人均 GDP（美元）	11218 (2010)	11563 (2009)	46716* (2008)	61609 (2007)	66434 (2007)	70137 (2008)	31834 (2010)	43867 (2010)	21792 (2007)

注：1.数据来源于 2010 年、2011 年《北京统计年鉴》《上海统计年鉴》，2010、2009 年《国际统计年鉴》，经合组织、世界银行网站、相关城市统计年鉴、《北京市 2010 年暨“十一五”期间国民经济和社会发展统计公报》《2010 年上海市国民经济和社会发展统计公报》。北京人口数为 2010 年 11 月 1 日零时北京市第六次全国人口普查数据。

2.若未特别标注，则本报告所有图表中的纽约数据为纽约州口径，东京数据为东京都口径，伦敦数据为大伦敦口径，巴黎数据为巴黎大区口径。下同。

3.“*”表示缺少城市数据，以所在国家数代替。下同。

2. 产业结构有序调整，高端服务业发展态势良好

北京市在调结构的政策指导下，第三产业规模不断扩大，高端服务业发展迅速。2010 年，北京市第三产业增加值比重达到 75.1%，比 2005

年提高 5.5 个百分点，高于上海（2009）和首尔（2008）15.7 个和 14.8 个百分点，与新加坡（2010）水平相近，低于东京、伦敦、巴黎、香港的水平（见表 2)。

2010 年，北京市生产性服务业实现增加值 6705 亿元，占地区生产总值的比重比 2005 年提高 7.3 个百分点。但从产业人员构成看，2009 年北京市生产性服务业从业人员比重在九个城市中处于最低水平，仅为巴黎的 55.5%。

表 2　城市第三产业增加值比重、生产性服务业从业人员比重（%）

	北京	上海	纽约	东京	伦敦	巴黎	香港	新加坡	首尔
第三产业增加值比重	75.1 (2010)	59.4 (2009)	74.6* (2000)	86.2 (2007)	89.4 (2006)	86.1 (2008)	92.6 (2009)	71.7 (2010)	60.3* (2008)
生产性服务业从业人员比重	39.4 (2009)	42.9 (2005)	39.9 (2005)	45.3 (2005)	61.4 (2005)	71.0 (2005)	47.0 (2005)	42.7 (2005)	—

注：数据来源于《北京市 2010 年暨“十一五”期间国民经济和社会发展统计公报》《2010 年上海市国民经济和社会发展统计公报》，2010、2009 年《国际统计年鉴》《全球城市竞争力报告（2007–2008)》。

3. 居民财富逐步积累，但整体收入水平依然偏低

城市发展的最终目标是推动经济社会的协调可持续发展，提升人们的居住质量和生活水平，让福祉惠及大多数人，让人们生活得更加美好和幸福。2010 年北京市就业人口的人均收入[1]为 7484.8 美元，虽比 2005 年提高了 73.2%，但仅为纽约（2008)、东京（2008)、伦敦（2006)、巴黎（2006)、新加坡（2009）就业人口人均收入的 15.6%、16.9%、15.8%、15.8%和 16.1%，相当于首尔（2008）的 1/3，就业人口的整体收入水平在九城市中最低。

（二）集聚水平的国际比较

1. 经济集聚程度较低，商业枢纽作用尚未显现

世界城市作为城市网络体系的重要枢纽，具有集约、高效的地域经济特点。2010 年，北京地均 GDP 为 0.12 亿美元，比 2005 年增长 1.4 倍。但受自然资源禀赋、经济发展水平等因素制约，北京土地使用效率

1　为便于开展国际比较，该项数据为城镇住户调查中，有就业人口的家庭户中就业人口的平均收入。

偏低，地均 GDP 不足纽约（2010）、东京（2007）、伦敦（2007）、新加坡（2010）、首尔（2007）的 4%，为香港（2010）的 6.1%。

2010 年，北京外贸进出口总额为 3016.6 亿美元，与 2005 年相比年均增长 19.2%。若与香港（2010）、新加坡（2010）等国际贸易城市相比，不足其外贸进出口总额的 1/2。万事达卡国际组织开展的全球商业枢纽研究表明，2008 年北京的“全球商业枢纽研究指数”为 41.94 分，由 2007 年的第 46 位降至第 57 位。与伦敦、纽约的差距达到 30 分以上，与东京、新加坡、巴黎、香港等城市的差距也在 20 分以上，低于上海 10.95 分，与上海的排名差距由 2007 年的 14 个位次拉大至 33 个位次（见表 3）。

表 3　城市地均 GDP、全球商业枢纽研究指数、外贸进出口总额

	纽约	东京	伦敦	巴黎	香港	新加坡	首尔	北京	上海
地均 GDP（亿美元/平方公里）	5.73 (2010)	3.59 (2007)	3.18 (2007)	0.68 (2008)	2.04 (2010)	3.13 (2010)	3.67 (2007)	0.12 (2010)	0.35 (2009)
全球商业枢纽研究指数（分）	72.77 (2008)	66.6 (2008)	79.17 (2008)	63.87 (2008)	63.94 (2008)	66.16 (2008)	61.83 (2008)	41.94 (2008)	52.89 (2008)
外贸进出口总额(亿美元)	—	3507 (2008)	—	2701 (2008)	8232 (2010)	6616 (2010)	1075 (2009)	3017 (2010)	2777 (2009)

注：纽约地均 GDP 数据为纽约市的地均 GCP。

2. 资本集聚能力稳步提升，金融中心地位仍然较弱

世界城市对全球资本流动具有较强的控制力，通过吸引和集聚资本以整合城市资源，优化城市产业，推动城市发展。近年来，北京实际利用外商直接投资呈逐年上升趋势，2010 年达到 63.6 亿美元，比 2005 年增长 80.5%，但远低于香港、新加坡等城市。

世界城市通常还是全球金融中心城市，拥有全球金融中心地位。纽约的泛欧证券交易所、伦敦证券交易所、东京证券交易所是世界三大证券市场，在全球资本市场发挥着核心作用。北京缺少金融交易市场，但作为我国金融业监管机构的所在地，2008 年全市共拥有包括三大国家政策性银行、四大国有商业银行和外资银行总部在内的金融机构总部 105 个，其金融资产占全市总部经济的 78%，占全市资产的 47.8%。2010 年，伦敦金融城发布了“全球金融中心指数”，伦敦、纽约分列前两位，达到

773.5 分和 772.5 分，香港、新加坡也处于 700 分以上，北京获得 652 分，在九城市中略高于巴黎和首尔（见表 4）。

表 4　　城市外商直接投资额、全球金融中心指数

	纽约	东京	伦敦	巴黎	香港	新加坡	首尔	北京	上海
外商直接投资额（亿美元）	—	—	—	—	9368 (2009)	3882 (2010)	64 (2009)	63.6 (2010)	105 (2009)
全球金融中心指数（分）	772.5 (2010)	694.5 (2010)	773.5 (2010)	643.5 (2010)	749.5 (2010)	730.5 (2010)	620.5 (2010)	652 (2010)	661.5 (2010)

3. 企业总部集聚作用显现，国际化发展存在不足

北京凭借首都区位和资源优势，国内大型企业集团、金融总部和跨国公司已成为总部经济发展的主要载体。2008 年，北京的总部企业已达到 784 个，企业资产占全市企业资产总额的 61.3%。2010 年，在《财富》杂志评选的全球 500 强企业总部中，北京由 2005 年的 12 个增至 30 个，低于东京 19 个，但分别高于纽约、伦敦、巴黎 11 个、13 个和 5 个，与香港、新加坡、首尔和上海相比，优势更加突出，城市经济决策控制力明显增强（见表 5）。

然而，北京总部经济的国际影响力水平却始终偏低。2008 年北京拥有的跨国公司地区总部仅为 41 个，占总部企业的 5.2%。同期，在总部企业中，又以内资企业为主，显示出总部经济的国际化水平还需提升，距离建设“世界高端企业总部聚集之都”的发展目标依然存在一定差距。

表 5　　城市全球 500 强企业总部数（个）

年份	北京	上海	纽约	东京	伦敦	巴黎	香港	新加坡	首尔
2005	12	1	22	56	23	27	1	1	9
2010	30	4	19	49	17	25	4	2	9

注：数据来源于 2010 年美国《财富》杂志。

4. 努力吸引国际组织落户，提升城市影响力

近年来，北京注重吸引国际组织落户北京城，国际化发展意识明显

增强。2008年北京共拥有4个国际组织总部，在数量上与新加坡、首尔水平相近。比较而言，纽约、伦敦、巴黎不仅拥有联合国机构及国际组织总部的数量优势，联合国总部、联合国教科文组织、经济合作与发展组织等大型国际组织带来的城市国际社会影响力优势表现得更加突出（见表6）。

表6　城市联合国机构及国际组织总部数（个）

年份	北京	上海	纽约	东京	伦敦	巴黎	香港	新加坡	首尔
2005	—	—	54	13	43	66	1	6	6
2008	4	0	62	13	40	63	1	3	4

注：数据来源于北京市政府外事办公室。

5. 积极推动会展业发展，努力打造国际活动聚集之都

着力推动会展业向产业化、国际化方向发展，努力建设“国际活动聚集之都”是北京城市发展的一个重点。2008年，北京举办大型国际会议73个，与国际会展之都巴黎和花园城市新加坡相比有较大差距，但与东京、伦敦、香港、首尔水平相近。北京承接的展览活动也较为丰富，2010年，北京共接待展览1196个，接待展览观众达到839.4万人次。其中，国际展览291个，国际展览的观众为165万人次（见表7）。

表7　城市大型国际会议数（个）

	北京	上海	纽约	东京	伦敦	巴黎	香港	新加坡	首尔
大型国际会议数	73 (2008)	57 (2008)	16 (2008)	68 (2008)	68 (2008)	139 (2008)	66 (2008)	118 (2008)	84 (2008)

注：数据来源于国际大会及会议协会（ICCA）。

（三）交往水平的国际比较

1. 人员流动节点作用偏弱，交往水平的国际化特征较不明显

伴随人文社会领域集聚能力的不断提升，在北京居住半年以上的外籍人口也在不断增加，2010年北京外籍常住人口为11.5万人[2]，比2005年

2　数据来源：《外事信息》2011年第5期，北京市人民政府外事（港澳事务）办公室，2011.1.12。

增加 5 万人，已占常住人口[3]总数的 0.6%，但这一比例远低于纽约 28.4%（2008）和巴黎 20%（1991）的水平，也低于同为亚洲城市的东京 2.3%（1991）的水平。从人员的国际流动水平看，与其他城市差距较大。

2. 文化旅游资源丰富，但距离成为世界旅游城市尚有差距

通过提升城市形象，优化旅游资源等方式，2010 年北京入境旅游人数达到 490.1 万人次，比 2005 年增长 35.1%，但与世界城市相比，差距依然明显。伦敦、巴黎的入境旅游人数分别在千万人次以上，新加坡、纽约接近千万人次，香港、首尔、东京、上海分别超过 500 万人次，均高于北京城市的发展水平（见表 8）。

表 8　城市入境旅游人数（万人次）

年份	北京	上海	纽约	东京	伦敦	巴黎	香港	新加坡	首尔
2005	363	445	681	449	1340 (2004)	1541	655	894	490
2009	490.1 (2010)	533	860	—	1410	1444 (2008)	701	968	550

注：数据来源于北京市旅游委。

3. 国际航运能力不断提升，仍有进一步拓展空间

纵观世界城市发展历程，世界城市始终是一个国家乃至全球的国际通道城市。巴黎共有包括戴高乐机场、奥利机场和布尔热机场在内的三个机场，2009 年仅戴高乐机场的航空客运吞吐量就达到 5791 万人次；伦敦拥有 5 大机场，2009 年希思罗和盖特维克两个机场的客运吞吐量为 9804 万人次。在铁路运输方面，巴黎是法国的铁路客运网络中心，以 TGV 为代表的高速铁路技术引领世界铁路发展。在水运方面，纽约港具有得天独厚的天然深水港优势，年均吞吐量达到 1 亿吨以上；世界上有 1/5 的货物要经过新加坡港口转运。北京缺少天然海港；在航空运输方面，2010 年北京首都国际机场旅客吞吐量达到 7395 万人次，比 2005 年增加 3295 万人次，虽高于新加坡、首尔等城市，但与伦敦、纽约、巴黎等世界城市相比，航运能力仍有进一步提升的空间（见表 9）。

3　数据来源：2010 年 11 月 1 日零时北京市第六次全国人口普查数据。

表 9　城市航空旅客吞吐量（万人次）

年份	北京	上海	纽约	东京	伦敦	巴黎	香港	新加坡	首尔
2005	4100	4146	6856	9473	10070	5380	4027	3243	2622
2009	7395 (2010)	5715	7292	9412	9804	5791	4556	3720	2855

注：北京的统计范围为首都国际机场；上海为虹桥、浦东 2 个机场；纽约为肯尼迪和拉瓜迪亚 2 个机场；东京为成田、羽田 2 个机场；伦敦为希斯罗、盖特维克 2 个机场；巴黎只统计了戴高乐机场。

三、北京建设中国特色世界城市的对策、建议

（一）以重点功能区建设带动战略性优势产业发展，夯实世界城市的经济基础

研究和实践表明，一个城市若想在世界城市体系中占据核心地位，必然要发展战略性优势产业。“十一五”期初之年，北京市便提出建设六大高端产业功能区的规划设想和目标任务，通过重点功能区建设，发展高端、高效、高辐射的战略优势产业，引领未来北京的经济发展。2009 年六大高端产业功能区经济总量占全市地区生产总值的比重已由 2007 年的 36.5%提升至 38.2%。对比纽约的曼哈顿、巴黎的拉德芳斯、伦敦的道克兰等重点区域，尽管六大高端产业功能区对于提升北京经济辐射力和国际影响力仍显不足，但通过“十二五”时期对重点功能区的进一步规划和建设，着重发展包括信息服务、金融服务、商务服务、科技服务在内的生产性服务业、高技术制造业、文化创意产业，积极打造北京建设世界城市的战略性优势产业，引导全市主导产业向产业价值链的高端化方向发展，不仅会提升城市的经济实力，而且将在全球城市体系中提升北京的国际影响力。

（二）推动高技术服务贸易进出口，扩大城市国际影响力

当今世界城市的影响力很大程度上通过跨国公司直接投资，在通讯、金融、计算机服务等高技术领域对其他地区实现技术交流和传播，形成服务贸易的国际影响力。一方面，北京要进一步吸收国外先进服务技术与经验，重点实现关键技术的引进，提高主要行业的竞争力和国际影响力；另一方面，凭借科技创新优势，减少工程建筑、劳务输出等廉价劳动力优势的低端传统服务出口，加强对外资本输出和经济技术合作，逐

步实现对部分地区和国家的高技术服务贸易出口，形成区域性服务贸易的竞争力和影响力，为进而拓展全球影响力奠定基础。

（三）打造城市品牌，增强城市的国际认同感

在当代城市发展进程中，城市品牌和形象设计已成为城市在经济发展之上的更高层面的竞争。韩国早在 20 世纪 80 年代即开展了城市形象的国际公关，致力于打造城市品牌，确定了“Hi Seoul”的城市宣传口号，通过各种国际会议和赛事活动传播城市品牌，为提升城市影响力取得了良好效果。香港特区政府提出的“亚洲国际都会”城市品牌，准确反映了城市发展定位，并在国际城市建设中发挥了积极作用。由此，借鉴其他国家先进的品牌营销理论和实践经验，树立城市品牌意识，通过设计北京城市的品牌形象，增强城市的国际认同感是扩大北京国际影响力的一条重要途径。

（四）建立国际活动的定期举办机制，提高城市的国际影响力

定期举办的重要国际活动往往会给城市带来较高的国际知名度。世界上诸多城市均是通过举办各类知名国际活动提升知晓度，如法国戛纳、意大利威尼斯、德国科隆、法国尼斯、巴西里约热内卢等。北京可以利用我国的政治、文化中心优势，积极设立重要文化活动或体育赛事，并形成定期举办机制，将有助于提升城市的国际影响力。

（五）推动京津冀区域联动发展，扩大腹地经济

世界城市发展经验表明，世界城市形成的经济能力取决于它所关联的城市群的生产力。纽约—波士顿—华盛顿大都市带是美国最大的商业贸易中心和世界最大的国际金融中心，韩国约 70%的经济总量集中在以首尔为中心的首都圈。通过交通便捷、产业互补，扩大城市经济的辐射范围，加强京津冀地区的协同合作，实现优势互补，享受经济集约化发展带来的益处是北京建设世界城市进程中提升区域乃至国际影响力，应着重思考的内容。

从人文视角看北京建设世界城市的努力方向

◆◇鲁峰华

未来世界城市的发展涉及更加多元的人文发展空间，东京的城市战略发展目标包括社会机遇、人才与智力发展、就业、交通运输等多元领域；巴黎提倡和谐城市建设理念，建设自动交通网络、加强港口和塞纳河整治，增加就业岗位。由此可见，以关注人的发展，展示多元文化、塑造城市形象、构建社会和谐为代表的人文发展是未来世界城市发展的重要主题。北京在人文发展领域与世界城市存在着哪些差距？未来努力的方向和目标有哪些？报告将从生活质量和人口素质、公共服务、城市文明、文化发展四方面进行国际比较分析。

一、生活质量和人口素质

人类社会和城市的发展最终表现为人的发展，包括居民收入水平、消费结构、居住水平等生活质量的持续提高和受教育水平、期望寿命所表现的人口素质的不断提升。

（一）外来人口素质偏低，人口国际化程度不高

2010 年，北京市常住人口已达到 1961.2 万人[1]，外省市来京人员为 704.5 万人，占常住人口的比重为 35.9%，他们来自不同区域，带来各自区域及民族的独特文化，这些文化特质在北京的经济和文化交往中相互碰撞、互相补充，使得北京文化在这个过程中不断升华。2010 年人口普查数据显示，外来人口中大专及以上学历人口占 24.4%，低于全市常住人口 10.1 个百分点。外来人口总体素质偏低，意味着大多数的外来人口在京只能从事低薪酬、高强度的工作。

2010 年，在北京登记的居住三个月以上或确定居住三个月以上的外

1　数据来源：2010 年 11 月 1 日零时，北京市第六次全国人口普查数。

国人及港、澳、台同胞为 10.7 万人，占常住人口的比重为 0.55%，远远低于国际水平。纽约作为一个移民城市，2008 年外国人占常住人口的比重达到 28.4%，高于北京 27.9 个百分点；东京外国人为 24.8 万人，占东京人口的 2.0%；伦敦常住人口中，约 1/3 的伦敦居民是英国以外出生的；2006 年，新加坡外国人为 87.2 万人，占总人口的 19.5%；2002 年末，中国香港持有外国护照的总人数为 53 万人，占香港总人口的 7.8%[2]。作为国际化城市的重要标志，工作和生活在北京的外籍人口明显低于世界城市，说明北京的城市吸引力和居住环境还有较大的提升空间。

（二）恩格尔系数偏高，居民消费结构有待提升

2009 年，北京城镇居民恩格尔系数为 33.2%，比上年降低了 0.6 个百分点。比较而言，新加坡、伦敦的恩格尔系数仅为 7.3%和 9%，首尔、东京的恩格尔系数均低于 25%。由此可见北京居民的食品支出占总消费支出的比例远高于发达城市。根据联合国粮农组织提出的标准，恩格尔系数处于 30%–40%为富裕，低于 30%为最富裕，目前北京处于富裕等级，而东京、新加坡、首尔和伦敦均处于最富裕行列（见表 1）。

表 1　　主要城市恩格尔系数与平均预期寿命

	北京	上海	纽约	东京	伦敦	巴黎	香港	新加坡	首尔
恩格尔系数（%）	33.2 (2009)	35 (2009)	–	24.5 (2008)	9 (2008)	–	–	7.3 (2009)	20.8 (2008)
平均预期寿命（岁）	80.5 (2009)	81.7 (2009)	78 (2008)	83 (2008)	80 (2008)	81 (2008)	83 (2010)	81.4 (2009)	80 (2008)

注：数据来源于《北京统计年鉴》，《上海统计年鉴》，国际劳工组织数据库，平均预期寿命指标数据由卫生局提供。

从平均预期寿命来看，北京、上海与处于最富裕行列的城市没有显著差异，但是在生活质量上差距仍然明显。从居民消费支出结构来看，主要体现在交通、居住和文化娱乐等方面（见表 2）。

在交通方面，北京市城镇居民用于交通的支出比重为 8.9%，分别低于美国、日本、英国和法国 14 个、3.9 个、8.3 个和 6.4 个百分点。

在居住方面，北京市城镇居民居住类支出比重为 10.5%，分别低于

2　刘玉芳：《北京与国际城市的比较研究》《城市发展研究》，2008。

美国、日本、英国和法国 5.4 个、2.8 个、0.5 个和 5.3 个百分点。

在文化娱乐方面，北京市城镇居民支出比重为 9.6%，低于英国 6 个百分点。2009 年，北京市城镇居民用于教育消费支出的比重为 4.9%，而世界城市所在国家的平均水平低于 4%；北京城镇居民用于医疗保健的消费支出比重为 7.8%，而相关城市均低于 5%。

表 2　　主要城市及国家居民消费支出结构（%）

	北京 (2009)	上海 (2009)	美国 (2007)	日本 (2007)	英国 (2007)	法国 (2007)	韩国 (2007)
交通	8.9	11.5	22.9	12.8	17.2	15.3	14.7
居住	10.5	9.1	15.9	13.3	11	15.8	7
文化娱乐	9.6	9.3	8.4	10.5	15.6	8.1	4.1
教育	4.9	5.7	3	4.2	1.5	0.4	9.5
医疗保健	7.8	4.8	3.6	4.4	1.4	4.3	4.1

注：数据来源于《北京统计年鉴》《上海统计年鉴》，国际劳工组织数据库。其中，北京居民消费支出结构为北京市的城镇居民消费支出结构。

由此可见，与上述城市或国家相比，北京居民的交通、居住及文化娱乐类消费比重偏低，享受性消费支出明显不足，而居民教育和医疗保健类的消费比重则明显偏高，用于发展性和保障性消费支出的负担较重，生活质量低于发达城市。

（三）人均可支配收入持续增长，与发达城市相比存在较大差距

2009 年，北京人均可支配收入达到 4036 美元，比上年增长了 8.2%；上海的人均可支配收入达到 4353 美元，高于北京 317 美元。2008 年，纽约、东京人均可支配收入分别达到 46434 美元和 48866 美元，高于北京 10 倍以上（见表 3）。尽管北京居民的收入水平近年来始终保持稳步增长，但与发达国家城市在绝对数额上相比依然存在显著差距，居民财富积累仍然偏低。

表 3　　主要城市人均可支配收入（美元）

	北京	上海	纽约	东京	伦敦	巴黎	香港	新加坡	首尔
人均可支配收入	4036 (2009)	4355 (2009)	46434 (2008)	48866 (2008)	12171 (2008)	–	9077 (2008)	24864 (2008)	–

（四）教育支出比重较低，人才培养任务仍然艰巨

在当今世界发展中，人才是城市发展的重要战略性资源，是世界城市发展的核心竞争力，人才的快速增长已成为城市发展最直接、最重要的推动力。北京作为全国的政治、文化和国际交往中心，不仅拥有得天独厚的教育资源，同时还不断吸引着全国的优秀人才汇聚于此，成为国内的智力和人才高地。2007 年，北京集中了全国 31%的两院院士和 29%的长江学者，每万人中科学家与工程师人数达到 220.1 人。

2010 年，人口普查数据显示，北京具有大学程度的人口占 15 岁以上常住人口的比重为 34.5%，分别高于英国、法国、香港和新加坡 3.8 个、5.9 个、9.5 个和 11.1 个百分点；但与美国、日本相比，仍存在一定差距。

2009 年，北京市教育支出占财政支出的比重为 13%，与国内其他城市相比，支出比重较高，但分别低于新加坡和香港 11.8 个和 5.9 个百分点，低于纽约 2006 年 11 个百分点（见表 4）。

表 4　主要城市高等教育人口占劳动人口比重和教育支出占财政支出的比重（%）

	北京	上海	纽约	东京	伦敦	巴黎	香港	新加坡	首尔
高等教育人口占劳动人口比重	34.5 (2010)	13.6 (2006)	60.4* (2006)	38.3* (2006)	30.7* (2006)	28.6* (2006)	25 (2006)	23.4 (2006)	33.7* (2006)
教育支出占财政支出比重	13 (2009)	11.6 (2009)	24 (2006)	13.3 (2008)	–	–	18.9 (2009)	24.8 (2009)	–

注：*数据为国家数据，数据来源《国际统计年鉴》，北京、上海数据来自人口普查资料。

二、公共服务

北京建设以推进民生发展、和谐发展为基础的世界城市需要政府的高效管理和优质服务。

（一）轨道交通发展不足，城市通勤痛苦指数高

当今世界，城市道路建设与交通发展对超大型城市的影响愈发明显，

它不仅直接影响着城市功能的有效发挥，也体现了城市管理和公共服务的效率和水平。从世界城市的基础设施看，由于起步早，这些城市都拥有庞大、系统并且十分完善的地下轨道交通网络，对城市发展起到了重要支撑作用。伦敦于1863年已建成世界上第一条地铁；巴黎地下轨道交通拥有100多年的历史，不仅14条地铁线贯通巴黎市区，而且连接城区与市郊的有轨电车T线、轻轨RER(包括A线、B线、C线、D线、E线)使巴黎的轨道交通系统显得尤为发达；东京20条线路的地铁轻轨将整个东京覆盖。而除了线路多，换乘的方便性和准时性也是这些城市轨道交通的重要特点，便捷的轨道交通成为了市民出行的首选工具，极大地缓解了高峰时段路面的交通拥堵状况。

相比较而言，北京公共交通系统起步较晚、发展相对落后，特别是轨道交通线路少、通车里程短。2009年，北京的轨道交通里程数为228公里，分别为纽约、东京和伦敦的64%、78%和17.4%。2010年，伦敦、东京等世界城市中心区的轨道交通线网密度基本在1–2公里/平方公里，而北京五环路内轨道交通线网密度仅为0.23公里/平方公里[3]。

表5　　主要城市轨道交通里程数（公里）

	北京	上海	纽约	东京	伦敦	巴黎	香港	新加坡	首尔
轨道交通里程数	228 (2009)	335 (2009)	356 (2009)	291 (2009)	1307 (2008)	868 (2010)	84 (2009)	119 (2009)	314 (2009)

在人口密度大、经济社会交往活动频繁的国际性大都市中，滞后的公共交通建设将会明显影响城市运行效率。2010年，中科院发布的《2010中国新型城市化报告》显示，被调查的国内17个城市居民上班平均花费的时间大于30分钟，而北京居民上班花费时间最长，达到52分钟。同期，美国国际商用机器公司(IBM)开展了“全球交通拥堵调查”（The Globalization of Traffic Congestion：IBM 2010 Commuter Pain Survey），通过综合调查上下班时间、交通行进时间、车辆流量给人造成的压力影响、乘客的愤怒等问题，计算出各城市的通勤痛苦指数。调查结果显示，北京与墨西哥城的通勤痛苦指数最高，均达到99分，伦敦和纽约分别为

3　数据来源：“十二五”时期交通发展规划轨道交通专题。

36 分和 19 分，表现出北京在实现经济社会快速发展的过程中，社会管理和公共服务水平与城市发展需求仍然存在一定差距（见表 5）。

（二）发达国家失业率处于历史高位

无论是发达国家还是发展中国家，创造就业岗位、降低失业率始终是经济社会发展中的重要内容。2010 年末，北京的城镇登记失业率为 1.4%，低于上海 2.8 个百分点，分别低于纽约、东京、伦敦和巴黎 4 个、4.2 个、5.8 个和 5.1 个百分点（见表 6）。总体来看，北京的失业率对比相关城市和国家处于较低水平，但是由于北京现行使用的是城镇失业登记制度，无法完全反映城市发展和城乡就业中存在的问题。“十二五”期间，“社会调查失业率”将逐步替代“城镇登记失业率”，届时通过对城乡各类劳动者就业失业状况的抽样调查和科学测算，将更为全面、准确反映北京地区的就业形势。

表 6　　主要城市失业率数据（%）

	北京	上海	纽约	东京	伦敦	巴黎	香港	新加坡	首尔
失业率	1.4* (2010)	4.2* (2009)	5.4 (2008)	5.6 (2005)	7.2 (2008)	6.5 (2008)	3.6 (2010)	2.2 (2010)	3.9 (2008)

注：*数据为登记失业率数据，其余为调查失业率。

三、城市文明

城市文明是市民在公共领域的文明习惯和文明素养，是现代城市软实力的具体体现。市民素质则表现为建立在完备的公共设施、优质的公共环境、高水准的公共管理和公共服务以及人的综合素质教育基础上的城市文明整体水平。

为有效反映市民公共行为的文明水平，2005 年起北京市开展了“市民公共行为文明指数”调查，对公共卫生、公共秩序、公共交往、公共观赏和公共参与五部分的市民行为做出综合评价。2009 年，北京市公共行为文明指数为 82.91 分，比上年提高 0.23 分，比 2005 年提高 17.7 分。可以看出，五年来北京在城市公共文明建设方面取得了较大进步，在社会各界齐心合力共建城市公共文明的努力下，北京市民公共行为文明指数在 2006–2008 年实现较快提高，2009 年呈现出稳中略升的态势。

市民的公共文明素养是城市发展水平的综合体现，而市民公共文明水平的提高是一个持续积累和循序渐进的过程（见图1）。

图1　北京市民公共行为文明指数

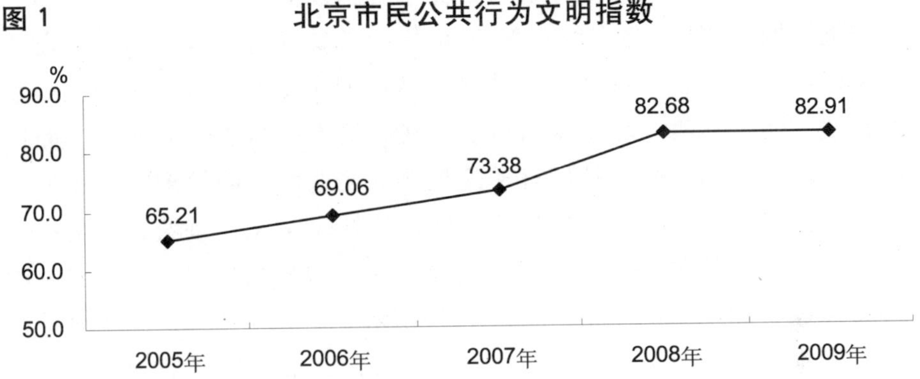

注：指标体系及数据由首都精神文明办测算及提供。

在美国，以秩序为主要内涵的“城市纪律(urban discipline)”不仅是城市的精神气质，更是城市对市民的道德要求。美国的学校承担着重要的使命，“学校教育帮助人们去适应都市——工业秩序新的纪律和激励”，教育通过一套完善的课程设置，帮助人们形成一种被称之为“城市纪律”的公民素质。同时，现有的世界城市均具有很强的包容性。20世纪80年代，纽约市民使用的语言达121种；伦敦也是一个人口结构极其多样化的城市，使用的语言多达300多种[4]。作为著名的世界城市，巴黎对各种非主流文化非常包容，它通过各种渠道将各种非主流文化转化为实际的文化凝聚力和影响力，从而借文化之力涵育市民的包容心态和情怀。

因此，在建设世界城市进程中，通过各种手段持续培养和提升市民文明素质，将是北京建设世界城市必不可少的重要内容。

四、文化发展

文化是一个城市的内涵。北京市“十二五”时期发展规划提出要把

4　高春花：《世界城市视阈中的现代公民素质培养》，《北京建筑工程学院学报》，2011。

塑造高品位、有特色的城市文化作为北京城市发展的重要战略，努力打造中国特色社会主义先进文化之都。

（一）北京拥有得天独厚的历史文化资源优势

与世界城市相比，北京城有着3000多年的建城史和800多年的建都史，不仅蕴含了中华传统文化的精髓，而且拥有包括故宫、天坛、颐和园、长城、明十三陵、北京猿人遗址等在内的6处世界文化遗产。而世界城市中，伦敦和巴黎分别拥有4处世界文化遗产，而纽约只有1处。北京的历史文化气息浓厚，独特的京城传统礼仪文化、京城饮食文化、四合院文化、胡同文化、老字号文化构成了“京味儿”文化，国家大剧院、大碗茶戏楼、天桥剧场、北京798艺术区、北京DRC工业设计创意产业基地、北京潘家园古玩艺术品交易园区、北京宋庄原创艺术与卡通产业集聚区等既有传统特色又有时代气息的文化场所和文化创意产业聚集区是北京特色文化的体现。

（二）文化创意产业快速发展，着力打造文化创意品牌

近年来，在产业结构升级和经济发展方式转变的推动下，北京市文化创意产业快速发展，2010年实现增加值1692.2亿元，占全市地区生产总值的比重达到12.3%，比“十五”末期提高了3个百分点，文化创意产业已经成为首都经济发展的支柱产业。2002年，伦敦的创意产业总产值达到260亿英镑，以目前汇率换算，约合2771亿元，明显高于北京文化创意产业增加值，其内在的文化底蕴加上政府实施的创意产业政策，共同推动着伦敦创意产业的持续快速发展；百老汇作为纽约文化产业的杰出代表，已成为纽约最吸引人的地方；东京作为享誉全球的动漫之城，日本78.8%的动漫企业集中于此，成为东京创意产业发展的主要推动力；巴黎除了拥有丰富的历史古迹和文化遗产外，以时装设计为重要内容的文化产业发展代表着城市的时尚发展与潮流。

从北京市文化创意产业增加值构成来看，比重超过10%的有三大领域，分别是软件网络及计算机服务、其他辅助服务、新闻出版，三项合计占70.4%；比重在5%至10%之间的三个领域分别为广播电视电影、广告会展、设计服务，三项合计占20.1%。而在这六个领域中，北京目前仍然缺乏享誉全球的品牌引领文化发展（见图2）。

图 2　　2010 年北京市文化创意产业增加值构成

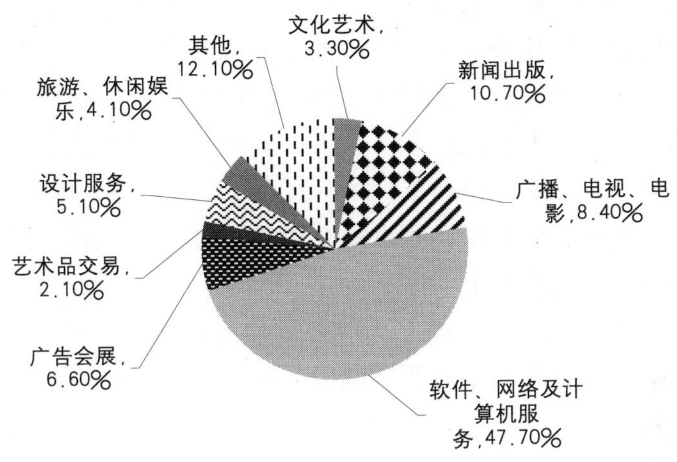

五、对策建议

（一）双重二元结构难题加剧，社会治理模式呼唤变革

北京作为首都，目前居住半年以上的外来人口占全市常住人口的比重已超过 1/3，形成了北京城市管理独特的“双重二元结构”，即城乡二元结构、本市人口与外来人口的二元结构。外来人口一直以来都是北京城市建设的重要力量，在实施人才吸引、推动产业发展、丰富劳动力资源、促进城市消费等方面产生着积极影响。“十二五”时期，北京提出要把健全基本公共服务体系、促进基本公共服务均等化作为社会管理的重要基础，要保障公民的基本权益和社会公平，这不仅包括城乡基本公共服务的均等化，也包括本市人口与外来人口享受政府公共服务的均等化地位。因此，在推动北京建设中国特色世界城市的进程中，要正确处理好外来人口与本市人口在就业、住房、户籍、社会保障等各方面利益关系，实现基本公共服务的全覆盖；要运用科学的城市管理手段，维护良好的社会秩序，防止出现社会极化与群体对立，确保首都的安全稳定。

（二）加大教育投入，注重人才培养及人才引进

当今的世界城市是全球城市体系中人才流动的重要节点。目前，北京与世界城市相比，受过高等教育人口的比重及财政在教育领域的投入

都明显不足。培养和引进高端人才已成为北京在“世界城市”建设中的重要内容和战略目标。未来除要继续加大教育投入，培养和储备更多具有良好专业素养、具有国际视野的高素质人才外，还要按照北京建设世界城市对于人才体系的具体要求，引进领军人物，实现专业领域人才的优化配置；同时，更要进一步健全人才的吸引和流动机制，为高端人才创造良好宽松的政策环境。

（三）关注民生发展，积累民众财富，加大在教育、医疗、社会保障等基础领域的公共支出

改革开放30年以来，北京经济社会发展取得了长足进步，但与世界城市相比，居民的收入水平明显偏低，居民用于发展性和保障性消费支出的负担明显偏重，“读书难、看病难、就业难”的问题依然存在。“十二五”时期，国家明确提出要完善收入分配、社会保障等保障和改善民生的制度安排，努力使发展成果惠及全体人民。因此，未来北京还应不断提高居民收入，加大财政在教育、医疗、就业、社会保障等基础领域的公共支出，进一步完善居民的社会保障体系、提高社会保障水平，使居民对未来消费支出有稳定的预期，不断提高居民的生活质量和生活水平。

（四）优先发展公共交通，建立合理的路网结构，提高城市通行能力

随着北京城镇化进程的加快，居民生活水平的不断提高，近年来北京城市消费升级带来机动车数量急剧增长，交通拥堵状况日益严重，通勤时间不断增加，城市交通问题已成为北京建设世界城市进程中的一个突出矛盾。公共交通的运输能力大、资源消耗小、污染少，通过优先发展公共交通来解决拥堵问题已成为世界各大城市的共识。北京要进一步加大公共交通的覆盖面、延长服务时间，合理安排公交线路，重点提升公共交通的舒适性、准时性和便捷性；要加快轨道交通建设，使轨道交通成为支撑北京城市运行的主体交通工具；要加强道路基础设施的调整和完善，建立合理的路网结构，提高通行能力。

（五）发展文化创意产业，打造具有国际竞争力的品牌

作为具有悠久历史文化传统的城市，北京大力发展文化创意产业是在新的时代条件下的一个必然选择。在北京文化创意产业发展过程中，必须面向国内和国际两个市场。目前北京的文化创意产业发展的国际化定位尚不明确，面对纽约、东京、伦敦和巴黎等文化创意产业发达的世界城市，北京在起步较晚的情况下，如何发挥后发优势，打造出类似时代华纳、迪斯尼等大型跨国集团，具有国际竞争力的品牌文化企业成为北京建设世界城市过程中重要一环。因此，在强化国内文化创意产业领导地位的同时，需要打造国际文化交流和文化贸易的领头羊地位，早日实现从文化影响力到城市产业竞争力的转变。

北京与世界城市的投资环境对比

◆◇吕艳芹

世界城市作为组织节点，应是主要金融中心、跨国公司总部所在地、国际机构所在地……[1]本文旨在研究北京如何进一步提升城市竞争力和吸引力，通过营造更优的发展环境，更加高质量地引进外资，这既是“十二五”时期转变利用外资方式的重要基础，也是迈向世界城市的重要途径。

企业作为市场微观主体，成本是其投资决策的主要考量指标，这也是长期以来，包括北京在内的国内诸多城市着力于提供优惠政策吸引外资的重要原因。与世界城市相比，当前北京在成本方面究竟有哪些优势和不足，应重点在哪些方面给予改进，需要及时加以明确，为支撑利用外资转方式夯实基础。据世界银行 2006 年对中国城市投资环境的调查，吸引外国投资的因素除了是否邻近港口等地理因素外，还包括当地生活成本情况、劳动力市场情况、政府工作效率等。本文主要从生活成本、商务成本和行政成本三方面分析北京城市竞争力的优势和不足。

一、生活成本

生活成本是外国企业决定其海外派驻人员薪酬津贴的主要依据。根据 2010 年美世公司的“全球生活成本调查”[2]，北京是全球生活成本第 16 高的城市。与北京相比，公认的世界城市除东京排名领先（第 2 位）外，纽约（第 27 位）和伦敦（第 17 位）的排名都位居北京之后[3]。由于无法取得调查结果的具体数据，本文将从衣食住行四大生活必需领域，

1　弗里德曼：《世界城市假说》，1986 年。
2　该调查由美国著名咨询公司美世公司(Mercer)发布，涵盖了全球 5 大洲的 214 个城市，衡量了各地 200 多个项目的相对成本，包括酒精和烟草、个人护理、服装和鞋类、家居用品、生活服务、运动与休闲、在家饮食、交通运输、远离家乡的食物、公用事业 10 个方面。这是全世界最全面的生活成本调查，被用来帮助多国公司以及政府决定其海外派驻人员的薪酬津贴。
3　排名结果有汇率变动影响。

分析北京与其他城市生活成本的差异。

（一）衣食类绝对支出低

与世界城市相比，在折算成相同货币的情况下，北京的食品和衣着类绝对支出低。2010 年，北京城镇居民家庭平均用于食品类、衣着类的支出分别为 17900 元和 5846 元。2006–2007 年，纽约–北新泽西地区的消费单位（类似家庭）食品和烟酒饮料类、衣着类年支出为 7777 美元和 2619 美元，约合人民币 5.3 万元和 1.8 万元。2008 年，东京家庭用于食品、衣着类的支出分别为 94.1 万日元和 18 万日元，约合人民币 7.5 万元和 1.4 万元。北京城镇家庭的年均食品类支出为纽约、东京的 30%左右，衣着类支出为 30%–40%。

（二）居住成本：租房成本低，买房成本高

租房成本较低。2010年，北京一居室住宅平均租赁价格约为2450元/月，两居室约为2950元/月[4]。在纽约租一居室每月平均要花2922美元；在东京带有一个大客厅的两居室的房租每月至少1000美元，另外还需要再加100到200美元的住宅公用事业费。因此，换算成相同货币，纽约房租超过北京8倍以上，东京房租接近北京的3倍。

买房成本较高。2008年，纽约五单元以上住宅楼每单元中位价为10万美元，即70万元人民币左右[5]。而同期北京住宅价格在100万元以上（按2008年均价为1.2万元/平方米[6]，面积90平方米推算），为纽约的1.5倍。

（三）出行成本：公交、出租车成本低，开车成本高

公共交通、出租车出行成本较低。北京市内公交票价为 1 元、2 元，若使用公交卡，更享受 4–8 折的优惠；地铁票价也仅为 2 元。纽约的地铁和公交单程票价均为 2.25 美元，周卡、月卡分别为 27 美元和 89 美元。伦敦地铁单次为 2.25 英镑，周卡、月卡分别为 25.8 英镑和 69.2 英镑；公交的三个价格分别为 1 英镑、13.8 英镑和 53 英镑。东京地铁按距离收费，单次在 160–190 日元，月卡为 16820 日元；公交单次则统一为 200 日元[7]。经过汇率折算，这些城市的公交票价都高于 10 元人民币，远远高于北京的公共交通出行成本。

4 来自北京市统计局对 30 个房地产中介公司的调查。
5 见统计报告《国际大都市房地产发展规律及对北京的启示》。
6 该数据由住宅的期房和现房销售额合计除以销售面积合计得出。
7 王超，徐文勇：《北京市与国际大都市公交客运票制票价对比分析》。

从出租车价格看，北京起步价为3公里10元，此后2元/公里。纽约为2.5美元起步,此后0.4美元/0.3公里，高峰期要收取额外费用。伦敦为2.2英镑起步，此后20便士/160米。东京2公里710日元起步，此后每274米增加80日元。简单的汇率和距离换算后的结果如表1，可以看出北京的出租车价格明显低于世界城市水平。

表1　　北京与世界城市的出租车价格比较

城市	起步价	此后价格
北京	10元/3公里	2元/公里
纽约	17元/公里	2.7元/0.3公里
伦敦	22元/0.3公里	2元/0.16公里
东京	56.8元/2公里	6.4元/0.27公里

开车成本、拥堵成本高。此处的开车成本仅考虑购车价格和燃油费用。通过比较北京和世界城市的常用车型售价，可以发现部分车型价格相差不多,如伊兰特、帕萨特;但更多的车型价格高于国外,如本田CR-V美国售价为2.1万美元，不足人民币15万元，低于国内价格近10万人民币；福特福克斯2.0美国售价为1.4万美元，约合人民币10万元，低于国内4万元。高档车价格差距更大，如奔驰E350美国售价不足5万美元，即不足35万元人民币，仅相当于国内同排量车价格的一半。在英国和日本，除本土品牌略微便宜外，相同车型的售价与美国相差不大。从燃油费用看，北京93号汽油价格为7−8元/升，低于东京（12元/升左右），高于纽约（7元/升左右）。

拥堵更是影响出行的一大问题。2010年8月份，美国《外交政策》盘点了世界五大交通最拥堵城市，其中北京位居第一，而纽约、伦敦和东京不在其列。IBM的调查结论与此相同。2010年7月份，美国国际商用机器公司(IBM)的一项研究显示，北京和墨西哥城的通勤痛苦指数最高。IBM设定的通勤痛苦指数总分为100分，北京得了99分，伦敦和纽约分别得36分和19分。此项调查包括上下班时间、交通行进时间、车辆的流量给人造成的压力的影响、乘客的愤怒等问题。

出行成本既是生活成本的一部分，其中的购车、开车也是商务需求，因此开车与拥堵成本高还会影响到企业的流通成本与效率。

小结：从与世界城市的生活成本对比看，北京生活成本较高，会迫使企业增加外派员工的薪酬与津贴，提高其成本支出。而买房与开车成本高又是造成北京生活成本高的主要原因，这对于跨国公司外派人员而言，其影响将显著抵消衣食类支出低的优势。因此，当前的车、房调控既是转方式、调结构、改进城市管理和提升北京市民生活品质的重要举措，也与提高城市竞争力和吸引力紧密相关，需要站在更高的角度，以更长远、更宽泛的视角看待车与房的发展并进行长期规划。

二、商务成本

国际上对商务成本并没有明确的定义，而且用词也没有统一。本文是从要素投入的角度将劳动力成本、资源成本和资本成本归入商务成本。

（一）劳动力成本：资源丰富、工资低，人才可获得性有欠缺

人是城市的主体，也是最为宝贵的软环境资源。相对世界城市而言，北京劳动力资源比较丰富、成本较低，但反映人才可获得性的劳动力受教育程度和国际化程度相对偏低。

劳动力资源丰富。北京市第六次全国人口普查主要数据显示，2010 年 15—64 岁的劳动年龄人口占常住人口的比例为 82.7%，超过东京 14.8 个百分点[8]、超过纽约 15 个百分点[9]。北京的总抚养系数（即平均一个劳动年龄人口抚养的少年和老年人口数）为 20.9%，低于东京 26.3 个百分点，低于纽约 26.8 个百分点。

人力资源成本较低。北京人力资源成本（主要是工资）相对较低，2010 年，全市职工年平均工资为 50415 元，纽约的平均工资超过 40 万元人民币，东京的年平均工资为 30 万元人民币以上。

人口接受高等教育的比例仍偏低。人口普查数据显示，北京具有大学程度的人口占 15 岁以上常住人口的比重为 34.5%，低于东京 40.4%

8　根据日本总务省统计局的调查，数据为截至 2008 年 10 月 1 日的东京推算数据，下同。

9　纽约劳动适龄人口为 16 岁及以上人群，数据来自 2005—2009 年抽样调查，下同。

的水平，更低于纽约 57.7%的水平[10]。

劳动力国际化程度不高。2010 年，在京的常住港澳台及外国人为 10.4 万人[11]，不足全市常住人口的 1%。而 2008 年在东京登记的外国人达到 40.8 万人。纽约、伦敦的外籍常住居民比重超过 20%。即使与上海相比，北京的外国人口也偏少。2009 年，在上海的外国常住人口为 15.2 万人[12]，是同年北京的 1.4 倍；此外，2009 年北京聘用境外专家 46837 人次，虽然比前几年有所增加，但仍位于广东、上海和江苏之后。

（二）资源成本：商业地产租金、公用事业费用较低，但公路收费较高，且资源获取便利性不够

资源成本包括商业地产的租金、配套的基础设施成本及获得周边资源的便利性。

商业地产租金较低。据高力国际发布的《全球办公楼研究报告》，2010 年底，伦敦西区、东京的办公楼租金位列全球第二位和第三位，每天每平米超过 19 元人民币，约是北京甲级写字楼租金的 3 倍[13]（北京约合每天每平米 6.2 元）。

公用事业费用较低。良好的基础设施可以降低跨国公司的运营成本。目前，北京的水、电、煤、气等设施已经基本覆盖全市，与世界城市差距不大，且费用较为便宜。从水费看，美国供水水费是 1000 加仑 3.05 美元，污水处理费是 1000 加仑 5.9 美元，合计约 2.4 美元/吨，即人民币 16 元/吨[14]；北京的工商业和宾馆、饭店、餐饮业用水价格为 6.21 元/吨。从电费看，纽约折合人民币为 1.27 元/度，伦敦为 1.34 元/度，北京的一般工商业电费是 0.7—0.8 元/度，约为纽约、伦敦的六成。

公路收费较高。世界银行的一项研究报告显示，全世界收费公路 14 万公里，其中 10 万公里在中国，占全世界的 70%。据计算，我国的高速公路收费平均每公里 0.45 元，有些地方甚至达到了每公里 0.6 元，从北京到上海的公路收费大约 500—600 元，相当于半价的飞机票；而美国仅

10 纽约为大学本科及以上人数占 25 岁及以上人口的比重。
11 指普查标准时点在北京居住三个月以上或能够确定将居住三个月以上的港澳台居民和外籍人员。
12 《上海市 2010 年统计年鉴》。
13 由于对外公布的《全球办公楼研究报告》中未提及北京，因此北京的租金价格来自国际房地产顾问戴德梁行的报告。
14 由于无法取得企业用水费，此处以民用水费代替。

有 8.8%的高速公路收费，其余公路均为免费；日本高速公路遵循按行驶里程收费的原则，高速公路收费可以打折。例如，在高速公路上行驶里程超出 100 公里的部分，收费可优惠 25%；超过 200 公里，则超出部分可优惠 30%等；而且在这些国家一旦通行费总收入足以偿还修路支出，高速公路就切实实施免费通行。

获得周边资源的便利性仍有欠缺。从世界城市来看，这些城市一般都处于一个分工明确、层次清晰的城市群中。如纽约处于美国波士顿城市群中，在这个群中，纽约是经济中心，费城是重工业中心，波士顿是教育科研和高技术产业中心，华盛顿是政治中心。东京处于日本东海道城市群中，伦敦处于英国中南部城市群。按照有关学者的研究，世界城市所在的群已经处于成熟发展阶段的中后期；再观北京，“十一五”规划中提出的京津冀都市圈一直没有明确的方案出台，“十二五”规划中提出的首都经济圈，仍处于研究阶段，城市分工体系尚不完善，增长方式仍处于由外延式发展为主向内涵式发展为主的转变过程中[15]。都市圈发展进程较慢，没有真正实现产业整合，北京获得周边资源的能力和渠道较为有限。

（三）资本成本：金融市场不够完整成熟，融资便捷性不足

获得资本的成本，除了考虑利率外，还要考虑金融服务需求的满足程度，既包括信贷，也包括融资的便捷性。对于利率，各个城市都服从于所在国的统一利率，可调控余地不大。因此，本文主要考虑后者，即融资的便捷性。据北京银联信信息咨询中心的调查分析，跨国公司金融服务需求具有全球化、个性化等特点，全球化是因为跨国公司是全球一体化经营的，其资本会在全球范围内分配；个性化是指跨国公司结合自身的经营特点和经营管理、财务管理的需要，要求银行为其专门设计业务品种和提供量身定做的银行服务。要满足这些需求，一方面需要北京拥有完整成熟的金融市场，成为中国乃至全球的金融中心，另外一方面需要北京金融机构的创新能力比较高、灵活性比较强。北京虽然在 2008 年明确了要建设成为具有国际影响力的金融中心城市，但目前来看，在这两方面仍有较大差距。

15　陈群元，喻定权：《我国城市群发展的阶段划分、特征与开发模式》。

金融管理中心的角色与金融中心仍有较大差距。从世界城市看，纽约、伦敦和东京都是本国的金融中心，也是国际金融中心。如英国金融业 40%以上的增加值是在伦敦创造的，伦敦金融城集中了世界上几乎所有重要的银行集团、保险公司、咨询公司、会计师事务所和律师事务所。北京的金融业增加值不足全国的 10%（所占比重低于上海 1.2 个百分点）。金融市场尚不完整成熟。金融市场包括货币市场、资本市场、金融衍生品市场、外汇市场、黄金市场等。证券交易所作为资本市场的载体，在推动资本市场的快速发展中起到了关键作用，世界城市都有知名的、具有全球影响力的证券交易所，如纽约证券交易所、伦敦证券交易所、东京证券交易所的交易市值位列世界前四位。我国的证券交易所则分别地处上海、深圳，黄金交易所、期货交易所和金融期货交易所等也都不在北京，还是主要分布在上海等地，不利于北京形成金融机构的规模效应和聚集效应，也不利于为跨国公司提供优质的金融服务。金融服务的灵活性具有一定局限性。北京是国家宏观经济管理决策部门、一行三会等国家金融管理部门和各主要金融机构的总部所在地，金融决策中心的地位更为突出，但也相应带来灵活性不足、创新能力有限的局限性。

小结：从与世界城市的商务成本对比看，北京劳动力资源丰富且成本相对较低，但人才的可获得性有待继续提升，应在培养、引进和留住高端及专业人才方面再下工夫，并加强在岗人员的再培训；商业地产租金、公用事业收费较低，因此无需通过相关租金及费用优惠吸引外资；公路收费较高，对于国内外企业而言都加大了物流成本负担，对创造优良的商务环境产生了负面影响，应在公路收费上探索新的道路，处理好一方面消费者对“贷款还清、仍在收费”且收费偏高的不满，另一方面一旦降低、取消收费将带来车流量激增的两难问题；对于获得资源、资本的便利性方面的欠缺，应继续深化北京与周边地区的经济发展联动，提高产业整合、配套与资源获取的便捷程度；此外，切实推进金融中心城市的建设进程，这对于改善发展环境、提升城市吸引力、建设有中国特色的世界城市是不可或缺的一个方面。

三、行政成本

“行政成本”本意是指政府向社会提供一定的公共服务所需要的行政投入或耗费的资源，在此处是从企业成本角度出发，指企业获取政府提供的公共服务的支出。

首先，从企业税负来直接反映行政成本。因为各个国家的税制不同，地税、国税中的企业税难以统一口径，因此此处主要通过企业所得税率来比较税负情况。英国一直保持着低税制的商务环境，公司的最高所得税税率为 30%；日本和美国的企业所得税率分别是 42%和 40%；中国企业的所得税率为 25%，低于上述国家。虽然中国的税率较低，但从对减免税基的规定看，发达国家的减免情况较多，如英国对非居民公司的资本利得不征收公司所得税，而中国征收；中国对有形资产采用直线折旧法，而美国采用加速折旧法，因而仅从税率低还不能得出在中国的企业实际税负轻的结论。一些学者还通过比较中国和发达国家财政收入占GDP的比重得出中国的实际税负高于美国和日本的结论[16]。

其次，从市场化程度来间接反映行政成本。市场化程度较高的地区，其制度成本一般相对较低。从国家层面看，根据美国传统基金会在 2011 年 1 月 12 日发布的全球经济自由度报告，中国在 179 个经济体中排名第 135 位，其中由于商业自由度低，使得开办以及关闭企业的成本高。另一方面，由于中国的市场经济仍处于发展过程中，体制、制度等也尚需进一步改革和完善，使得寻租行为相比西方国家更为常见，从而导致企业与政府打交道的交易成本较高。

小结：从与世界城市的行政成本对比看，北京的企业所得税率虽较低，但税基减免较少；同时由于市场化程度还不高，体制方面仍存在欠缺等，可能推升企业获取政府公共服务的支出、即行政成本较高。因此，需要大力优化市场环境和制度环境，一方面，随着市场经济的发展，特别是在当前经济逐步回归常态增长时，要尊重经济自身发展的规律，适

16 刘振华：《中国经济到底有多自由》。

度地使用行政手段管理经济，为企业营造更加自由竞争的环境；另一方面，要继续推进政治体制改革，加快包括法律制度和其他社会规定、规则在内的制度建设与规范步伐，营造公平、高效的竞争环境。

限购政策对北京房地产市场影响分析

◆◇郑　新　王铁梅　张　琳

2011 年初出台的限购政策与上年宏观调控政策一脉相承，仍然以“抑制需求”为立足点，因此如同双刃剑，对我市房地产市场产生了正反两方面影响。正面影响体现在限购政策暂缓了我市房地产市场长期突出的供求矛盾，有效抑制了房价快速上涨的势头，同时改善了投资结构。负面影响在于限购政策使市场在短期内迅速降温，居民购房观望情绪浓厚，开发企业转变市场预期，放缓项目建设进度，购地积极性也不高；由此对我市经济增长、财政税收、CPI，以及房地产关联产业等宏观经济层面造成了不同程度影响。

由于房地产市场的波动直接影响全市经济的平稳运行，因此对房地产市场的调控目标不仅仅要使房价“稳中有降”，更要抓住新政契机，培育我市房地产市场新增长因素，在加强保障房建设力度的同时，确保商品房市场的发展，实现纯商品房和保障房两个市场均衡发展的局面。

一、2011 年以来我市房地产市场宏观调控措施简述

在 2010 年房地产市场调控基础上，2011 年，调控措施继续深入推进。

2011 年 1 月 26 日，国务院办公厅出台了稳定房地产市场的新政“国八条”，着重强调对于房价上涨过快的城市，“要从严制定和执行住房限购措施”。

2 月 15 日，北京市出台落实国八条的调控细则“京十五条”，在上年 5 月份出台的限购措施基础上，发布了最为严厉的“限购令”：二套房限购，三套房禁购；同时实行差别化信贷政策，贷款购买二套房首付比例不得低于 60%，贷款利率不低于基准利率 1.1 倍。

楼市调控的同时，央行年内三次提高存贷款基准利率，六次提高存款准备金率，进一步提高融资门槛，紧缩银根。

二、限购政策如同双刃剑，对我市房地产市场产生了正反两方面影响

限购政策出台的近半年来，成交面积大幅减少是对我市房地产市场产生的最直接影响。上半年，全市商品住宅销售面积为389.2万平方米，比上年同期下降19.8%。如果扣除政策性住房配售，纯商品住宅销售面积为282.4万平方米，下降幅度达31.9%。

（一）限购政策暂缓了我市房地产市场长期突出的供求矛盾，一定程度改善了投资结构

1. 限购政策有效抑制投机性需求，非本市居民购房比重及二手房市场交易量急剧降低

限购政策立足于对需求的控制，极大程度限制了市场投资投机性需求。由于北京市特殊的政治经济地位，长期以来我市非本市居民在京购房比重超过三成；限购政策出台后，对拥有1套及以上住房、或无连续5年(含)以上社会保险或个人所得税缴纳证明的非本市户籍居民家庭实行限购，非本市居民购房比重急剧降低。根据北京市建委数据显示，上半年，非本市居民购买新建住宅套数比例仅为17.4%，比2010年全年31.3%降低13.9个百分点，比2009年降低17.5个百分点。从二手住房成交量来看，上半年成交套数同比降低34.5%。投资和投机需求基本被挤出。

2. 需求减少使市场供给相对增加，可供销售住宅套数再次呈增加趋势

根据市建委数据显示，从3月份以来，全市可供销售住宅面积不断攀升。截至6月末，全市可供销售住宅面积为1369.1万平方米，可供销售住宅10.9万套，继2008年底至2009年初后再次突破10万套存量住宅。

3. 房价快速上涨的势头得到控制，普通商品住宅成交均价同比基本持平

根据市建委数据显示，上半年全市新建普通住宅（指容积率1.0以上、单套建筑面积140平方米以下的新建商品住宅，以及经济适用房、限价房、定向安置房等保障性住房）成交均价为13948元/平方米，比去年全年的14847元/平方米低6.1%。新建普通商品住宅成交均价为

18297元/平方米，与上年同期18146元/平方米相比，基本没有上涨。

4. 投资结构有所改善

一是房地产开发投资比重占全社会投资比重降低。上半年，全市完成房地产开发投资1239.5亿元，增长3.7%，增速同比回落35.1个百分点，所占比重为52.4%，同比下降6个百分点；但仍然比全国房地产开发投资比重21.1%高出31.3个百分点，比上海46.8%高出5.6个百分点。二是房地产开发投资内部结构调整，政策性住房建设加快。全市完成商品住宅投资686.8亿元，增长23%；其中完成政策性住房投资278.7亿元，同比增长2.3倍，占全市商品住宅投资比重达到40.6%，比上年同期提高25.4个百分点。

（二）限购政策使市场观望情绪加重，开发建设降温

限购政策在缓解供求矛盾、改善投资结构的同时，也产生了一些消极影响，市场降温迹象明显：购买者观望情绪渐浓，销售持续大幅下降；开发企业市场预期转变，“纯商品住宅建设放缓、购地价款大幅下降”的市场特征较为明显；同时，销售低迷和银根紧缩使开发企业资金呈趋紧态势。政府调控、企业和购房者三者处于“相持”现状。

1. 市场观望情绪加重，居民购房意愿降至低点

二季度居民购房预期调查数据显示，69.7%的被调查者认为目前不是购房的好时机，比一季度提高0.3个百分点；只有7%的被调查者认为现在购房时机好或比较好，比一季度降低0.6个百分点。57.3%的被调查者认为未来半年内不是购房的好时机，比一季度提高4.3个百分点；10.2%的被调查者认为在未来半年内购房时机好或比较好，比一季度降低1.6个百分点。购房者观望情绪较浓，市场预期处于较低水平。

2. 房地产企业预期转变，纯商品住宅开发建设放缓

受新政影响，我市房地产企业家信心指数继2008年三季度以来再次跌入不景气区间，一季度，企业家信心指数为96.5，比2010年四季度降低9.3个点；二季度仍然徘徊于低点，为96.7。

房地产企业对市场未来形势判断不甚乐观，表现为开发建设投资放缓。上半年，全市房地产开发投资同比仅增长3.7%，增速比一季度回落10.3个百分点。虽然全市住宅开发投资、施工和新开工面积分别比上年同期增长23%、23.1%和36.5%，但主要依靠政策性住房建设带动。若

扣除政策性住房的影响，由开发企业建设的纯商品住宅开发投资、施工和新开工面积同比分别下降5.5%、7.9%和18.2%。

3. 土地入市交易低迷，成交价款下跌

由于2010年土地成交价款不断攀升强化了房价上涨预期，2011年国家对土地开发成本和出让价格做出严格规定，超过规定价格的土地不得交易入市，导致部分核心地块无法出让；同时新政的出台也使开发企业观望情绪加重，购地热情减退，我市土地市场快速降温。据北京市国土资源局数据显示，上半年，全市入市交易土地113宗，面积为1056.1公顷，比上年同期下降8.9%；成交价款为354.4亿元，同比下降44.7%。其中，住宅用地入市交易仅23宗，面积为301.6公顷，成交价款为148.5亿元，同比分别下降31.6%和70.4%。

三、限购政策对我市经济影响范围较广

（一）销量增速下降拉动全市GDP增速下行

上半年商品住宅销售面积同比下降19.8%，房地产开发企业土地购置面积同比下降38.8%。由此导致房地产业增加值下降5.5%，下拉全市地区生产总值增速0.7个百分点。

通过上半年限购政策对我市房地产市场和区域经济影响分析，预计下半年将继续严格执行宏观调控政策，房地产市场销售面积仍然将保持低迷态势，同比降幅在20%左右，全年销售面积的下降将继续对全市GDP下行产生影响。

（二）限购政策影响全市房地产业税收增速放缓

销售量持续下降对我市房地产税收产生较大影响。上半年，全市房地产业税收为326.9亿元，同比增长21.7%，增幅比一季度回落19个百分点。

（三）限购政策一定程度推涨我市居民消费价格指数

从1998年以来我市房地产市场销售额增速与居民消费价格指数之间关系可以看出，两者之间呈负相关性。尤其是2008年金融危机爆发后，国家加大投资力度刺激市场消费，货币流动性加大，销售额增速与消费价格指数之间负相关显著性加强。

一方面，从居民消费价格指数内部结构来看，限购政策出台使部分购房需求转为租房需求，我市居住类价格逐步上行，成为推升 CPI 的主要动力之一，上半年，居住类价格同比上涨 10.1%，成为八大类之首。另一方面，从宏观环境来看，2010 年以来，随着房地产市场调控力度的加大，销售额下降幅度较大，房地产市场中的货币撤资后流向其他领域，成为近来 CPI 较快上涨的重要外部因素之一。

（四）开发投资放缓影响房地产关联产业产出量减少

由于房地产业关联度高，带动着上下游诸多相关产业和部门的发展，特别是建筑业、建材加工业、装修业、交通邮电业、服务业及其衍生的中介服务、物业管理等行业的快速发展，成为带动国民经济发展的重要动力。开发投资的放缓，必然会导致其关联产业产出减少。根据《北京市房地产业波及效应研究走势》课题报告研究数据显示，如果我市房地产业投资额减少 1%（6.9 亿元），受影响总产出绝对额增减最大的产业是建筑业，其总产出降低 0.184%（3.6 亿元）。

四、抓住政策调控契机，均衡房地产市场结构

在银根紧缩的金融环境下，随着房地产市场限购政策的持续，我市房地产销售低迷，开发企业建设积极性普遍降低。而房地产市场的波动直接影响全市经济的平稳运行，因此对房地产市场的调控不仅仅要使房价“稳中有降”，同时也要积极引导房地产市场健康发展，培育我市房地产市场新的增长支撑因素，使我市房地产市场全面均衡发展。

（一）巩固政策性住房成为新增长点

在住房限购政策作用以及加大住房保障力度政策引导下，住房市场非理性增长得到有效遏制，政策性住房上市大幅增长。上半年，全市销售政策性住房面积 106.8 万平方米，比上年同期增长 50.4%。政策性住房建设快速推进。截至 6 月末，政策性住房施工面积 2972.9 万平方米，同比增长 1.2 倍；其中，新开工面积 655.4 万平方米，增长 3.1 倍。根据我市发展规划，“十二五”期间全市要完成 100 万套保障房的建设计划，政策性住房正逐渐成为我市房地产市场新增长带动因素。

（二）加快产业用房建设投资

房地产开发投资中的产业投资是指用于写字楼、商业服务业等经营性用房以及其他（如配套市政设施、道路、绿化等、医疗教育用房、图书馆、影剧院、体育健身场馆、会所等投资）的投资。上半年，全市产业用房新开工面积 761.8 万平方米，比上年同期增长 1.3 倍；占新开工面积比重为 41.7%，比上年全年提高 11.1 个百分点，比上年同期提高 11.9 个百分点。

（三）引导纯商品房和保障房“两个市场”均衡发展

从上半年数据来看，新政出台以后，扣除政策性住房后的纯商品房市场发展缓慢，企业建设积极性明显降低，供需矛盾仍然十分突出，纯商品住宅价格也居高不下。根据北京市住建委数据显示，上半年，若扣除政策性住房的影响，全市纯商品住宅销售均价为 22549 元/平方米，同比增长 7%，仍运行于高位。“十二五”期间，我市在重点培育保障房市场的同时，也要重视商品房市场的发展，保证其供地面积，提高房地产企业建设积极性，实现纯商品房和保障房两个市场均衡发展的局面，以确保房地产关联产业及全市经济的平稳运行，这也是我市房地产市场健康、平稳发展的长期目标。

调控政策下的北京汽车市场

◆◇王顺昌

交通状况影响城市的总体规划和发展。2010年底北京市出台《北京小客车数量调控暂行规定》，调控政策目的不仅仅要实现全市汽车数量合理增长，同时也是转变首都经济增长方式，实现可持续发展的客观要求。调控政策实施以来，汽车销售得到了控制，交通拥堵状况得到了一定的缓解，汽车市场朝着更加成熟、有序的方向发展。

一、调控前的北京汽车市场

21世纪初，汽车开始作为居民消费结构升级的标志性商品并主导消费品市场。2001—2010年，汽车销售逐年增加，据北京市工商局统计，十年间本市累计验证汽车688.5万辆，年均增长22.6%。

（一）批发市场：全国汽车中转集散地

1. 北京汽车批发以市外市场为主

“十一五”期间，全市汽车批发企业实现市外购进额和进口额达到7433.9亿元，占89%，市外批发额和出口额达到8749亿元，占84.6%。

2. 北京汽车批发增长迅速

“十一五”期间全市108个限额以上汽车企业批发汽车357.7万辆，年均增长38.7%，高于全国销量平均增速13个百分点。汽车批发金额10341.6亿元，年均增长53.8%。价值量增速高于销售量15.1个百分点，主要由于批发车型中，价位在20万－70万元价位车比重越来越高。

（二）零售市场：拉动本市消费的主力军

“十一五”期间，汽车消费对本市消费品市场具有举足轻重的作用。全市限额以上汽车企业实现零售额4790.5亿元，年均增长32.4%，占社会消费品零售额的20.5%，贡献率达到36.8%。2010年，限额以上汽车企业零售新车85.1万辆，为历年最高，12月份则达13.1万辆，为历史单月最高（见图 1）。

图 1　　限额以上汽车企业零售量

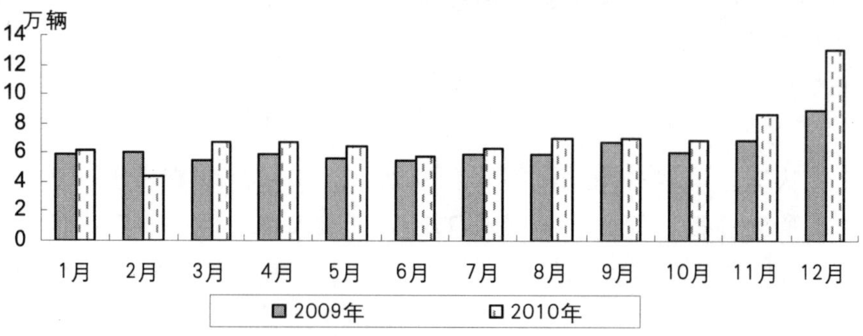

二、限购调控政策对北京汽车市场的影响

（一）汽车零售市场同比下降，月环比增长；汽车批发和零配件市场继续增长

1. 新车零售同比大幅减少，但环比增长

汽车零售市场直接受调控政策影响。1—3 季度，全市 607 个限额以上汽车企业零售新车 34.6 万辆，零售额 889.1 亿元，分别仅为上年同期的 60.1%和 78.5%。从下半年开始，零售量和零售额稳步回升，同比差距不断缩小，环比快速增长，其中 9 月份，环比分别增长 18.1%和 10.1%，零售量和零售额已回到同期的 75.6%和 90.3%（见表 1）。

2. 汽车批发市场继续保持增长，日本地震期间汽车批发市场曾一度回落

北京汽车批发市场对外依存度比较高，受调控政策影响小，继续保持较快增长态势。1—9 月，全市限额以上汽车企业实现批发额 3598.7 亿元，增长 20.5%；批发汽车 98.9 万辆，增长 10%，增速高出全国 6.4 个百分点。其中 9 月份批发汽车 12.8 万辆，同比增长 25.5%（见图 2）。受日本地震影响，4、5 月份本市汽车批发市场曾经出现大幅回落，4 月份环比下降 24.4%、5 月份下降 23.1%，同比分别下降 11%和 18.8%（见图 2）。日系车占本市批发额的 1/3 左右，地震导致日系车 4、5 月

份批发额同比减少 50%，比 2010 年回落了 42.2 个百分点。目前，日系车销售已逐步恢复到震前水平，9 月份，日系车批发量同比增长 27%，高于全市平均增速。随着日系车销售逐步恢复，本市汽车批发市场将恢复较快增长态势。

表 1　　2011 年各月限额以上汽车企业零售数据情况

月份	零售量			零售额		
	本期（万辆）	同比（%）	环比（%）	本期（亿元）	同比（%）	环比（%）
合计	34.5	60.1	—	889.1	78.5	—
1	3.1	50.3	—	84.4	70.1	—
2	1.9	42.9	−39.3	53.7	61.3	−36.3
3	3.7	55.7	96	106.1	84.6	97.5
4	3.9	56.4	5.2	101.2	75.9	−4.7
5	3.7	56.8	−4.5	97.4	76.9	−3.7
6	3.9	65.3	5.3	99.1	79.3	1.8
7	4.2	64.2	7	104.8	79.1	5.8
8	4.7	66.2	11.5	115.3	82.3	10
9	5.5	75.6	18.1	127	90.3	10.1

图 2　　1－9 月汽车批发量

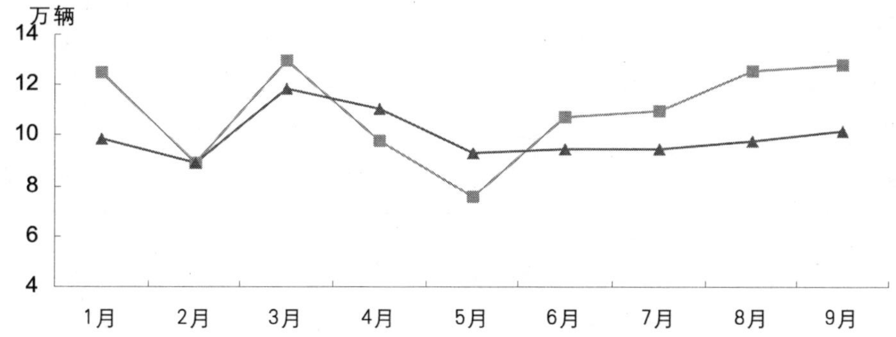

3. 二手车销售量同比减少，月环比快速回升

1−9 月，全市销售二手车 24.4 万辆，为同期的 70.3%。从各月销售量来看，平均每月以 28.5%的速度递增，其中 9 月份销售二手车 4.6 万辆，同比增长 7.2%，为调控政策以来的首次正增长（见图 3）。

图 3　　1–9 月二手车销售量

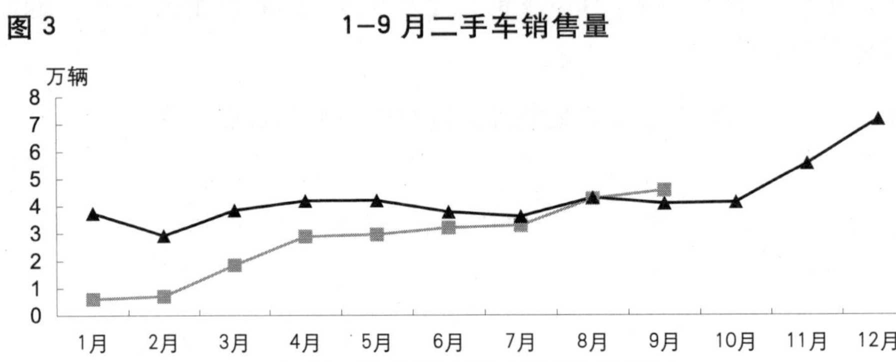

4. 零配件市场继续保持增长

1–9 月汽车零配件企业累计实现销售额 317.1 亿元，同比增长 24.6%，各月销售额稳步增加（见图 4），企业毛利同比增长 36.7%，利润同比增长 45.2%。其中，日产、宝马、奔驰、戴姆勒、现代、丰田等企业零配件销售额平均增速为 44.9%，占总销售额的 46.8%。

图 4　　1–9 月汽车零配件市场销售额

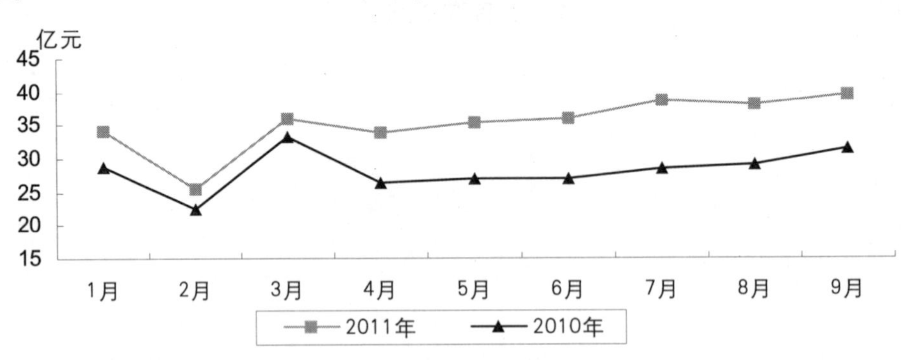

5. 批发企业经济效益继续增长，零售企业效益增速放缓

1–8 月，限额以上汽车批发企业累计实现毛利 325.9 亿元，盈利 229 亿元，同比增长 27.1%和 46.4%。平均毛利率为 11.4%，和同期持平；

平均利润率为 7.9%，同比提高 1 个百分点。限额以上汽车零售企业经济效益增速放缓。1–8 月，限额以上汽车零售企业累计实现毛利 61 亿元，盈利 14.3 亿元，同比分别增长 24.2%和 44.3%，但比 2010 年同期回落了 21.8 个和 90.3 个百分点。

6. 从业人员数量稳定

8 月末，限额以上汽车批发企业从业人员达 9400 人，同比增加 1221 人，比 2010 年末增加 1100 人，增长 11.3%。限额以上汽车零售企业从业人员 3.94 万人，同比增加 1474 人，比 2010 年末增加 900 人。

（二）高价位汽车零售扩大，低价位汽车增速和比重双双下滑

1. 高价位汽车零售扩大

前三季度，全市新车平均零售单价为 25.7 万元/辆，同比增加 6 万元/辆，增幅达 30.5%。其中，单价 50 万–60 万元和 100 万元以上的汽车销售实现正增长，比重提高；单价 100 万元以上汽车增长最快，零售量和零售额同比分别增长 65.3%和 73.8%，比重分别提高 1.1 个和 6.1 个百分点（见表 2）。从单价和增速关系来看，单价和增速大体成正比关系，单价越高，增速也越高，市场占比提高。高价位汽车销售的快速增长，使前三季度零售额增速高于零售量 18.4 个百分点，调整了汽车档次结构。

表 2　　2011 年 1–9 月新车零售单价分组数据

汽车单价分组	零售量			零售额		
	为同期（%）	比重（%）	比重变动（百分点）	为同期（%）	比重（%）	比重变动（百分点）
合　计	60.1	–	–	78.5	–	–
10 万以下	41.9	17.6	–7.7	45.3	4.4	–3.3
10–20 万	54.7	43.8	–4.3	57.8	25.6	–9.5
20–30 万	76.4	15.3	3.3	78.1	14.4	–0.2
30–40 万	88.6	3.9	1.3	89.2	5.2	0.6
40–50 万	83.2	5	1.4	83.3	8.9	0.4
50–60 万	106.2	7.1	3.1	105.9	15.3	3.9
60–100 万	91.8	5.5	1.9	91.5	15.0	2.0
100 万及以上	165.3	1.7	1.1	173.8	11.1	6.1

2. 低价位汽车增速和比重双双下滑

低价位汽车是本市主要销售车型，2010 年单价 20 万元以内的汽车销售量占总销售量的 3/4 左右，调控以来，该类车型受到冲击最大。其中，单价 10 万元以内的汽车销量下降 58.1%，比重降低 7.7 个百分点。低价位车销量的锐减，对自主品牌、经济型车的发展、企业的经营稳定带来了挑战。

（三）本市消费者购车减半，市外消费者购车规模迅速扩大

1. 本市消费者购车减半

本市消费者购买新车受指标摇号限制，成交减半。据北京市工商局统计，1—9 月北京市累计验证新车 27.1 万辆、成交金额 606.4 亿元，分别为同期的 46.3%和 59.8%。

2. 市外消费者购车规模迅速扩大

北京汽车市场具有品牌、车型、价格、数量等优势，外地来京购车者日益增多。程红副市长针对我市统计局、调查总队的相关信息，指示商务主管部门“要研究鼓励新车，特别是二手车销往外省的工作措施”，同时汽车厂商放宽了“跨区域销售”政策，汽车销售企业也大力拓宽销售渠道和加大促销力度，外埠销售业务迅速扩大。2010 年外埠消费者来京购买新车 4.7 万辆，金额 145.3 亿元。2011 年预计，全年销往外埠的新车将达到 12 万辆，零售额超过 350 亿元；销往外埠的二手车超过 15 万辆，销售额超 100 亿元。外埠销售渠道的拓宽，保证了本市汽车市场的平稳过渡，活跃了市场，也成为北京汽车的一个重要销售市场。

（四）城市拓展区受影响最大，首都核心区受影响最小

1. 城市拓展区受影响最大

前三季度，全市限额以上汽车企业实现零售额同比减少 242.8 亿元，向下拉动零售额减少 4.9 个百分点。全市 70%以上汽车零售企业分布在四环路以外，城市拓展区受调控影响最大，汽车零售额同比减少 195.6 亿元，同比下降 23.4%，向下拉动拓展区零售额减少 7 个百分点。其中，丰台区汽车零售额增速下降最多，同比下降 31.4%，向下拉动本区零售额减少 11.7 个百分点；朝阳区汽车零售额减少最多，同比减少 101.6 亿元，向下拉动本区零售额减少 8.5 个百分点。

2. 首都核心区受影响最小

核心区汽车零售额同比增加 2.6 亿元，同比增长 4.4%，拉动核心区零售额增长 0.3 个百分点。其中，东城区汽车零售额同比增长 14.2%，拉动本区零售额增长 1 个百分点（见表 3）。

表 3　　2011 年 1—9 月限额以上汽车企业零售额情况

	为同期（%）	汽车零售额同比减少额（亿元）	对本地区零售额拉动力（百分点）
全市	78.5	242.8	−4.9
首都核心区	104.4	2.6	0.3
城市拓展区	76.6	−195.6	−7.0
城市发展新区	79.8	−44.6	−4.8
生态涵养发展区	59.5	−5.2	−2.1

三、对全年的预计

北京汽车市场在调控政策作用下，汽车增量受到控制。从长远来看，北京车市将走向平稳。预计 2011 全年限额以上汽车企业零售新车将在 50 万辆左右，实现零售额 1200 亿元左右，同比减少 400 亿元左右；二手车销售在 40 万辆左右，销售额在 300 亿元左右，同比减少 100 亿元左右。

四、对北京汽车市场的展望

（一）政策扶持将促进汽车市场的平稳发展和产业升级

淘汰老旧汽车将使北京市场销售平稳增长。市环保局将继续推进老旧机动车淘汰更新政策，力争年底前淘汰 20 万辆。1—9 月，全市共转出、报废老旧机动车 14.5 万辆，是年度 5 万辆淘汰任务的近三倍。根据北京市在“十二五”期间淘汰老旧机动车 40 万辆以上的目标，将有更多的车企和消费者参与淘汰更新方案，释放了购车需求，提供了大量的稳定客源，对拉动消费、改善环境起到积极作用。

新能源汽车推广补充北京市场。本市继续加快新能源汽车的市场发展，鼓励个人购买新能源汽车。“十二五”期间，将建设满足 7.1 万辆各类电动汽车的充换电需求的设施。2012 年北京将有 3 万辆新能源汽车投入市场，将为北京汽车市场补充新鲜的血液，促进汽车产业升级。

（二）以旧换新、置换业务快速增长，将成为车市新特征

调控政策实施以来，汽车经销商和厂商积极推出了多种促销方式，如以旧换新、置换等，满足需求升级和经营周转的消费需求。北京 500 万辆的保有量提供了雄厚的以旧换新资源，目前大部分经销商置换购车基本上达到 40%，预计将来 1/3 的新车销售将源自置换需求，北京汽车市场将由过去的以新带旧逐步转变为以旧促新的销售模式。

（三）调控将促使厂商和经销商的经营模式、观念的转变

汽车市场销量的变化必然带来消费模式的多种变化，促使厂商和经销商的经营的模式、观念转变。北京 500 万辆汽车保有量规模、消费刚性需求以及养车成本的增加为汽车的维护、保养、升级等汽车服务业、租赁业等提供了巨大的市场，新车经销商、厂商增加对二手车的收购、交易、评估等一条龙服务项目等多种优质服务，将给企业带来新的利润增长点。加快经销商从追求销量效益转向售后服务收入和利润转变是长期的发展趋势，使北京汽车市场更加成熟。

资金紧张困扰北京中小微型企业发展

◆◇高燕燕　何　静

2011年以来，复杂多变的国内外形势、资金环境持续紧缩和生产要素成本的不断上升，使市场环境恶化，企业生存发展空间受到挤压，广大的中小微型企业面临的挑战更加突出。国家统计局北京调查总队为了摸清新形势下北京中小微型企业的发展状况，特别是企业在资金方面存在的问题，对部分中小微型企业通过抽样和重点访谈的方式进行了调查。了解到目前在资金方面困扰企业发展的问题主要是：融资难度大，融资成本高，回款期延长，融资人才紧缺。

一、融资难度大

目前国内中小微型企业传统融资模式主要是银行贷款和民间借贷，而银行贷款的高门槛和民间借贷的高利息都让中小微型企业望而生畏。在当前通胀高企，信贷政策总体收紧的背景下，中小微型企业融资更加艰难。抽样调查显示，2011年，38.8%的中小微型企业认为融资困难或非常困难，比2010年上升4.6个百分点。融资难，从银行角度看，金融机构作为企业，认为对中小微型企业贷款消耗的人力、物力、财力较大，而回报较小，严重影响了对中小微型企业贷款的积极性。在各大银行放贷额度下调的情况下，向中小微型企业贷款更加谨慎。从企业角度看，中小微型企业受自身实力限制，取得银行贷款难度远高于大型企业。银行在贷款时通常要求企业必须有不动产作抵押，而轻资产的中小微型企业因担保抵押物较少（大多数小型及微型企业无固定资产抵押物），缺乏银行认可的抵押物，难以取得银行信任，导致无法贷款。企业反映，缺乏有效的抵押和担保是企业融资难最主要的原因，认同率达63.6%。

二、融资成本高

由于金融机构人民币存贷款利率不断上调，导致中小微型企业融资成本不断上升。银行对中小微型企业人民币贷款利率普遍上浮20%以上，平均达到30%，导致中小微型企业平均融资成本上升10%–20%，而银行对大型企业贷款利率则保持不变甚至有所下调。目前，部分银行还实行了流动资金贷款“还旧借新”政策，即先全额归还到期贷款后发放新贷款。作为处于发展阶段的中小微型企业，很难预存大量现金。为获得续贷，部分中小微型企业只能求助短期民间信贷，供“过桥”之用。当前的民间借贷利率普遍上浮，月息多为3–6分（3%–6%），个别甚至出现月息10%甚至更高。此外，银行在信贷操作过程中普遍存在“批而不放”的现象，贷款不能如期发放严重影响了中小微型企业的经营规划。同时，在融资过程中，金融机构收取大量不合理费用，例如评审费、公证费、顾问费及理财费等，也极大地提高了中小微型企业融资成本支出，导致中小微型企业不堪重负。

三、回款压力大

2011年，原材料成本、人力成本上升导致上游大型企业出现资金链收紧等问题，上游大企业应付账款延期导致中小微型企业应收账款累积，账期延长，应付账款时间收紧，两头挤压，中小微型企业回款压力大。调研中，北京某行业协会反映，协会中超过85%的中小微型企业不同程度的面临应收账期延长，应付账期收紧的状况，上游客户过去正常的回款周期在2–3个月，现在已经延长到6–7个月。甚至有部分中小微型企业反映，企业应收账款已经超过企业注册资金，严重影响企业生产和再生产。在中小微型企业流动资金普遍较为紧张的背景下，应收账款回款周期长、周转资金被长期挤占的情况严重威胁到了中小微企业正常生产经营，相关小型及微型企业资金链断裂的风险进一步加大。以工业企业为例，数据显示：1–8月，全市工业企业应收账款2221.3亿元，比上年同期增长4.8%，其中的中小微型企业应收账款1239.8亿元，占到工业应收账款的55.8%,比上年同期增长20.1%,增速高于工业平均水平15.3个百分点。

四、缺少融资人才

中小微型企业通常缺乏专门的融资人才，融资思路不清，方案不明，对融资有畏难情绪，多数小微企业甚至完全没有融资经验。近期全国工商联的一份调研报告显示，当前中小微企业的融资非常困难，90%的规模以下企业没有和银行发生过任何借贷关系，而小微企业的这一数据达到 95%。抽样调查显示：被调查企业中，57.1%的大型企业近两年进行过融资活动，而中小微型企业在近两年进行过融资活动的仅有 8.9%，受 2011 年银行信贷紧缩影响，这一比重比 2010 年调查结果下降了 3.3 个百分点。融资活动减少，一方面和紧缩的货币政策有关，另一方面受到企业缺少融资方面人才的影响。问卷调查显示：被调查中小微型企业中有 12.7%的企业聘用了职业经理人。在聘用了职业经理人的中小微型企业中，过去两年中进行融资活动的企业比重达到 19.7%，而未聘用职业经理人的中小微型企业中，这一比重仅有 7.3%。拥有高素质人才，对引导中小微型企业确定融资方向、明确融资思路、解决中小微型企业融资畏难情绪具有至关重要的作用。

资金紧张不仅是当前中小微型企业在生产经营中的重要问题（认同率 40.7%），也已经成为影响企业技术创新的最主要原因（认同率 59.6%）。资金是企业发展的血液，中小微型企业面临的资金紧张、融资难问题已经成为制约企业发展的瓶颈，从方方面面影响了中小微型企业发挥其吸纳就业、稳定社会的作用。

销售持续低迷　新建商品住宅稳中有降

◆◇张　皓

2011年以来，国家出台一系列政策保证房地产市场稳定健康发展，三季度，面对内部通胀高企、外部经济环境复杂多变的情况，房地产调控政策的从紧取向不变，但节奏趋于平缓，加息、提高存款准备金率等货币政策的收紧步伐放慢，楼市趋于稳定。我市住宅成交量低位运行，新建住宅销售价格连续五个月停涨，新建商品住宅价格年内首次下降，二手住宅交易清淡，价格下降明显。受“限购令”及一、二手楼市影响，租赁市场需求增加，住宅租赁价格持续上涨。

一、房地产价格运行情况

（一）住宅销售价格变动趋于平稳

2011年以来，为抑制房价过快上涨，保持房地产市场平稳健康发展，各级政府加大了对市场的调控力度，国务院办公厅出台了《关于进一步做好房地产市场调控工作有关问题的通知》（国八条）、北京市人民政府办公厅也随后出台了《关于贯彻落实国务院办公厅文件精神进一步加强本市房地产市场调控工作的通知》（京十五条），及“新建普通住宅价格与去年相比稳中有降”的房价调控目标。2011年全市计划通过新建、改建、购买、长期租赁等方式筹集保障性住房20万套以上，发放租赁补贴2万户，竣工保障性住房10万套。发布了更为严格的“限购令”，对本市户籍居民家庭限购2套房，禁购3套房；非本市户籍居民家庭要提供本市有效暂住证和连续5年(含)以上在本市缴纳社会保险或个人所得税缴纳证明。一系列从严政策的出台，有效抑制了房地产开发企业捂盘惜售、哄抬房价等违法违规行为，有力打击了投机炒房，使房地产市场进一步朝着平稳健康方向发展。

1. 新建住宅价格环比连续五个月停涨，商品住宅价格首次回落

2011 年前两个月，全市新建住宅涨幅较高，环比分别上涨 0.8%和 0.4%，调控政策出台后，除 4、5 月环比微涨 0.1%外，其他各月价格均持平，连续 5 个月停涨。其中，新建商品住宅二季度环比涨幅明显回落，4—6 月分别上涨 0.1%、0.2%和 0.1%，三季度起各月价格持平，10 月份价格下降 0.1%，为年内首次下降。与上年末相比，1—10 月份全市新建住宅累积上涨 1.4%。

2. 144 平方米以下户型价格均小幅回落

分套型面积看，与上月相比，90 平方米及以下户型前两个月环比分别上涨 1.5%和 0.9%，3、4 月份连续两个月走低，分别下降 0.5%和 0.3%，此后虽有所上涨，但涨幅放缓，10 月份下降 0.1%，为年内首次回落。90—144 平方米户型自年初以来连续 5 个月上涨，但涨幅逐步趋缓，1—5 月分别上涨 0.8%、0.7%、0.5%、0.2%和 0.3%，7 月份环比微降 0.1%后连续两个月持平，10 月份再次下降 0.1%。144 平方米以上户型在一季度由升转降后，二季度持续小幅上涨，三季度基本平稳运行。与上年末相比，1—10 月 90 平方米及以下户型累计上涨 1.8%，90—144 平方米户型累计上涨 2.3%，144 平方米以上户型累计上涨 1.4%（见表 1）。

表 1　　新建商品住宅分户型环比价格指数（%）

月份	新建商品住宅	90 平方米及以下	90—144 平方米	144 平方米以上
1	101	101.5	100.8	100.9
2	100.5	100.9	100.7	100
3	100	99.5	100.5	99.9
4	100.1	99.7	100.2	100.4
5	100.2	100.2	100.3	100.1
6	100.1	100	100	100.2
7	100	100	99.9	100
8	100	100.1	100	99.9
9	100	100	100	100
10	99.9	99.9	99.9	100

3. 新建住宅成交量低位运行，价格下降项目增多

1—10 月，全市住宅销售 696.7 万平方米，比上年同期下降 17.8%，若扣除政策性住宅，纯商品住宅销售下降更为明显，为 487 万平方米，比上年同期下降 31.8%。10 月当月住宅销售 64.6 万平方米，比上年同月下降 50.3%。受调控政策影响，市场观望气氛浓厚，销量明显下滑，房价上涨势头也逐步得到抑制，从 5 月份开始，在全部调查项目中，降价项目多于涨价项目，9 月份涨价项目消失，10 月份有 3 个项目为十一促销结束价格恢复而有所上调（见表 2）。

表 2　　1—10 月新建住宅价格变动项目个数（%）

月份	新建住宅项目	价格下降项目	价格上涨项目
1	252	4	10
2	238	2	5
3	208	3	7
4	210	1	4
5	230	6	2
6	244	5	2
7	268	9	1
8	266	6	2
9	258	5	0
10	271	7	3

4. 二手住宅交易清淡，价格下降明显

2011 年以来，在新建住宅市场低迷的同时，限购政策也使得二手住宅交易量明显走低。北京市房地产交易管理网资料显示，1—10 月全市二手住宅成交 101184 套，比上年同期（157752 套）下降 35.9%。从各月情况看，1 月份全市二手住宅成交量创了调控后新高，月成交为 23478 套，日均成交高达 757 套，但随后市场成交量一路下滑，10 月仅成交 7262 套，比上年同期下降 48.7%，为年内最低值。

随着二手住宅交易量的大幅下滑，其价格也出现松动。春节过后，除4月和7月环比微涨0.1%外，总体看二手住宅价格环比呈下降趋势。9月和10月环比价格连续走低，分别下降0.4%和0.5%，10月份降幅达年内最大值（见图1）。

图1　　新建住宅与二手住宅价格环比指数运行情况

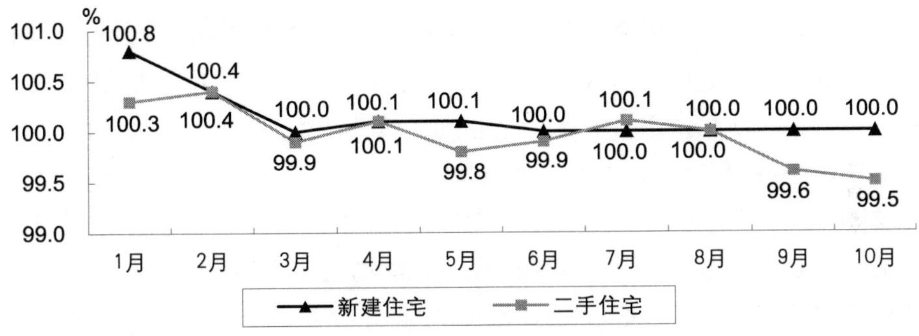

表3　　二手住宅分户型环比价格指数（%）

月份	二手住宅	90平方米及以下	90-144平方米	144平方米以上
1	100.3	100.3	100.2	100.2
2	100.4	100.5	100.4	100
3	99.9	99.9	99.9	99.8
4	100.1	100.2	100	100
5	99.8	99.8	99.9	100
6	99.9	100.1	99.9	99.4
7	100.1	100.4	99.9	99.5
8	100	100	99.9	99.9
9	99.6	99.7	99.5	99.6
10	99.5	99.4	99.5	99.8

分套型面积看，90平方米及以下户型前8个月除3月和5月分别下降0.1%和0.2%外，其余各月一直持续上涨，8月份价格平稳运行后，9月和10月连续两月走低，分别下降0.3%和0.6%；90-144平方米户型

自5月份起连续四个月均下降0.1%,9月和10月降幅扩大,均下降0.5%;144平方米以上户型除1月份上涨0.2%外,总体呈稳中下降的走势,6—10月连续5个月价格持续走低,分别下降0.6%、0.5%、0.1%、0.4%和0.2%(见表3)。

(二)住宅销售价格同比变动情况

1. 新建住宅价格同比涨幅回落趋缓

2011年前5个月新建住宅销售价格同比涨幅持续回落,6月份受144平方米大户型上涨影响,同比涨幅较5月扩大0.1个百分点,上涨2.2%。3季度以来涨幅放缓,7—10月同比分别上涨1.9%、1.9%、1.8%和1.7%。

2. 90-144平方米户型同比涨幅较高

新建商品住宅分套型面积看,10月份,90平方米及以下户型上涨2.3%,90—144平方米户型上涨2.5%,涨幅均比上月回落0.2个百分点;144平方米以上户型上涨1.8%,涨幅与上月持平。

3. 受上年基数影响,二手住宅价格同比涨幅呈M型走势

2011年前3个月全市二手住宅交易价格同比略高于上年同期,4月份价格同比由升转降,下降0.7%,此后受上年基数影响,5—8月同比涨幅持续上涨,分别上涨0.6%、1.4%、1.8%和1.9%。9月和10月同比涨幅连续两个月回落,分别上涨1.2%和0.4%。其中,90平方米及以下户型价格上涨1.1%,涨幅比上月回落0.9个百分点;90—144平方米户型价格与上年同期持平,144平方米以上户型9月份同比再次走低,10月份下降0.9%,降幅比上月扩大0.5个百分点(见图2)。

图2　　新建住宅与二手住宅价格同比指数运行情况

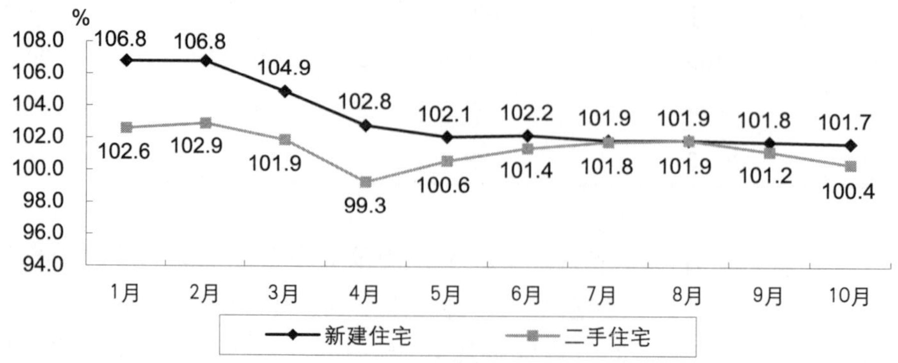

（三）1-10月重点城市房价变化情况比较

1. 新建住宅

北京、上海、天津、重庆、广州和深圳六城市中，与上年12月相比，1-10月北京市新建住宅累计上涨1.4%，涨幅仅高于重庆。深圳累计上涨4.2%，居六城市之首。从各月环比价格变动情况看，北京、上海、广州和深圳三季度环比价格均持平，重庆8月和9月连续两个月走低，天津5、6月价格走低后，7月和8月小幅反弹，9月份再次下降，10月份除北京外，其余5个城市环比均走低。

2. 二手住宅

与上年12月相比，1-10月北京市二手住宅累计下降0.4%，重庆下降0.6%，降幅最大，深圳涨幅最高，为4%。从各月环比价格变动情况看，上海二手住宅价格持续小幅上涨，10月份价格由升转降；天津从4月份开始由升转降，并连续5个月走低,9月份价格与8月份持平，10月份再次走低；重庆价格整体呈下降的趋势，广州除3月、5月和10月价格环比走低外，其余各月均有所上涨，8月和9月环比涨幅较高，均位居全国首位；深圳前5个月环比持续上涨，6月份开始稳中有降（见表4）。

表4　　1-10月重点城市环比价格指数对比（%）

		1月	2月	3月	4月	5月	6月	7月	8月	9月	10月	1-10月
新建住宅	北京	100.8	100.4	100.0	100.1	100.1	100.0	100.0	100.0	100.0	100.0	101.4
	上海	100.9	100.9	100.2	100.3	100.2	100.1	100.0	100.0	100.0	99.8	102.4
	天津	100.9	100.9	100.5	100.2	99.7	99.8	100.3	100.1	99.8	99.7	101.9
	重庆	99.9	100.4	100.6	100.3	100.2	100.0	100.0	99.6	99.6	99.8	100.4
	广州	101.7	100.6	100.3	100.7	100.3	100.2	100.0	100.0	100.0	99.8	103.6
	深圳	102.0	101.0	100.0	100.7	100.4	100.1	100.0	100.0	100.0	99.9	104.2
二手住宅	北京	100.3	100.4	99.9	100.1	99.8	99.9	100.1	100.0	99.6	99.5	99.6
	上海	100.5	100.4	100.4	100.6	100.2	100.2	100.3	100.1	100.1	99.8	102.6
	天津	100.1	100.3	100.6	99.8	99.9	99.8	99.9	99.7	100.0	99.5	100.0
	重庆	99.9	100.0	100.4	99.8	100.0	99.9	100.0	99.8	99.9	99.7	99.4
	广州	101.2	100.6	99.5	101.0	99.8	100.1	100.2	100.7	100.6	99.5	103.2
	深圳	100.6	102.6	100.6	100.5	100.3	100.0	99.5	100.0	99.8	100.0	104.0

（四）住宅租赁价格涨幅较大

1. 租赁价格环比持续上涨

从 2010 年起，我市住宅租赁价格持续上涨。2011 年 1—3 季度，全市住宅租赁价格环比分别上涨 3.8%、1.9%和 2.7%。其中普通住宅分别上涨 4.2%、2.2%和 2.9%；公寓别墅分别上涨 1.5%、0.3%和 1.3%。

2. 租赁需求的大幅增加是导致租金上升的主要原因

调查显示：普通住宅租赁价格 3 季度涨幅较大。第一，受“限购令”政策影响，部分外地来京人员几年内暂时买不到房屋，只能选择租房，但面临结婚生子等一系列的生活问题，只能放弃合租，选择正常房屋租住。第二，政府对合租及地下室出租的管理更为严格，部分租房人员必须重新选择租房，房源需求较大。第三，销售价格仍在高位运行，部分买房者持观望态度，目前暂时选择租房过渡，也加大了房屋租赁市场的需求。10 月份随着租赁需求的缓解，价格有所回落。

3. 租赁价格同比涨幅回落

2010 年以来，全市住宅租赁价格同比涨幅持续扩大，2011 年一季度同比上涨 21.7%，达历史高点。二季度“翘尾”因素影响结束，同比涨幅大幅回落，三季度上涨 11.1%，比二季度回落 1.2 个百分点。其中普通住宅上涨 12.5%，比二季度回落 1.1 个百分点，公寓别墅上涨 3.7%，比二季度回落 3.1 个百分点。

二、未来房价走势判断

在经济增速仍在高位、通胀压力并未明显缓解的大环境下，四季度宏观经济政策和房地产调控仍不会放松。10 月 11 日佛山“限购放松”政策当日即被叫停，表明中央仍将坚持从紧的政策取向，并进一步抓好调控政策的落实和细化，抑制性政策对房地产市场的影响还将进一步深化，房地产市场面临的压力可能进一步上升。保障性住房建设的提速，将逐渐改变市场供需格局，为未来房价下行带来较大可能。此外，新建住宅价格涨势趋稳已使二手住宅价格先期出现松动，而随着成交量的萎缩，无论是开发商还是二手房业主面临的出售压力均增大，“以价换量”的策略将得到更多企业或业主的认同，同时由于限购、限贷等抑制性政策不会放松，市场供求矛盾将加剧，房价下行趋势或将趋于明显。

从人群特征看全市公共服务的需求缺口

◆◇杜　鹃

人口的快速膨胀与资源协调发展的矛盾日益严峻，一直是世界城市发展的难题。2010 年第六次全国人口普查数据显示，北京市常住人口 1961.2 万人，近十年来年均增加 60.4 万人。人口规模过大、增长过快，使得首都的城市承载力、公共服务和社会管理面临巨大压力和挑战。

《北京市“十二五”时期社会公共服务发展规划》指出，“供需矛盾突出，优质资源不足，基本公共服务均等化程度不高，体质机制改革滞后，整体服务效率不高”是当前全市公共服务存在的主要问题。公共服务能否承载人们快速增长的需求和幸福感，既考验着政府的公共决策，也关系到城市的可持续发展。

一、研究内容和方法

公共服务承载力是城市综合承载力的一部分，是除去城市的资源禀赋、生态环境、基础设施等硬件条件之外的，由政府提供的公共产品和服务对城市人口及经济社会活动的承载能力。

公共服务能否承载公共需求，除客观数据外，还需要通过市民的主观评价来判断。因此，本文从市民体验和主观评价的角度，以公共服务在具体领域（包括社区建设、医疗卫生、公共交通、公共安全、文化娱乐等）以及整体状况是否满足了人们的需求来考察公共服务承载力。

2011 年 4 月，北京市统计局、国家统计局北京调查总队开展了“北京市城市公共服务承载力调查”。调查采用计算机辅助电话访问方式（CATI），随机对居住在 16 个区县、居住时间超过半年以上（含外地来京人员）、18—70 岁的市民进行访问，共完成有效样本 6321 份。

二、北京市公共服务承载力总体评价

调查结果显示：多数市民认为市政府提供的公共服务基本承载了人们的需求，但并不十分便利；满足感呈现出一定的人群差异。

（一）七成被调查者认为公共服务基本承载了需求

当问到“总体而言，您认为市政府提供的教育、医疗、社会保障、社区服务等公共服务是否满足了您的需求”时（见图1），分别有4.7%和69.9%的被调查者选择了“非常满足”和“基本满足”；另外有25.4%的被调查者认为不能满足，其中5.1%的被调查者选择“非常不足”。

（二）公共服务的使用便利程度需要进一步提高

虽然大部分市民认为公共服务基本满足了需求，但当问到使用的便利程度时，被调查者的评价并不高。44.9%的被调查者认为使用各种公共服务时便利程度“一般”，另外11.5%的被调查者选择“不方便”。

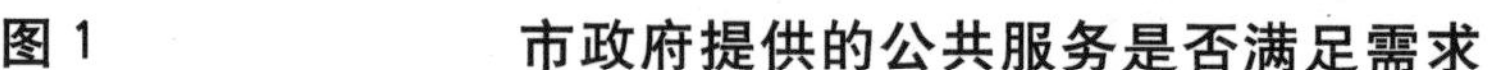
图1　　市政府提供的公共服务是否满足需求

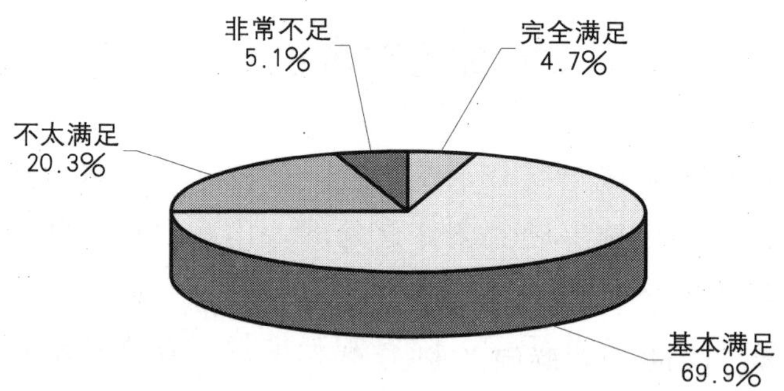

（三）农村居民、本地人、老年人、低学历者满足感相对较高

按城乡和区域分组，对于公共服务是否满足需求，农村居民的满足感高过市区（城镇）居民，分别有79.6%的农村居民和72.7%的市区（城镇）居民表示满足；生态涵养区居民的满足程度最高（81.1%），发展新区最低（68.5%）。

按户籍分组，外地人的满足感低于本地人，分别有69.5%的外地人和75.7%的本地人对当前的公共服务表示满足。

按年龄分组，老年人更倾向满足于目前的公共服务水平，61−75 岁市民中表示满足的比例最高，为 79.2%，31−40 岁市民满足感最低，为 69.6%。

按学历分组，学历高的人满足感反而更低，只有 57.8%的“硕士研究生及以上学历”被调查者表示满足，形成对比的是 79.6%的“初中及以下学历”被调查者选择满足。

由此可见，由于流动人口公共服务覆盖面不足，基本公共服务围绕户籍人口为主，所以外地人的满足感低于本地人；而城市居民、中年人和高学历者，因为其对公共服务的水平和质量要求更高，期望值更高，所以满足感相对较低。此外，农村居民满足感高过市区（城镇）居民，也与近年来政府加大投入力度，集中力量实施了一批覆盖城乡的民生工程，推进公共服务资源城乡一体化配置有关。

三、全市公共服务承载力特点和需求缺口
——从不同人群的评价差异来分析

（一）公共服务均等化——外地人的公平感不如本地人，城市人的公平感不如农村人

1. 横向比较分析，市民对“基础公共设施”公平感最高，“就业服务”最低

基本公共服务均等化是政府按照“基本、平等、普遍、均衡”的要求，在承认城乡、区域、人群间差别的前提下，保障居民都享有一定标准之上的基本公共服务。我们比较了市民对于医疗卫生、义务教育、基础公共设施、就业服务四个基本公共服务方面的公平感（见图 2）。调查结果显示，市民对“基础公共设施”的公平感最高，77%的被调查者认为市民能够公平的享有基础公共设施；对“就业服务”的公平感最低，不到一半（45.7%）的被调查者觉得能够公平的得到就业服务。

2. 户籍分组数据显示，外地人享受公共服务的公平感不如本地人，尤其在义务教育和医疗方面

根据第六次全国人口普查数据，2010 年每 3 个常住人口中就有 1 个外来人口，而目前我们的基本公共服务主要是针对户籍人口，尚未覆盖

到全部流动人口，这一庞大群体使首都的城市承载力、公共服务、社会管理面临巨大压力和挑战。调查结果显示，外地人在享受公共服务上的公平感不如本地人，尤其在义务教育和医疗方面。73.3%的本地人认为可以公平的享受义务教育，而外地人比例只有 53.1%，低于本地人 20 个百分点；62.3%的本地人认为可以公平的享受医疗服务，外地人同样低于本地人近 20 个百分点，为 43.5%。

图 2　　能否公平享有以下公共服务

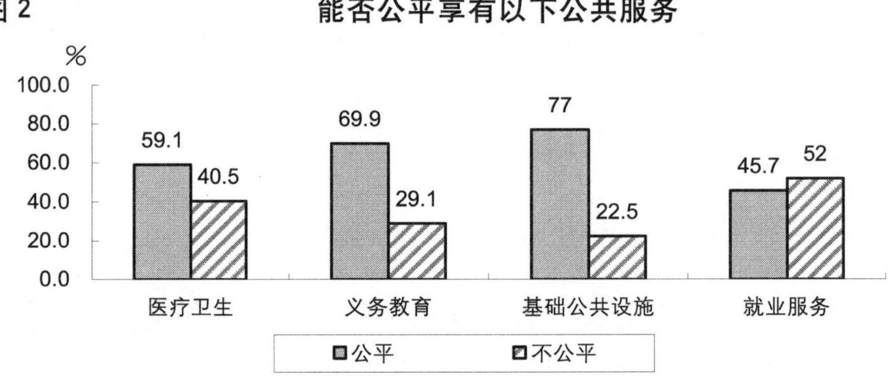

3. 区域分组数据显示，中心城区的公共服务资源集中与公平感倒挂

虽然目前全市公共服务资源主要集中在中心城区，新城、农村地区仍然薄弱，但农村居民对公共服务的公平感反而好于市区（城镇）居民，公平感最高的是生态涵养区，较低的是功能核心区和拓展区。例如，81.5%的生态涵养区居民认为能够公平的享有义务教育服务，而功能核心区和拓展区这一比例分别仅为 61%和 58.2%。出现这一倒挂结果的原因，主要是由于外来人口聚集于朝阳区和海淀区[1]，生态涵养区和农村较少，因此市区、城乡结合部居民不得不和外地人共享公共服务资源，使得公共服务承载力尤显不足，更容易滋生和暴露问题，因此不公平感更强。

（二）社区服务——需求缺口前三位是社区医疗、绿化环境、老年儿童服务；城乡居民存在一定需求差异

社区是承载社会公共服务网络的基本单元，社区服务是否便利可及、

1　根据 2010 年全国第六次人口普查数据。朝阳区和海淀区的常住外来人口分别为 151.5 万人和 125.6 万人，分别占全市常住外来人口的 21.5%和 17.8%。

是否满足了居民的需求，是衡量公共服务承载力的重要指标。市民目前对“社区医疗”、“社区绿化环境”、“老人和儿童服务”这三方面有较大需求，社区公共服务承载力存在不足，被受访者列为希望增加和完善的社区服务的前三位，分别占到 56.7%，36.8%和 34.8%（见图 3）。

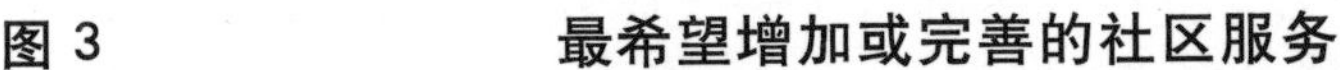
图 3　　最希望增加或完善的社区服务

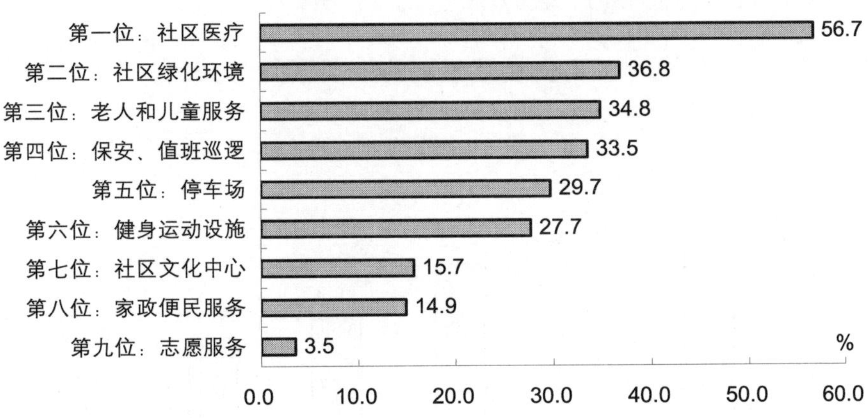

由于社区服务是地域概念，而本地人和外地人混住比较普遍，因此在社区服务需求上没有呈现出本地人和外地人的明显差异，但城乡居民存在一定差异。市区（城镇）居民希望增加和完善的社区服务的前三位分别是“社区医疗”（52.5%）、“社区绿化环境”（39.1%）、“停车场”（36.9%），而农村居民位于前三位的选择分别是“社区医疗”（66.9%）、“老人和儿童服务”（38.1%）、“社区绿化环境”（31%）。此外，中心城区普遍对“停车场”服务有较大需求，西城区有 48.6%的被调查者选择需要完善“停车场”服务，位于第一位；发展新区和生态涵养区被调查者则更多的提到需要完善“保安值班”服务。

（三）医疗卫生——社区医疗知晓率和认同度还不够高；市区（城镇）居民、外地人、年轻人、高收入者、高学历者对社区医院认同感较低

群众“看病难、看病贵”的现象，大医院“吃不了”、小医院“吃不饱”造成的卫生资源浪费，实质上反映了公共服务的供需矛盾。2010 年底全市有一级医院 571 家，一级以下的机构 5640 家，包括社区卫生服务中心，卫生服务站，门诊部、诊所、护理站，村卫生室 2972 家。尽管基层卫生服务的能力不断增强，但调查结果显示，社区医院的认知率喜忧参半：超过一半（57.9%）的被调查者曾经有过去社区医院看病的经历，仍有 42.1%的人从来没有去社区医院。当问及“您不去社区医院看病的主要原因”（见图 4），最多被提及的原因是“附近没有社区医院”（25.3%），其次是因为“对社区医院不了解”（20.4%），再次是认为“社区医院医疗水平较低”（17.2%）。

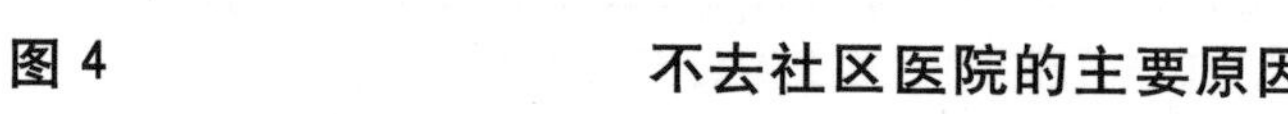

图 4　　不去社区医院的主要原因

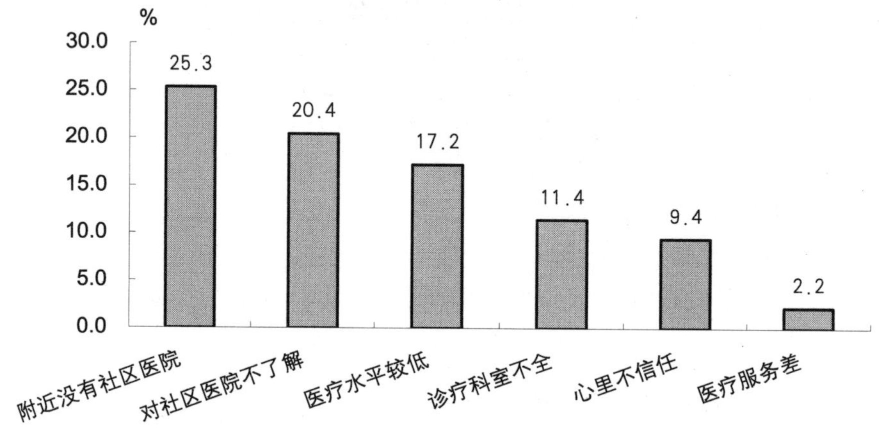

从不同人群分组数据来看：市区（城镇）居民去社区医院看病的比例少于农村居民，分别占到 52.6%和 71.1%。外地人去社区医院的比例少于本地人，分别占到 45.7%和 60.3%。收入高者去社区医院的比例少于收入低者，家庭收入 7000 元以上的被调查者去社区医院的比例在四成左右，而家庭收入 2000 元以下的被调查者有 70%以上去过社区医院。学历高者较少选择社区医院，70%的初中及以下学历被调查者去过社区医院，而硕士研究生及以上学历被调查者去过社区医院的比例仅为 29.3%。选择去社区医院的人群随着年龄增长而提高，15—30 岁被调查者有 50.4%的人去过社区医院，而 61—75 岁被调查者这一比例达到 70.7%。

因此，还需进一步提高社区医院的知晓率和认同度，考虑市区（城镇）居民、外地人、年轻人、高收入者、高学历者群体的需求，在以上群体中宣传社区医院，促使其改变传统的就医观念和行为，小病、常见病不用跑三甲医院，从而享受更加方便和廉价的服务。

（四）公共交通——治堵措施使得出行时间和拥挤程度有一定改善，但公共交通需求与供给的矛盾在核心区、拓展区和发展新区依旧突出

1. 大力发展公共和轨道交通一定程度改善了出行时间和拥挤程度

畅达的交通，便捷的出行，是人们对公共交通服务的迫切需求，也是城市和谐宜居的重要指标。如何满足市民对公共交通服务的需求、解决交通拥堵问题是北京市“十二五”城市管理的大事。当问到“随着公交和地铁线路的增多和运力的增加，您的出行时间与两年前相比有什么变化”时，52%的被调查者选择“出行时间缩短”；当问到“您乘车时的拥挤程度与两年前相比有什么变化”时，36.4%的被调查者认为“比以前宽敞舒适”，33.7%的被调查者认为“和以前相差不大”。

2. 公共交通需求与供给的矛盾在核心区、拓展区和发展新区依旧突出

尽管从总体上看人们的出行时间和拥挤程度有一定改善，但城市交通需求与供给的矛盾日益突出这一问题，在人口聚集、车辆密度高、流量大的区域尤为明显。从出行时间看，核心区、拓展区和发展新区的被调查者，五成以上认为出行时间并无太大改善，例如：59%的海淀区被调查者选择“出行时间更长和不变”，朝阳区这一比例为54.2%，通州区为54.1%，东城区为53.5%。从出行拥挤程度看，拓展区和发展新区的被调查者，七成以上认为出行拥挤程度没有太大改善，例如：74%的通州区被调查者认为“出行比以前更加拥挤和相差不大”，朝阳区这一比例为70.7%，海淀区为70.6%。

3. 四大治堵措施效果得到认可

对于北京近年来出台的治理交通拥堵的措施如“大力发展公共和轨道交通”、“机动车尾号限行”等，包括最新的“汽车限购”和“停车费调整”，治理效果总体来看得到市民认可，并且没有明显的区县差异。对于“汽车限购”，61%的被调查者表示有效果；对于“停车费调整”，62.3%的被调查者表示有效果；“大力发展公共和轨道交通”和“机动车尾号限行”的认可度超过前面两项措施，分别达到79.6%和76.3%。

（五）公共安全——加强公共安全服务管理，市民对食品安全和财产安全的担忧最多

世界城市发展的一般历程表明，基础公共服务建设相对滞后，交通

拥堵、环境污染、房价趋高、生活成本增加等“大城市病”，一定程度上也影响了城市人的行为、心态和生活方式。当问到“您日常生活的压力主要来源是什么”，被受访者提及最多的前三位分别是“看病就医”（43.5%）、“公共安全（食品安全）”（41.7%）和“住房问题”（36.1%）。可见，由于近年来食品安全事件频发，公共安全特别是食品安全成为除了医疗以外给市民造成生活和心理压力的主要原因。

当问到“以您的生活经验和感受，以下公共安全方面哪一项让您感觉最不安全”时（见图 5），食品安全首当其冲，44.1%的被调查者认为最令自己不安的是“食品安全”；其次是不断升级的“电话、短信、金融诈骗”，有 19.5%的被调查者提及。

图 5　感觉最不安全的方面

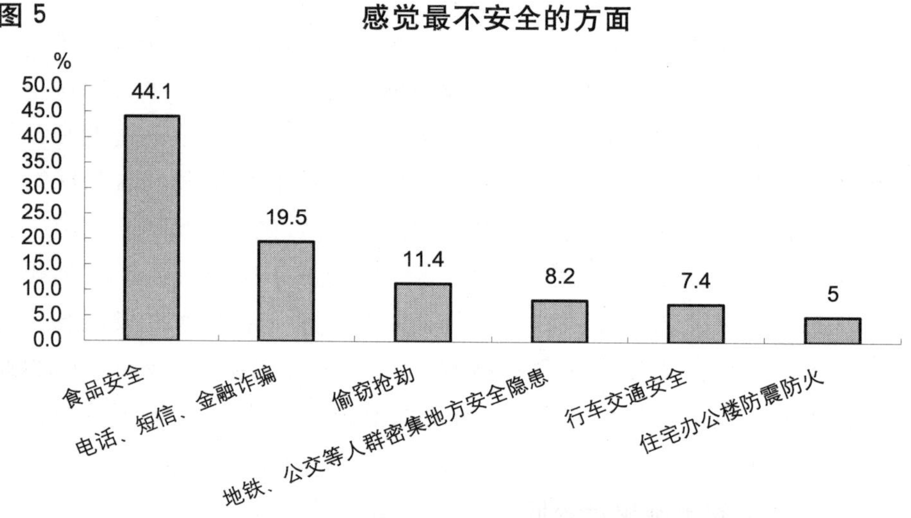

四、市民的幸福感和归属感

基本公共服务是否能够实现均等化，是否能够承载市民的需求，最终还反映在人们对所在城市的归属感和幸福感上。调查结果显示：中年人、市区居民、男性、外地人、高学历者幸福感相对较低，外地人、高收入、高学历和有一定社会地位者对北京的归属感相对较弱，应提升公共服务质量吸引高端人才留京，增强市民幸福感。

（一）北京市民主观幸福感平均分为 76.8 分

当问到“综合评价您的生活，您给您的幸福程度打多少分（满分为 100 分）”时，北京市民主观幸福感总体平均值为 76.8 分，比五年前下降 2 分[2]。有 16.7%的被调查者认为自己的幸福感在 90 分以上，认为幸福感在 60–89 分的被调查者有 61.2%，60 分以下的有 22.1%。与五年前比，90 分以上的比例下降了 15 个百分点，60 分以下的比例增加了 15 个百分点。

（二）中年人、市区居民、男性、外地人、高学历者幸福感相对较低

从年龄看，幸福感分值年龄分布呈“U”型：中年人幸福感最低，41–50 岁被调查者幸福感为 75.4；最年轻的 18–30 岁和最年长的 61–75 岁被调查者幸福感最强，分别为 77.2 和 79.5 分。从区县看，十个郊区县市民幸福感强于城六区市民，分别为 78.4 和 74.3 分。从性别看，女性幸福感强于男性，分别为 79 和 74 分。从户口看，本地人幸福感强于外地人，分别为 77.3 和 74.6 分。从教育程度看，学历越高幸福感越低，“初中及以下”和“硕士研究生及以上”幸福感分别为 77.7 和 73.9 分。

（三）外地人、高收入、高学历和有一定社会地位者，对北京的归属感相对较弱

尽管北京生活工作压力较大，但对于“如果可以重新选择，您是愿意留在北京还是去其他城市或出国生活和发展”这个问题（见图 6），78.4%的被调查者还是选择了留在北京。

但从分组数据看，外地人、高收入、高学历和有一定社会地位者，选择留在北京的比例相对较低。从户口看，82.4%的本地人选择留在北京，而外地人选择留在北京的比例只有 58%。从收入分组看，家庭收入低于 9000 元的被调查者平均有 79.8%愿意留在北京，而家庭收入高于 9000 元的被调查者平均只有 57.5%愿意留在北京。从教育程度分组看，92.9%的“初中及以下学历”被调查者选择留在北京，而“硕士研究生及以上”被调查者愿意留在北京的只有 48.9%。从职业分组看，“机关或事业单位领导干部”的留京意愿最低，占比为 58.2%。

2　2006 年 7 月，北京市统计局开展了第一次“北京市民主观幸福感”的调查。北京市民主观幸福感总体平均值为 78.8 分，有 31.6%的被访者认为自己的幸福感在 90 分以上，认为幸福感在 60–89 分的被访者有 61.1%，60 分以下的仅有 7.3%。

图 6　　愿意留在北京还是去其他城市或出国生活和发展

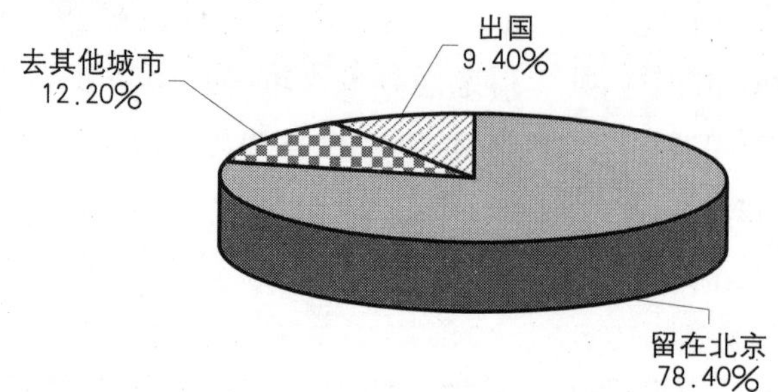

虽然并没有研究表明公共服务承载力和归属感存在绝对的正相关关系，但全面提升公共服务质量使其满足公共需求，是提高市民归属感，生活得更安心、更便利、更幸福，吸引高端人才留京的需要。

企业家创新心态积极　政策环境尚需完善

◆◇金　钊

随着国内外市场竞争的激化，我国已进入依靠科技创新推动结构调整、转变发展方式的关键时期。面对新形势，北京加快了以创新驱动社会经济发展的步伐。企业家作为企业创新的决策者和承担者，是企业得以生存和发展的社会基础。为此，北京市统计局对全市 3684 家规模以上工业企业开展了企业家创新调查，并与 2007 年第一次全国工业企业创新调查[1]企业家问卷的数据进行比较，以进一步了解企业家对创新活动的认识和对创新政策的看法。

一、企业家对创新活动的认识

数据显示，在全市 3684 家企业中，具有本科及以上学历的企业家占 78.8%。从年龄看，在 30—59 岁之间的占 90.8%，在 29 岁及以下的占 0.76%。从性别看，企业家男、女比例为 9∶1。整体看，企业家自身素质较高，中青年企业家发挥了重要作用。主要呈现以下特点：

（一）企业家保持积极的创新精神

创新精神是成就优秀企业家的动力源泉，企业从创新设想的产生、研究开发、产业化到成功推向市场的各个环节，与企业家独特的创新精神密不可分。

1. 开展创新活动的企业家对创新保持较高的认同度

企业家对创新重要性的认识是决定一个企业创新活动能否顺利开展的关键。数据显示，绝大多数企业家都对开展创新活动的重要意义有着清醒的认识。当问及“创新是否对企业的生存、发展起作用”时，有 95% 的企业家认为创新起作用。相比 2007 年，这一认同度均保持在 95%以上。

1　2007 年，国家统计局开展了第一次全国工业企业创新调查。调查内容包括工业企业创新情况和企业家调查问卷两部分。

其中，58.6%的企业家认为创新起重要作用。在开展了创新活动的企业中，认为创新起重要作用的企业家占 89.1%，明显高于全市平均水平。而未开展创新活动的仅为 40.1%。

此外，认为创新对企业生存、发展不起作用的企业家仅占 5%，主要分布在部分属于传统制造业的小型企业中。

2. 支柱行业的企业家保持较强的创新战略意识

长期的创新战略规划是企业积极主动的进行创新，并在竞争中保持独特优势的有力保障。数据表明，绝大多数企业家依托创新发展企业的愿望迫切。当问及“在今后几年中是否将采取一些技术战略谋求企业发展”时，86.4%的企业家表示肯定。相比 2007 年，这一比重均保持在 85%以上。其中，支柱行业企业家的创新战略意识更强。仪器仪表及文化、办公用机械制造业为 96.2%，电气机械及器材制造业为 94.3%，通信设备、计算机及其他电子设备制造业为 93.4%，专用设备制造业为 93.1%，通用设备制造业为 90%。

在以上将采取技术战略的企业家中，选择在“本领域保持创新领先地位”作为最主要的一项战略的占 36.2%、“采取增加研发投入”占 31.8%、“保持现有的技术水平”占 15.2%、“赶超国内同行”占 9.7%，“赶超国际同行创新领先企业”占 6.7%。

（二）企业家营造了良好的创新氛围

在激烈的市场竞争中，具备较强创新精神的企业家能够为企业持续发展提供更加良好的创新氛围，从而增强企业的凝聚力和产品的竞争力。

1. 自主研发是企业家开展创新活动的主要方式

从企业创新的研发主体看，大多数企业家侧重依靠企业自身资源开展创新活动。数据显示，在实现了产品创新和工艺创新的企业中，由企业独立完成的产品创新项目和工艺创新项目分别占同类项目的 76.9%和 72.3%，相比 2007 年变化不大。其中，内资企业普遍偏高，比重分别为 80.3%和 74.9%。此外，通过与其他企业、科研院所、高校或国外机构等合作研发新产品、新工艺的占 13.6%和 15.7%。

2. 提供奖金提成和增加岗位工资是企业家采取激励员工进行创新的普遍做法

企业家实施创新激励措施，是激发员工士气，充分发掘企业创新潜能的重要方式。数据显示，企业家选择“采取增加岗位工资”的占 82.2%，比 2007 年提高 3 个百分点。此外，采取了“提供奖金或提成”、“住房”、“股权”和“期权”的企业所占比重分别为 89.8%、12%、10.3%和 4.7%，相比 2007 年，略有下降。

在采取了以上激励措施的企业家中，当问及“各项措施的实施效果如何”时，“股权”、“期权”和“住房”的激励效果明显提升，分别有 55.7%、47.4%和 46.7%的企业家认为起了很好效果，比 2007 年提高 20 个、29 个和 10.3 个百分点。

3. 创新精神、人才和技术战略是企业家创新成功的主要因素

当问及“企业创新获得成功的主要因素及影响程度”时，企业家认为影响高的主要因素占比位列前五的依次为：有创新精神占 70.4%，高素质技术人才占 69.2%，有效的技术战略占 55%，员工对企业的认同感占 51.9%，充足的经费支持占 50.5%，与 2007 年相比变化不大。其他因素的影响依次为：畅通的信息渠道占 42.2%，企业内部激励措施占 42%，优惠政策的扶持占 32.1%，可靠的创新合作伙伴占 29.5%。

4. 客户与消费者需求是企业家创新构思的主要来源

数据显示，企业家十分关注来自客户与消费者的信息，以市场为导向开展创新的能力较强。当问及“企业开发或引入创新的构思主要来源及其影响程度”时，企业家认为影响高的构思来源占比位列前三的依次是：客户与消费者的需求信息占 65.1%，企业内部信息占 43%，来自本行业其他企业信息占 26.3%。其中，来自企业内部信息的影响显著增强，比 2007 年提高 16 个百分点。而来自高校、研究机构和政府部门的信息仅占 7.1%、9.7%和 13.7%，相比与 2007 年变化不大，作用有限。

二、企业家对创新政策的看法

（一）政府部门扶持创新的政策普遍受到企业家的肯定和关注

1. 企业家对普遍受益的政策认可度较高

当问及有关政策对企业开展创新活动的影响程度时，在列举的 12 项扶持政策中，全市规模以上大中型工业企业家认为技术开发减免税等三项财税政策对企业影响程度高的比重有所提高。其中，“技术开发费用

计入成本”占 65.7%、“技术开发费加大抵扣所得税”占 64.7%、“开发区高新技术企业所得税减免”占 63.2%,分别比 2007 年提高 6.1 个、8.3 个和 6.8 个百分点。此外,“知识产权保护政策”这一比重为 58.4%,比 2007 年提高 3.2 个百分点。可见,近年来全市为建设中关村国家自主创新示范区而相继出台的一些鼓励政策和优惠措施使企业普遍受益,影响作用较大。

2. 企业家对受益面小的政策认可度稍低

对于扶持力度不够或只适用于特定范围的政策,由于企业受益面小,企业家对政策的认可度稍低。与 2007 年相比,全市大中型企业家认为对企业影响高的比重有所下降的是:“对外经贸政策”占 31.2%,“金融支持政策”占 38.8%,“政府采购政策”占 31%,“企业相关科研设备加快折旧的政策”占 38.3%,“免征技术转让、开发的营业税的政策”占 39.8%,“由企业承担政府部门的科技项目”占 48.7%,“产业政策”占 57.4%,分别下降了 16.3 个、8.7 个、8.2 个、8 个、7 个、1.7 个和 0.5 个百分点(见图 1)。

图 1　有关政策对企业开展创新活动的影响程度两年对比情况

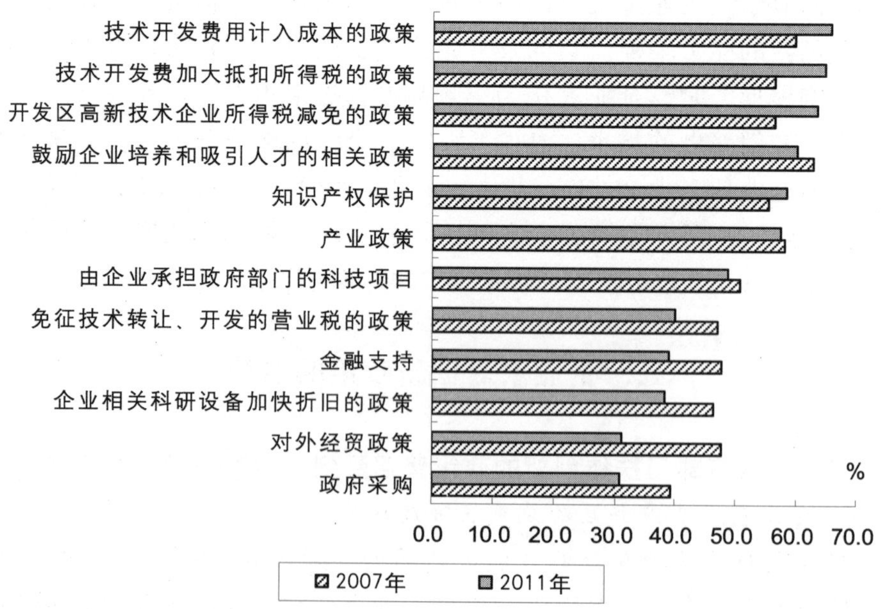

（二）吸引力不强和办理手续繁杂是企业家对政策认可度低的主要原因

当问及政策影响程度低的主要原因时，企业家认为“政策吸引力不强”的主要涉及：“知识产权政策”占33.5%、“鼓励企业培养和吸引人才的相关政策”占30.4%、“企业相关科研设备加快折旧的政策”占29.2%，比2007年高12.3个、1.8个和1个百分点。

认为“政策办理手续繁杂”的主要涉及：“技术开发费加大抵扣所得税”为29.5%，“技术开发费用计入成本的政策”为20%，“开发区高新技术企业所得税减免的政策”为15.2%，比2007年高9.1个、2.4个和1个百分点。

此外，认为“不知道此政策”的主要涉及：“金融支持政策”为23.7%、“产业政策”为20.2%，比2007年高8.4个和6.9个百分点。

可见，一些政策的执行效果不够显著，尤其在政策对企业创新需求的适应性，以及政策的知晓度、便捷性等方面都有待进一步改善。

全面建设与首都发展相适应的节水型社会

◆◇张启龙

"十一五"以来，北京市按照科学发展观和"建设资源节约型、环境友好型"城市要求，通过大力调整用水结构，推广节水技术，严格用水管理，推进污水再生利用，全市用水总量年均增速控制在1%以下，新水取水量逐年下降，用水效益显著提高。"十一五"期间我市每年节约用水量达1亿立方米以上，相当于每年节约一个官厅水库的蓄水量。

一、全市用水情况

（一）水资源情况

根据市水务部门提供的数据，"十一五"各年我市水资源总量在22–25亿立方米之间，其中2010年为23.9亿立方米，比"十五"末期增长3%。"十一五"我市年均降雨量为477.2毫米，低于1978年以来538毫米的多年平均水平。"十一五"前四年我市人均水资源量不足160立方米，仅相当于全国水平的1/10，仍属于重度缺水地区（见表1）。

表1　"十一五"各年北京市用水总量及增速

年份	全市用水总量（亿立方米）	用水量增速（%）	经济增长速度（%）
2006	34.3	−0.58	13.0
2007	34.8	1.46	14.5
2008	35.1	0.86	9.1
2009	35.5	1.14	10.2
2010	35.7	0.56	10.2
"十一五"平均	35.1	0.69	11.4
"十五"平均	35.7	−3.1	12.1

（二）用水总量增速得到控制

据初步统计，2010 年全市用水总量为 35.7 亿立方米，比 2009 年增长 0.56%，其中新水量 28.9 亿立方米，下降 0.3%；再生水 6.8 亿立方米，增长 4.6%。“十一五”期间全市用水量年均递增 0.69%，而同期我市经济年均增速达 11.4%。“十一五”在保障首都经济平稳较快发展的情况下，全市用水总量增速得到有效控制。

二、节约用水取得显著成效

（一）用水结构不断优化

“十一五”北京市加快了产业结构调整；量水而行，用水结构不断优化，作为水消耗大户的一、二产业比重由 30.4%下降为 25%。2010 年，全市工、农业生产用水 16.8 亿立方米，比 2005 年降低 16%，年均下降 3.4%，占全市用水总量比重也由 58%下降到 47.1%，工、农业生产用水量的持续下降是我市控制用水总量的主要方面。同时我市生活用水[1]达 15 亿立方米，环境用水 3.9 亿立方米，分别比 2005 年增长 11.9%和 2.5 倍，二者用水比重已经超过全市的一半。生活用水已成为我市用水主要增长点和未来节水工作的重心（见表 2）。

表 2　“十一五”北京市用水结构变化情况

项　目	2005 年		2010 年		累计增速（%）	平均增速（%）	比重变化(+ −百分点)
	用水量（亿立方米）	比重（%）	用水量（亿立方米）	比重（%）			
全市总量	34.5	100	35.7	100	3.5	0.7	−
工、农业生产用水	20	58	16.8	47.1	−16	−3.4	−10.9
生活用水	13.4	38.8	15.0	42.0	11.9	2.3	3.2
环境用水	1.1	3.2	3.9	10.9	254.5	28.8	7.7

1　生活用水包括居民用水和公共用水（含第三产业和建筑业用水）。

（二）万元 GDP 水耗目标提前完成

由于对非居民单位采取了严格的用水管理制度，“十一五”期间全市用水强度显著下降，用水效益得到明显提高，可比价万元 GDP 水耗由 2005 年的 49.5 立方米下降到 2010 年的 29.9 立方米，累计降幅已达 39.5%，年均下降 9.57%，并于 2007 年提前三年达到“十一五”万元 GDP 水耗降低目标。据水务部门统计，“十一五”期间我市每年实施节水措施百余项，年节约用水量达 1 亿立方米以上，相当于整个官厅水库的蓄水量。

（三）工业节水成绩突出

随着“十一五”我市工业结构深入调整和优化，一系列高耗能耗水企业退出，大量节水技术得到推广应用，我市工业生产用水量已经连续三年零增长，并且较“十五”末降低了 23.1%，为全市节水工作作出突出贡献。根据国家发改委、水利部和国家统计局联合下发的通报结果，我市 2009 年万元工业增加值水耗为 22.6 立方米，仅为全国平均水平的 1/5，2005-2009 年我市万元工业增加值水耗累计降低 41.1%，比全国高 9.9 个百分点；年均降低 12.2%，比全国高 3.2 个百分点（见图 1）。

图 1 “十一五”北京市万元 GDP 水耗、万元工业增加值水耗下降情况

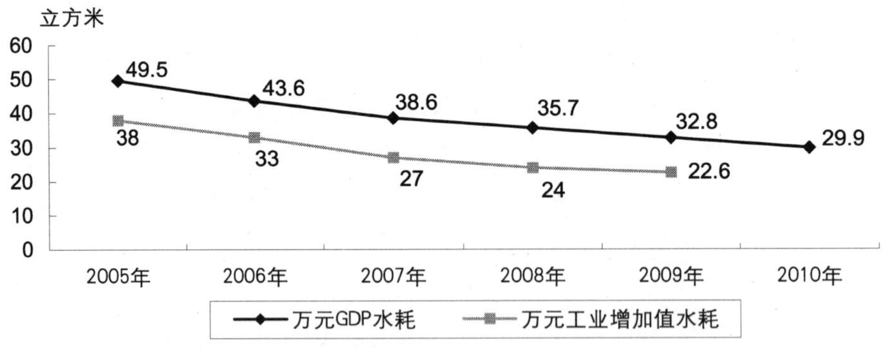

与同为直辖市且气候条件相当的天津市相比，我市的万元工业增加值水耗要高于天津（天津为 11.8 立方米）。天津市临近渤海，可以就近利用部分海水资源。经了解，天津部分行业使用的海水目前不在水务部门工业用水量的统计范围。如果不考虑海水因素的影响，经粗略计算，京津两市万元工业增加值水耗水平基本相当。

（四）水循环利用水平大幅提高

“十一五”期间我市水源供应结构发生变化，全市对地表和地下新水的取用量从 31.9 亿立方米下降到 28.9 亿立方米。按可比价计算，2010 年全市万元 GDP 新水取水量仅为 24.2 立方米，比 2005 年下降 47.15%，年均降低 11.97%，下降速度比万元 GDP 水耗要快 2.4 个百分点，反映了近年来我市对于新水的节约利用水平。同时，全市再生水利用量从 2.6 亿立方米上升到 6.8 亿立方米，再生水占全市用水比重由 7.5%上升到 19%，已成为我市重要的替代性水源，初步形成了具有首都特色的水循环利用模式，对缓解我市水资源短缺，实现节约用水起到重要作用（见表 3）。

表 3　　“十一五”各年北京市新水和再生水利用情况

项　目	单位	2005	2006	2007	2008	2009	2010
全年供（用）水总量	亿立方米	34.5	34.3	34.8	35.1	35.5	35.7
新水利用量	亿立方米	31.9	30.7	29.9	29.1	29	28.9
万元 GDP 新水取水量	立方米	45.8	39.0	33.2	29.6	26.8	24.2
再生水利用量	亿立方米	2.6	3.6	5	6	6.5	6.8

三、规模（限额）以上单位水消费情况

非居民单位是我市实行计划用水、定额管理和节水考核的主体。目前对规模（限额）以上法人单位用水情况统计，是从水资源的消费方进行的统计和汇总。2010 年全市规模（限额）以上企业水消费总量为 8.7 亿立方米，其中规模以上工业水消费 3.1 亿立方米，限额以上非工业水消费 5.6 亿立方米。根据第二次经济普查结果，我市规模（限额）以上企业水消费量约占全部二、三产业企业水消费总量的 87%，基本可以代表全市企事业单位的水消费状况。

（一）规模以上工业水消费呈下降趋势

2010 年我市规模以上工业企业水消费量为 3.1 亿立方米，与上年基本持平，比“十五”末期下降了 18.8%。“十一五”全市规模以上工业水消费呈现逐年下降态势，年均降低 4.1%（见图 2）。

图 2　　2005—2010 年全市规模以上工业水消费量

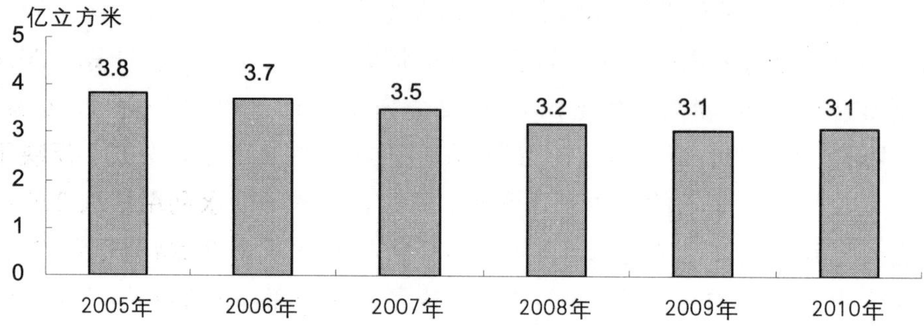

分水种来看，2010 年规模以上工业地表水、地下水消费量分别为 0.61 亿和 1.08 亿立方米，分别比 2005 年下降了 49.9%和 32.5%；自来水消费量 0.67 亿立方米，与 2005 年基本持平；同时工业对再生水的利用量显著提高，由 2005 年的 0.29 亿立方米增加到 2010 年的 0.52 亿立方米，增长 79.3%，再生水在工业中替代新水的作用越来越明显（见表 4）。

表 4　　2010 年全市规模以上工业水消费情况

	水消费量(万立方米)	比重(%)	"十一五"累计增速(%)	"十一五"年均增速(%)	2010 年现价产值水耗(立方米/万元)	2005 年现价产值水耗(立方米/万元)
全市规模以上	31126.8	100	−18.8	−4.1	2.35	5.52
主要耗水行业	22538.1	72.4	−28.0	−6.4	2.64	6.41
15.饮料制造业	1431.1	4.6	15.1	2.9	7.81	11.96
25.石油加工炼焦及核燃料	1052.3	3.4	−23.3	−5.2	1.28	2.32
26.化学原料化学制品制造	2332.5	7.5	−38.6	−9.3	6.68	16.03
31.非金属矿物制品业	1342.7	4.3	−9.3	−1.9	3.31	7.64
32.黑色金属冶炼及压延（含黑色金属矿采选）	4398.6	14.1	−36.2	−8.6	7.07	12.33
37.交通运输设备制造业	1476.0	4.8	8.0	1.6	0.69	1.67
40.通信设备、计算机及其他	1229.5	4.0	−11.5	−2.4	0.55	0.78
44.电力、热力的生产和供应	9275.5	29.8	−32.6	−7.6	5.20	22.93
其他行业	8588.7	27.6	21.8	4.0	1.84	3.41

1. 主要耗水行业水消费量降幅较大

分行业来看,2010年消费量1000万立方米以上的主要耗水行业有8个,水消费量达2.3亿立方米,占全部规上工业水消费比重为72.4%。“十一五”期间主要耗水行业水消费量年均下降6.4%,比全部规上工业下降速度快2.3个百分点。其中化工、黑色金属冶炼压延和电力热力生产供应三个行业是我市工业的耗水大户。“十一五”期间这三个行业大力进行节水改造,提高水的重复利用水平,水消费量年均降幅均超过7%,是我市规模以上工业用水量下降的主要领域。

2. 单位产值水耗普遍下降

“十一五”我市规模以上工业单位产值水耗由5.52立方米/万元下降到2.35立方米/万元(现价)。在全部37个行业大类中,有32个行业的单位产值水耗较“十五”末期实现下降。其中电力行业作为我市最大耗水行业,通过提高回收利用、完善节水计量改造、使用再生水冷却等多项措施,单位产值水耗实现大幅降低,由22.93立方米/万元下降到5.20立方米/万元,为我市工业节水作出重大贡献。

3. 重复用水率始终保持高水平

重复用水是指企业内部回收或封闭循环利用的水,是工业企业提高用水效率的有效途径。“十一五”以来虽然受到金融危机等不利因素影响,但全市规模以上工业的重复用水率始终保持在90%以上高水平,2010年达95.2%,有重复用水的规模以上工业企业也从559家增加到719家。

(二)非工业水消费呈现刚性增长

我市限额以上第三产业、资质以上建筑业(简称限额以上非工业,下同)企业水消费量约占全部非工业企业水消费的83%,2010年限额以上非工业水消费量为5.6亿立方米,与去年基本持平,比2007年累计增长19.7%,年均增6.2%,呈现出刚性增长的态势。其中自来水消费量为4.2亿立方米,占非工业水消费量的73.9%(见图3)。

在限额以上非工业全部50个行业大类中有13个行业2010年水消费量超过1000万立方米,这13个主要耗水行业2010年水消费量达4.8亿立方米,所占比重达到85.1%,是我市非工业企业的集中耗水领域,其中房屋和土木工程建筑业、房地产业和教育行业水消费量分别达0.77、0.71和0.74亿立方米,所占比重分别达到13.6%、12.5%和13.2%,为我市非工业行业耗水大户(见表5)。

图 3　　2007—2010 年全市限额以上非工业水消费量

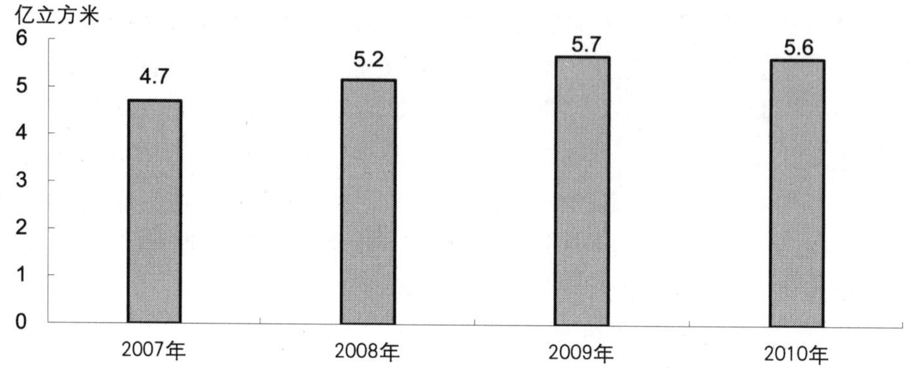

表 5　　2010 年全市限额以上非工业水消费情况

	2010 年（万立方米）	比重（%）	2007—2010 年累计速度（%）	2007—2010 年年均速度（%）
全部限额以上	56445.4	100.0	19.7	6.2
主要耗水行业	48021.1	85.1	20.2	6.3
47.房屋和土木工程建筑业	7700.4	13.6	28.0	8.6
51.铁路运输业	1644.7	2.9	0.2	0.1
65.零售业	1774.5	3.1	31.8	9.6
66.住宿业	4647.1	8.2	16.0	5.1
67.餐饮业	2781.7	4.9	33.9	10.2
72.房地产业	7076.5	12.5	34.5	10.4
74.商务服务业	2833.0	5.0	41.9	12.4
75.研究与试验发展	1281.2	2.3	4.4	1.4
80.环境管理业	1111.0	2.0	41.4	12.2
81.公共设施管理业	4772.8	8.5	17.0	5.4
84.教育	7435.1	13.2	7.5	2.4
85.卫生	2627.9	4.7	13.0	4.1
94.国家机构	2335.2	4.1	3.4	1.1
其他行业	8424.3	14.9	16.9	5.4
92.娱乐业	817.0	1.4	27.9	8.5

主要耗水行业中房地产业、商务服务业、餐饮业和环境管理业水消费量年均增速超过 10%,其他行业中娱乐业水消费量年均增速也比较高,这些行业与人们消费观念和生活习惯紧密相关,也是未来普及节水观念,实施节水技术改造和管理的重点对象。

四、“十二五”节水工作展望

“十二五”随着人口和经济持续增长，我市资源与环境压力将进一步加大，北京与纽约、伦敦等世界城市相比，水资源禀赋先天不足，水资源短缺问题仍是未来制约北京发展的重要因素，因此必须形成特色鲜明的首都节水发展模式，深入推进节水型社会建设。

（一）严格控制用水总量，继续加大用水结构调整

“十一五”我市用水结构调整显成效，用水总量整体上得到控制，未来我市在工、农业生产领域仍具有一定的节水潜力。“十二五”在保障经济发展和人民生活的前提下,应进一步加强对于用水总量的控制措施,继续大力推广节水农业、退出耗水工业，发展低耗能耗水高附加值的现代产业，进一步提高工业用水效率。

（二）增强全社会节水观念，提高节水管理

2010 年我市的三产、居民和环境用水量已经超过全市用水总量的一半，并且近年来呈现出刚性增长的态势。未来必须在全社会树立节水观念，对非居民单位继续实行严格的节水管理制度与指标定额，向广大居民普及节水知识，推广节水产品，实现“向观念要水、向机制要水、向科技要水”。特别是要加强对部分服务行业耗水大户的用水监管，逐步推行阶梯水价，杜绝各种形式的浪费行为。

（三）大幅推广再生水循环利用

“十一五”我市对再生水的利用已经取得了巨大突破，污水再生利用已经成为我市新的替代水源，在工业生产冷却、河湖生态补水方面应用广泛。“十二五”要进一步扩大再生水的利用规模和利用范围，完善中水再生水水质标准体系与价格机制，除了在工业冷却、河湖补水方面，还需加大再生水在市政冲洗、园林绿化等领域的利用，进一步提高再生水的利用比例，走具有北京特色的水资源循环再生之路。

北京交通运输能耗现状、未来需求及节能途径分析

◆◇方秀玉

交通运输是国民经济的重要组成部分，对国民经济发展起着基础性、支撑性和服务性的作用，但同时交通运输能源消耗较大，也会带来生态环境的负面影响。近年来，随着我市交通运输的发展，其能耗以年均10%左右的速度快速增长，占全市能源终端消费量的比重超过1/4，对全市节能降耗的影响渐大。交通运输能耗作为我市能源消费的重要构成部分备受社会各界关注。

“十二五”期间，我市节能降耗形势将更加严峻。面临着能源日益稀缺但对其需求量却越来越大的现实，对全市交通能源消耗情况及节能途径进行分析显得格外有意义。

一、我市交通运输发展概况

“十一五”以来，为满足经济社会发展的需要，我市逐步加大交通运输投入，全市交通运输规模不断发展。

从交通运输基础设施投资看。近年来，我市交通运输基础设施投入加大，投资额从2005年的224亿元增长到2009年的698.6亿元，年均增速32.9%（按现价计算）。与此同时，交通运输投资占全市基础设施投资的比重不断上升，从2005年的36.7%提高到2009年的47.8%，四年间上升了11.1个百分点。

从运输线路发展情况看。近年来，我市运输线路条数和里程发展迅速。“十一五”前四年，我市铁路、公路和管道线路长度从1.8万公里增长到2.4万公里，累计增长35.6%，年均增速7.9%；民航运输线路条数从600条增长到815条，年均增长8%。“十一五”期间，地面公交运营线路从593条增长到692条，客运量从45亿人次/年增长到51.7亿人

次/年；全市建成10条轨道交通线路，2010年运营里程达到336公里，客运量由6.8亿人次/年增长到14.2亿人次/年。

从交通运输工具拥有量来看。“十一五”期间，我市民用机动车数量迅猛增长，从2005年的246.1万辆增长到2010年的480.9万辆，年均增速14.3%。特别是其中的私人汽车从154万辆增长到374.4万辆，年均增速更是高达19.4%，占民用机动车的比重也从62.6%提高到77.9%。全市公共交通中，电汽车年末运营车辆数从2005年的1.99万辆增长到2009年的2.17万辆，年均增速2.2%。随着地铁建设的加快，地铁机车从2005年的968辆增长到2009年的2014辆，年均增速高达20.1%。出租车和省际客运汽车分别较为稳定地保持在6.6万辆和0.12万辆左右。

二、我市交通运输能耗情况

按照国际上通行的方法，交通运输能耗是指全社会企业及个人所拥有的所有交通运输工具的能源消费。目前，我国的交通运输业能耗统计与此有较大的区别，最重要的差异在于：我国的运输能耗只统计了交通部门即交通运输业运输工具的能耗，未统计社会其他部门及私人车辆的能耗；而国际统计口径包括所有交通运输工具的能耗[1]。

为便于比较并全面反映我市交通运输能耗状况，本文按照国际口径对有关数据进行了测算[2]，全市交通运输能耗基本上覆盖所有交通运输工

1　目前我国统计制度中，只是在分行业的能耗统计数据中把交通运输、仓储和邮政业作为一个行业进行统计，而将其他行业所属企业的运输工具消费计入所属单位的行业能耗中。国际能源署(IEA)20世纪90年代建立的能源平衡体系是目前国际通行的模式。该体系将终端能源消耗部门划分为工业部门、运输部门、其他部门和非能源产品消耗四大类，其中运输部门所包含的数据仅与运输活动本身消耗的燃料相关，而运输企业在其他方面的燃料消耗包括在“其他部门”的“商业与公共事业”中。

2　与国际通行方法相比，我国未统计部分的车辆主要包括4部分，即社会及私人汽车、摩托车、低速汽车(农用运输汽车)及其他车辆(比如军车等)。从目前我国的统计现状及北京的实际情况来看，上述4类车辆中，其他车辆(如军车等)由于缺乏必要的基础数据，难以进行测算，摩托车和农用运输车数量较少，对整体交通运输能耗的影响不大。因此，本文重点测算交通运输行业运输工具及社会和私人汽车的能源消耗。部门划分方法为：将全社会交通能耗划分为运输企业（交通运输业）交通运输能耗、非运输企业（工业、建筑业和交通运输业之外的第三产业）交通运输能耗和居民交通运输能耗三部分。测算方法为：根据2010年我市规模以上工业和限额以上非工业报表中的运输工具消费数据，以及历年能源平衡表分别推算所属行业各年的交通运输能耗，居民交通运输能耗为居民生活用汽油消耗。与此同时，为与国际方法统一，本文我市交通运输能耗数据按照当量值计算，且只计算各部门的终端能源消费。

具的能源消费。

（一）全市交通运输能耗概况

1. 总量快速增长

“十一五”以来，随着经济的增长、城市化进程的加快及机动车保有量的迅猛增加，我市交通运输需求和服务迅速扩大，交通运输能源消耗快速增长。“十一五”前四年，我市交通运输能耗从不到 900 万吨标煤（当量值，下同）增长到 1300 多万吨标煤，年均增速超过 10%，大大高于全市能源终端消费量的年均增速（4.2%），对全市能源终端消费量增长的贡献率约为 60%。

2. 比重不断上升

伴随着交通运输能耗以大大高于全市平均水平的速度增长，其能耗占全市能源终端消费量的比重不断上升，2009 年超过 1/4，比重比 2005 年提高了 6 个百分点左右。全市能源终端消费量中，约 99.9%的煤油、96.4%的汽油、72.4%的柴油、6.5%的天然气、4.1%的电力和 0.2%的液化石油气被用于交通运输消费。

3. 能源品种以油品为主

目前，我市交通运输工具消费以燃油为主，油耗约占全市交通运输能耗的 95%，其中汽油、煤油和柴油的比例分别占 38.5%、37.5%和 18.9%；其余的 5%主要为电力和天然气，煤炭极少。从品种结构变化来看，近年来我市轨道交通发展迅速，电力消费增速最快，相应的“十一五”前四年其所占比重提高了 1.5 个百分点，而同期油品消耗所占比重有所下降。

4. 能耗分布较为集中

从我市交通运输能耗的部门结构来看，近六成的能耗集中于运输企业，其消耗了全市交通运输能耗中所有的煤油、电力和天然气及近七成的柴油和近一成的汽油；居民交通运输能耗约占 24%，消耗了近六成的汽油；其余 16%大致为非运输企业交通运输能耗，消耗了近三成的汽油和柴油。

（二）主要领域交通运输能耗情况

1. 运输企业交通运输能耗

运输企业交通运输能耗指交通运输业企业所拥有的交通运输工具能

耗。交通运输业在我市国民经济中占有重要地位。2009 年，我市交通运输业（含仓储和邮政业）固定资产投资 730.6 亿元，占第三产业固定资产投资的 16.6%；增加值 556.6 亿元，占第三产业增加值的 6.1%[3]。与之相对应，“十一五”前四年我市运输企业交通运输能耗以年均接近 10% 的速度增长，2009 年达 808.1 万吨标煤，约占全市交通运输能耗的六成，对全市交通运输能耗增长的贡献率达 53.7%。

在交通运输业内部，航空运输能耗最大，超过运输企业交通运输工具能源消费的六成；城市公共交通占 16.5%；铁路交通约占一成。从主要运输方式能耗增长情况来看，道路运输业能耗增长最快，“十一五”前四年年均增速超过 30%，对运输企业交通运输能耗增长的贡献率为 17.6%；其次是铁路运输业，年均增速为 19.8%，对运输企业交通能耗增长的贡效率为 16.7%；城市公共交通业年均增速为 9.4%，贡献率为 15.8%；航空运输业年均增速为 7.3%，但由于能耗占比大，贡献率高达 48.7%（见表 1）。

表 1　　2006–2009 年我市运输企业交通运输能耗情况表

	2009 年		2006–2009 年	
	能源终端消费量（万吨）	比重（%）	年均增速（%）	贡献率（%）
交通运输业	808.1	100.0	9.9	100.0
其中：铁路运输业	82.5	10.2	19.8	16.7
道路运输业	68.1	8.4	30.6	17.6
城市公共交通业	133	16.5	9.4	15.8
航空运输业	503.9	62.4	7.3	48.7

2. 非运输企业交通运输能耗

非运输企业交通运输能耗包括工业、建筑业以及交通运输业之外的第三产业的交通运输能耗，其主要是服务于本企业的生产经营需求。

“十一五”以来，随着我市经济的发展，非运输企业交通运输工具

3　近年来，由于我市实行公共交通低票价的政策，对交通运输业增加值所占比重有所影响。

不断增加，交通运输需求不断扩大，随之其能耗年均增长 8%左右，2009 年达到 216 万吨标煤，约占全市交通运输能耗的 16%。从非运输企业交通运输用能占所属行业能耗的比重来看，2009 年工业与非工业（不含交通运输业）交通运输能耗约分别占所属行业能源终端消费量的 3%和 13%。从消耗的能源品种情况来看，非运输企业交通运输能耗基本上是汽油和柴油，约分别占全市交通运输汽、柴油消费量的 27%和 30%。

3. 居民生活交通运输能耗

“十一五”以来，北京市私人小汽车保有量迅速增长，年均增速高达 19.4%。截止到 2010 年底，全市私人小汽车保有量达到 374.4 万辆，占民用机动车拥有量的 77.9%。五年来，我市民用机动车增长中，93.9% 来自私人汽车的增长。

私人汽车的快速增长及城市规模扩大带来私车平均出行里程的增加，促使近年来我市居民交通运输能耗以年均 20%左右的速度迅猛增长，2009 年达 300 多万吨标煤，约占我市居民生活用能的 34%；其占全市交通运输能耗的比重接近 1/4，比 2005 年提高了 6 个百分点。由于居民交通运输能耗主要是汽油，近年来我市居民生活用汽油消耗也逐年攀升，2009 年达 215 万吨，约占全市汽油终端消费量的六成。

三、我市交通运输能耗需求分析及节能途径

（一）交通运输能耗需求分析

我市交通运输发展的特点及城市功能定位决定了全市交通运输能耗需求规模较大，并仍将保持增长趋势。

1. 交通运输业的发展带动运输企业交通运输能耗增加

随着经济社会发展对交通运输需求的不断增加和要求的不断提高，我市作为交通枢纽，将加大投入进一步发展交通运输业。按照新交通体系规划，“十二五”期间我市公共交通系统、城市物流配送体系将形成规模，铁路、航空运输量将保持较快增长，预计航空吞吐量将翻番，铁路运力扩大约 60%，公交运输量增加约 30%，城市轨道交通运营里程新增 200 多公里达 561 公里。因此，运输企业交通运输用能仍将保持快速上升势头，带动全市交通运输能耗继续增长。

2．机动车发展呈现出“高速度增长、高强度使用、高密度聚集”的特点，使机动车能耗总量保持较大规模

从总量增长情况来看，2006年以来，我市机动车年均增长14.3%，目前已超过480万辆，平均每4个人就拥有一辆汽车（按照常住人口计算），已经步入世界先进水平；按照目前的机动车增长量控制办法，预计到2015年全市机动车将达600万辆左右，总量规模大。从使用强度来看，根据有关部门数据，我市小汽车年均车辆行驶里程为1.5万公里，是伦敦的1.5倍，东京的2倍多。从分布特点来看，与世界城市普遍的机动车保有量中心城区低、外围高的分布态势相比，我市70%以上机动车集中在六环范围内。虽然“十二五”以来我市为缓解交通拥堵、便利居民出行采取了一系列综合措施，包括对全市机动车的使用情况进行适当调控等，对机动车能耗的快速增长有一定的缓解作用，但我市机动车发展呈现的上述特点，决定其能耗总量将保持较大规模，并继续增长。

3．居民出行距离和出行总量持续增加，使交通能耗规模扩大

随着城市面积的扩大，我市居民出行距离不断增加。根据有关部门数据，2008年我市居民次均出行距离9.8公里，比2005年增加了5.4%，预计2015年将达到11公里。出行距离的增加导致次均能源消耗总量随之增长。2009年我市居民次均出行能源消耗总量0.5千克标煤/人次，比2005年增长28.2%。与此同时，随着城市化进程的加快，城市人口仍将持续增长，带动日出行总量不断增加。根据有关部门数据，2009年我市六环内出行总量达到3661万人次/日，比2005年增长25.4%，预计到2015年将达到4700万人次/日。因此，虽然近年来我市提倡“公共交通优先”，但居民出行距离和出行总量的增加，必将带动全市交通能耗规模扩大。

4．建设“世界城市”带来交通运输能耗比重进一步上升

世界范围内国家和城市的发展历程表明，交通运输能耗所占比重大小关联于国家或城市的经济发展阶段及其产业结构，经济越发达，交通运输业能耗在总能耗中所占的比重越大。目前我市交通运输能耗约占全市终端能源消费量的1/4，其比重同发达国家和世界城市相比还存在差距，如OECD国家（2003年）交通运输部门能耗占比33.7%；纽约州（2008年）和东京（2005年）交通部门能耗比重分别为40%和28%。随着“十二五”期间我市开始“世界城市”的建设，服务业将更加发达，民生条件进一步改善，居民对出行舒适度的要求逐步提高，全社会对交通运输的需求不断扩大，交通运输总能耗规模和所占比重将进一步上升。

（二）交通运输节能途径

1. 加强政府引导和宣传，鼓励“绿色出行”

加强政府引导和宣传，鼓励“绿色出行”，对交通领域节能降耗作用显著。据有关部门数据，目前我市居民出行时若从小汽车转移到自行车/步行，每人出行一公里能节约0.081千克标准煤；居民出行时若从自行车/步行转移到公交/地铁，每人出行一公里能增加0.016千克标准煤。应充分借鉴日本和欧洲国家的经验，加强政府的引导和宣传，引入先进的、环保的、可持续发展的交通发展理念，主张环境至上、追求人与自然的和谐；打造舒适慢行交通系统，在满足一定生活水平的条件下，提倡和引导简约、合理的交通出行方式，尽量减少居民生活品质提高对环境的影响和对资源的消耗，建立可持续的交通发展模式，实现人类与环境资源的可持续发展。

2. 积极调整交通结构，大力发展轨道交通和公共交通

从能源消耗上看，轨道交通和公共汽车的单位旅客周转量能源强度最低。有关部门数据显示，目前我市居民出行时若从小汽车转移到公交/地铁，每人出行一公里能节约0.066千克标煤。因此，轨道交通和公共交通相对于小汽车来说，本身就具有重要的节能降耗意义。同时，轨道交通和公共交通也是减轻道路压力、缓解交通拥堵的重要措施。应积极调整交通结构，发展节能型交通模式，加快公共交通和轨道交通的发展，适当控制私人汽车的发展。一是提高轨道交通和公共交通的覆盖面，提高其方便性、快捷性和舒适性；二是通过经济手段适当控制私人汽车的发展和使用。

3. 加快智能交通体系建设，淘汰老旧汽车，加大节能新技术、新工艺的推广应用

技术和节能管理对交通领域节能降耗的作用十分显著。首先，应加快智能交通体系建设，提高路网运行效率，缓解目前道路交通极为拥堵的状况。其次，大力推广纯电动车、混合动力车和新能源车在我市的应用，加快淘汰老旧汽车，降低单车能耗水平。第三，大力推广节能新技

术、新工艺在交通领域的应用，如开展轨道交通机车牵引、照明、供电、通风空调等节能工作；促进节能环保材料和再生资源在道路等基础设施建设中的利用；扩大高速公路不停车电子收费（ETC）系统、动态车载导航系统的应用规模等。

4. 针对北京交通的具体问题，积极采取措施提高路网运行效率，降低交通能耗

北京作为我国首都，交通问题具有自身的特点，诸多因素导致交通拥堵、路网运行效率低，从而影响了交通运输能效。应在借鉴国外成功经验的基础上，针对北京的具体问题，积极采取措施改善交通状况，提高交通能效水平。

制定重点交通拥堵路段高峰时段交通限行措施，在目前全市交通限行规定的基础上，对重点拥堵路段实行更加严格的限行措施，如实行分路段、分时段单双号行驶措施等；加强停车秩序整治，加大违法占路停车处罚力度，推广应用停车电子收费系统；加强公车治理，研究取消对公车停车费、过路费等的财政支出，严格限制公车私用；积极发展中小学校车服务系统和鼓励单位开行班车，缓解早晚高峰时段中小学周边交通拥堵，减少上下班小客车出行；力求各种交通形式的无缝隙转乘，加强地铁与公交、轻轨与公交之间换乘的衔接，提高换乘的方便性，同时建设驻车换乘停车场，增加停车泊位，并实行低收费政策。

北京市经济社会统计报告

Beijing Economic-Social Statistical Profile

关注民生

北京城镇居民食品安全民意调查报告

◆◇王健华　童毕建

民以食为天，食以安为先。食品安全是关系广大人民群众身体健康和生命安全的大事。近年来，国内瘦肉精、毒豆芽、染色馒头等事件频频发生，在食品生产经营中违法添加非食用物质和滥用食品添加剂已成为影响我国食品安全的突出问题。

为了解北京市民对本市食品安全以及食品监管工作的看法意见和建议，近期，北京调查总队在全市抽取760户本市城镇居民，开展了入户问卷调查，调查样本覆盖全市16个区县。调查内容涵盖了居民对食品安全状况、食品安全监管工作的评价，参与食品安全的社会监督程度，以及对《关于严厉打击食品非法添加行为切实加强食品添加剂监管的通知》（以下简称《国办发[2011]20号文》）的看法、建议等。调查结果如下。

一、居民对食品安全状况的评价

(一)近七成被访者肯定本市食品安全状况

调查结果显示，对本市食品安全状况持否定态度的被访者，即认为“不太安全”和“不安全”的比重分别为20.6%和9.7%，共计 30.3%，其余持肯定态度，即认为“安全”、“比较安全”和“基本安全”的被访者共计69.7%（见图1）。持肯定态度者多于否定态度者，表明市民对本市食品安全状况基本认可。

(二)超七成被访者及家人未曾遭受食品不安全问题

市民日常生活中的亲身经历直接影响他们对食品安全的评价，问卷中我们设计了“近两年来，您和您的家人曾遭受过食品不安全问题吗？”，调查结果显示：近两年来曾“遭受过”食品不安全问题的被访者占29.5%，不足三成，70.5%的被访者“未遭受过”食品不安全问题。虽然近两年来曾“遭受过”食品不安全问题的被访者不足三成，但这个“不足三成”

的量也足以说明本市食品行业存在一定的安全隐患。

图 1　　市民对本市食品安全状况的总体评价

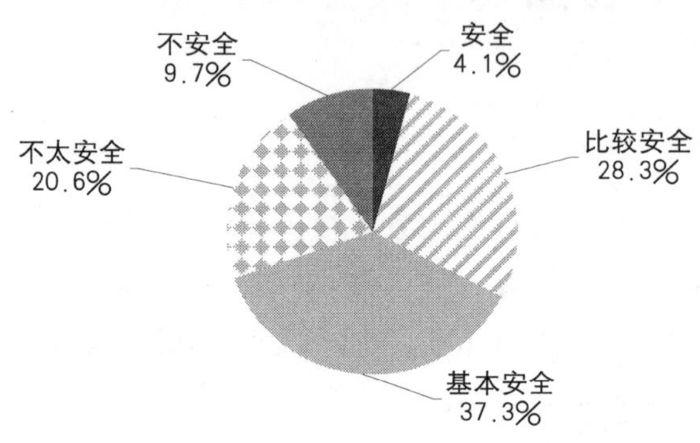

二、居民对食品监管工作的评价

(一)多数被访者认可北京食品安全监管工作

调查显示，对本市食品安全监管水平表示“满意”、“比较满意”和“基本满意”的被访者达到 73.4%，持否定态度的被访者，即认为“不太满意”和“不满意”的共占 26.6%，表明多数被访者认可本市食品监管工作，但 26.6%的被访者投反对票，表明我市食品安全监管工作仍有待改进的地方，需进一步提高监管水平。

(二)近七成被访者认为“生产加工”环节最易出现食品不安全问题

食品从种植、养殖到餐桌，涉及种植、养殖、生产加工、流通运输、食品销售和餐饮六个大环节，这其中，哪一环节最容易出现安全问题，市民的选择结果如图 2 所示。

从图 2 可见，选择“生产加工”环节的被访者占多数，为 67.0%。其余依次选择“种植”、“养殖”、“流通运输”、“食品销售”和“餐饮”环节的分别占 9.7%、7.3%、6.8%、4.4%和 2.9%。调查结果与近年来食品市场频频发生的不安全事件十分吻合，毒豆芽、染色馒头、三聚氰胺毒奶粉、致癌水、黑心烤鸭、福尔马林浸泡小银鱼、毒生姜、墨汁粉条等均是食品“生产加工”环节发生的事件，因此，食品“生产加工”

环节是需重点监管的关键。

图 2　　市民认为最易出现不安全问题的环节

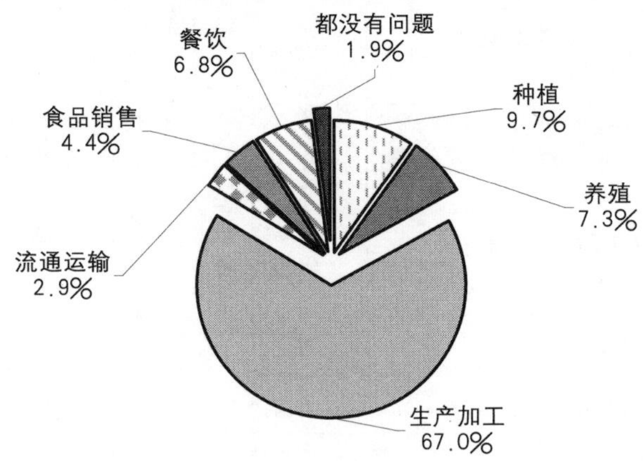

（三）生产加工环节，“滥用食品添加剂”是出现不安全事件的罪魁祸首

调查结果显示，被访者认为食品从种植、养殖、生产加工、运输、销售、餐饮各环节最易出现的问题中，生产加工问题之最是“滥用食品添加剂”，占比重近六成；其余的种植、养殖、运输、销售和餐饮各环节中，问题之最分别是“蔬菜瓜果上的农药残留”、“饲料中添加禁用物质”、“贮存、运输、装卸食品的容器、工具和设备受到污染”、“以假充真、以次充好出售食品”和“餐厨废弃物重复使用”，比重依次为 49.1%、80.7%、49.6%、47.3%、71.2%（见表 1）。

三、居民参与食品安全社会监督情况

遭遇食品不安全问题，或知道某品牌某食品有质量问题时，采取举报和投诉的行为，不仅仅是个人维权的问题，更是一种参与食品安全社会监督的公益行为。要创造一个食品安全环境，提高公民意识，逐步形成公众广泛参与的社会监督氛围至关重要。为了解市民参与食品安全社会监督的意愿，我们在问卷中设计了一系列相关的问题，调查结果显示如下。

表 1　　食品各环节容易出现的不安全问题

	易出现的不安全问题	比重(%)		易出现的不安全问题	比重(%)
种植环节	1.蔬菜瓜果上的农药残留	49.1	运输环节	1.贮存、运输、装卸食品的容器、工具和设备受到污染	49.6
	2.种植中使用违禁药物或其他可能危害人体健康的物质	41.0		2.食品与有毒有害物质一同贮存、运输	26.5
	3.土壤或灌溉水源被污染	8.7		3.食品运输时不能保证温度等特殊要求	18.2
	4.其他	0.5		4.其他	2.0
	5.没有问题	0.7		5.没有问题	3.6
	总计	100.0		总计	100.0
养殖环节	1.屠宰未经检疫的牲畜	17.4	食品销售环节	1.过期食品仍销售	21.6
	2.饲料中添加禁用物质	80.7		2.以假充真、以次充好出售食品	47.3
	3.其他	0.7		3.出售污染、变质食品	13.3
	4.没有问题	1.2		4.出售不卫生散装食品	16.1
	总计	100.0		5.其他	0.4
生产加工环节	1.桶装水微生物超标	2.9		6.没有问题	1.3
	2.违法添加非食用物质	29.0		总计	100.0
	3.滥用食品添加剂	57.4	餐饮环节	1.餐厨废弃物重复使用	71.2
	4.包装上出现虚假或错误标签标识	9.5		2.食品烹饪过程中使用不安全作料	27.2
	5.其他	0.5		3.其他	0.8
	6.没有问题	0.7		4.没有问题	0.8
	总计	100.0		总计	100.0

(一)近八成被访者会举报食品生产经营中的违规违法行为

在问及“如果您知情某单位或个人在从事食品生产经营活动中存有

违规违法行为，您会举报吗？”，79.1%的被访者选择了“举报”，20.9%的选择“不举报”。表明市民参与食品安全社会监督的意愿较强。

（二）“怕麻烦”是不举报主因

针对20.9%的“不举报”群体，问卷追问了“不举报”的原因。回答因“怕麻烦”而不举报的人最多，占“不举报”群体的44.4%；“想举报但不知举报的方法和具体程序”占36.9%；因“其他种种”原因而不举报的，占12.5%；“怕打击报复”而不举报的占5.6%；因“没有举报报酬”而不举报的几乎为零，占不举报群体的0.6%。

（三）近七成被访者会投诉食品不安全问题

问及“如果您遇到食品安全方面的问题会投诉吗？”时，调查显示，68.4%的被访者选择“投诉”，另有31.6%选择“不投诉”。表明多数被访者在遭遇食品安全问题时会选择投诉维护自己的正当权益。

（四）如得知某品牌食品出现不安全问题，超六成被访者将不再食用该品牌所有食品

调查显示，当得知某品牌某食品出现不安全问题时，65.0%的被访者表示“不再食用该品牌的所有食品”，18.4%的表示“不再食用该品牌的该种食品，仍会食用该品牌其他食品”，14.6%的表示“不再食用所有品牌的该种食品”，另有1.7%的被访者表示“继续食用该品牌的该种食品”，选择其他的占0.3%，

以上调查结果表明，如某品牌食品出现不安全事件被曝光后，该品牌某种食品的销售会受到严重影响，还将危及该企业所有食品的销售。那么该企业就有面临倒闭的可能，不仅如此，甚至会殃及同行业同种食品的销售。

四、居民对“国办发[2011]20号”文出台后的反响

2011年4月20日，国务院办公厅发布了《国办发[2011]20号文》，本项调查在问卷中围绕文件“关于严厉打击食品非法添加行为，关于规范食品添加剂生产使用，关于加强长效机制建设，关于严格落实各方责任”四个方面，用开放题的方式，征询市民的意见和建议。调查显示，被访者对《国办发[2011]20号文》的反响强烈。具体看法、意见和建议如下：

（一）要加强食品监管力量，进一步提高工作效率

有的被访者认为“加强监管队伍建设，增加查办人员”，“政府有关部门在依法处罚这些违法行为时应提高工作效率”， “给检测人员发放快速检验设备，对所售食品及时抽查”。

（二）应尽量少用、不用食品添加剂

有的被访者认为“要确定添加剂对人体无害才能用，说不明白的就一定不能用，不要用人来做试验”，“所有食品都不应该添加添加剂，添加剂对人体没好处”。

（三）长效机制要做到切实长效，不要做表面文章

有的被访者认为“应建立一套科学、完整、高效的食品安全监管体系”，“从上到下层层落实相关法律法规及制度，不能搞突击检查，要长年坚持”。

（四）应形成全民参与的食品安全社会监督模式

有的被访者认为“ 全民齐参与，才能发挥食品安全社会监督作用”，“应从社区做起，多宣传多举办食品安全宣讲会，普及食品安全知识，让人人都可以起到监督的作用”。

（五）期待《国办发[2011]20 号文》落到实处

被访者表示“希望能说到做到”，“希望能按规范去办，别光说空话，不办实事”，认为“文件规定很全面，关键是落实，往往都是有政策而执行打折扣，希望有关企业和地方政府执法部门严格按规定执行”，“应强化责任，落实到人”。

五、相关对策及建议

围绕如何提高北京市食品安全水平，调查问卷中设计了相关内容，根据调查结果，形成以下建议：

(一)进一步加强食品安全监管工作水平

一是要完善食品安全监测体系，二是落实食品质量安全主体责任，加强生产加工环节监督管理；三是要营造放心消费环境，强化流通环节食品安全。被访者提出的进一步加强食品安全监管工作水平的具体措施，主要集中在这三个方面，选择这三项的比重分别为 44.5%、23.7%和

10.7%。其余“加强外埠食品供应输入性风险防控工作”、“加强农产品质量安全整治工作”、“加强食品企业信用体系建设”、“加大食品安全监管的资金投入”和“其他”五个方面，所占比重依次为 5.8%、5.6%、4.9%、4.4%和 0.4%。

(二)强化食品安全科普宣教工作

要提高全市食品安全水平，加强食品安全科普宣教工作非常重要。通过科普宣教，逐步提高公民参与食品安全社会监督的能力。调查显示：被访者对食品安全科普宣教知识需求度最高的是“食品安全标准知识”，选择此项的占 74.3%；其次是“消费者维权知识”，需求此方面知识的被访者占 72.0%；此外，需求“食品添加剂知识”和“食品安全方面的法律法规”方面知识的依次占 61.3%和 57.6%（见表 2)。

表 2　　市民对于食品安全知识方面的有关需求(%)

食品安全知识	比 重	食品安全知识	比 重
1.食品安全标准知识	74.3	2.食品添加剂知识	61.3
3.消费者维权知识	72.0	4.食品安全方面的法律法规	57.6
5.其他	0.3	6.不需要	0.7

注：此题为多选题。

北京菜类价格变动及对CPI的影响

◆◇仲长远　周　冲　赵超美　刘　迪

2009 年下半年以来，受灾害性天气、成本上扬、市场炒作等多种因素影响，国内蔬菜价格出现快速上涨，百姓反响强烈。2010 年 8 月 27 日，国务院下发了《关于进一步促进蔬菜生产保障市场供应和价格基本稳定的通知》，强调要进一步促进蔬菜生产、保障市场供应和价格基本稳定。

蔬菜价格之所以如此敏感并受到高度重视，一是由于蔬菜是百姓基本生活必需品，其价格稳定对于民生和社会稳定有着不可忽视的作用；尤其对于北京，全国的首都、国际大都市而言，面临着"小农业"、农产品自给率偏低与人口激增、对农产品需求增多的矛盾，保障包括蔬菜在内的农产品生产和供应，稳定首都菜价更是意义重大。二是回顾改革开放以来物价水平的六次大幅上涨，都是起源和伴随着食品价格的明显上涨。因此，关注、研究包括蔬菜在内的食品价格变动以及对价格总水平的影响十分重要。

本文拟从对北京菜价走势的研究入手，了解菜价变动对消费价格总水平的影响，探究菜类价格变动的影响机制，并为保障首都蔬菜生产供应、稳定首都菜价提出对策建议。

一、菜类价格走势及波动特点

由于蔬菜生产受气候影响大，又具有生产周期短、不易储存的特点，使得其自身价格容易出现波动。同时，近年来，随着城市化进程的加快，北京等国内大城市蔬菜自给率较低，更多地依赖于外部供给，再加上流通环节的多重因素影响，共同导致菜类价格变化较为明显。

（一）总体呈波动上升态势，上涨或成长期趋势

观察 2006 年以来的月度定基（以 2005 年为基期）指数发现，菜类价格呈现波动上升态势，波动周期为一年，在一年内表现为先降后升的

季节性波动变化（见图 1）。从年度定基指数（以 2000 年为基期）看，2004 年之后的五年，菜类价格指数连续攀升，每年均高出上年 10 个百分点以上；2009 年以后涨幅明显扩大，2010 年定基价格指数比 2009 年高出 45 个百分点。联系到北京人口持续快速增长的趋势，以及主要农资价格、劳动力价格持续上涨的势头，菜类价格上涨或将成为一种长期趋势（见图 2）。

图 1　　以 2005 年为基期的 2006—2011 年月度菜类价格指数

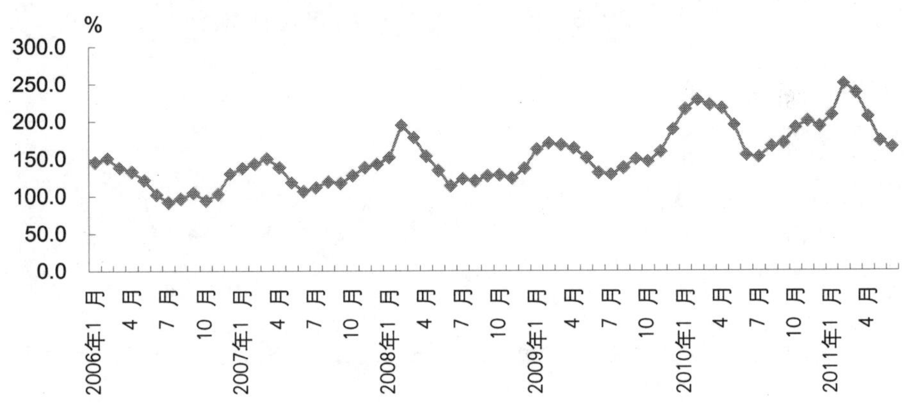

图 2　　以 2000 年为基期的 2001—2010 年菜类价格指数

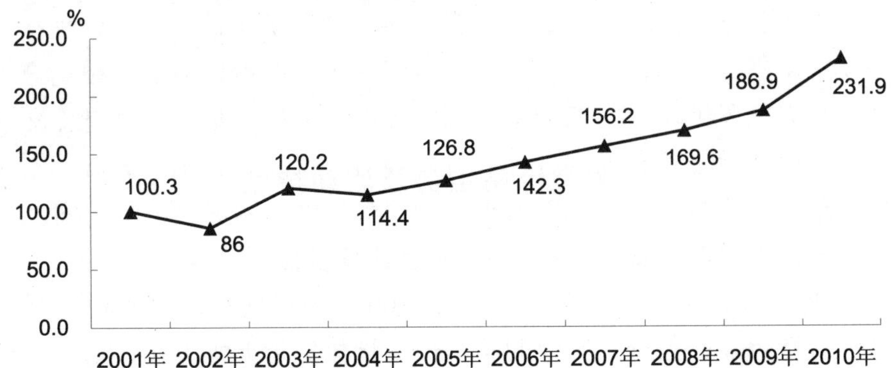

（二）短期波动大，呈明显季节性规律

与粮食、猪肉等生产周期长，下游产业链长，价格可能连续二三十个月上涨的农产品不同，菜类价格的涨跌一般只持续 2–3 个月，最长不会超过 5 个月。但菜类生长周期短（叶类菜一般在 20 天左右），自身生长受气候和天气影响明显，则使得菜的供给短期内波动明显，进而带动菜类价格指数在短期内大幅波动。从 2006 年 1 月–2011 年 6 月共 66 个月的月度环比指数看，月度平均波动幅度为 9.5 个百分点，其中最高的 2008 年 3 月环比指数高出基准线 30 个百分点，即环比涨幅达到 30%（见图 3）。

图 3　　2006–2011 年菜类价格月环比指数

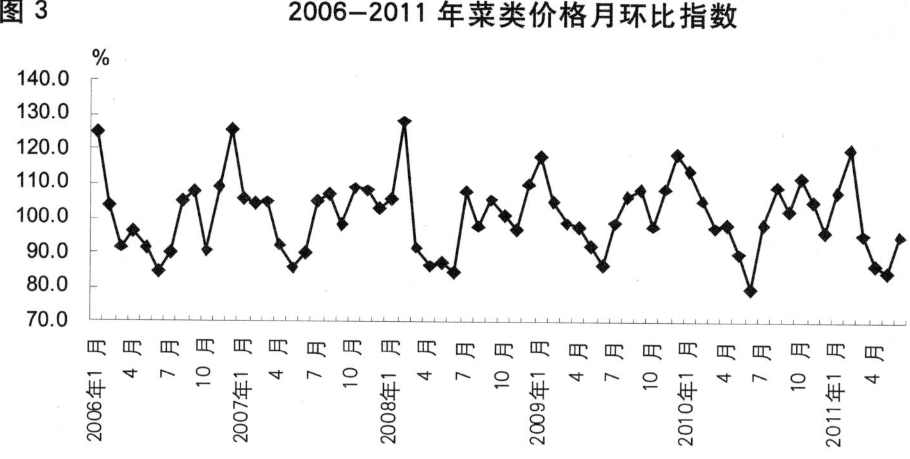

菜的生长季节性特征明显，使其价格变动也呈明显的季节性规律。从环比价格指数观察，每年 8 月份左右到次年 2 月份，随着集中供应季的结束和天气逐渐转冷，菜的生产和供应进入低潮，菜价总体呈上涨趋势，到春节前后达到高点。进入 3 月，随着天气转暖，不同区域、不同品种的菜先后成熟，上市量逐渐加大，菜类价格总体进入下降区间。

（三）涨幅高于食品类和 CPI，且差距逐步拉大

从 2001 年以来各年定基指数（以 2000 年为基期）看，2003 年以来，食品价格指数开始上行，其中的菜类价格指数更是大幅上扬，与居民消费价格指数相差幅度逐步拉大。以 2000 年为基期，2010 年菜类价格指数为 231.9%，高出居民消费价格指数 118.1 个百分点，高出食品类价格指数 72.9 个百分点，这一差距分别比 2009 年扩大 42.3 个和 36.7 个百分点（见图 4）。

图 4　　以 2000 年为基期的 2001—2010 年价格指数

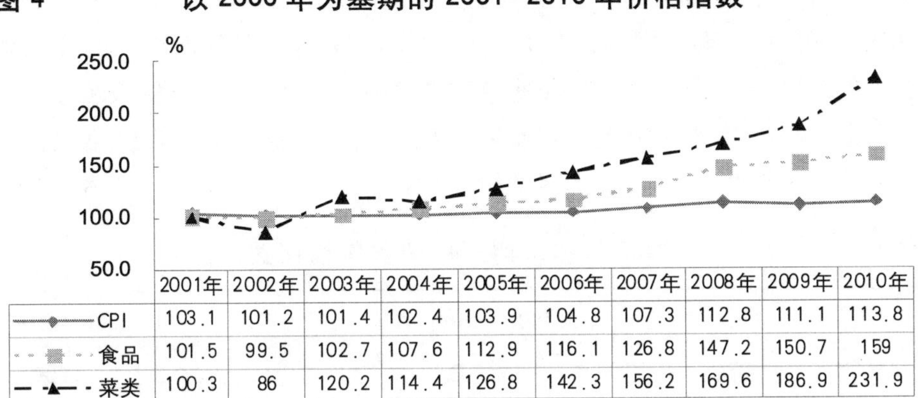

	2001年	2002年	2003年	2004年	2005年	2006年	2007年	2008年	2009年	2010年
CPI	103.1	101.2	101.4	102.4	103.9	104.8	107.3	112.8	111.1	113.8
食品	101.5	99.5	102.7	107.6	112.9	116.1	126.8	147.2	150.7	159
菜类	100.3	86	120.2	114.4	126.8	142.3	156.2	169.6	186.9	231.9

从以 1980 年、1990 年、2000 年和 2005 年为基期的 2010 年居民消费价格指数看，食品类涨幅基本上是八大类中最高的，而菜类涨幅又基本是食品类中最高的。这一方面与菜类本身价值量较低，上涨空间大有关，另一方面也反映出大都市蔬菜供需矛盾加大，推动价格不断上涨。表 1 显示，2010 年北京居民消费价格总水平比 2005 年上涨 9.6%，其中食品类上涨 40.8%，而菜类价格上涨幅度高达 82.9%。如果与 2000 年相比，则居民消费价格总水平上涨 13.8%，其中食品类上涨 59%，而菜类价格上涨幅度高达 131.9%。与 1980 年、1990 年相比情况也一样（见表 1）。

主流菜类价格涨势明显。大白菜 2000 年每公斤 0.9 元，2005 年 1.1 元，2010 年 2.4 元，2010 年价格相当于 2000 年的 2.7 倍；西红柿 2000 年每公斤 3.2 元，2005 年 4 元，2010 年 7.7 元，2010 年价格相当于 2000 年的 2.4 倍；芹菜 2000 年每公斤 1.4 元，2005 年 3.4 元，2010 年 4.7 元，2010 年价格相当于 2000 年的 3.4 倍；油菜 2000 年每公斤 2.6 元，2005 年 3.5 元，2010 年 5.3 元，2010 年价格相当于 2000 年的 2 倍。总体来看，主流菜类价格十年间均上涨了 1 倍以上。

二、菜类价格变动对 CPI 的影响

决定某一大类或基本分类价格变动对总指数影响程度的指标主要有两个，一是其权重，二是其涨幅。目前，在北京计算居民消费价格指数

时，共有 8 个大类和 262 个基本分类，菜类是其中基本分类之一。菜类在 CPI 中的权重根据居民住户调查中菜类支出占消费性支出的比重确定。数据显示，近十年来该权重稳定在 2%–3%之间。菜类权重虽小，但如上文分析近年涨幅很大，权重和涨幅共同作用形成的菜类价格变动对价格总水平产生的影响仍不容忽视。

表 1　　2010 年多基期居民消费价格指数(%)

项　　目	1980=100	1990=100	2000=100	2005=100
居民消费价格指数	657.3	305.9	113.8	109.6
食　品	931.7	373.2	159.0	140.8
粮　食	1035.1	701.3	161.0	137.5
油　脂	675.9	265.5	132.6	122.3
肉禽及其制品	912.8	391.8	180.4	154.1
水产品	1841.9	289.4	163.8	154.0
菜	2360.3	649.3	231.9	182.9
调味品	926.2	456.2	130.3	123.7
干鲜瓜果	1054.5	289.3	178.3	150.3
烟酒及用品	431.9	197.2	115.4	111.4
衣　着	343.4	205.5	88.6	95.6
家庭设备用品及维修服务	275.4	145.1	94.0	105.8
医疗保健和个人用品	589.3	261.3	101.0	104.8
交通和通信	105.7	89.1	82.2	89.6
娱乐教育文化用品及服务	209.6	110.6	102.2	93.0
居　住	813.2	596.0	118.0	101.9

长期看，菜类价格变化对 CPI 变动贡献率在 1/5 左右。对以 2000 年为基期的菜类价格变动影响进行测算，十年来，居民消费价格上涨 13.8%，菜类价格上涨 131.9%，按其权重计算，拉动价格总水平上涨

2.9–3.3 个百分点，对价格上涨的贡献率达到 1/5–1/4；对以 2005 年为基期的菜类价格影响进行测算，2005 年以来，居民消费价格上涨 9.6%，菜类价格上涨 82.9%，菜类价格上涨对价格总水平上涨的贡献率在 20%左右。可见，在较长一段时间内，菜类价格变化对 CPI 变动具有较大影响，其贡献率在 1/5 左右。

短期看，菜价的大幅波动对 CPI 的影响十分显著。从 2006 年以来，菜类价格环比涨幅超过 20%的四个月看，菜价上涨对居民消费价格总水平的贡献率均超过 30%。具体看，2006 年 1 月，菜类价格环比上涨 25.2%，居民消费价格环比上涨 0.9%，其中菜类拉动 0.66 个百分点，贡献率达 73%；2006 年 12 月，菜类价格环比上涨 25.9%，居民消费价格环比上涨 1%，其中菜类拉动 0.6 个百分点，贡献率达 60%；2008 年 2 月，菜类价格环比上涨 28.2%，居民消费价格环比上涨 1.8%，其中菜类拉动 0.76 个百分点，贡献率达 42.2%；2011 年 2 月，菜类价格环比上涨 20.1%，居民消费价格环比上涨 1.4%，其中菜类拉动 0.44 个百分点，贡献率为 31.4%。再以 2010 年初为例，当时北方倒春寒、南方旱涝灾害，造成菜价大幅上涨。1 月份，消费价格环比上涨 0.8%，其中菜类上涨 14.1%，向上拉动价格总水平 0.34 个百分点，贡献率达 40%以上；6 月份菜价回落，消费价格环比下降 1%，其中菜类价格下降 20.5%，向下拉动价格总水平 0.5 个百分点，贡献率达 50%。总体来看，在菜价波动较大的月份其对 CPI 的影响非常显著（见图 5）。

图 5　2006–2011 年菜类和居民消费价格月度环比价格指数

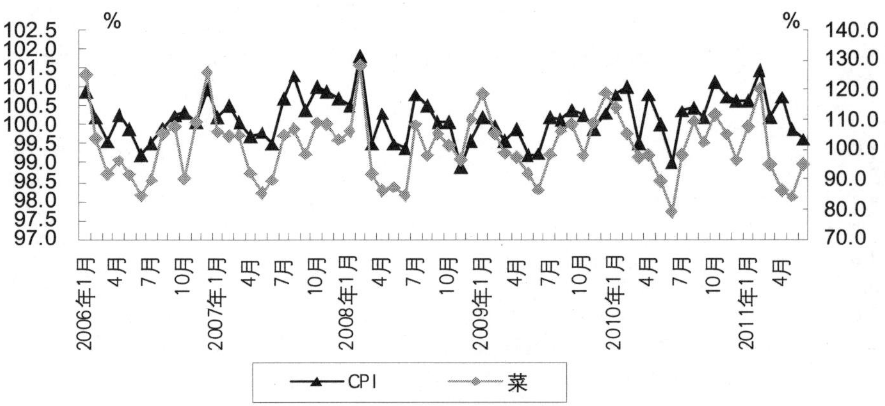

三、北京菜类价格变动的影响机制

从理论上讲，价格变动的主要影响因素包括市场供求关系、成本和市场管理三部分；但在现实环境里，影响机理更趋复杂，对于菜这一性质特殊的商品，在北京这样一个农产品自给率偏低、供求矛盾突出的特大城市，以及在市场经济逐步发展完善的过程中，菜价成为多种因素共同作用的结果。

（一）供需矛盾突出，自给率低，导致菜价易波动

需求巨大。北京人口规模接近 2000 万，对菜需求量巨大。2010 年，北京 21 个菜类交易市场菜成交量达到 1239.5 万吨，相当于每天整个城市消费菜 3.5 万吨。

本地供给逐年减少。与巨大的需求量形成反差的是本地供给的不断萎缩。2002 年，北京蔬菜播种面积和产量均达到历史最高点，分别为 11.5 万公顷和 507.4 万吨；2002 年之后，随着申办奥运成功及城市化进程的加快，全市蔬菜播种面积和产量逐年下降，2010 年播种面积和产量分别下降到 6.8 万公顷和 303 万吨，相当于 2002 年的六成左右。北京本地蔬菜种植以陆地菜为主，播种面积占比超过一半，产量占比近七成。本地菜以白菜类、叶菜类、茄果菜类、瓜菜类为主，品种较为单一，难以满足多元化的消费需求。2010 年四类菜产量占全市菜类产量比重接近八成，其中大白菜、西红柿、黄瓜、芹菜为主要生产品种，产量占比近五成（见图 6）。

图 6　2000 年以来北京市蔬菜播种面积及产量（万公顷、万吨）

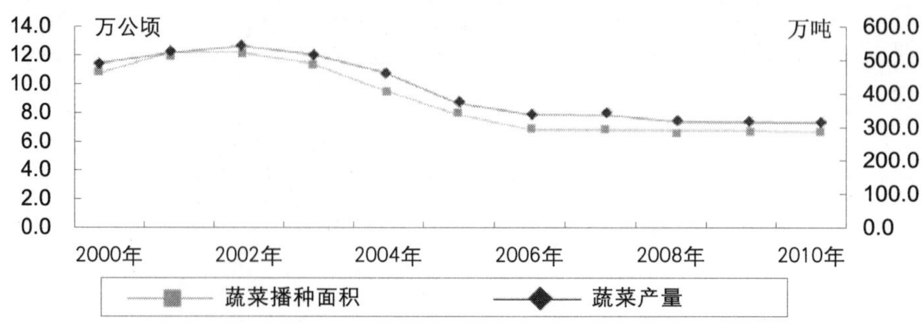

蔬菜的种植和管理需要精细化，对技术要求高，不适合机械化作业。但种植蔬菜获得的各类政府补贴相对于粮食作物要少，造成菜农种植蔬菜的比较效益下降。近年灾害天气频发，菜价大幅波动，菜农承担的自然风险与市场风险加大，种菜积极性受到影响，这也是供给下降的原因。

自给率不足三成，导致菜类价格易出现波动。供需间的缺口主要靠外地输入。以菜类成交规模居前两位的新发地农副产品批发市场和大洋路农副产品市场为例（两家市场菜类成交量占到全市菜类市场成交量的近六成），市场中 80%左右的菜为外地菜，主要来源地为山东省和河北省，其中山东省菜类近年来占比逐步提升，达三成；河北省占比两成多。根据新发地农副产品批发市场情况，2010 年，蔬菜市场中来自本市的比例平均为6.2%，流向外地的平均为25.9%，据此推算北京菜自给率为24.7%。2010 年市农委开始实施的新一轮“菜篮子”工程规划提出未来 5 年，北京计划将菜的自给率从目前的年均 28%提高至 35%。因此，综合判断，目前北京市菜自给率为 2-3 成。

北京自产菜类流向外地的数量：1239.5×6.2%×25.9%=19.9 万吨

北京自产菜类供应本地消费的数量：303-19.9=283.1 万吨

北京消费的外地菜类量：1239.5×（1-6.2%）×（1-25.9%）=861.5 万吨

北京菜类自给率=283.1/（283.1+861.5）=24.7%

自给率低，本地应季菜的自给能力下降，抵御各种风险的能力不足是大城市菜价越来越敏感和脆弱的原因之一（伦敦农产品自给率为 40%；巴黎大区农业面积占土地面积的 49%）。过去十年，随着城市化的快速推进，大城市“菜篮子”不断向远离城市的郊区，甚至周边省市转移，2002 年以来，随着北京的蔬菜播种面积持续下降，菜价也持续升温，其涨幅远超过居民消费价格涨幅。2003-2010 年，菜类价格涨了 1.7 倍，而同期居民消费价格仅上涨 12.5%。此外，自给率低、大量依靠外地输入还加大了蔬菜质量监管难度，一旦发生安全生产等方面的问题，更会加剧菜价的波动。

（二）突发因素导致菜类价格短期大幅波动

灾害天气频发，菜价大幅波动。菜种植受天气影响大，这使得菜的供给具有较强的不确定性。近年，全国灾害天气频发，影响菜生产，菜价随之波动。比如，2009 年下半年，土豆主产区严重干旱，土豆大幅减产，亩产从往年的四五千斤下降到千余斤，北京土豆价格出现十余年来罕见的暴涨，月度同比指数从 2009 年 9 月的 98%上涨到 2010 年 4 月的 176.8%。2010 年上半年，北方倒春寒、南方旱涝灾害也造成菜价“高烧”，北京菜类价格从 2009 年的上涨 10.2%，攀升至 2010 年上半年的 30.1%，其中 2010 年前四个月涨幅均在 30%以上。

（三）生产成本和流通成本高，推动零售价格上涨

农资、劳动力、土地租金等价格上涨，生产成本提高。2004 年以来，农资价格总体呈上升趋势，尤其是 2006 年之后，涨幅更加明显。综合测算，2004 年以来农资价格上涨了 78.1%。此外，劳动力成本、土地租金等价格也在不断上涨，导致菜的生产成本上升（见图 7）。

图 7　　2000—2010 年农业生产资料价格指数

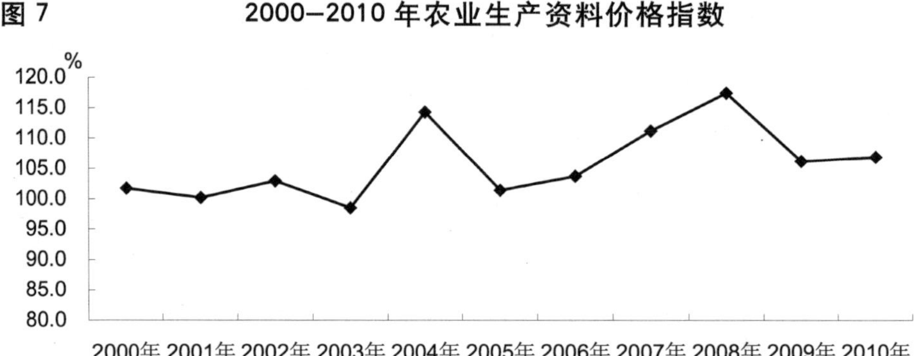

流通环节多，流通成本上扬。大城市的蔬菜需求除了在很大程度上要依赖于城市以外的生产，还相应地需要跨地区、大批量的运输。这种跨行政区域流动，货源和供给渠道复杂，监管、调控难度大等，也容易造成菜类价格大幅波动。例如在 2011 年 5 月，出现了菜的源头价格暴跌和终端价格上涨之间的矛盾，“菜贱伤农”和“菜贵伤民”开始左右互搏，流通领域的顽疾暴露无遗。

蔬菜从菜源地到批发环节，再到最终零售环节至少要倒四次手，各个环节层层加码，尤其是从批发到零售环节，即“进城”后的“最后一公里”，菜价更是陡然增高。流通成本受运输、劳动力成本以及相关费用等共同影响，其中也不乏趋利抬价、炒作等因素，这些成本最终都要体现在零售价格上。首先，在从产地到销地的运输过程中，燃油、人工、高速公路费以及城市对大货车进城的限制等都会被考虑进这一阶段的运输成本中。以燃油为例，2010 年以来，我国已经四次调整油价，除了一次小幅降价，其他三次都是涨价，油价至少增长了 10%以上，目前柴油已涨到每升 7.7 元。媒体调查显示，从山东寿光到北京 500 多公里，2011 年菜每车运费在 5200 元左右，比 2010 年上涨 1200 元。其次，菜进入超市等零售环节也需付出较高成本，包括柜台费、管理费、人员工资、下架（报废）等费用。所以，菜从产地出发到进入销地的零售环节，确实是环节杂、成本多，必然会抬高菜价。

据媒体报道，2011 年 4 月圆白菜产地收购价格是每斤 4 分钱，到北京新发地批发市场价格为 1 角 5 分，涨了近 4 倍；到超市时达到 8 角，又涨了 5 倍多。再以圆椒为例，在山东寿光农产品物流园的采购批发价为每斤 1.2 元，被一级批发商运到北京大羊坊蔬菜批发市场后，圆椒被以 1.5 元转批给二级批发商，二级批发商再每斤加价 0.1 元转卖给零售商，而在超市等零售环节，圆椒零售价格在每斤 3 元左右。虽然以上均是个案，但反映出菜的流通环节多、成本高，成为菜价变化、波动的主要原因之一。通过观察北京本地部分菜品种从批发到零售的价格变化，可以发现普遍要上涨 1 倍左右（见表 2）。

表 2　　2010 年七种主要菜批发零售价格对比（元/公斤）

	平均批发价	平均零售价	零售批发价格比
大白菜	1.41	2.92	2.1
油　菜	2.2	5.99	2.7
蒜	9.35	15.7	1.7
刺黄瓜	2.75	6.53	2.4
芹　菜	1.64	4.47	2.7
西红柿	3.01	7.05	2.3
土　豆	2.19	4.15	1.9

注：数据来源于北京市场协会公布的批发价格和我局队采集的相关零售价格。

（四）市场监管存在漏洞，游资炒作致使价格剧烈波动

部分菜被恶意炒作，致使菜价波动上行。近两年，随着楼市调控的逐步深入，部分资金纷纷进入到房地产以外的多个领域，其中也包括蔬菜市场。大蒜、白菜等能储存的菜均有被游资炒作的经历。以大蒜为例，其零售价格从 2009 年初的每公斤 4.22 元上涨到 2010 年 10 月的每公斤 19.67 元，上涨了 3.7 倍，之后逐步回落到 2011 年 6 月的每公斤 11.48 元。游资炒作农产品，不能增加供给，只会造成市场混乱与非正常波动，农民与消费者均不能从中获得利益，相反会因错误的价格导向和市场信息对生产和消费造成错误的价格引导，也带来消费者恐慌心理，影响社会稳定（见图 8）。

图 8　　2009 年以来大蒜批发和零售价格变化

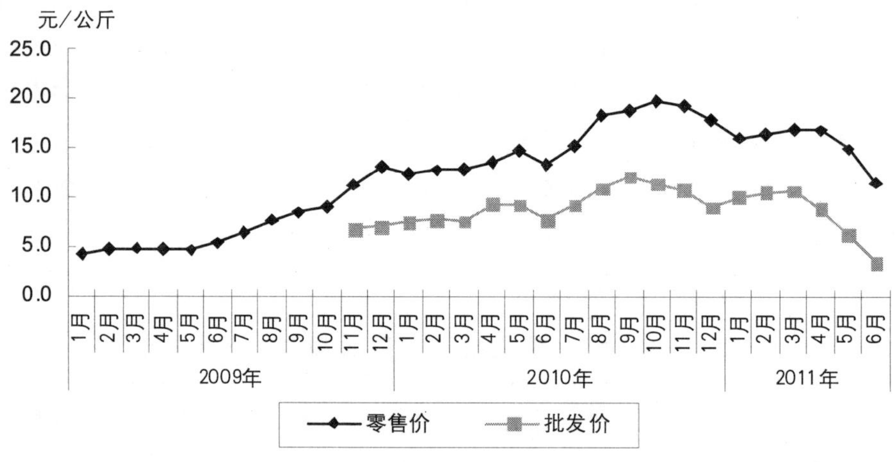

四、对稳定首都菜类价格的对策建议

通过以上分析，可以看到，一方面，虽然菜只是计算居民消费价格指数的 200 余个基本分类之一，所占权重只有 2%–3%，但在大城市供求矛盾突出、成本加大、自身具有不易储存等特点，以及市场炒作等多重因素影响下，其价格上涨明显，远远高于消费价格总水平的上涨幅度，并对 CPI 走势产生较大影响；另一方面，菜与百姓生活息息相关，稳定首都菜的供应及市场价格对于民生和社会稳定具有十分重要的意义。为

此提出以下对策建议：

（一）稳定市场供应

一是提高菜的自给率。国务院2010年8月27日发布的《关于进一步促进蔬菜生产保障市场供应和价格基本稳定的通知》指出，目前部分大城市菜自给率过低，容易导致菜价大起大落。因此，政府在推进城市化进程中，要切实有效地保证郊区蔬菜种植面积，实行菜地最低保有量制度，增强本地应季菜的自给能力。同时，充分提高本地设施农业的生产使用效率，提高秋冬等菜短缺时节的自给能力。2006年以来，北京设施农业得到快速发展，2010年设施农业蔬菜播种面积达到2.9万公顷，占全市蔬菜播种面积的比重为42.6%，设施农业菜类产量达105.7万吨，占比达34.9%。应充分发挥设施农业作用，对陆地种植形成有效补充。

二是提供供需有效信息，加大扶持力度，引导、鼓励生产者合理安排生产经营活动。一方面推进蔬菜信息化体系建设，加强对全市主要菜类品种的生产、流通、消费等各个环节的监测，做好对蔬菜生产、市场和价格走势的分析预测，为蔬菜种植户提供及时、准确、有效的市场信息，合理引导生产者安排生产经营活动。另一方面加大对蔬菜种植的补贴力度，并在税收、土地政策、培训等方面对蔬菜生产者加强扶持，提高农民种菜积极性。为生产者和保险企业搭建桥梁，以市场化手段降低菜农生产风险。

三是加强蔬菜生产基地建设，降低外部供给的风险性。近几年，北京主要蔬菜来源地产量稳增，但供给也具有不确定性。山东和河北是全国的蔬菜生产大省，也是北京主要菜源地。近年来，山东和河北蔬菜产量稳步增长。山东蔬菜产量由2006年的8309.3万吨增至2010年的9030.7万吨，居全国首位，年均增长2.1%；河北蔬菜产量由2006年的6646.8万吨提高到2010年的7073.6万吨，排名第三，年均增长1.6%。但随着城市化进程的加速，蔬菜主产区也同样存在播种面积减少的迹象。例如，山东省虽然“十一五”时期蔬菜播种面积维持在170万公顷的水平，但相比“十五”末已减少了近10万公顷。因此，要开辟、扩充外埠生产基地，延长蔬菜生产产业链，提高和保障菜的供给能力。加强同山东、河北等蔬菜主要供应地的产销组织化程度，引导本市流通企业及酒店、学校等最终用户同蔬菜产区的龙头企业实现直接对接，建立稳定的产销关系。

（二）减少流通环节，降低流通成本

继续扩大“农超对接”覆盖范围，减少蔬菜的流通环节。美国农产品经超市销售的比重达 80%，而我国仅为 15%左右，北京情况虽好于全国，但“农超对接”，农产品和社区对接还有很大的提升空间。继续实施“绿色通道”等举措，降低流通成本。净化流通环境、整顿市场秩序，理顺供应商和零售商关系，规范进场费等流通环节费用，降低“最后一公里菜价”。

（三）加强对蔬菜市场的监管

一是对蔬菜质量加强监管。制定蔬菜质量安全标准。在蔬菜进京、批发以及零售等环节建立质量监管制度。按照《食品安全法》和《农产品质量安全法》有关规定加大对蔬菜质量的监管力度。委托农产品质量安全检测机构，对蔬菜进行抽查检测。定期发布抽检结果。逐步推行市场准入制度，经检测不符合质量标准的蔬菜不得进入市场。

二是建立食用农产品安全应急预警机制。对可能影响农产品质量安全的潜在危害进行风险分析和评估，采用有针对性的应急措施或预案，避免发生重大农产品安全事故。

三是加强蔬菜市场收费管理。加强对涉及农贸市场的行政事业性收费、社团收费的清理整顿，取消不合理收费项目。严肃查处农贸市场对经营户的乱收费、乱摊派行为。

四是强化执法，打击炒作。重点打击恶意囤积、哄抬物价、恶意炒作操纵合约价格等违法行为，以防对蔬菜市场、价格产生干扰。

北京城镇老年家庭收支情况分析

◆◇周晓娜

老年家庭是指家庭全部人口的年龄都在60岁及以上的家庭，包括：1）独居老年人家庭；2）夫妇都在60岁及以上的老年人家庭；3）与父母或其他老年亲属同住的老年人家庭。2010年我市城镇住户调查的5000户居民家庭中，有一名或多名60岁及以上老年人的家庭有1210户，占调查总户数的24.2%，其中纯老年家庭474户，占调查总户数的9.5%。

按照国际惯例，当60岁及以上人口占总人口的10%，即意味着这个地区已进入老龄化社会。按此标准，北京市从1990年已经进入老龄化社会。截至2009年底，北京市户籍老年人口已达226.6万人，占户籍人口的18.2%[1]，北京市已进入了中度老龄化社会。随着老年群体的日益壮大，老年人的收入、消费问题也日渐引人关注。下面针对这474户城镇纯老年家庭的收支特点进行分析。

一、城镇老年家庭的成员及收入特征

我市城镇老年家庭以离退休人员为主，有收入人口比重较高；收入来源单一，转移性收入为主要收入。

（一）离退休人员为主，文化程度偏低

据474户城镇老年家庭调查数据显示，老年家庭共有911人，户均1.92人，低于全市户均2.78人的水平。在这些老年家庭中，独居老人户占9.3%，两位老人共同生活的家庭占90.1%，由三名60岁及以上的老人组成的家庭占0.6%；从年龄结构看，年龄在60–69岁间的人员占69%，70–79岁的人员占26.7%，80岁及以上的人员占4.3%；离退休人员占家庭总人口的87.7%，另有6.2%的离退休再就业人员、1%的在职

1 《北京市2009年老年人口信息和老龄事业发展状况报告》，北京市老龄工作委员会办公室，2010年10月。

者和 5.1%的其他未就业者。由于年龄原因，老年家庭成员的整体文化程度偏低，初中文化程度的比重最高，达 38.4%，高于全市平均 15.4 个百分点；大专及以上占 25.1%，低于全市平均 12.1 个百分点；小学及以下占 10%，高于全市平均 2.4 个百分点。从婚姻状况看，94.8%的老年人有配偶，4.6%的老年人丧偶（见图 1）。

图 1　老年家庭人口与全市平均文化程度比较

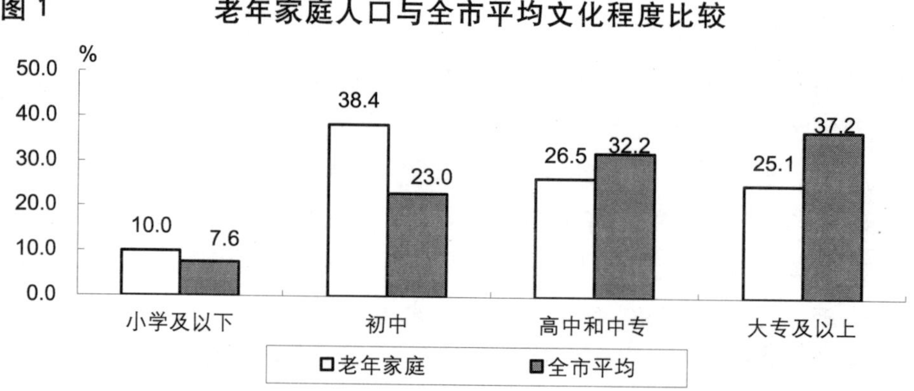

（二）户均人口少，有收入人口比重高

近年来，各级政府不断完善社会养老保障政策，增加老年人口的离退休金收入，自 2005 年起，连续 6 年 7 次提高企业退休人员基本养老金，养老金翻了近一番。老年家庭户均人口少，有收入人口比重占近 95%，比全市平均高 15 个百分点左右。据 474 户城镇老年家庭调查数据显示，2010 年我市城镇老年家庭的人均总收入为 33886 元，比全市平均水平高 1.6%，其中人均可支配收入为 33298 元。从收入分组情况看，20%低收入老年家庭人均可支配收入 18996 元，20%高收入老年家庭人均可支配收入为 54371 元，老年家庭高低收入比为 2.9：1。

（三）收入来源单一，转移性收入占 90%以上

从收入构成来看，我市城镇老年家庭的收入来源比较单一，90%以上的收入来自转移性收入，其中养老金或离退休金是主要的收入来源。根据 474 户城镇老年家庭调查数据显示，2010 年城镇老年家庭的转移性收入为 31014 元，占家庭总收入的比重达 91.5%，其中养老金或离退休金收入 29268 元，占家庭总收入的 86.4%。孝敬老人是中华民族的传统

美德，因此子女(孙辈)或其他亲属经常给老年人生活费，致使老年家庭的赡养收入较高。根据474户城镇老年家庭调查数据显示，2010年我市城镇老年家庭人均赡养收入837元，是全市平均的5.2倍，占家庭总收入的比重为2.5%，高于全市平均2个百分点。

二、城镇老年家庭的消费特点

（一）食品和医疗保健花费占消费支出一半以上

随着年龄的增长，老年人的身体机能发生了退化，他们最关心的问题是如何能够延年益寿，如何能够为社会奉献自己的余热。这种状况使得老年人迫切需要有益于自己健康的饮食和医疗保健产品。老年家庭的支出构成中，食品和医疗保健为老年家庭位居前两位的支出，也是老年家庭的刚性支出，此两项支出占老年家庭消费支出的53.1%，高于全市平均14.3个百分点。

1. 恩格尔系数高，在外用餐少

据474户城镇老年家庭调查资料显示，2010年我市城镇老年家庭人均食品支出7285元，是全市平均的1.14倍，占消费支出的比重（恩格尔系数）为37.2%，高于全市平均5.1个百分点。食品支出中，粮油类、肉禽蛋水产品类、蔬菜类、干鲜瓜果类支出分别为1010元、1722元、779元和828元，分别比全市城镇居民平均支出高49%、34.4%、46.7%和28.2%；而与全市城镇居民平均支出相比，老年家庭的在外饮食支出较少，比全市平均支出低27.4%。大部分老人喜欢自己在家里做饭，觉得既卫生又实惠。2010年我市城镇老年家庭平均每月在外用餐人次为8.7人次，比全市平均的20.6人次低11.9人次。

同时，食品价格的上涨对老年家庭影响较大。由于老年家庭的恩格尔系数较高，老年家庭对食品的消费弹性小。面对不断攀升的食品价格，老年人只能放弃涨价过多的食品，用其他便宜且物有所值的食品替代。

2. 医疗和保健支出比重高

据中国保健行业协会统计：在目前近500亿元的保健品市场规模中，老年用保健品占50%以上。由于老年人年高体弱，容易患病，用于医疗方面的花费多于中青年人。据474户城镇老年家庭调查资料显示，2010

年我市城镇老年家庭的人均医疗保健支出为3124元，为全市城镇居民平均支出的2.4倍，分类别看：医疗器具支出51元，为全市城镇居民平均支出的3.2倍；保健器具支出157元，为全市城镇居民平均支出的2.8倍；药品费和滋补保健品支出分别为1581元和554元，均为全市城镇居民平均支出的2.6倍；医疗费766元，为全市城镇居民平均支出的1.8倍（见表1）。

表1　城镇老年家庭人均消费与全市平均水平比较

	全市城镇居民		城镇老年家庭		老年家庭消费构成与全市构成比较（百分点）
	金额（元）	构成（%）	金额（元）	构成（%）	
消费性支出	19934	100.0	19593	100.0	
其中：服务性消费支出	5600	28.1	4625	23.6	-4.5
食品	6393	32.1	7285	37.2	5.1
衣着	2088	10.5	1276	6.5	-4.0
居住	1577	7.9	1937	9.9	2.0
家庭设备用品及服务	1378	6.9	1717	8.8	1.9
医疗保健	1327	6.7	3124	15.9	9.2
交通和通信	3421	17.2	1629	8.3	-8.9
教育文化娱乐服务	2902	14.6	2013	10.3	-4.3
其中：教育	1029	5.2	172	0.9	-4.3
文化娱乐用品	833	4.2	758	3.9	-0.3
文化娱乐服务	1040	5.2	1083	5.5	0.3
其他商品和服务	848	4.3	612	3.1	-1.2

（二）消费单价低，追求方便实用

老年消费者把商品的实用性作为购买商品的第一目的。他们强调质量可靠、方便实用、经济合理、舒适安全。至于商品的品牌、款式、颜色、包装是放在第二位考虑的。而我国现阶段的老年消费者经历过较长一段时间并不富裕的生活，价格便宜对于他们选择商品有一定的吸引力。从老年人购买商品的单价可以验证这一点。从表 2 可知，老年人购买的主要食品、服装和鞋的单价均低于全市平均水平。

表 2　　城镇老年家庭及全市部分食品支出单价比较

项目	单位	全市平均	老年家庭	老年家庭与全市平均水平差距
粮食	元/千克	6.0	5.7	−0.3
肉类	元/千克	26.9	25.4	−1.5
禽类	元/千克	22.6	21.9	−0.7
鲜蛋	元/千克	8.92	8.61	−0.3
鲜菜	元/千克	4.01	3.63	−0.4
鲜果	元/千克	7.4	6.7	−0.7
糕点	元/千克	27.5	25.3	−2.2
鲜乳品	元/千克	7.59	7.26	−0.3
服装	元/件	132.5	100.4	−32.1
鞋	元/双	177.3	97.0	−80.3

但随着人们生活水平的改善，收入水平的提高，老年消费者在购买商品时也不是一味追求低价格，品质和实用性才是他们考虑的主要因素。

（三）消费倾向低，服务性消费低于全市平均水平

根据 474 户城镇老年家庭调查数据显示，城镇老年家庭人均消费支出为 19593 元，比全市城镇居民平均消费支出低 341 元。2010 年我市城镇老年家庭的消费倾向为 0.59，全市城镇居民的消费倾向为 0.69，老年家庭与全市平均的消费倾向相差 0.1。老年人的消费倾向低，一是因为在其消费结构中，基本生活必需品所占的比例比较高，因此消费弹性较小；二是老年人比较节俭，即使在收入水平稳定增长的前提下，其消费水平也不一定会随之相应提高。

作为家庭支付社会提供的各种文化和生活方面服务的非商品性服务费用，老年家庭的服务性消费支出比全市城镇居民平均的服务性消费支

出低 975 元。服务性消费低主要由于老年家庭在外饮食、交通工具服务支出、交通费、通信服务、教育费用等服务性消费支出较少所致。2010 年我市城镇老年家庭在外饮食、交通工具服务支出、交通费、通信服务、教育费用支出分别低于全市平均水平 24.4%、63.7%、27.3%、29.1%、83.3%。

（四）“四二一”家庭结构增加“寄托消费”

伴随独生子女政策的进一步推进和人口老龄化进程的加速，“四位老人、一对年轻夫妇加一个未成年小孩”的家庭结构非常普遍，老年人在自己的养老有了基本保障之后，如果经济条件允许，他们还将为子女或孙辈消费埋单。在一些与自己没有直接关系的领域进行消费，我们称之为“寄托消费”，这类消费需求大致分两类：一是培养孙辈消费需求。可以说，大多数老人如果有一定的经济结余，一般都会用在孙辈身上。给孩子买吃穿用的物品、书籍及教育等方面的支出；二是支援子女消费需求。这种消费主要表现在子女有困难且自己有经济能力的老人。从目前看，父母用于接济子女生活的支出，日渐成为老年家庭支出的主要项目，而且这种比例日渐扩大。较为直观的是父母直接给子女钱物，而间接的则是子女一家在老人家吃喝，以及老人负责隔代抚养等现象。

据 474 户城镇老年家庭调查资料显示，2010 年我市城镇老年家庭平均每月的非家庭人口在家用餐人次为 17.03 人次，比全市平均的 5.35 人次高 11.68 人次。2010 年我市城镇老年家庭人均捐赠支出 2345 元，为全市平均的 2.1 倍，捐赠支出占老年家庭总支出的近一成。

（五）旅游消费渐成时尚

随着现代观念的逐步确立，老年人更加追求高品质的晚年生活，“活出精彩”成为老年群体的共同追求，因而在文化娱乐方面的支出不断增加，老年旅游消费也日渐升温。2010 年我市城镇老年家庭人均文化娱乐服务支出 1083 元，比全市平均高 4.1%，其中参观游览、团体旅游、其他文娱活动费分别为 125 元、708 元和 190 元，分别比全市平均水平高 8.7%、4.7%和 8%。

三、老年家庭面临的问题

我市为保障老年人的基本生活，已在社会保障、社会救助、社会福利和社会优待等方面出台了一系列惠民、利民政策。如给无社会保障老年人每月发放200元福利养老金（2011年已增至每人每月250元）、实施“一老一小”大病医疗保险补贴、为80周岁及以上老年人发放100元至200元高龄津贴等。老年人还享受免费逛公园、旅游景点、博物馆及文体活动场馆，免费乘坐公交车和优先优惠就医、法律援助等服务。但老年人生活中还有些问题亟待解决。

（一）老年人看病担忧多

老年人看病难、看病贵依然存在。老年人患病种类多、病程长、就诊多、费时长；同时先进医疗设备的广泛使用，药品的更新换代，使检查、诊断、医疗费用昂贵，医疗费用不断上涨。高额的医疗费用使得许多老年人顾虑重重，医疗费用成为困扰老年人就医的一个重要问题。老年家庭收入主要依靠养老金或离退休金，虽然基本能满足日常的开销，但是老年家庭抵抗风险的能力差，一旦有大项支出则无法抵抗。谈起自己的困难和愿望时，老人们说，最害怕突发急病，目前的医疗费用太高，生一场大病就要花费近万元，承担不起。

（二）养老机构不足，居家养老困难

居家养老是我国的文化传统，但伴随独生子女政策的进一步推进和社会老龄化进程的加速，传统的家庭养老方式难以为继，再加上老年人口的生活自理能力下降，患病率大大增加，需要更多地日常护理、生活照料和社会服务，这都必将加大家庭成员的精神和经济负担，仅靠传统的家庭养老方式难以完全实现养老目标。截至目前，虽然北京养老床位总数已达71589张，“十二五”期间，养老床位将增加5万张，总数达到12万张。但社会养老需求量大和养老机构床位紧张的矛盾仍然存在，几乎每个城区养老院都在排队等候入住，同时城区还存在“床少价高”，不能自理老人难以入住问题。

（三）老年用品和服务少，精神需求不容忽视

我国老年人口数量大、增长速度快，迅速发展的人口老龄化必然带来老年群体对相关产品和服务的巨大市场需求。但目前我国老龄服务产业仍处于一种尴尬的境地：一方面，老年人的需求十分庞大，十分迫切；另一方面老年产品和服务的供给严重不足，老龄产业仍滞后于人口老龄化发展的形势。很多老人反映买不到合适的老年用品，比如衣服在款式和尺寸上都不能满足老年人的需求，他们呼吁在各种消费场所都设立老年人柜台，如老年人服装商场、老年人用品超市、老年医院等。

同时，随着家庭规模的缩小，子女社会流动的加剧以及社会其他多方面因素的影响，老年人精神和情感需求的满足遇到了越来越多的障碍。再加上独居和空巢老人比例越来越高，出现了无人做伴、无事可做、子女疏忽、精神空虚等问题。

四、建议

（一）健全医疗保健制度

很多老年人反映，现在的医疗保险制度基本能满足日常门诊看病需要，但是住院报销的上限还需提高；其次，针对老年人的身体特征和老年人频现的疾病，应扩大老年病用药的医药费报销范围；建立老年人定期体检制度，定期排查疾病，及时预防和治疗。不断建立健全医疗保健保障制度，为老年人提供全面综合的基本医疗保健服务，使老年人老有所医，医无所忧。

（二）鼓励社会力量兴办养老机构

按照本市“9064”(90%的老年人居家养老、6%的老年人在社区养老、4%的老年人集中养老)养老服务模式，老人的生活照料、家政服务、康复护理、心理慰藉等居家养老(助残)服务，迫切需要社会化、产业化发展来更好地满足。政府应采取公建民营、民办公助、政府补贴、购买服务等多种形式，引导和支持社会力量兴建老年公寓、养老院、敬老院，加快社会养老机构建设。同时，各级政府应把发展老年服务业纳入经济社会发展总体规划，安排专项资金，加大对新建、改建和扩建社会养老服务设施的资金投入，逐步建立养老服务补贴制度。对投资兴办老年福利设施，对以满足老年人需求为目的的服务行业降低准入门槛，减免相关费用。

（三）健全老年基层组织，丰富老年文体生活

为丰富老年人的文体生活，首先应当加强基础设施建设，包括健身广场、老年活动室等场所，为老年人搭建健身、娱乐、学习的平台，让老年人有参与文体活动的好处所。其次，应当进一步健全老年基层组织，有效引导老年人参加科学、规范、系统的文体活动。再次应当结合实际开展丰富多彩的文体活动，包括健身比赛、书画交流、文艺演出等活动，既可以使老年人在活动中得到锻炼与提高，又为老人们搭建了加强交流增进感情的平台。

北京就业情况分析

◆◇王岚岚

2011年以来，面对复杂多变的内外部环境，我市总体经济运行较为稳定，全市法人单位从业人员规模稳定并略有增加。三季度末，全市法人单位从业人员与上年同期相比，与二季度末相比均略有增长。

一、法人单位从业人员逐季略有增加

2011年一、二、三季度，全市法人单位从业人员分别为856.5万人、863.1万人和872.0万人，呈逐季略有上升趋势。三季度末，从业人员比上年同期增加41.3万人，增长5%；与二季度末相比，环比增加8.9万人，增长1.0%（见图1）。

图1　全市法人单位从业人员情况

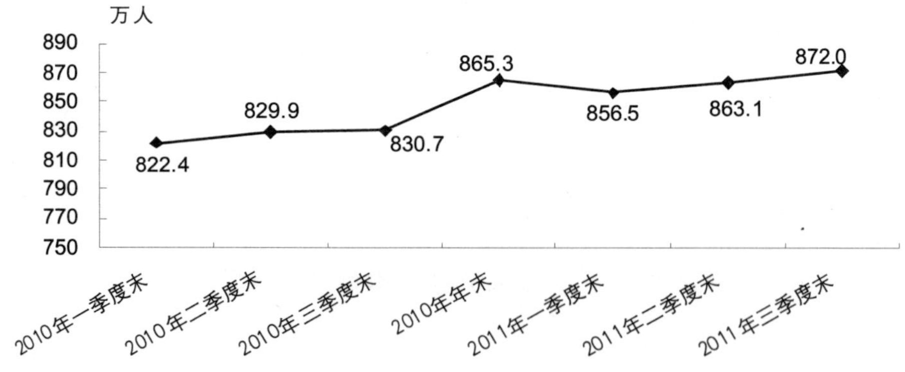

二、法人单位从业人员变动特点

（一）第三产业从业人员比重进一步上升

随着产业结构的不断调整，我市就业结构继续呈现第二产业比重下降，第三产业比重上升的趋势。三季度末，全部法人单位第一产业从业人员4.5万人，比上年同期增加0.4万人，增长10%；第二产业从业人员194.7万人，增加0.1万人，增长0.1%；第三产业从业人员672.8万人，增加40.8万人，增长6.5%。全部法人单位第一、二、三产业从业人员构成由上年三季度末的0.5∶23.4∶76.1变动为0.5∶22.3∶77.2。其中，第三产业比重提高1.1个百分点，由此带来从业人员增量占全市法人单位从业人员增量的98.8%。

（二）四大行业从业人员增量占全部增量七成以上

三季度末，19个行业门类有16个行业从业人员比上年同期有不同程度的增长。从增加的绝对量看，从业人员增量居前四位的是：科学研究、技术服务和地质勘察业，租赁和商务服务业，批发和零售业，信息传输计算机服务和软件业，从业人员分别为67.8万人、110.9万人、108.9万人和61.1万人，分别比上年同期增加9万人、8.3万人、7.7万人和6.2万人。上述四个行业从业人员增量占全市法人单位从业人员增量的75.5%。据了解，一些企业业务发展较好，规模扩大，人员有所增加；另外，我市加强安保工作，招用保安人员数量增多。这是我市从业人员增加的主要原因。

（三）其他经济类型从业人员增长较快

从经济类型看，三季度末，国有经济从业人员188.0万人，比上年同期增加3.1万人，增长1.7%；集体经济从业人员22.5万人，减少1万人，下降4.2%；其他经济从业人员661.5万人，增加39.2万人，增长6.3%。数据显示，其他经济从业人员增量占全市法人单位从业人员增量超过九成（见表1）。可见，其他经济类型对就业吸纳作用明显。

表1　　2011年三季度末分经济类型从业人员情况

	从业人员（万人）	比上年同期增加（%）	比上年同期增长（%）	从业人员增量占比（%）
合　计	872.0	41.3	5.0	100.0
国有经济	188.0	3.1	1.7	7.5
集体经济	22.5	−1.0	−4.2	−2.4
其他经济	661.5	39.2	6.3	94.9

三、对法人单位就业情况的总体评价

2011 年，随着金融危机经济刺激政策逐步退出，货币政策的紧缩，各项限制调控政策的出台，我市的经济增速有所回调，但在现阶段并未影响到就业，前三个季度全市法人单位就业形势稳定，从业人员保持增长。根据历史数据以及 1–3 季度的走势来看，预计四季度末我市法人单位从业人员比三季度末将有所增长。在“调结构、转方式”阶段，就业的平稳，保障着经济运行质量以及经济社会的平稳运行。

经济发展对外来人口影响因素分析

◆◇安　慧　李增永

北京第六次全国人口普查数据表明，我市外来人口[1]达到 704.5 万人。外来人口的发展变化与一个地方经济社会的发展相互依存，相互影响。一方面，外来人口的大量流入，为城市发展注入了活力；另一方面，经济的发展也对外来人口具有强大的吸引作用。本文利用北京市第六次全国人口普查相关数据及历史数据，就收入、城镇化水平、地域差异等因素对外来人口的影响进行了定量分析。通过分析可知：北京市外来人口总量与收入、城镇化水平存在线性正相关关系；迁出地来京人口总量与其常住人口总量存在正向相关关系，而与其收入及距京距离存在负向相关关系。另外，本文也就产业结构升级对外来人口结构的影响进行了阐述。

一、外来人口发展变化特征分析

（一）外来人口大量增加

1978–2010 年间，北京市的外来人口增加了 682.7 万人，年均增加 21.3 万人，年均增长率为 11.5%。改革开放的 32 年间，北京市的外来人口增长可以分为三个阶段：1978–1985 年为第一阶段，这一阶段进京长时间滞留的外来人口总量保持在 20 万人上下。1986–1994 年为第二阶段，这一阶段长期进京的外来人口总量大体保持在 60 万人左右，是前一阶段在京外来人口的三倍。1995 年至今为第三阶段，外来人口出现持续大规模增长态势，每年统计的离开户口登记地半年以上的在京外来人口数以百万计。2000 年以来，外来人口增长迅速，更是先后突破了 200 万人和 300 万人的新数量级。到 2005 年底，在京的外来人口总量近 360

1　本文中提到的外来人口是指常住人口中的外来人口。

万人，大致是 1978 年底外来人口数量的 20 倍，是第二阶段的 6 倍；2010 年，外来人口达到 704.5 万人，比 2000 年增加 447.7 万人，平均每年增加 44.8 万人，年均增长 10.6%，远高于常住人口的年均增速（3.8%），外来人口的增量占常住人口增量的 74.1%，外来人口在常住人口中的比重也由 2000 年的 18.9%提高到 2010 年的 35.9%。近十年来，城市外来人口增长非常迅猛，可以说，外来人口数量及其变动决定着北京市常住人口总量的走向（见图 1）。

图 1　　1978—2010 年北京市常住人口和外来人口变化

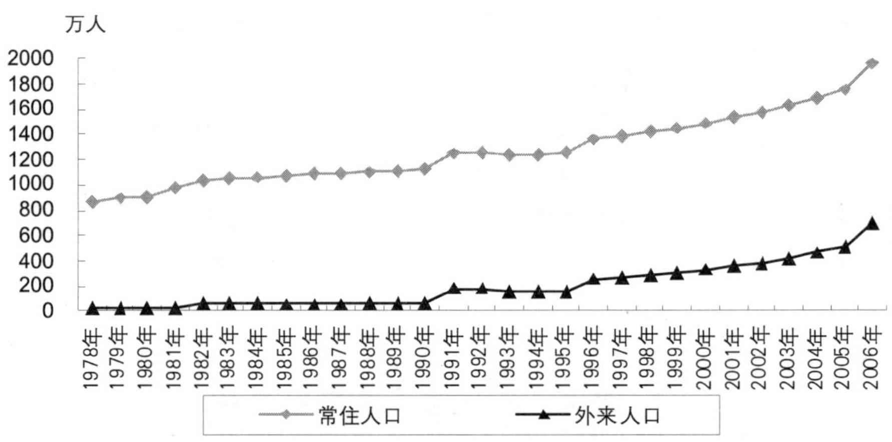

（二）外来人口性别结构趋于合理，年龄结构较轻

根据人口规律，人口性别比基本上保持在 103—107 之间，2010 年第六次全国人口普查数据表明，北京市常住人口性别比为 106.8，与 2000 年第五次人口普查的 108.9 相比略有下降。外来人口性别比为 118.9，虽然性别比仍偏高，但是与 2000 年的 156.8 相比，已有明显下降。

从增长速度看，2000—2010 十年间，男性外来人口增加 228.3 万人，年均增长 9.5%，女性外来人口增加 219.4 万人，年均增长 12.1%。女性人口的增加在一定程度上反映了北京产业结构调整结果带来的影响，因为第三产业比重的提高，意味着需要更多的女性劳动力。

从年龄构成看，外来人口的年龄较轻，年龄中位数为 29.6 岁，比常住人口低 6.1 岁。分年龄段看，15—64 岁外来人口比例最高，占 91.3%，比常住人口高 8.6 个百分点，0–14 岁和 65 岁及以上的比例较低，分别占 6.9%和 1.8%，分别低于常住人口 1.7 个和 6.9 个百分点。

具体来看，超过六成的外来人口集中在 20–39 岁，所占比例为 62.8%，其中，20–24 岁人口最多，所占比例高达 19.9%，其次是 25–29 岁，比例为 18%，30–34 岁人口比例为 13.5%。从图 2 可以看出，外来人口以青年人为主，且随着年龄的增长，比例逐步降低，50 岁及以上人口比例下降较快（见图 2）。

图 2　　2010 年外来人口性别年龄金字塔

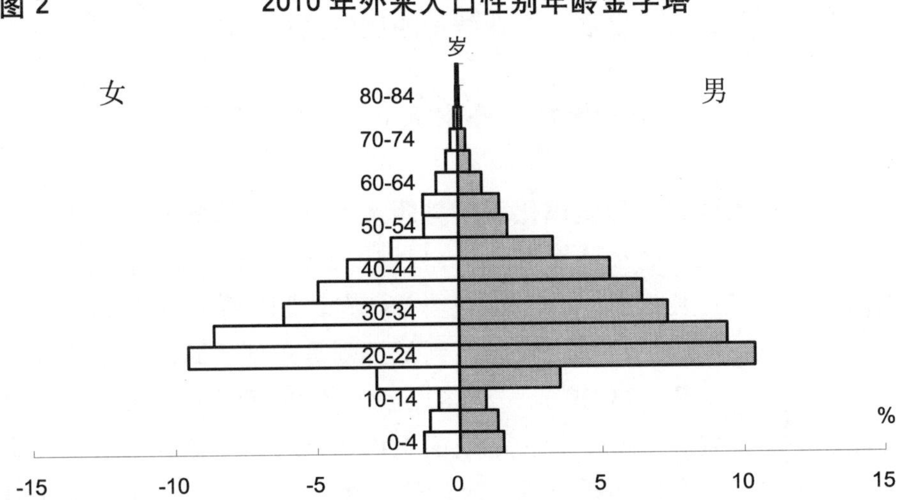

（三）整体受教育水平显著提高

十年来，外来人口的文化素质显著提高，大专及以上文化程度的比例为 24.4%，高中的比例为 19.5%，与 2000 年相比，分别提高 14.5 个和 2.7 个百分点；初中以下文化程度的比例明显下降，初中、小学、未上过学的比例分别下降 7.3 个、7.7 个和 2.2 个百分点。外来人口的平均受教育年限[2]为 10.9 年，比 2000 年提高 1.5 年。

（四）外来人口来源地较为集中

从外来人口的来源地看，65.6%的外来人口来自河北、河南、山东、安徽、黑龙江、湖北和四川七个省份。从来京人口总量来看，排名前五

2　人口平均受教育年限计算公式为：（小学人数 × 6+初中人数 × 9+高中人数 × 12+大专及以上人数 × 16）/6 岁及以上人口数。

位的省份分别为河北、河南、山东、安徽、黑龙江，来京人口总量分别为155.9万人、98万人、59.8万人、43万人和40.3万人，较十年前分别增长100.4万人、64.5万人、40.9万人、20.2万人和31.3万人。从排位上看，河北、河南依然稳居前两位，山东由第四位上升至第三位，安徽由第三位下滑至第四位，黑龙江由第九位跃升至第五位。

从外来人口的发展变化趋势可以看出，外来人口大量增加，以年轻人为主，性别构成进一步合理，整体受教育水平大幅提高，外来人口主要来自东北、西北、华北和华中地区，这四个地区的绝大部分省份均在长江以北，这与经济的发展，产业结构的调整具有一定关系。

二、经济发展与外来人口之间的关系

（一）迁入地收入和城镇化水平与外来人口之间的关系

收入代表一个地区经济发展水平，根据国家统计局2010年城镇单位在岗职工平均工资数据显示，全国城镇单位在岗职工平均工资为37147元。城镇单位在岗职工平均工资由高到低排列是东部、西部、东北和中部，分别为42810元、33130元、31882元和31594元。北京市城镇单位在岗职工平均工资为65683元，是全国平均水平的1.8倍，是最低工资水平的2.3倍。从全国的排位看，仅低于上海（71874元），工资水平居全国第二位。

2010年，北京市城镇人口达到1685.9万人，城镇人口比重达到86%，与2000年相比，上升了8.5个百分点。城镇人口比重的提高，反映了城市各种配套设施的完善和成熟，现代化程度的加深。

以北京市城镇单位在岗职工平均工资和城镇人口比重为自变量，以外来人口总量为因变量，对1978−2009年的数据进行线性回归分析，可得到以下回归方程：

$$y=0.007x_1+3.031x_2-156.059 \quad (1)$$

其中，y为外来人口总量，x_1为在岗职工平均工资，x_2为城镇人口比重。

由方程（1）可知，在岗职工平均工资每增加1元，外来人口总量增加70人；城镇人口比重每增加1个百分点，外来人口总量增加3.031

万人。

（二）地域差异对外来人口的影响

外来人口总量除与迁入地收入及城镇化水平有直接关系外，也与来源地各省常住人口总量、收入水平及距京距离存在密切关系。

以各省常住人口数、距京距离及城镇单位在岗职工平均工资为自变量，以各省来京人口总量为因变量对相关数据[3]进行回归分析，可得以下回归方程：

$$y = 2.797\,x_1 / x_2 - 6.637\,x_3 + 293539.52 \tag{2}$$

其中，y为某省来京人口总量，x_1为某省常住人口数，x_2为某省距京距离，x_3为某省城镇单位在岗职工平均工资。

由方程（2）可知，某省的来京人口数同其常住人口数有线性正相关的关系，同其收入水平有线性负相关的关系。即：其常住人口数每增加1人，来京人数会增加$2.797/x_2$人（对某一特定省份，x_2不变，$2.797/x_2$为常数），其城镇单位在岗职工平均工资每增加1元，来京人口数会减少6.637人。

（三）产业结构升级对外来人口结构的影响

2010年北京市第六次全国人口普查数据显示，外来人口中劳动年龄人口数量庞大，离开户口登记地原因中，务工经商占据了绝大比例，达到73.9%。人口迁移的这一经济特征，也在一定程度上反映了外来人口来京的主要目的是为了寻找就业机会。

北京的产业结构随着工业化的不断推进、城市功能定位的不断清晰逐步升级。2000年，三次产业的构成为2.5∶32.7∶64.8，2010年，三次产业结构调整为0.9∶24.1∶75。第一产业、第二产业的比重在逐步下降，第三产业的比重明显上升。

具体看第三产业内部各行业的情况，第三产业由简单的商品流通发展到金融业、房地产业为主导的极具规模的第三产业，近几年，现代服务业、文化创意产业和生产性服务业又相继成为发展的着力点。

产业结构的升级，产业结构内部的优化，使得对就业人口的素质要求较高。十年来外来人口整体受教育水平的提高，与其有密切的关系。

3　相关数据包含2010年各省城镇在岗职工平均工资、来京人口总量、常住人口总量和各省距京距离。其中各省距京距离数据来自超图公司估计数据。

三、思考和建议

（一）加快首都经济圈的发展

当前，北京提出建设“世界城市”，从现有的“世界城市”的发展来看，没有都市圈不可能产生“世界城市”。北京城镇单位在岗职工的工资水平明显高于周边省份，因此，要充分发挥政府职能，通过加强产业合作，着力解决北京与周边城市之间不平衡、不协调的问题，使都市圈的辐射能力加强，进而促进外来人口的合理再分布，实现人口与经济社会发展的共赢。

（二）积极发展循环经济，进一步推进产业结构调整和增长方式转变，提高经济发展的质量

近年来外来人口的大量涌入，为北京经济迅速发展作出了巨大贡献，然而，人口的过度聚集，也耗用了过多的资源，甚至产生了一系列社会问题，如水资源极度匮乏、垃圾围城、交通堵塞等。如何让越来越多的外来人口既对经济发展作出更多贡献，又能解决“承载力”不足的问题，应是燃眉之急。而解决此问题的根本之策仍是提高产业层次和技术水平，调整现有产业结构，加快经济增长方式转变，积极发展循环经济，进一步提高经济发展的质量。唯有如此，才既能保证北京有较高的经济功能和发展水准，又能增强首都的人口承载能力。

（三）进一步完善对外来人口的服务和管理

外来人口的大量增加已是不争的事实，面对现状，我们应该转变思路，进一步完善对外来人口的服务和管理，解决好外来人口的社会保障、就医、就学等问题，保障其在京合法权益，为所有生活在北京的人创造公平、和谐、舒适的居住环境，进而推进首都更加宽容平等、文明和谐。

“社会建设”关注点透视

◆◇廖　珺

社会建设涉及社会保障、社区建设、劳动就业等多个和百姓生活息息相关的方面，是“四位一体[1]”社会主义建设的基本组成部分。胡锦涛总书记在十七大报告中提出，必须在经济发展的基础上，更加注重社会建设，着力保障和改善民生。多年来，特别是党的十七大以来，北京市社会建设取得明显成效。2011 年 6 月，我市在全国率先出台关于社会管理创新的省一级地方性文件《关于加强和创新社会管理全面推进社会建设的意见》(以下简称《意见》)，提出十项任务[2]。

为了解市民对社会建设的关注领域，北京市社情民意调查中心于 2011 年 8 月在全市开展了“北京市民对社会建设的关注领域调查”，调查围绕《意见》所提任务，选择了与市民生活密切相关的方面[3]开展问卷调查。调查采取计算机辅助电话调查（CATI）的方式，全市共完成样本 2186 份，调查对象为全市 16 个区县居住半年以上的市民（含外地户籍人员 462 人，占 21.1%)，调查结果如下。

一、市民对社会建设的关注度和信心情况

（一）超六成市民关注社会建设

“社会建设”这个名词虽然较新，但由于与市民生活紧密相关，受到市民的较高关注。61.7%的市民关注社会建设（其中 28.4%非常关注，

1　包括经济建设、政治建设、文化建设和社会建设。
2　包括以下十项：完善社会管理格局、在创新服务中加强社会管理、实现各类人群服务管理全覆盖、夯实社区管理、创新各类社会组织和经济组织服务管理、提高信息网络服务管理水平、加强公共安全服务管理、创建社会文明环境、健全党和政府主导的维护群众权益机制、以党建工作创新引领社会服务管理创新。
3　在十项任务的基础上，新增“劳动就业”，排除“社会组织和经济组织服务管理”和“社会领域党建工作”，成为调查所涉及的主要方面，并将其划分为“加强社会管理”和“创新社会服务”两大类别。

33.3%比较关注），30.2%的市民关注程度一般，8.1%关注程度不高（其中 6.8%不太关注，1.3%非常不关注）（见图 1）。

图1　　市民对社会建设的关注情况

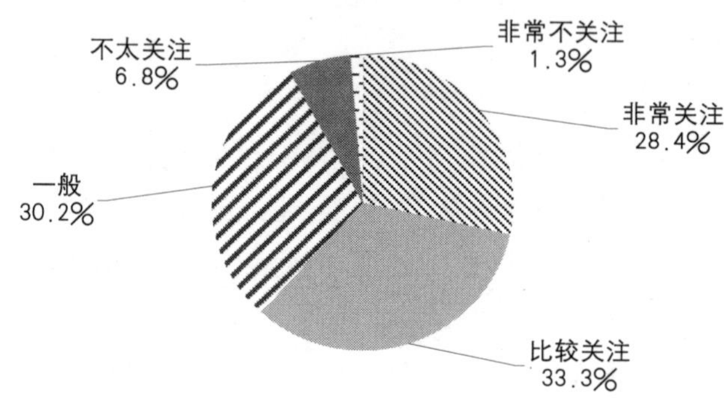

（二）近六成市民对完成《意见》所提具体任务有信心

《意见》对社会建设部分任务明确了完成时间表[4]，对完成以上任务，市民信心较高。57.3%的市民有信心（其中 22.4%非常有信心，34.9%比较有信心），33.8%的市民信心程度一般，8.6%信心不够（其中 5.4%不太有信心，3.2%非常没信心）（见图 2）。

图2　　市民对完成《意见》所提具体任务的信心

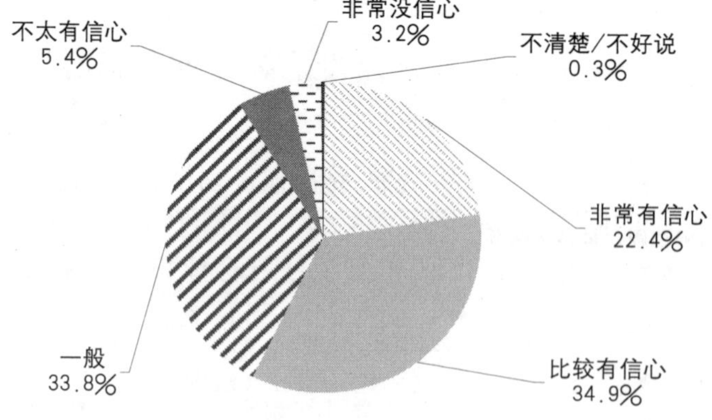

4　如 2011 年内全市所有农村都将建立村务监督委员会；在“十二五”时期末，全市 60%的社区要达到“一刻钟社区服务圈”标准等。

二、市民在加强社会管理方面的关注点

（一）市民希望发挥基层部门和公众自身在社会管理上的作用

在“社会建设谁来管”的问题上，市民希望居委会、村委会和街乡镇这两级基层部门更好地发挥作用，同时也认为需调动市民自我管理的积极性。67.8%的市民希望居委会和村委会更好地为百姓服务，34.7%认为应动员市民积极自我管理、多参与社会建设，30.3%认为街乡镇基层政府应发挥积极作用（见图3）。

由此可见，市民希望加强和其直接打交道部门的作用。居委会、村委会作为基层民主自治部门，直接为市民提供各项公共服务，是市民日常生活的“贴身小管家”，因而市民对居委会、村委会发挥更积极的作用予以关注。党政上一级部门主要发挥领导作用，工青妇、行业协会等社会团体发挥协同配合作用，市民对强化以上两类主体的作用不太关注。

图 3　　市民在完善社会管理格局方面的关注点

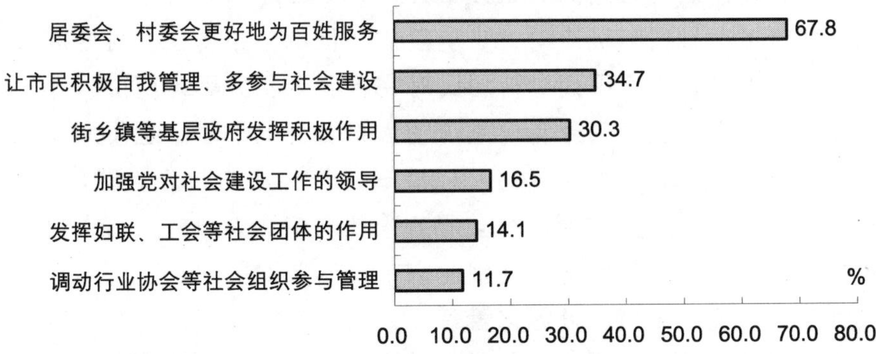

注：此题为限选题，最多选两项。

（二）老年人和流动人口是市民心中的社会建设重点服务管理人群

“老吾老以及人之老”，在北京迈入老龄化社会的今天，46.0%的市民关注“为老年人提供细心、全面的服务”，涵盖了中青年及老年等不同年龄段的市民；45.8%关注“完善对流动人口的管理和服务”。控制人口规模和引导人口合理分布是加强和改进人口管理的两个重要工作，得到

三成以上市民的关注。“网格化社会服务管理”是北京市目前力推的精细化科学管理方式，但由于提法新颖，市民认知度有限，26.3%的市民选择“将社区划分为小网格，提供更精细的服务”（见图 4）。

图 4　市民在各类人群服务管理全覆盖方面的关注点

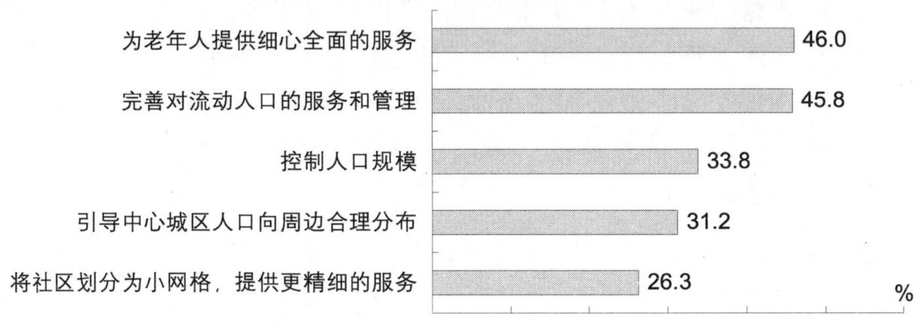

注：此题为限选题，最多选两项。

农村居民对完善养老服务比城镇居民更为关注。54.9%的农村居民期待为老年人提供细心全面的服务，比城镇居民高 11.4 个百分点。我市目前已推出多项举措积极应对人口老龄化，但部分措施在农村地区启动较晚、覆盖人群较窄，因而农村居民对完善养老服务更为期待。

加强流动人口服务管理不仅是流动人口自身的需求，也得到了北京户籍人口的关注。62.8%的流动人口希望完善对其的服务管理，41.2%的北京户籍人员也选择该项。社会服务管理从户籍人口向实有人口拓展是社会管理的重要创新理念，受到北京市民的普遍关注。

（三）村民热盼村庄社区化管理

在完善社区服务管理方面，30.8%的市民期待村庄社区化管理，居首位；其次为推进市民自治，建立市民自己的组织便于维权，30.2%选择此项。

村民热盼村庄社区化管理，53.6%的村民选择此项。调查将“村庄社区化管理”简单解释为农村封闭管理、公共服务向社区靠拢，村民认为这项创新管理措施将提高农村治安安全感、便于房屋人口管理，因而对此比较关注。由此可见，应将村庄社区化建设和社区规范化建设同步推进，使社会发展的成果更广泛地惠及所有市民（见图 5）。

图5　　城乡居民在社区管理方面的关注点

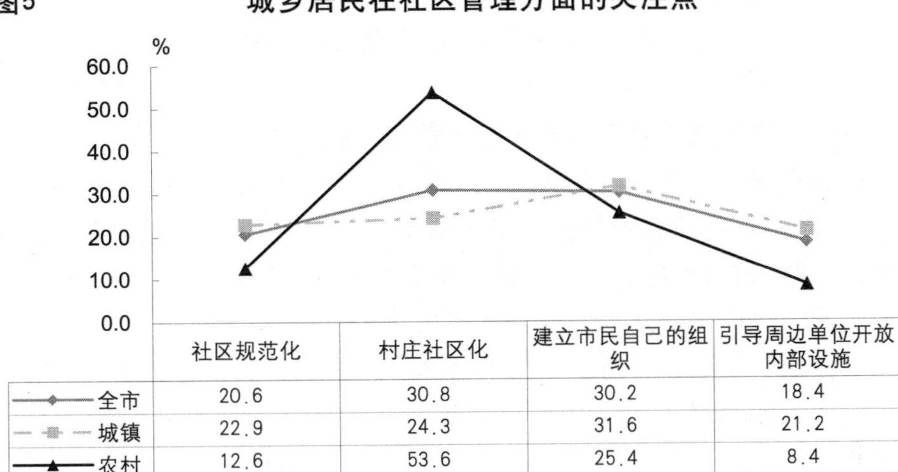

	社区规范化	村庄社区化	建立市民自己的组织	引导周边单位开放内部设施
全市	20.6	30.8	30.2	18.4
城镇	22.9	24.3	31.6	21.2
农村	12.6	53.6	25.4	8.4

（四）市民希望政府治理不法网站，并加强与市民的网络沟通

在网络服务管理方面，市民的心愿是“环境干净、信息真实、政府主动”，具体体现在：58.7%的市民希望治理违法犯罪、虚假诈骗网站，52.8%希望政府多利用网络和市民沟通、及时发布信息。推进网站和手机实名制，能促进网络安全，28.8%的市民关注实名制。街道、社区开辟服务型网站，可以便利周边市民的生活，得到27.6%的市民关注（见图6）。

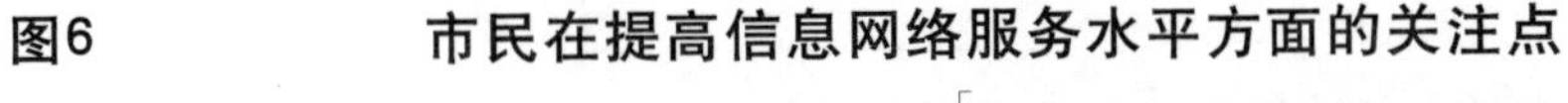
图6　　市民在提高信息网络服务水平方面的关注点

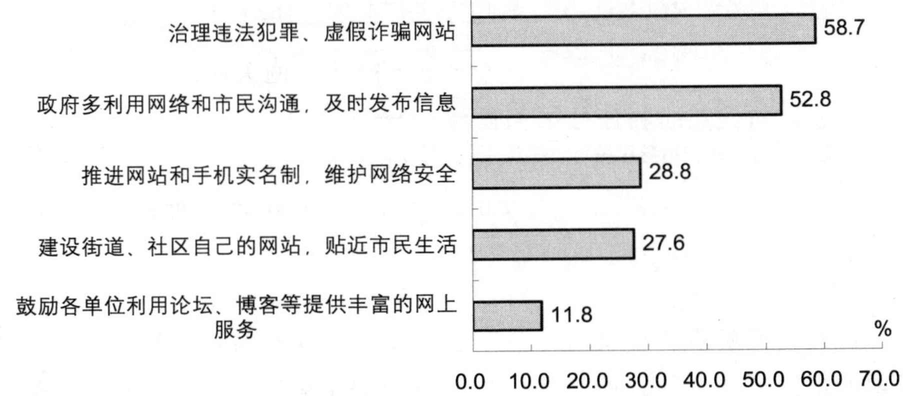

注：此题为限选题，最多选两项。

三、市民在创新社会服务上的关注点

（一）市民关注社会保障和收入差距，期待社会公平

在各个民生服务领域，扩大社会保障覆盖范围和缩小收入差距备受市民关注。62%的市民选择让更多人享受养老、医保等基本保障，48.8%选择缩小收入差距（见图 7）。社保是老百姓在困难时期的“后路”，收入是“钱袋”问题，这两方面涉及市民的切身利益，是影响生活安全感的关键因素，因而成为市民眼里的焦点。而住房、教育、就近看病这三项传统民生问题得到三成以上市民的关注。“一刻钟社区服务圈[5]”作为推进社区规范化建设的新举措，受到近三成市民的关注。

社会保障、收入差距、保障房建设和教育公平是市民最关注的 4 个方面，它们都是促进社会公平的具体举措，反映出市民对社会公平的高度期待。

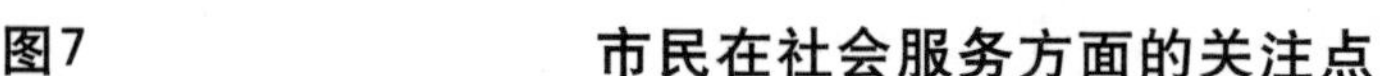
图7　市民在社会服务方面的关注点

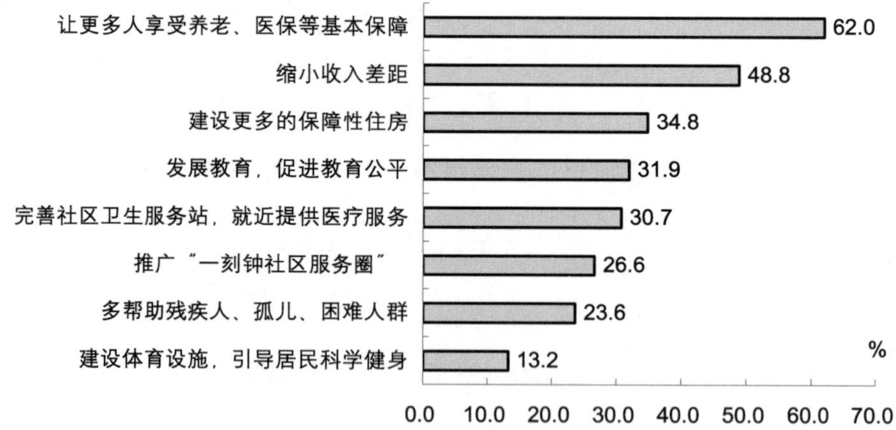

注：此题为限选题，最多选三项。

针对发展教育、促进教育公平，调查发现两个特点：第一，26—45 周岁的市民更为关注。由于这一年龄段的市民恰好处于“下有小”的阶

5　指社区居民能够在 15 分钟以内享受到餐饮、购物等服务，基本实现“小需求不出社区、大需求不远离社区”。

段，下一代的教育问题摆上议程，因而4成以上该年龄段市民关注此问题，高出全部人群10个百分点。第二，外地户籍人员比本地户籍人员更为关注。四成外地户籍市民期待教育公平，高出本地户籍市民13.7个百分点，表明在教育资源分配上“内外之别[6]”大于“内部差异[7]”。由于政策原因，学龄外地户籍市民在中小学入学、高考制度等方面与北京市民差别较大，因而部分外地市民对此表示关注和期待。

（二）食品药品安全是市民在公共安全领域的关注焦点

在公共安全管理方面，63.1%的市民最关注食品药品安全，遥遥领先于安全生产、治安环境和应急防灾方面，选择后三方面的市民仅一成左右（见图8）。

食品药品安全关系百姓的“菜篮子”和“药箱子”，近来全国各地接连不断曝光的食品药品安全事件，加之市民心中“病从口入”的传统观念，使市民在购买食品药品时更为慎重，对此极为关注。

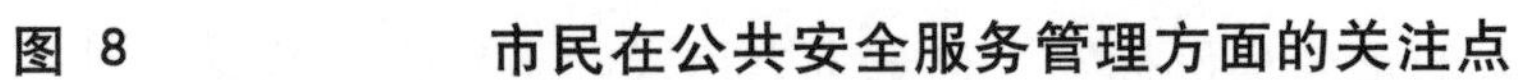
图 8　市民在公共安全服务管理方面的关注点

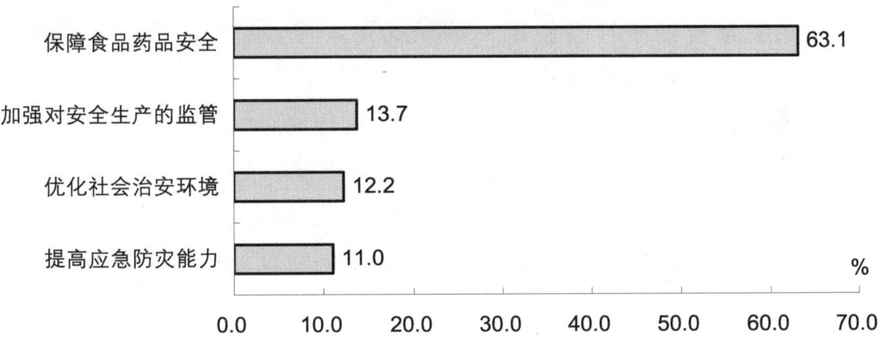

（三）化解社会矛盾，市民视角转为“预防为主”

化解社会矛盾、维护群众权益，是构筑和谐社会的重要因素。在维权上，市民视角不再关注“下游解决”，而转为“源头预防”。51.5%的市民关注健全落实社会稳定风险评估机制[8]，23.8%希望拓宽表达意见的

6　北京户籍人员和外地户籍人员在享受教育资源上的差异。
7　在北京户籍人员当中，因户口具体所在地等因素不同，在享受教育资源上的差异。
8　涉及群众切身利益、影响面广、可能引发社会不稳定的重大事项，需提前评估、做好预防措施，有效化解和控制风险，预防和减少社会不稳定因素。

渠道，这两条都偏重于预防为主。而选择“加大调解力度、化解社会矛盾”和“各部门联动、协调解决市民问题”的市民分别占15.7%和9.0%（见图9）。

图9　市民在维护群众权益方面的关注点

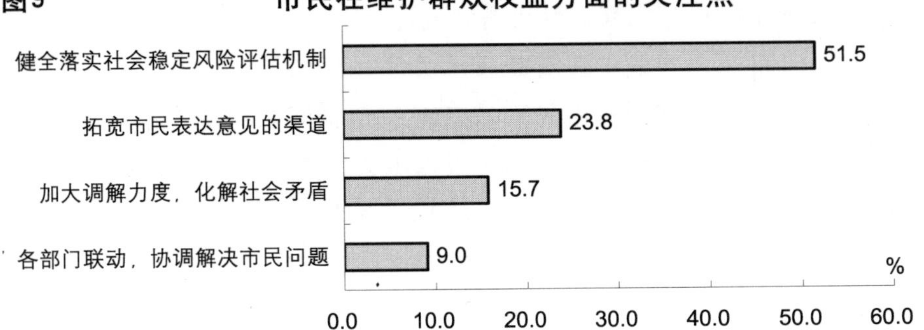

（四）市民对劳动就业的需求层次偏低

工作是个人的重要身份标签、也是多数市民的主要收入来源，因而和谐的劳动关系有助于社会稳定。调查发现，对《意见》提及劳动就业的4个方面，市民并没有集中关注于某一点，但仍可以看出市民对劳动就业的需求层次偏低，以“有工作”和“签合同”为主：29.2%的市民选择“多开展就业培训，促进就业”，27.8%选择“规范企业和员工签订合同”。而工作之后的“多方协调、妥善解决劳动纠纷”和“在有工会的企业，员工工资可集体与企业协商”，所选比例有所降低，分别为21.8%和21.1%（见图10）。

图10　市民在劳动就业方面的关注点

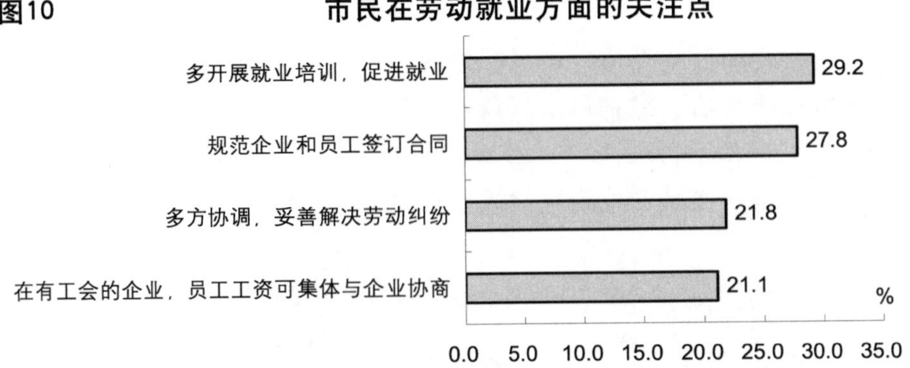

四、结语

基本民生建设是社会建设的重点，调查显示，市民普遍关注以社会保障、收入分配、养老服务、流动人口管理服务和食品药品安全为代表的民生问题。同时，市民视角体现出一定的城乡差异和户籍差异：农村居民比城镇居民更期待细心周到的养老服务，热盼村庄社区化管理；外地户籍人员期待教育资源均享。“百姓关注的，正是政府求解的”，努力实现社会服务管理城乡一体化，将管理服务对象从户籍人口向实有人口拓展，才能推动社会建设全面均衡发展。

北京居民防灾减灾意识调查报告

◆◇刘 瑶

我国是世界上自然灾害最为严重的国家之一，灾害种类多、分布地域广、发生频率高、造成损失重。未雨绸缪，提前防范是应对各类灾害，最大程度减少灾害损失的有效途径，特别是对于北京这样人口规模庞大、人员组成复杂的特大城市，更需要提高全社会的防灾减灾能力。为摸清本市居民的防灾减灾素质、自救互救技能、灾后心态等基本情况，进一步唤起社会各界对防灾减灾工作的高度关注，北京市社情民意调查中心于 2011 年 7 月利用计算机辅助电话调查（CATI）方式对我市 1099 位常住居民进行了“北京市居民防灾减灾意识调查”。

调查发现：居民自救常识普及率较高，但也同时存在错误认识；各区公共应急避难场所的知晓率最多不超四成；九成多的被访者表示有必要组织防灾减灾演练，并表示出积极的参与意愿。本文依据调查数据，围绕居民防灾减灾知识的普及程度、参与演练的积极性、政府宣传工作的侧重点等几方面情况进行分析探讨，为市政府制定教育宣传计划、启动应急措施、保障社会秩序等提供参考依据。

一、现阶段北京市居民的防灾减灾能力和意识

（一）居民自救常识普及率较高，但也同时存在错误认识

为了解被访居民的自救知识掌握情况，本次调查将地震、高楼火灾和燃气泄漏三种常见灾害事故设置为三道多项选择题，请被访者分别选出他认为正确的自救措施，每道题目都设置了三项正确的选项和两项错误的选项。调查结果显示，被访者对基本应对措施的认知程度较高，例如对火灾和燃气泄漏，均有 98%以上的被访者知道首先要用湿毛巾捂住口鼻和切断燃气总阀门。但同时，也有较高比例的被访者存在错误认识。例如当发生燃气泄漏时，87.4%的被访者认为首先做的应该是切断电源，

54.6%的被访者认为首先做的应该是拨打报警电话，殊不知这些行为非常危险，有引燃泄漏气体发生爆炸的可能（见表 1）。

表 1　　被访居民自救知识掌握情况（%）

	地震	选择比例	高楼火灾	选择比例	燃气泄漏	选择比例
正确的应对措施	就近躲到床、桌子等“安全角”或厨房、卫生间等小开间内	91.4	用湿毛巾捂住口鼻	98.7	切断燃气总阀门	98.2
	用枕头或坐垫护住头部	73.6	躲避到防烟楼梯间、避难层等地等待救援	89.8	开窗通风	93.5
	条件允许下，第一时间冲出屋外	67.4	压低身子沿楼梯向逆风方向跑	76.8	避免开灯、脱毛衣等任何产生火星的举动	88.4
错误的应对措施	如果正好在车里，就关好车门躲在车中	23.0	乘坐电梯逃生	7.4	拔插销、关开关，切断所有电器电源	87.4
	躲在阳台上或玻璃窗附近，随时观察找机会逃生	16.4	大声呼救，跳楼逃生	2.7	拨打报警电话	54.6

（二）公众对于就近应急避难场所位置的知晓度不高

应急避难场所的建设是一个城市公共安全管理的重要内容，目前全市已建成达到标准要求的应急避难场所 33 处，分布在 7 个城区，总面积 510.24 万平方米，可容纳 159.6 万[1]市民应急避险之需。本次调查就这 7 个城区居民对离家最近的应急避难场所位置的知晓情况进行了了解。得出的结论是：石景山、海淀两区被访者知道具体位置的人数比例最高，但也不足本区被访人数的四成，具体为 37.9%和 36.6%；东城、西城、门头沟、朝阳四区被访者中知道具体位置的人数约占三成；昌平区被访

1　来源于市应急办于 2010 年底发布的数据。

者中知道具体位置的人数最低，为26.5%（见图1）。

图1　　公众对就近应急避难场所位置的知晓程度

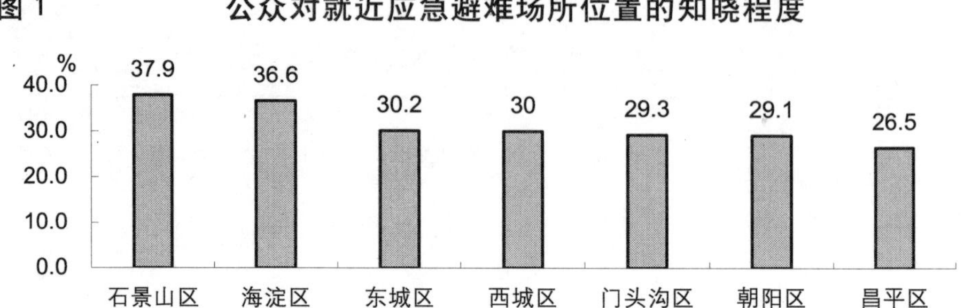

（三）被访者认为政府辟谣工作首要注重宣传的真实性

普及自救防范知识、正确引导舆论，宣传工作无疑是主要的依托和手段。针对开展防灾减灾知识和民防法制宣传的最佳途径，调查发现75.3%的被访者倾向在媒体上播放公益宣传片，65.4%的被访者倾向发放宣传手册和张贴宣传画，65%的被访者倾向在学校或者单位举办宣传讲座，30.7%的被访者倾向在报刊杂志上开辟减灾知识专栏。

针对社会上一时讹传的谣言或引起的恐慌，被访者认为政府辟谣工作应首要注重宣传的真实性，要公开透明（76.3%的被访者持此观点）；第二应注重宣传的及时性，要第一时间进行报道（64.7%的被访者持此观点）；第三应注重宣传应对措施，要突出政府解决问题的方法措施（39.2%的被访者持此观点）；最后是宣传应注重权威性、科学性和与相似事件类比（见图2）。

图2　　对于辟谣宣传的居民关注点

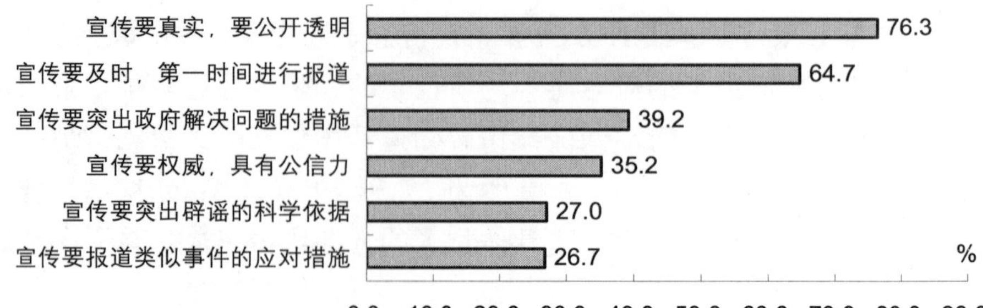

（四）93.4%的被访者表示有必要组织防灾减灾演练

调查发现，本市被访者对日常组织防灾减灾演练的必要性持肯定态度。当被问及“如果您所在的单位、学校或社区，组织各类减灾演练、模拟参与灾害应急救援等活动，您觉得有必要吗”，93.4%的被访者觉得非常有必要和有必要，5.4%的被访者觉得必要性一般，1.3%的被访者觉得没必要和非常没必要（见图3）。

图3　　组织防灾减灾演练的必要性

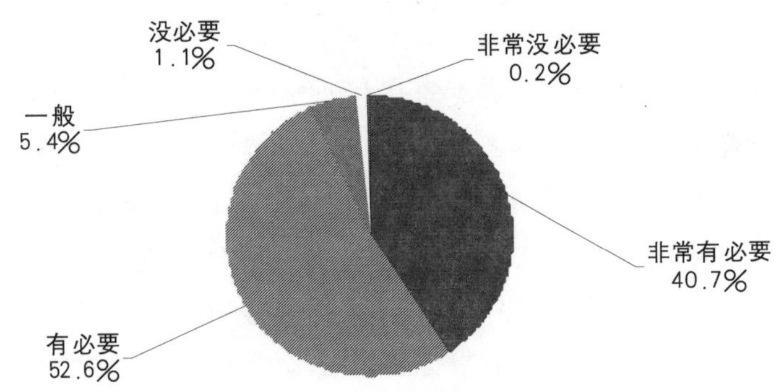

同时发现，我市居民参与减灾演练的积极性也非常高。有92.6%的被访者表示愿意参加演练，其中64%的人表示有时间就参加，28.6%的人表示抽时间也要参加。此外，3.9%的人表示参加与否无所谓，1.8%的人表示不愿意参加，1.7%的人表态非强制性的就不参加。居民主动参与意识的提高，是做好民防工作的基础，也是社会公众的公共安全意识随经济社会发展而同步提高的反映。

二、针对目前防灾减灾工作现状的一些思考

近年来，北京市政府高度重视加强防灾减灾工作和提高公众的安全意识，但目前仍存在一些亟待解决的问题和矛盾。一是防灾减灾基础设施总量少。目前已建成的33处可容纳159.6万市民的应急避难场所，对于北京1961万实际常住人口的规模来说，还存在很大的缺口。与同样人口稠密的东京、台北等城市相比，在防灾体系规划建设上还存在差距。

例如日本法律规定面积超过 1 公顷的公园都要具备防灾和避难功能，东京就有近万个功能完备的防灾公园[2]。

二是防灾减灾基础设施建设与使用脱节。目前已建成的基础设施存在空间布局不均衡、宣传力度、模拟演练和后期管理工作不到位的情况，在建、用、管三方面缺乏统筹协调机制。目前已建成的防灾公园中，设施维护不力、场地被占用、指示标识破旧缺损等情况相当常见，有的甚至被商业开发内部经营高尔夫球场和高级会所。面对如此状况，在发生自然灾害和突发性公共事件时，这样的基础设施很难保证公众能够有序、有效地紧急疏散和应急避险。

三是市民整体的防灾减灾素质偏低，在心理素质和自救互救技能上不过硬。例如在访问被访者对社会上一时盛行有关灾难的小道消息和谣言是什么态度，73.1%的人认为要相信政府不能偏听偏信，但仍有 26.9%的人具有“大家都怎么做，我就怎么做，凑个热闹”、“都关注时自己也要作好准备”、“宁可信其有不可信其无”等盲从跟风心理。还有在高层建筑的职工和居民，由于不掌握自救知识，没经过逃生演练，常出现因无知而造成不必要恐慌和损失的情况。

三、提高本市防灾减灾综合能力的几点建议

（一）提高安全意识，促进居民家庭配备消防自救器材

现代都市家庭燃气、电气使用量大增，家庭火灾潜在危险增多。2010 年 12 月 8 日，公安部消防局发布《家庭消防应急器材配备常识》，推荐居民家庭配备手提式灭火器、灭火毯等五种家用消防器材，旨在提高家庭成员扑救初起火灾和自救逃生的能力。但本次调查显示，我市被访居民在主动寻求消防保护的意识上仍显薄弱，家中没有任何消防器材的被访者占到 60.4%。针对目前现状，建议有关部门通过行政管理、宣传倡导、市场运作等手段，提高我市家用消防器材的拥有率。特别是在销售价格、网点、售后服务等方面进行市场引导，创造各种有利条件，尽早促进家用消防器材在我市居民家庭中普及。

2　日本建设省 1998 年制定《防灾公园计划和设计指导方针》。

（二）理顺应急避难场所建、用、管三方面的协调机制

北京是率先在全国开展应急避难场所建设的城市，虽然建设走在全国前面，但数量不足和缺乏有效管理是当今存在的现实问题。基于目前建、用、管三方面缺乏统筹协调机制的现状，建议一是在加快建设的同时增强全局规划，统一应急避难场所选址、设计、配套设施等方面的相关标准；二是充分利用现有场地设施，定期组织综合性和专业性的宣传展示、演习演练，号召党政机关、企事业单位积极参与；三是在法律法规中明确规定应急避难场所的管理和维护主体，对损坏设施和挪用场地的行为追究法律责任，以保障应急避难场所的使用功能。

（三）加强“灾难教育”，增强公众心理承受能力和处置能力

公众良好的心理承受能力和理智的处置能力，是一个国家国民素质的具体体现，需要通过持之以恒的防灾减灾教育予以实现。如日本的抗震教育是从娃娃抓起，每年的防灾日都要组织大规模的防灾演习。而在我国安全预防教育则相对匮乏，成年人和未成年人平素接触减灾能力训练的机会都很少。

近年来各类灾害频扰我国，我国政府应利用好“灾难教育”的契机，唤起社会各界对提高全民减灾素质的重视。通过单位、学校、社区等多渠道普及自救防范知识，并定期组织居民参与大型减灾实践演练，引导公众如何保持良好的心态和理性的反应。以居安思危、有备无患的态度，提高公众对自然灾害和突发性公共安全事件的心理承受能力和处置能力，将灾害的损失减少到最低。

关注女性职业发展　充分发挥“半边天”作用

◆◇徐　燕

在职女性是当前社会中一个非常重要的群体，她们在社会和家庭中都扮演着重要的角色，无论精神还是物质层面都引领、代表着当代中国女性的趋势和方向。然而，在社会快速发展、客观环境不断变化的今天，她们的工作、生活、价值观等也都随之发生了巨大的改变。近期，国务院和北京市先后发布了《中国妇女发展纲要(2011—2020 年)》和《北京市“十二五”时期妇女发展规划》，从健康、教育、经济、参与决策和管理、社会保障、环境、法律等领域设立具体目标、制定策略措施，为促进妇女全面发展提供政策支持。

为了解我市女性的职业发展状况，北京市社情民意调查中心利用计算机辅助电话调查（CATI）方式，对全市范围内的 1218 位 18 岁至 60 岁在职女性进行了“女性职业状况调查”。调查显示：我市在职女性整体健康状况良好，对生活总体状况较满意，但精神压力普遍较大，尤以工作压力较为突出；职业发展方面并不乐观，主要表现出职业发展状况评价不高、缺乏职业规划以及由收入低、压力大等因素导致的工作满意率低等问题。

一、我市在职女性整体健康状况良好，精神压力较大

（一）整体健康状况良好，但普遍缺乏规律锻炼

1. 逾五成被访者身体健康状况良好

调查显示，53.3%的被访者表示健康状况良好（其中，18.7%认为健康状况非常好，34.6%认为健康状况好），41.8%认为一般，4.4%认为不好，0.6%认为非常不好。

在职女性身体健康状况与年龄和收入水平具有相关性，年龄越大、

健康状况越差，收入越低、健康状况越差。年龄 30 岁以下[1]的被访者中表示健康状况良好的比例最高，为 68%，比 31–50 岁和 50 岁以上年龄段分别高 20.3 个和 28.7 个百分点；月收入 8000 元以上的高收入者 65% 健康状况良好，比月收入 1000 元以下的低收入者高 28.1 个百分点（见图 1）。

图 1

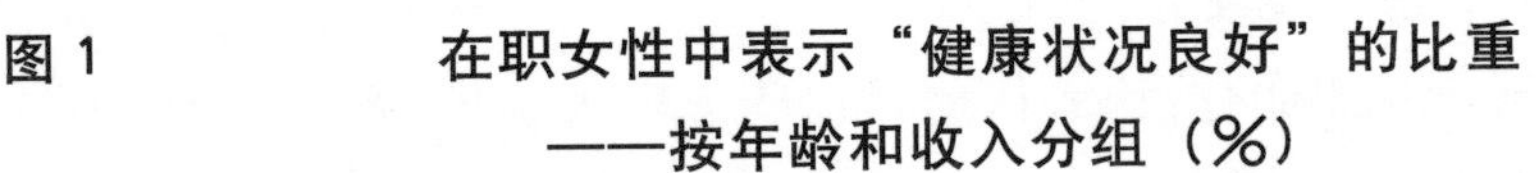
在职女性中表示“健康状况良好”的比重
——按年龄和收入分组（%）

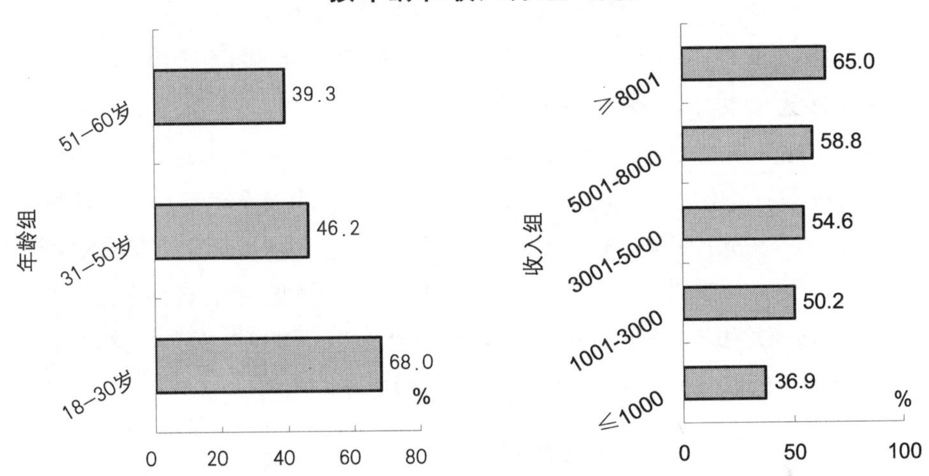

在职女性中，公务员或事业单位人员对自身健康状况评价最差。在各类职业中，46.9%的公务员或事业单位人员表示健康状况良好，该比例低于企业管理人员（63.1%）、企业职员（53.2%）、商业或服务业工作人员（53.8%）等其他职业。

2. 多数在职女性不能有规律地锻炼身体

在职女性要兼顾工作和家庭，大多数都无法保持有规律地锻炼身体。调查显示，17.5%的被访者表示能够有规律、有计划地锻炼身体，45.6%表示偶尔锻炼，36.9%表示基本不锻炼。

在职女性锻炼身体的习惯与年龄和收入水平具有相关性，年龄越大、越注重锻炼身体，收入越高、锻炼习惯越好。年龄 50 岁以上的被访者中

1 本调查中，年龄段分组为：18–30 岁、31–50 岁和 51–60 岁。

能够有规律锻炼身体的比例最高，为 32.1%，而 31—50 岁和 30 岁以下年龄段该比例较低，仅为 19.3%和 11.6%；月收入 8000 元以上的高收入者 28.9%的能够有规律锻炼身体，约是月收入 1000 元以下的低收入者的两倍。

（二）精神压力较大，以工作压力为主

1. 超六成被访者感觉压力较大

调查显示，60.3%的被访者认为目前压力较大（其中 3.4%认为压力过大、无法承受，56.9%认为压力有些大），24%认为压力不大，15.7%认为没什么压力。与 50 岁以上的被访者相比，30 岁以下和 31—50 岁的被访者感觉承受压力较大，分别占 63.5%和 61.1%，分别比 50 岁以上高 25.4 个和 23 个百分点；但 50 岁以上被访者中表示压力过大、无法承受的比重最高，占 4.8%，该比例约是 30 岁以下的 2 倍、31—50 岁的 1.2 倍。此外，家庭中有未成年子女需要抚养或老人需要赡养的在职女性承受的压力更大，其中，家庭中有子女或老人的被访者中表示压力较大的分别占 63.6%和 64.8%，分别比没有子女或老人的被访者中压力较大的比重高 9.4 个和 15.1 个百分点（见图 2）。

图 2　在职女性的压力状况——按年龄分组

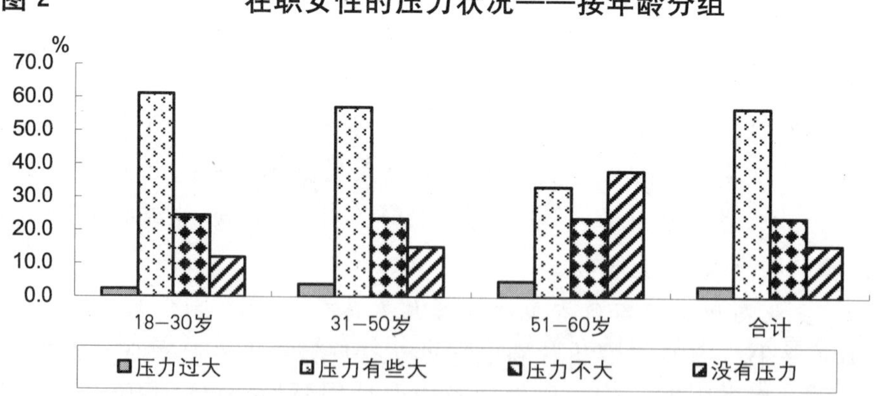

在遭遇职场压力、生活压力时，多数被访者会出现失眠、健忘、抑郁、暴躁等症状。调查显示，45.2%的被访者没有出现过精神方面问题，31%有过失眠的问题，22.8%表示健忘，17.2%表示焦虑，17.2%表示易怒，9.5%表示抑郁，2.7%表示存在社交障碍问题。

2. 工作压力是最主要的压力来源

调查表明近五成被访者表示面临工作压力，此外住房或买房、经济压力、子女上学等压力也较普遍。其中，工作压力是第一大压力来源，占 48.4%；住房或买房压力是仅次于工作压力的第二压力来源，占 33.4%；其次是经济压力和子女上学压力，分别为 27.1%和 26.1%；健康压力、事业与家庭冲突压力和养老压力均在 10%左右；存在家庭关系和人际关系压力的相对较少，为 8.3%（见图 3）。

图 3　在职女性面临的主要压力

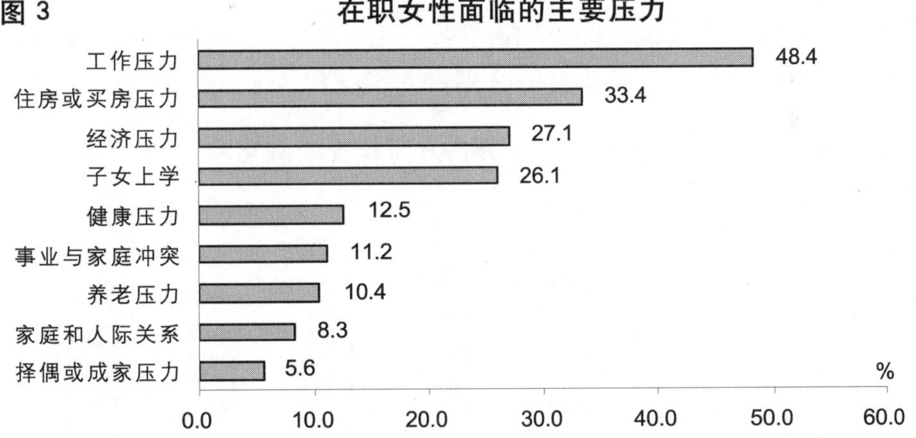

不同的年龄阶段表现出差异性的压力特征，除工作压力普遍较大以外，30 岁以下的被访者还表现出住房或买房压力较大，31—50 岁年龄段的子女上学压力较大，50 岁以上年龄段的养老和健康压力较突出。从受教育水平看，中、高学历者[2]以工作压力为主，低学历者以经济压力为主。

3. 倾诉和分散精力是缓解压力的主要方法

调查显示，多数职场女性选择倾诉和分散精力的方式减压，对心理咨询的接受程度很低，约一成被访者没有任何减压渠道。其中，46.8%的被访者选择跟朋友聊天减压，41.1%通过按摩、运动、看书、听音乐等分散精力的方式减压，10.5%表示没有减压渠道，仅 0.3%选择看心理医生或进行心理咨询。

2　本调查中，按照学历水平从高到低划分为高学历、中等学历和低学历，分别指研究生及以上、大专和大学本科、高中或中专及以下。

二、我市在职女性对生活总体状况较满意，但职业发展的自我评价不高

（一）生活总体状况较满意，工作和经济状况满意率低

调查显示，超半数被访者满意目前的生活状况，其中，4%表示非常满意，47.1%表示满意，45.1%表示一般，3.4%表示不满意，0.3%表示非常不满意。从生活各方面的评价看，在职女性对家庭关系和人际关系的满意率较高，表示满意的分别占 74.7%和 66%；对工作状况和家庭经济状况满意率较低，表示满意的分别占 42.5%和 41%（见图 4）。

图 4　　在职女性对生活各方面状况的满意率

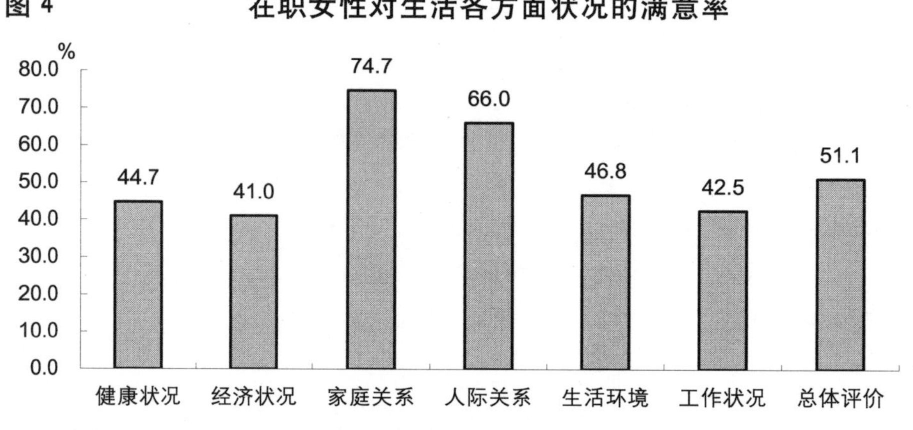

注：满意率为被访者中表示非常满意和满意的比重之和。

（二）职业发展状况评价和工作满意率“双低”

1. 职业发展的自我评价不高，超四成缺乏职业规划

调查显示，多数被访者对职业发展的自我评价不高，认为目前职业发展很好的不足三成。其中，24.8%认为目前职业发展的很好、基本达到预期，45.9%认为发展的一般、未达到预期，15.7%认为目前处于起步阶段，13.1%认为在混日子、没什么前途。

从职业看，企业管理人员、公务员或事业单位人员对职业发展评价较高，认为发展很好的分别占 45.6%和 31.9%，企业职员、商业或服务业工作人员等其他职业评价较低，认为发展很好的均不到 20%。对职业

发展的评价与受教育水平和收入水平呈线性关系，受教育水平越高、评价越高，收入水平越高、评价越高（见图 5）。

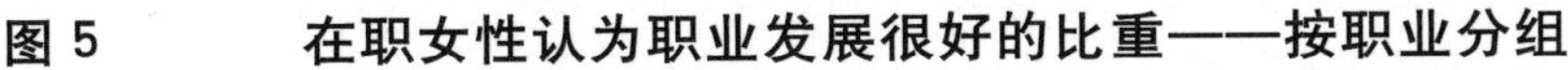

图 5　　在职女性认为职业发展很好的比重——按职业分组

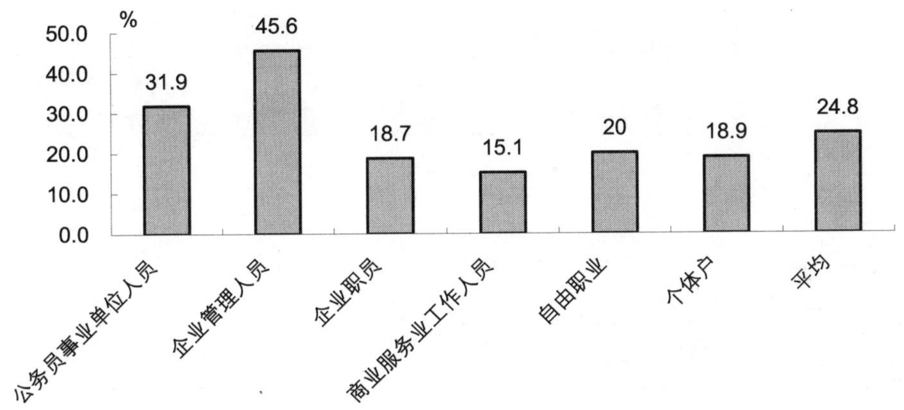

此外，缺乏职业目标和规划也是我市在职女性存在的问题。调查显示，超四成在职女性没有清晰的职业目标和规划。其中，19.5%的被访者表示有 5 年以上的长期目标和规划，35.6%有短期目标和规划，44.9%没有任何规划。

2. 工作满意率仅四成，收入少、压力大是主要问题

调查显示，41.7%的被访者表示满意目前的工作状态，46.2%认为一般，12.1%表示不满意。从年龄看，50 岁以上被访者满意率最高，63.1%的表示满意，30 岁以下和 31−50 岁年龄段的满意率相对较低，分别为 37.3%和 41.8%。

收入较少是被访者对工作状态不太满意的首要原因。当被问及对目前工作不太满意的主要原因时，57.6%的被访者表示是因为收入较少，此外工作压力大、不是自己喜欢的工作、加班多和工作氛围差等原因也占有较高比例，均为 20%−30%左右（见图 6）。

（三）主流价值观健康向上，就业态度积极明确

1. 个人努力获得广泛肯定

目前社会上各种思潮泛滥，“富二代”、“官二代”不断涌现，以及“干得好不如嫁得好”等各种声音都会对女性的价值取向产生影响。但调查

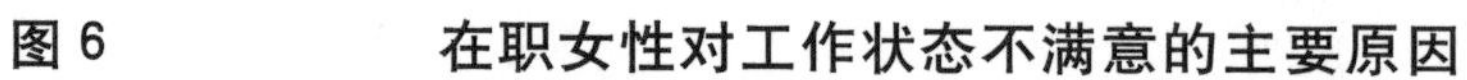

显示，我市在职女性的主流价值观保持健康向上，个人努力仍被认为是影响成功的最关键因素，占 43.5%；其次是社会关系丰富、人脉资源广，占 25.3%；机遇好、运气好排在第三位，占 13.8%；而先天条件好和家庭条件好分别占 7.6%和 7.3%。

图 6　　在职女性对工作状态不满意的主要原因

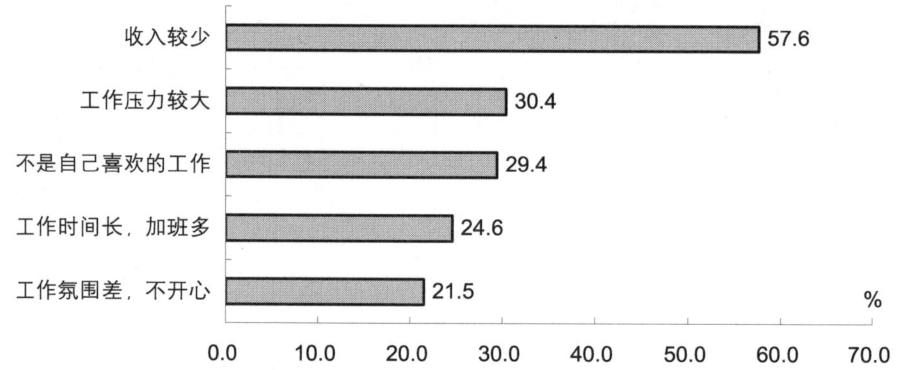

2. 提高生活品质是最主要的就业目的

调查显示，近一半被访者认为就业是为了提高生活品质、改善生活条件。其中，49.7%选择为了提高生活品质、改善生活条件，21.3%选择为了维持生计，16.7%选择为了实现自身价值，8.9%认为是为了发挥个人兴趣和爱好，2.8%是为了提高社会地位。数据显示，在职女性主要期望就业能够带来经济条件的改善，而发挥兴趣、爱好和提高社会地位则放在相对次要的地位。

3. 注重学习充电，积极应对职业发展瓶颈

在遭遇职业发展瓶颈时，超半数被访者能够积极面对，通过学习充电、换工作等各种方法改变现状，近四成被访者仍然维持现状。其中，42%表示维持现状，23.8%选择学习专业技能、提高业务能力，13.2%选择跳槽、换工作，11.3%选择继续深造、提高学历水平，8.5%选择自己创业，0.8%选择去外地发展。

从年龄看，面对职业发展瓶颈，50 岁以上和 31−50 岁的被访者更倾向于维持现状，分别占 80.6%和 54.5%；而 30 岁以下的被访者更愿意通过学习充电、换工作等方法改变现状，选择维持现状的仅为 18%。从职

业看，公务员或事业单位人员对待当前工作的态度更慎重，52.4%表示维持现状，9.8%表示换工作，7.3%表示自己创业，维持现状的比例高于企业管理人员、企业职员以及商业或服务业工作人员，而换工作和自己创业的比例均低于企业管理人员、企业职员以及商业或服务业工作人员。

三、关于促进女性职业发展的几点意见

（一）加大宣传力度，进一步提升女性社会地位

“十二五”期间，应继续加大《中国妇女发展纲要》和《北京市“十二五”时期妇女发展规划》宣传力度，充分利用新闻、网络等大众传媒形式，在全社会广泛开展男女平等基本国策和性别意识的宣传，在新闻出版、广播影视以及文学艺术等领域充分展示妇女参与和推动经济发展及社会进步的成就、价值和贡献，大力宣传妇女中的先进模范人物，引导广大妇女发扬自尊、自信、自立、自强的精神。目前女性社会地位较过去有所提升，但与在职女性的自身感受和期望相比仍有差距。调查显示，从在职女性自身的感受来看，多数女性认为社会地位与以前相比确实有所提高，但认为社会地位比较高的仅占两成。其中，21.9%认为现在女性的社会地位比较高，60%认为与以前相比有提高，15.8%认为与以前相比没变化，1.9%认为比较低。

（二）提升妇女参政议政和参与社会事务管理的水平

参政议政是女性社会地位提高的一个重要标志，尤其是女性在领导干部中所占的比例，更是反映了女性高层次的进步和发展。“十一五”期末，我市党代会、人代会、政协会女代表、女委员比例不断提高，均超过 30%；市委、人大、政府、政协领导班子都配备了女干部，全市 16 个区县政府领导班子中女干部配备率达到 100%，全市局级女干部比例达到 20%，处级女干部比例为 22%，基本达到《北京市“十一五”时期妇女发展规划》的目标[3]。我们应该看到，更多的女性在高层次岗位上工作的同时，为其他女性起到了很好的表率作用，也为在基层的女性及家庭主妇争取了更多的话语权。“十二五”时期，各级政府应积极创造条件支

3　数据资料参考统计分析报告《“十一五”妇女规划基本完成》。

持女性参与政治、经济、文化等社会活动，继续提升妇女参政议政和参与决策管理的水平。

（三）多角度关爱女性，实现妇女全面发展

受社会发展水平和社会文明程度的制约，妇女发展仍面临诸多问题与挑战：就业性别歧视仍未消除，妇女在资源占有和收入方面与男性存在一定差距；妇女参与决策和管理的水平仍然较低；妇女受教育程度与男性存在一定差距；妇女的健康需求有待进一步满足；妇女发展的社会环境有待进一步优化；妇女的社会保障水平有待进一步提高。

调查显示，在职女性希望政府和社会给予健康、促进就业、职业发展、权益保障等多方面的关注和支持。其中，64.1%希望政府和社会关注女性健康，48.4%希望关注女性职业发展、提高女性社会地位，47%希望保障妇女权益、为妇女维权提供支持，38.5%希望促进女性就业，21.9%希望提高女性参政议政比例。应从女性实际需求出发，多角度、全方位关爱女性，努力实现妇女全面发展。

北京居民生活垃圾分类意识状况调查报告

◆◇隋　妍

2011 年年初，首都精神文明建设委员会在全市开展了“做文明有礼的北京人，垃圾减量垃圾分类从我做起”的主题宣传实践活动，为了解目前北京市居民生活垃圾分类的意识和现状，改善居民的生活水平，并在此基础上为垃圾分类的进一步有效实施提出建议，北京市社情民意调查中心采用计算机辅助电话调查（CATI）形式对北京市十六区县范围内的 1549 位常住居民进行了民意调查（其中 41.7%的被访居民所在社区为全市垃圾分类达标试点小区）。

一、居民对垃圾分类的认知情况

调查显示，99.2%的被访市民听说过垃圾分类；仅有 0.8%的被访市民没有听说过。在被问及“您知道生活垃圾分为几类”时，47.4%的被访市民选择“三类”；34.1%的被访市民选择“两类”；11.8%的被访市民不知道如何分类；选择“四类”的占 6.7%（见图 1）。

图 1　市民对垃圾分类的了解情况

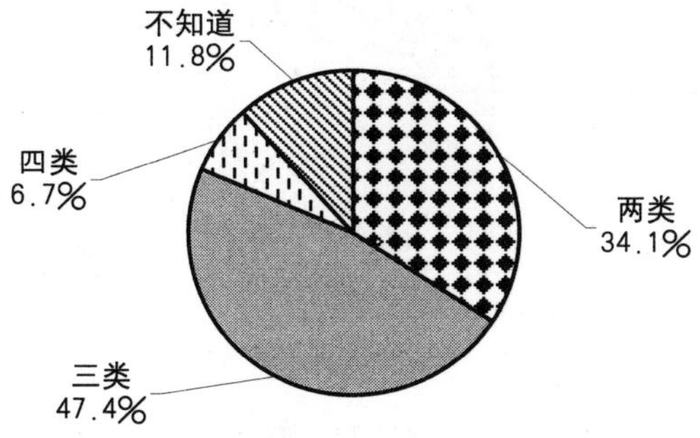

在正确选择生活垃圾分为三类的 729 名被访市民中，46.1%能够正

确辨识生活垃圾的三个类别，即：可回收垃圾、厨余垃圾和其他垃圾；53.9%辨识错误（见图 2）。

图 2　　市民对生活垃圾分类情况的选择

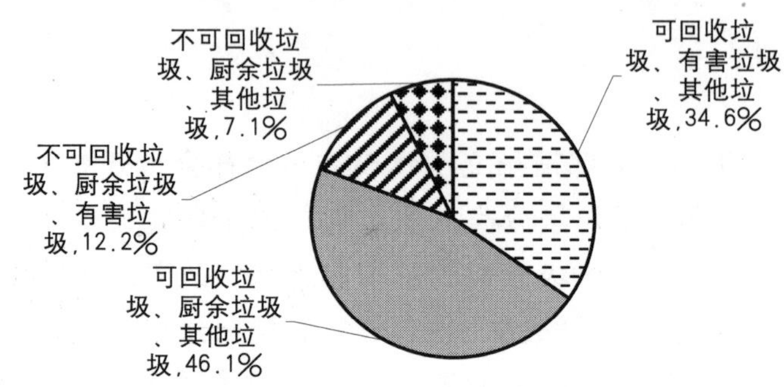

二、居民生活垃圾分类现状及问题

（一）逾四成被访市民将家中可回收垃圾单独分开

调查显示，45.1%的被访市民平时处理家中的垃圾时是将可回收垃圾单独分类；40.3%的被访市民将所有垃圾混在一起，整袋进行收集；仅有 14.5%的被访市民采用不同垃圾袋进行分类收集（见图 3）。

图 3　　市民对家中生活垃圾的处理情况

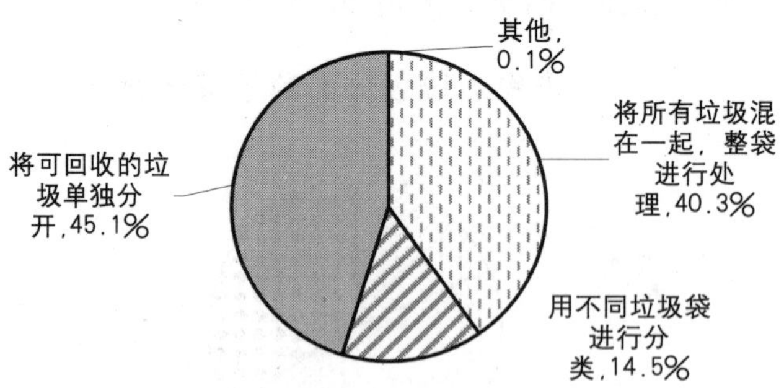

调查显示,平时在家中用不同垃圾袋进行分类的 224 名被访市民中，56.3%的被访市民分类标准是剩菜剩饭分一类，可出售的废品分一类，其他废弃物分一类；24.1%的被访市民剩菜剩饭分一类，其他废弃物分

一类；19.2%选择可出售的废品分一类，其它废弃物分一类（见图 4）。

图 4　　市民对家中生活垃圾分类情况

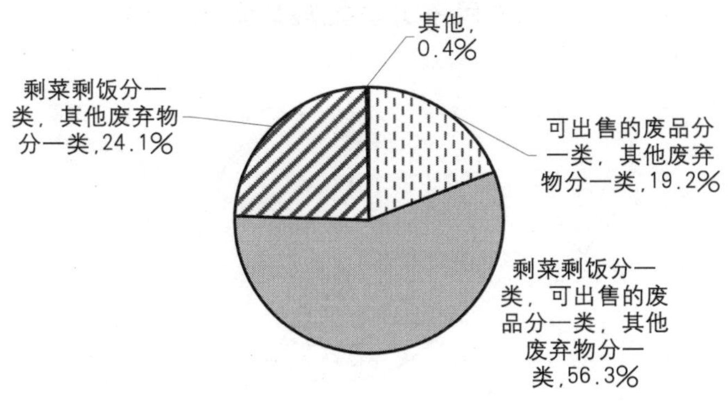

（二）逾四成被访市民认为垃圾分类基础设施不完善

调查显示，尽管部分被访市民在家中使用不同垃圾袋收集垃圾，并且占一定比例的市民能够对垃圾进行正确分类，但在垃圾的分类投放过程中，并没有按照要求实施垃圾分类。其中，最为主要的原因是小区内未实行垃圾分类，只有一个垃圾桶，所占比例为 41.8%；其他原因分别为：23.4%认为环卫工人收集垃圾时仍然是混在一起处理，所以觉得没必要分类；17.7%认为分类太麻烦，不愿意做；13.5%的被访市民不清楚如何分类，不知道该投放在哪个垃圾桶（见图 5）。

另外所在小区实行了垃圾分类并配置了分类设施的 646 位被访市民中，35.3%的觉得分类太麻烦，不愿意做；33.7%的认为环卫工人收集垃圾时仍然是混在一起处理，所以觉得没必要分类；23.3%的被访市民不清楚如何分类，不知道该投放在哪个垃圾桶。

（三）逾八成被访市民认为公众环保意识薄弱

调查显示，被访市民认为在垃圾分类处理过程中存在最为突出的三类问题：一是公众环保意识薄弱，占 82.9%；二是设施设备不完善，占 78.6%；三是职能部门[1]规划不力，占 71.5%。至于宣传力度不够、垃圾

1　本市经贸、环保、规划、国土房管、教育等相关行政管理部门按照各自职能制定并实施城市生活垃圾分类管理规划。

分类得不到妥善处理也是不少被访市民认为存在的问题，选择比例分别为67.1%和62.9%（见图6）。

图5　市民不分类投放垃圾的原因

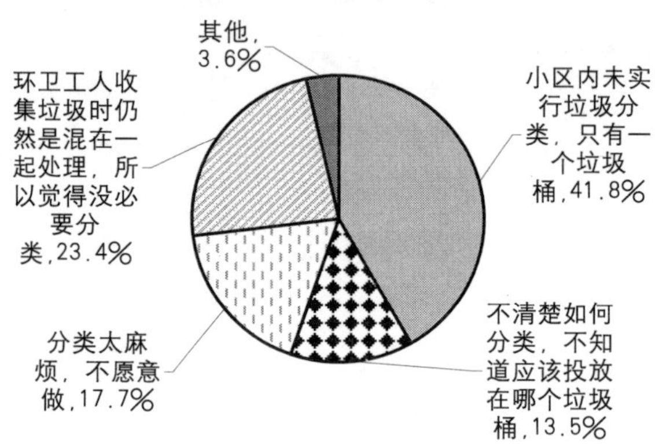

图6　市民认为垃圾分类处理工作中存在的问题

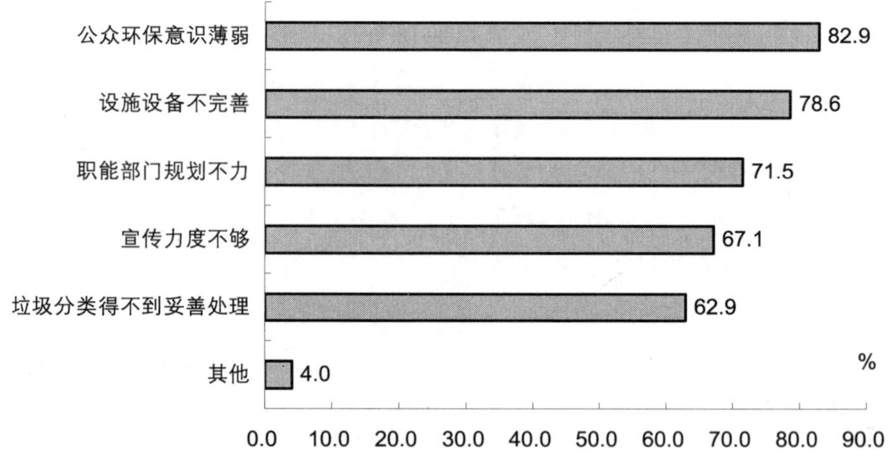

三、居民生活垃圾分类意愿分析

（一）近六成被访市民没有接受过垃圾分类知识的宣传与教育

调查显示，56.9%的被访市民没有接受过垃圾分类知识的宣传与教育；43.1%的被访市民接受过。在没有接受过垃圾分类知识的宣传与教育的 882 名被访市民中，明确表示愿意主动搜集或学习有关垃圾分类知识的比例占 88.7%；仅有 11.3%的被访市民表示不愿意主动搜集或学习有关垃圾分类的知识。

（二）电视电台、网络宣传是被访市民最容易接受的宣传方式

调查显示，被访市民对所在小区内垃圾分类的宣传方式接受情况由易到难依次为：电视电台、网络宣传占 93.3%；报纸、书刊占 84.8%；印发海报、图片或宣传小册子占 82.6%；与其他组织（如大学生志愿者服务队）合作宣传占 75.9%；举办垃圾科学分类回收相关讲座占 69.3%（见图 7）。

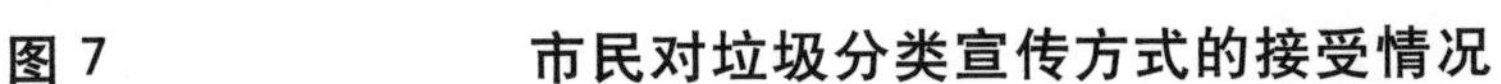
图 7　　市民对垃圾分类宣传方式的接受情况

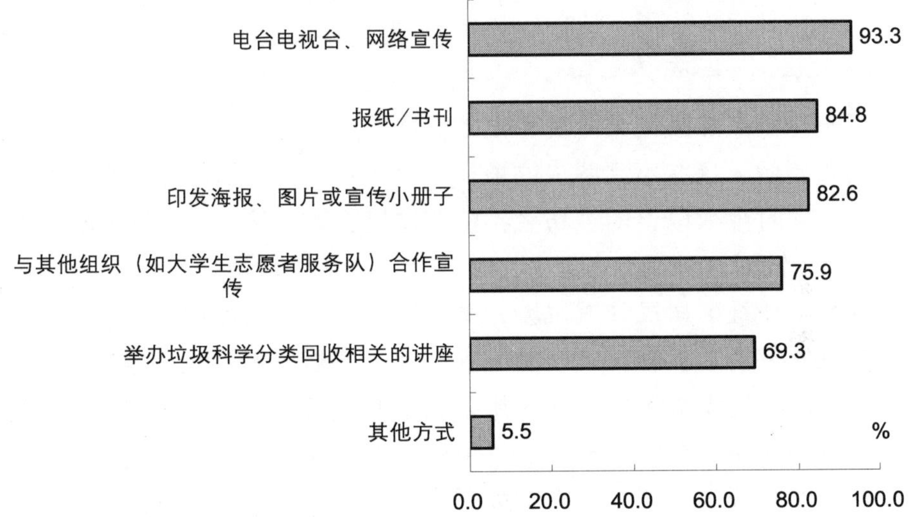

（三）五成以上被访市民认为垃圾分类是环保行为，有无规定都会积极参与配合

调查显示，52.2%的被访市民认为垃圾分类是环保行为，有无规定我都会积极参与配合；25.0%认为垃圾分类各环节相关配套还未成熟，目前很难做到垃圾分类；18.5%认为如果市政府出台相应政策，应该会严格遵守；4.3%认为大家都不太重视，我遵不遵守也无所谓（见图 8）。

图 8　市民对生活垃圾分类现状的态度

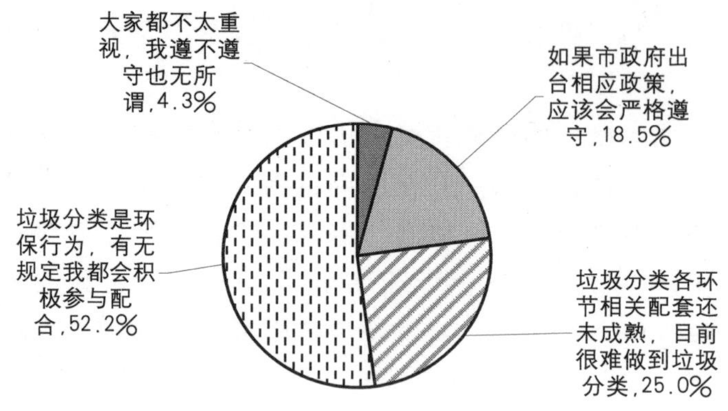

四、结论及建议

（一）重点加强垃圾分类和投放标准的宣传力度

调查表明，仅有不到两成的被访市民采用不同垃圾袋分类收集家中的垃圾，同时半数以上的被访者不清楚垃圾分类标准，不知道如何进行垃圾分类。针对这种现象，建议将宣传重点侧重于垃圾分类投放的标准、方法，真正让社区居民知道垃圾分类“为什么分”、“如何分”。

充分发挥街道、社区、学校的优越性，开展一系列主题宣传实践活动。在社区通过发放可粘贴的厨房贴和张贴垃圾分类知识的宣传挂图等方式，告知居民可粘贴到家中的垃圾桶附近，使居民在家中进行垃圾分类时便于参阅分类标准，提高垃圾分类的比率；在学校可通过学生参与垃圾分类及投放的实践，以小手拉大手的形式带动身边更多的成年人，让垃圾分类成为每个人的生活习惯。

另外建议在不同类别垃圾箱（桶）上分别张贴详细的图片或文字以作解释，即：哪些物品属于可回收垃圾、厨余垃圾或其他垃圾，让社区居民简单、准确地把握垃圾分类收集的种类和标准。

（二）加大投入软硬件配套，推动小区分类收集系统

调查显示，在随机拨打的1549位被访市民中，903位被访者所在小区未配置垃圾分类设施，而且多数被访者是因为这一原因没有做到分类投放。可见，政府应对全市各小区范围内（包括住宅楼每层的垃圾房）

不断加大垃圾分类设施的投入，严格进行设施配置；不定期向小区居民免费发放家用垃圾分类袋，采用按颜色或标签与小区内的分类垃圾箱（桶）相对应的方式，从源头分类设施上保证垃圾分类投放和分类收集。

（三）落实末端处理，实现各环节有效衔接

调查中有近 1/4 的被访者不按要求分类投放垃圾的原因是认为垃圾分类各环节相关配套还未成熟，环卫工人收集垃圾时仍然是混在一起处理，所以觉得没必要分类；垃圾分类是一项环环紧扣的工作，要实现垃圾分类，必须加强并完善垃圾分类投放、收集、运输、处理“四个环节”的系统建设和运行。目前在实行垃圾分类的社区，在垃圾回收过程中环卫工人将垃圾混合堆放，失去了垃圾分类的意义。建议进一步增强前端分类与末端处理系统匹配度，提高收集运输队伍专业化水平，真正落实好末端处理工作。

聚焦药品安全　助推民生建设

◆◇陈家芹

近几年来，“齐齐哈尔制药二厂假药事件”[1]、“完达山注射液致死事件”[2]、“抗生素滥用催生超级细菌”等药品安全事件时有发生，药品安全问题受到广大市民及政府的关注。《2009 年政府工作报告》中指出“要深入开展食品药品安全专项整治，健全并严格执行产品质量安全标准。要让人民群众买得放心、吃得安心、用得舒心”。本文根据调查结果，反映我市药品安全现状和市民对药品安全的认识，并对今后药品安全监管工作提出建议。

一、市民对药品安全的认识

（一）逾四成被访市民认可我市药品安全状况

调查显示，42.8%的被访市民认可我市的药品安全状况（其中 2.1%认为非常安全，40.7%认为比较安全），46.1%的被访市民认为我市药品安全状况一般，9.6%的被访市民认为我市药品安全状况不太好（其中 1.7%认为非常不安全，7.9%认为不太安全）（见图 1）。

认为我市药品安全状况不太好的 119 位市民中，44.5%是由于受新闻媒体负面报道的影响，29.4%是因为自己或亲朋好友遭受过药品不安全事件，20.2%则是由于经常听别人议论药品不安全的事件（见图 2）。

（二）近三成被访市民能全面了解药品安全的内容

药品安全包括药品、医疗器械、保健食品及化妆品的安全。调查显

1　2006 年 4 月，“齐二药”事发，工业原料二甘醇被作为药用辅料丙二醇使用，生产出“亮菌甲素注射液”，导致多人死亡。这是一起非常严重的药品质量公共卫生危机事件，事件范围波及全国。

2　2008 年 10 月，云南省红河州 6 名患者使用了标示为黑龙江省完达山制药厂生产的两批刺五加注射液后，出现严重不良反应，其中有 3 例死亡。经查明，完达山的两批刺五加注射液在流通环节被雨水浸泡受到细菌污染后，被换标签继续销售。

示，28.6%的被访市民能全面了解药品安全的内容。大部分被访市民认为除药品外医疗器械、保健食品的安全也属于药品安全范畴，比例分别为 82.5%、60.1%，但由于化妆品与药品功能相差甚远，仅有 34.8%的被访市民认为化妆品安全属于药品安全范畴（见图 3）。

图 1　　市民对药品安全的总体评价

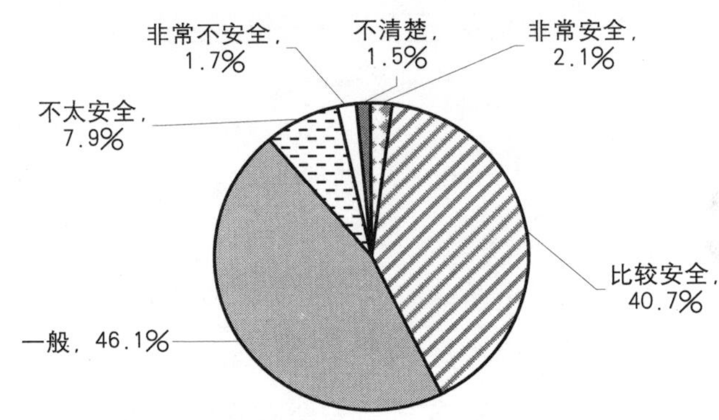

图 2　　市民认为我市药品状况不安全的主要原因

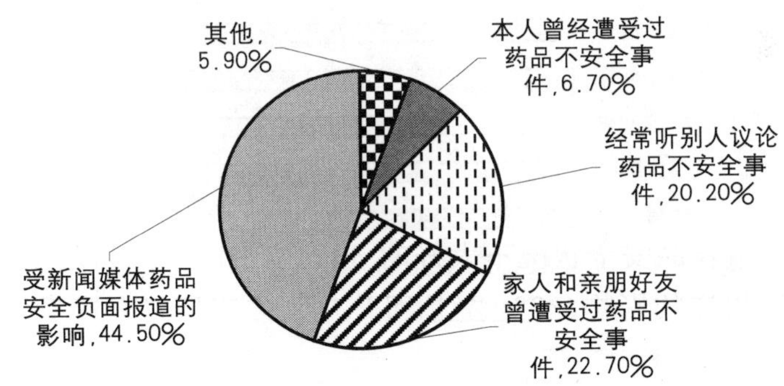

二、药品安全存在的问题

（一）违法广告、药品滥用及药品伪劣是我市药品安全的主要问题

调查显示，当被问及药品安全存在的主要问题时，38.9%的被访市民认为是违法药品广告问题，36.6%认为是药品伪劣问题，34.1%认为是

药品滥用问题，30.9%认为是药品（药盒）非法收售问题，30.5%认为是黑药店黑诊所问题，25.0%认为是过期药品处理问题，24.2%认为是药品不良反应问题（见图 4）。

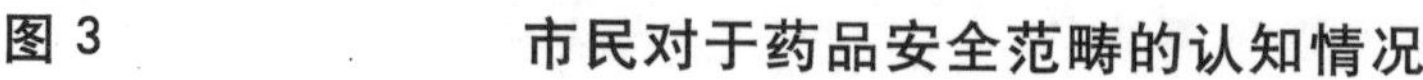

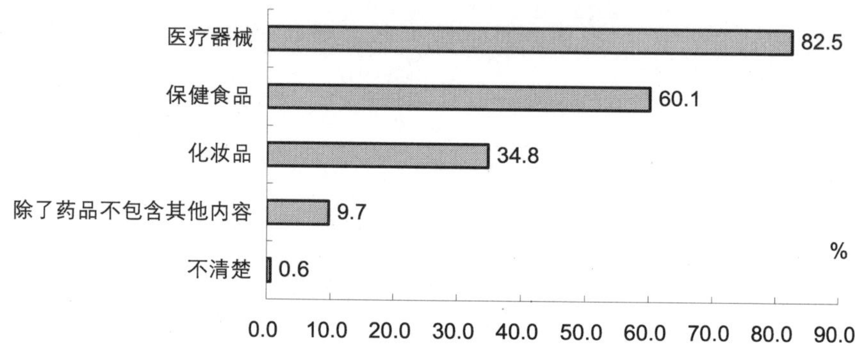

注：此题为多选题。

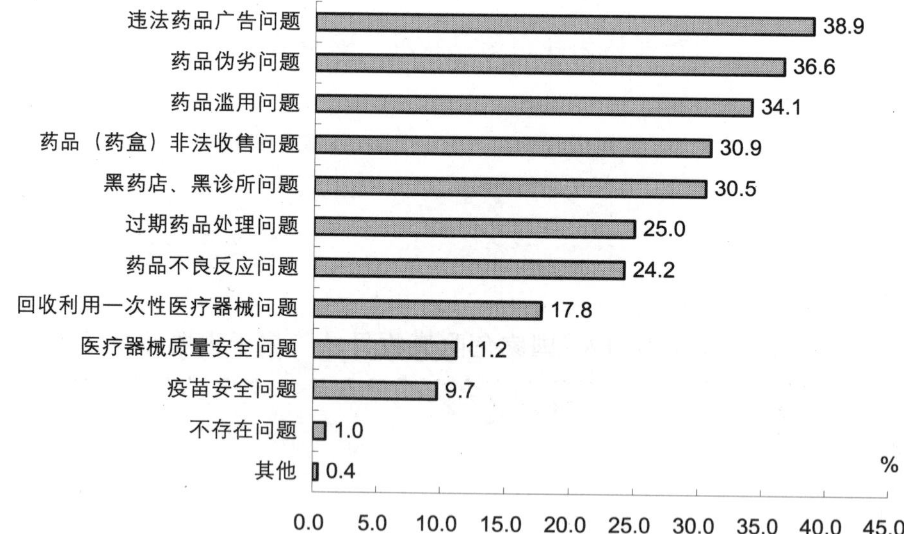

注：此题为限选题，最多选三项。

（二）逾四成被访市民在没有医生处方的情况下能买到抗生素；逾二成被访市民表示医生处方经常含有抗生素

国家食药监局规定，2004 年 7 月 1 日起在药店购买抗生素时需凭医生处方，但社会上仍有部分药店违规销售抗生素，一定程度上导致抗生素的滥用。调查显示，44.7%的被访市民表示近年来在没有医生处方的情况下能在药店买到抗生素，31.8%表示在没有处方时不能在药店买到抗生素，23.5%则表示不清楚。

抗生素滥用已成为医疗行业非常突出的一个问题，据卫生部调查，我国抗生素使用率达 70%，而八成病人是无需使用抗生素的[3]。本次调查中，51.8%的被访市民表示医生处方“经常”和“偶尔”含有抗生素，41.2%表示医生处方中“极少”和“从不”含有抗生素（见图 5）。

图 5　　医生处方含抗生素类药品情况

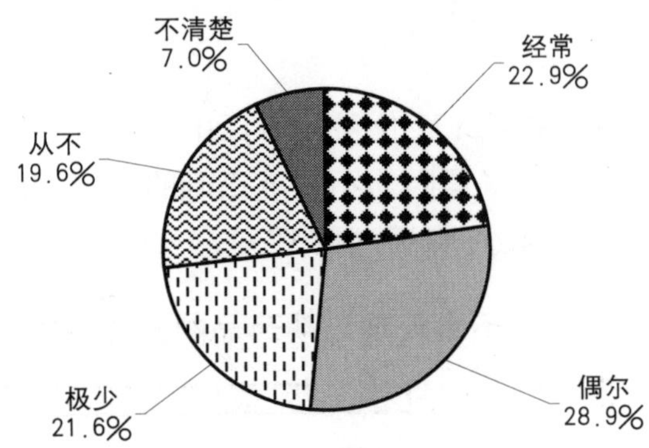

（三）逾九成被访市民对过期药品处理不当，主要原因是找不到专门的过期药品回收点

过期药品已被明确列入“国家危险废物目录”，属于重要环境污染源，不能随意丢弃；药品过期后将发生内在质量变化，产生对人体有害的物质，不能继续服用，如果流入消费市场会造成更大的危害，因此需要对过期药品进行专门回收。调查显示 5.2%的被访市民将过期药品送到专门回收点，94.8%的被访市民曾错误处理过期药品。

把过期药品当成垃圾扔掉，是公众普遍的处理方式。调查中，91.3%的被访市民都曾将过期药品当成垃圾扔掉，6.3%继续服用过期药品，0.1%将过期药品卖给药贩子（见图 6）。

3　数据来源：卫生部官方网站。

图 6　过期药品处理方式

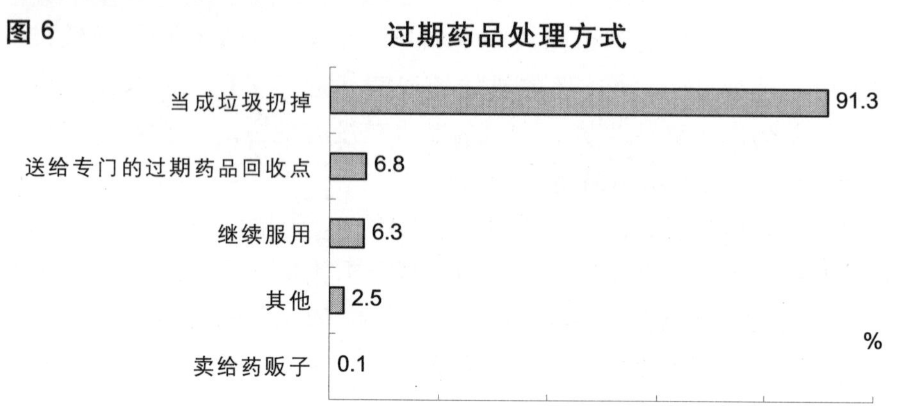

注：此题为多选题。

错误处理过期药品的1172位被访市民中，87.9%是因为找不到专门的过期药品回收点，40.8%是因为不知道正确的处理方法，23.0%是觉得送到专门的过期药品回收点麻烦（见图7）。

图 7　不当处理过期药品的主要原因

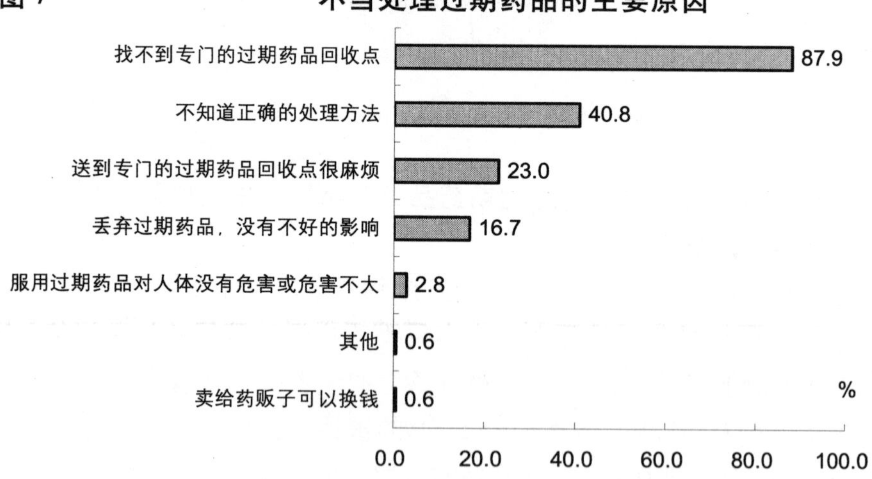

注：此题为限选题，最多选两项。

家中自备药品是过期药品生成的重要原因，调查显示，96.8%的被访市民表示家中会有自备药（其中75.4%会定期查看自备药是否过期，21.4%则不会查看），3.2%的被访市民表示家中无自备药。

三、药品不安全的因素

（一）药品监督管理方面，逾四成被访市民认为对医院药店监管不严的危害最大

医院药店是公众获取药品的主要渠道，而对医院药店管理不善，会引发药品滥用、伪劣药品等问题，危害人体健康。调查显示，44.1%的被访市民认为在药品监督管理方面对医院药店监管不善造成的危害最大。另外，选择“药品检查打击力度不强”、“药品准入门槛低”和“出厂时药品抽检不全面”的被访市民的比例分别为 31.6%、12.1%和 11.9%（见图 8）。

图 8 监督管理方面的不安全因素

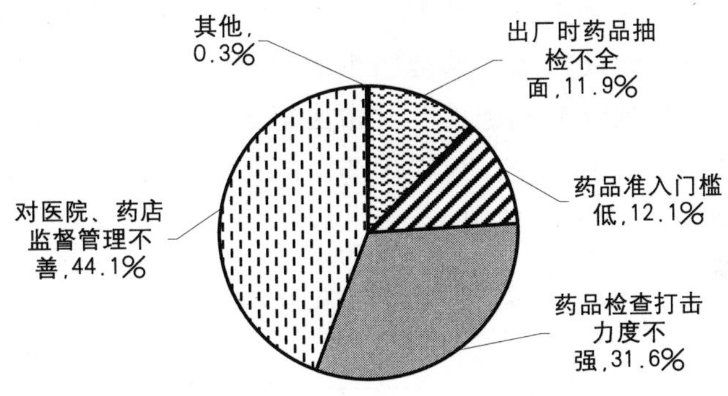

（二）药品经营流通方面，近七成被访市民认为生产厂商为药品作虚假广告危害最大

虚假药品广告不科学的表示药品功效，欺骗误导消费者，使消费者做出错误的购买决策，危害人体健康。调查显示，67.3%的被访市民认为在药品经营流通方面生产厂商为药品做虚假广告危害最大。另外，选择“医院药店忽略药品质量”和“药店销售处方药等禁卖药”的被访市民比例分别为 22.2%和 10%（见图 9）。

图 9　　经营流通方面的不安全因素

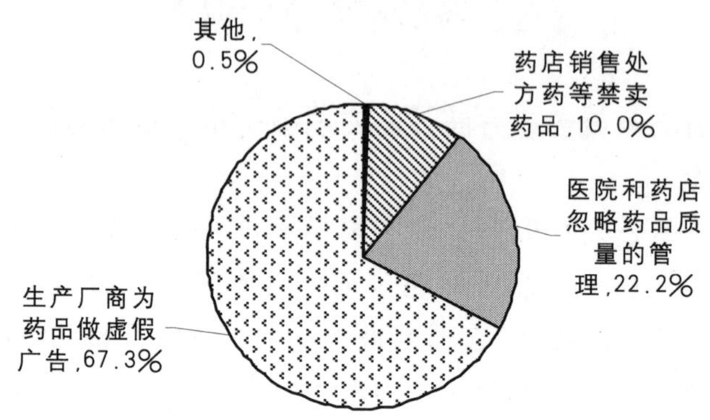

（三）药品使用方面，逾四成被访市民认为医生滥用药品危害最大

药品滥用，是药品安全存在的三大问题之一。药品滥用会引发公共卫生问题，如抗生素滥用催生超级细菌。调查显示，42.3%的被访市民认为药品使用方面危害最大的是医生滥用药品。另外，选择“药品种类多医生开处方时难以准确把握”、“市民凭经验用药”、“药师没有认真审核处方”和“护士不按操作规程用药”的被访市民比例分别为 24.8%、19.2%、8.4%和 4.9%（见图 10）。

图 10　　药品使用方面的不安全因素

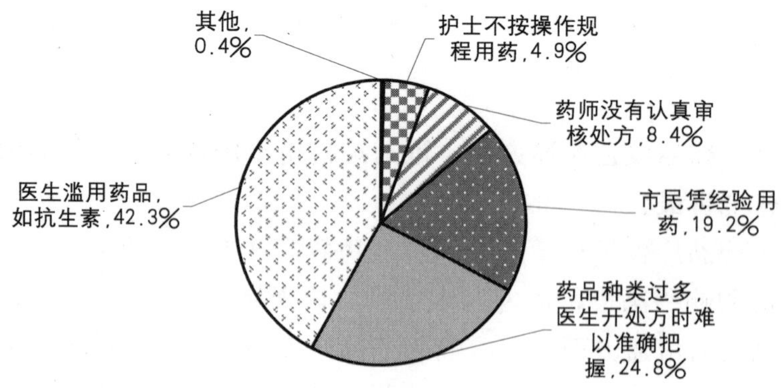

四、安全购药方式及维权方法

（一）医生处方、生产厂家及药品知名度是购药主要考虑的因素

购药时谨慎选择药品可以一定程度上降低遭遇药品不安全事件的概率。当选购疗效类似的药品时，34.9%的被访市民主要依据医生处方选择药品，31.1%主要依据生产厂家，29.4%主要依据药品知名度，28.4%主要依据个人经验，23.1%主要是让药店推荐，22%主要依据药品价格（见图 11）。由此可见，被访市民在药品选择上仍主要考虑药品的安全性，以安全系数相对较高的“医生处方”、“生产厂家”、“药品知名度”为主要考虑因素。

图 11　购药影响因素

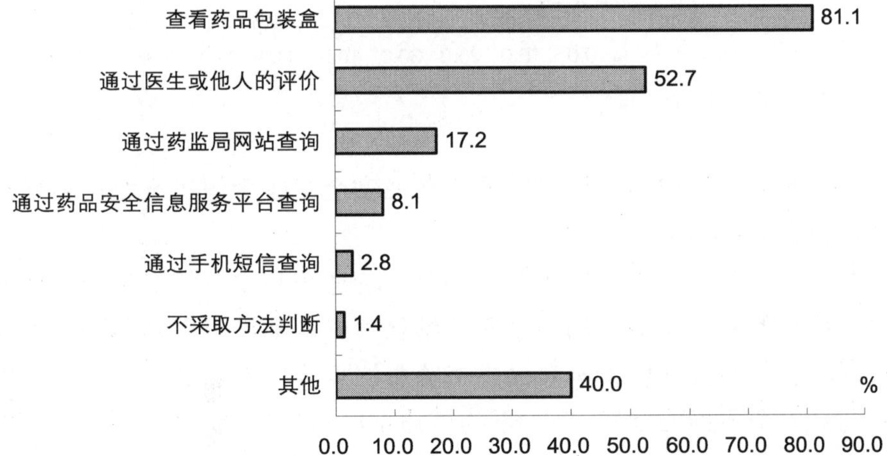

注：此题为限选题，最多选两项。

（二）逾九成被访市民会采取方法辨别药品伪劣，主要方法是查看药品包装盒

假药劣药不仅仅会造成金钱上的损失，更重要的会造成健康甚至生命的损害，购药时辨别药品安全的重要性不言而喻。调查显示，98.6%的被访市民会采取方法判断药品安全与否，1.4%的被访市民不会采取方法判断药品是否安全。在判断药品是否安全的具体方法上，81.1%的被

访市民通过查看药品包装盒（包括生产日期和有效期、批准文号和产品批号等）来辨别药品伪劣，52.7%通过医生或他人的评价辨别，17.2%通过药监局网站查询来辨别，8.1%通过药品安全信息服务平台查询来辨别，2.8%通过手机短信查询来辨别（见图 12）。

图 12　　药品安全辨别方法

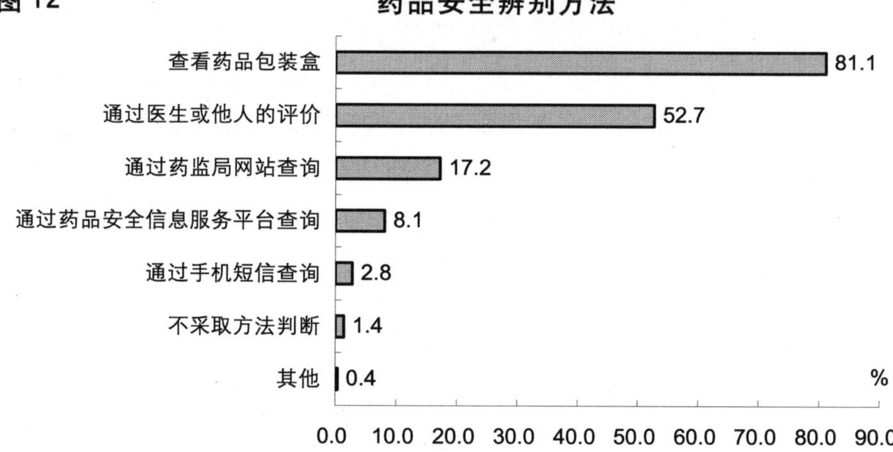

注：此题为限选题，最多选三项。

（三）逾七成被访市民如果遇到药品安全问题会积极维权，主要渠道是向市药监局投诉

药品安全与老百姓的健康密切相关，营造药品安全的健康消费环境需要全社会的共同努力。药品安全的维权不仅是维护个人利益的一种行为，而且也是社会共同参与药品安全监督的重要体现。调查显示，如果遇到药品安全方面的问题，71.6%的被访市民会举报投诉，24.8%不会举报投诉，3.6%不清楚。由此可见，我市市民在药品安全的维权，净化药品市场方面有一定的积极性。

当需要投诉药品安全方面的问题时，56.6%的被访市民主要向市药监局投诉，40.5%主要向消费者协会投诉，33.3%主要向市卫生局投诉，16.6%主要是上网发表自己的意见，9.5%主要向工商局投诉，9%主要向报刊、广播电台或电视台反映。由此可见，向药监局投诉是维权的主要渠道（见图 13）。

图 13 药品安全投诉渠道

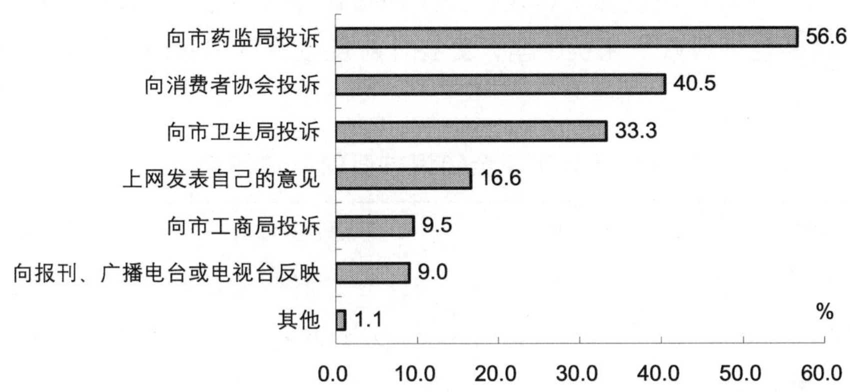

注：此题为限选题，最多选两项。

五、关于药品安全的思考和建议

（一）加强药品安全监管，筑牢药品“安全网”

筑牢药品“安全网”，需进一步加强监管手段。确保药品安全，既要靠制售者守法，也要靠监管者的监管到位。

调查中发现违法药品广告、药品伪劣及药品滥用问题是我市药品安全的主要问题；而且 67.3%、42.3%的被访市民分别认为广告虚假和药品滥用在药品经营流通环节和药品使用环节危害最大，因此，建议加强药品安全违法行为的监管和查处，严格医疗机构及药店的管理。

（二）开展药品安全科普宣教，普及药品安全知识

药品安全关系着每个人的切实利益，保障药品安全需要全社会的参与。深入开展药品安全的科普宣教工作是提高公众安全用药意识的有效手段。调查中市民对科普宣教需求较大的内容是合理用药知识和安全购药知识，选择这两项的比例分别为 72.3%和 54.7%（见表 1），所以建议科普宣教应以合理用药和安全购药知识为重点。

普及药品安全知识，应着重针对一些用药误区来开展，例如当下比较普遍的抗生素使用误区。近几年，抗生素相关知识的宣传工作已有一定成效，调查表明，94.7%的被访市民已经知晓能不用就尽量不使用抗生素。但公众对抗生素的认识仍不全面，调查表明近六成被访市民认为

抗生素就是消炎药，近两成市民认为发烧、感冒、腹泻就用抗生素（见表 2），因此应对市民认知中存在的误区加强宣传的深度，如对抗生素的宣传不仅要告诉公众少用抗生素，更要针对抗生素认识和使用误区作深入宣教。

表 1　　市民对于药品安全知识方面的有关需求（%）

药品安全知识	比 例	药品安全知识	比 例
1.合理用药知识	72.3	4.药品安全方面的法律法规	33.9
2.安全购药知识	54.7	5.药品存贮知识	31.2
3.消费者维权知识	37.9	6.不需要	0.8

注：此题为限选题，最多选三项。

表 2　　市民对于抗生素的认识（%）

抗生素认识	比例	抗生素认识	比例
1.能不用就尽量不用抗生素	94.7	4.抗生素加大剂量会好的快	11.7
2.抗生素就是消炎药	58.7	5.使用抗生素种类越多越好	4.5
3.发烧感冒腹泻就用抗生素	17.7	6.不清楚	1.2

注：此题为多选题。

开展科普宣教，要充分利用报纸、电视、广播、网络以及安全知识大讲堂等多种形式，深入普及药品安全知识，提升公众安全用药意识和监督意识，充分发挥社会公众力量，营造人人关心、支持、参与药品安全的良好氛围。

（三）增加过期药品专门回收点，减少药品安全隐患

过期药品属于危险废弃物，其正确的处理方法是送至专门的回收点。但 94.8%的市民都曾错误处理，或将其当成垃圾扔掉，或继续服用，或卖给药贩子。市民错误处理过期药品，87.9%是因为找不到过期药品回收点。因此，建议政府相关部门在全市范围内加大对过期药品回收点的宣传，适当增加过期药品回收点的数量，解决过期药品“无处可放”的问题。

市民错误处理过期药品还有 40%是因为不了解过期药品的正确处理方法。由此可见，公众对过期药品相关知识知之甚少。因此，应加强宣传过期药品相关知识，使公众了解过期药品的危害，正确处理过期药品；另外，呼吁公众 “合理开药”、“合理备药”，防止过期药品产生，只有正本清源，才能彻底解决过期药品问题。

停车费上涨对市民出行方式影响调查分析

◆◇郭　蕾

2011年5月，北京市社情民意调查中心就停车费上涨的规定等内容对我市3025位市民进行了调查，调查采用计算机辅助电话调查(CATI)形式，调查覆盖我市除平谷、怀柔、密云、延庆外的12个区县。调查结果显示：逾三成被访市民支持停车费上涨规定的实施，近七成被访市民认为2011年年初开始实施的“治堵新政”对缓解我市交通压力有帮助；停车费上涨后，逾四成被访市民认为交通状况有所好转，三成被访有车市民调整出行方式；在目前油价、停车费上涨的态势下，近八成被访无车市民表示短期内无购车意向，近半数被访有车市民表示外出时尽可能少开或不开车。

2011年年初开始，北京市陆续开始实行包含28项综合治理措施在内的“治堵新政”，4月1日起，三环内区域（重点区域）停车费上涨。停车费上涨月余后，北京市社情民意调查中心围绕市民对停车费上涨新规定的看法及我市交通状况的感受对3025位市民进行了调查，其中82.2%（2487个）为家庭有车样本（以下简称有车样本），17.8%为家庭无车样本；43.7%（1321个）的目前出行方式以自驾或乘坐轿车形式为主(以下简称非公交出行样本)，56.3%的出行方式以公共交通形式为主。

一、市民对“停车费新规定”的支持程度与感受

（一）逾三成被访市民支持“停车费新规定”

调查显示，35.6%的被访市民支持“停车费新规定”（其中13.9%的非常支持，21.7%的比较支持），认为一般的占32.7%，30.9%的被访市民不支持此规定(其中15.9%的非常不支持，15%的不太支持）（见图1）。另外，31.4%的被访有车市民支持此规定。

图 1　　被访市民对“停车费新规定”的支持程度

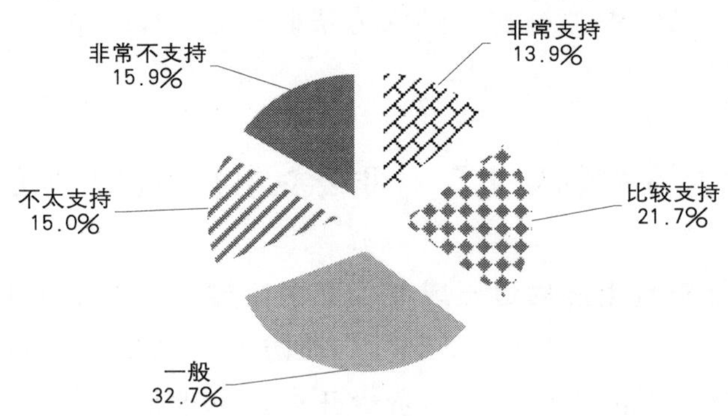

（二）逾四成被访市民认为停车费上涨后交通状况好转

调查显示，42.9%的被访市民认为停车费上涨后交通状况好转，52.6%的被访市民认为停车费上涨前后交通状况没有变化，4.2%的被访市民认为交通更加拥堵。

（三）三成被访有车市民在停车费上涨后调整出行方式

调查显示，停车费上涨后，30.5%的被访有车市民调整出行方式（其中 23.3%的尽量减少开车出行，7.2%的完全改乘公共交通工具出行）。

（四）近七成被访市民认为“治堵新政”对缓解交通拥堵有帮助

图 2　　“治堵新政”对缓解拥堵的帮助

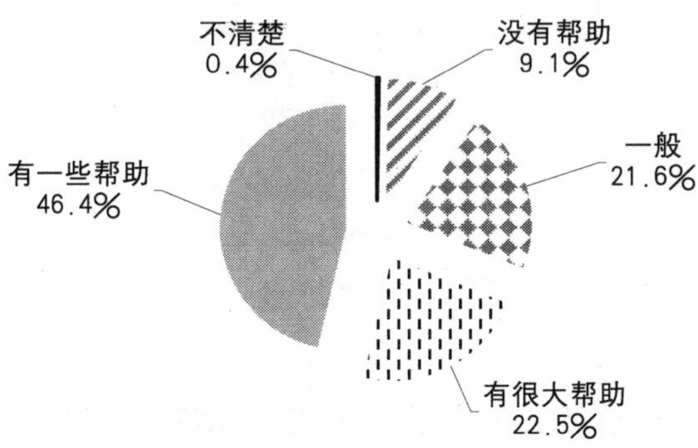

调查显示，当被问及从 2011 年年初陆续开始实施的包含 28 项综合治理措施在内的“治堵新政”效果时，68.9%的被访市民认为“治堵新

政”对缓解拥堵有帮助（其中 22.5%的认为有很大帮助，46.4%的认为有一些帮助），21.6%的被访市民认为帮助一般，9.1%的被访市民认为没有帮助（见图 2）。

二、“停车费新规定”对非公交出行市民产生的影响

（一）停车费上涨后近三成非公交出行被访市民改变出行方式

调查显示，1321 位非公交出行的被访市民中，28.9%的调整了出行方式（其中 23.7%的人出行时尽量少开车，5.2%的人出行时改乘公共交通工具），71.1%的出行方式没有变化。

（二）逾六成被访非公交出行市民仅必要时才驾车出行

调查显示，被访的 1321 位非公交出行市民中，65.3%的表示只在有必要时才驾车出行，34.7%的表示无论任何情况均会驾车出行。

当进一步询问 863 位被访市民在不开车时的出行交通工具选择时，43.3%的被访市民选择地铁，37.1%的被访市民选择公交车，11.1%的被访市民选择出租车（见图 3）。

图 3　不开车时，通常选择的交通工具

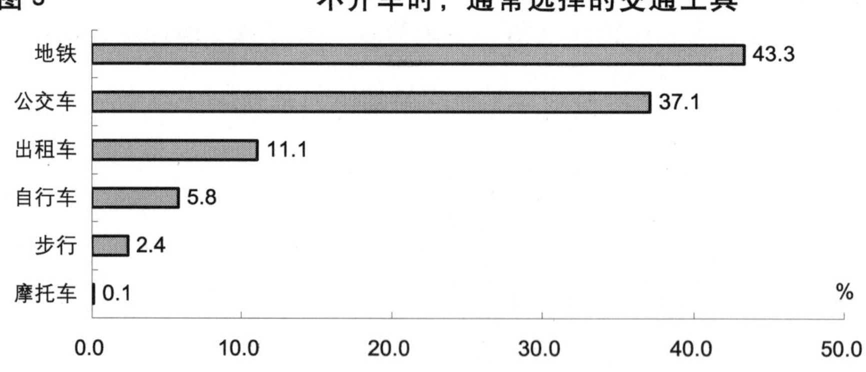

（三）逾七成被访非公交出行市民选择相对便宜的地下停车场停车

调查显示，76.2%的被访非公交出行市民会将车停在相对便宜的地下停车场，50.4%的人会将车停在目的地附近的胡同或者居民小区内，21%的人曾经停在非标准停车区域，也就是违章停车（见图 4）。

图 4　　选择三环内停车场的情况

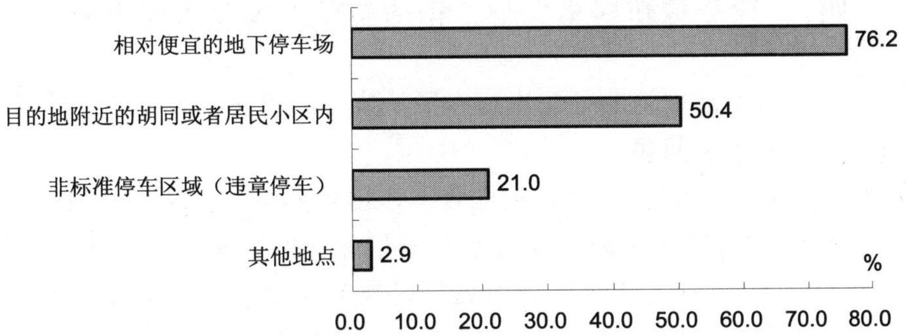

在进入三环内等停车收费高的区域进行就餐、购物等休闲活动时，60.9%的被访非公交出行市民会选择“外出尽量不开车，乘坐公共交通工具”，58.1%的人对自己“每次就餐、购物的总时间会进行控制”，54.1%的人会“相应减少出行次数”。

三、停车费上涨后，无车被访市民对交通的感受及购车意向

（一）逾六成被访市民感觉公交、地铁人流量有所增加

调查显示，在选择使用公交交通工具出行的 1704 位被访市民中，61.9%的乘坐公交车和地铁时感觉人流有所增加（其中 25.4%的人感到人流量增加太多，显得非常的拥挤，36.5%的人感到人流量有一些增加），有 33.3%的人没有感觉到人流量有变化，4.2%的人感觉人流量有所减少。

（二）近八成无车被访市民短期内无购车意向

调查显示，在目前停车费上涨、汽油价格上涨的态势下， 685 名目前没有私人小汽车的被访市民中 79.3%的短期内无购车意向，20.7%的会适当考虑购车。

四、"停车费新规定"与"治堵新政"需完善的方面

（一）逾六成被访非公交出行市民认为首要解决调整停车位配置，解决停车位不足的问题

调查显示，停车费新规定实施月余，仍然需要磨合期。65.4%的被访非公交出行市民认为需合理调整停车位配置以解决停车位不足的问题；36.9%的认为需规范停车违章处罚等执法程序，如在处罚范围、时间和罚款细则等方面加以明确；33.5%的认为需要引导解决胡同等居民区乱停车问题；另外，被访市民还提出加大地铁及公交枢纽周边换乘停车场建设力度、引导对外开放机关单位内部停车场、推动建设立体及地下停车场的建设等方面的建议（见图5）。

图5　"停车费新规定"需加强的管理措施

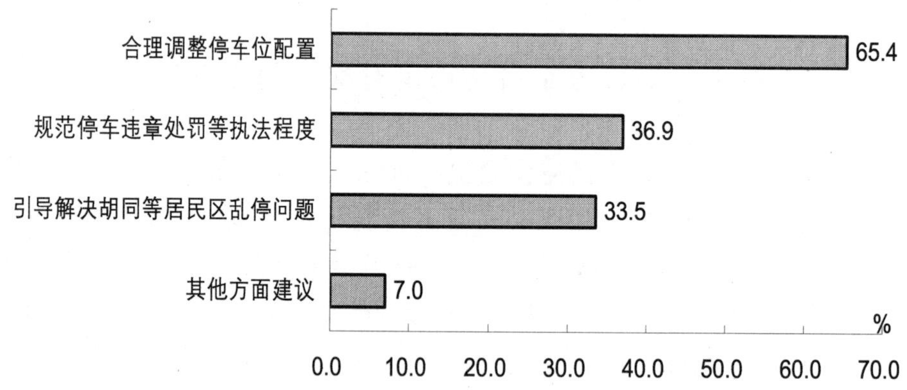

（二）逾七成被访市民认为应继续加强地铁公交等交通设施建设

调查显示，71.2%的被访市民认为应继续加强地铁、公交等交通设施的建设；52.5%的被访市民认为应完善城市规划设计，合理设计居住小区的配套公交设施；40.3%的被访市民认为需要提高公共交通运力，如：增加车次、减少发车间距（见图6）。

图 6 "治堵新政"需加强的管理措施

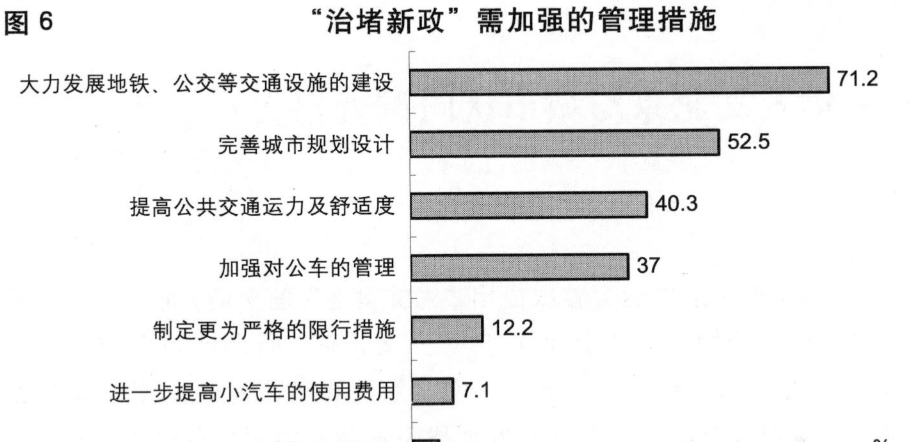

2011年人文北京与城市认同调查报告

◆◇刘　瑶

自2008年北京奥运会首次提出“人文奥运”理念后，北京为大力弘扬人文精神，相继制定并全面推进《“人文北京”行动计划(2010—2012年)》和《北京市“十二五”时期人文北京发展建设规划》，将紧紧围绕人文北京、科技北京、绿色北京发展战略和建设中国特色世界城市确立为“十二五”时期全市发展的主要目标。为更好地了解市民心目中关于“人文北京”建设的定位和需求，北京市社情民意调查中心于2011年5月利用计算机辅助电话调查（CATI）方式对我市1133位常住居民进行了“人文北京与城市认同调查”。

调查发现：故宫、长城等历史古迹是百姓心目中最能代表北京的文化符号；八成被访市民认为四合院等特色民宅最需要重点保护；民生建设是现阶段北京人文建设的重中之重；政策上的差异最影响“新北京人”对北京的归属感。本文根据调查结果，探究北京市民关于“人文北京”建设的理想和期望，重点围绕文化、民生两大领域进行分析，突出反映北京人文建设的阶段性特点，并对远期建设提出建议。

一、现阶段市民心目中关于“人文北京”建设的定位和期望

（一）故宫、长城等历史古迹是百姓心目中最能代表北京的文化符号

每个城市或地区的人民心目中，总有一些凝聚着精神与情感、最能代表本地区特征的文化符号。调查表明，91.6%的被访市民认为“故宫、长城、颐和园等历史古迹”是最能代表北京的文化符号，67.9%的被访市民认为“老胡同、四合院等老北京特色民居”是最能代表北京的文化符号，44.2%的被访市民则认为“国家大剧院、鸟巢、水立方等时代建筑”是最能代表北京的文化符号（见图1）。

图 1　　百姓心目中最能代表北京的文化符号

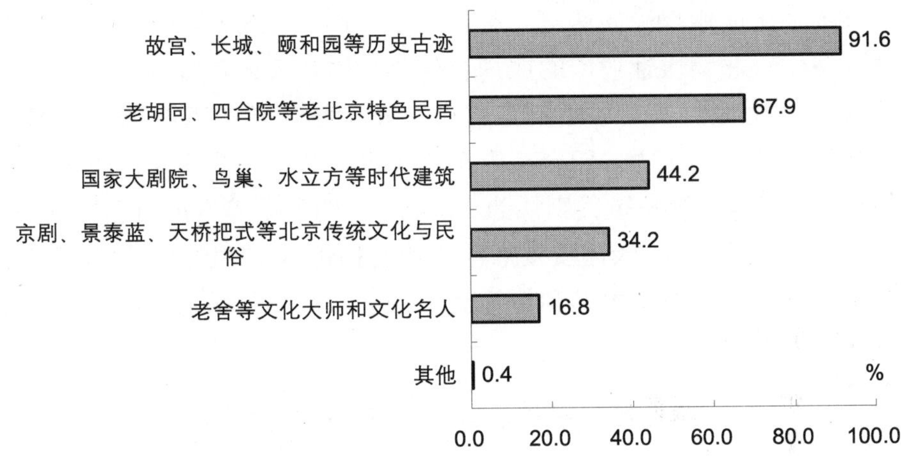

城市的人文魅力通常表现为外在的城市特征，调查中 68%的被访市民认为“悠久的历史文化”是北京最彰显人文魅力的特征所在，59.8%的被访市民认为“特有的古都风貌”是北京最具人文魅力的特征；52.6%的被访市民则认为“教育、医疗、养老等民生保障体系”是北京最具人文魅力的特征（见图 2）。由此可见，古都北京在历史长河中积淀下来的历史文化和古都风貌，仍是百姓心目中最自豪和值得珍视的。

图 2　　北京最具人文魅力的城市特征

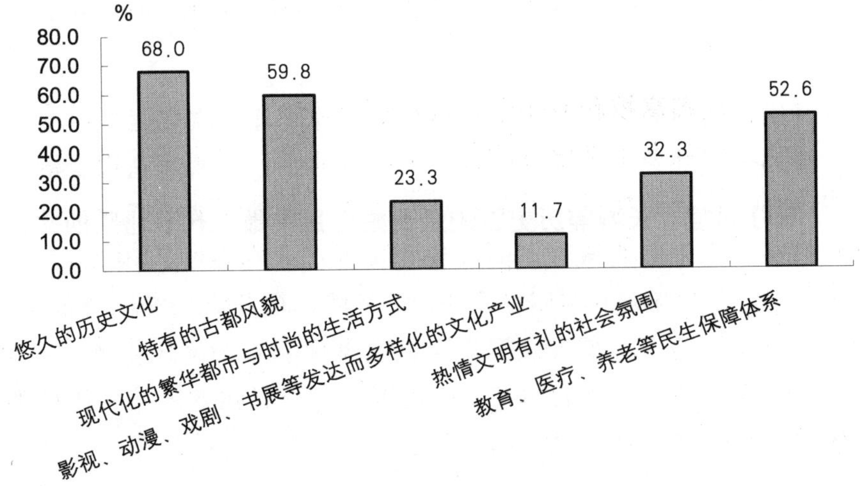

（二）八成被访市民认为四合院等特色民宅最需要重点保护

传统文化能体现民族底蕴、彰显民族个性，近年来市政府一直致力于传统文化、非物质性遗产的保护和传承工作。那么在百姓心目中哪些北京传统文化的代表是最需要重点保护和发扬传承的呢？调查表明，80.4%的被访市民认为“四合院等特色民宅及其他历史古建”最需要重点保护，54.5%的被访市民则认为“京剧、京韵大鼓等本地曲艺”和“传统手艺、民间绝活儿”最需要重点保护和发扬传承（见图3）。由此可见，散发着“京味”的民居古建和传统文化艺术，对当代北京市民仍然保持着较高的吸引力。

图3　最需要保护和发扬的北京地区传统文化

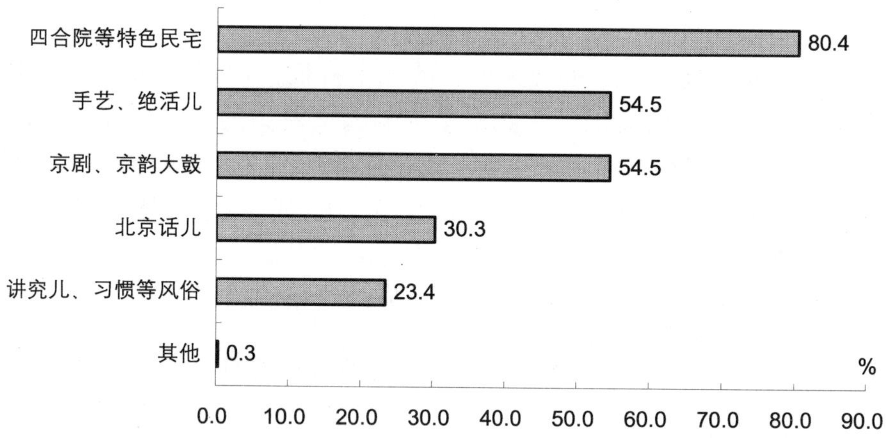

（三）众多高校和科研学术机构最能体现北京文化竞争力

作为全国社会主义建设的首善之区的北京，聚集了全国一流的高校院所、先进的文博场馆、繁荣的对外交流、蓬勃的文化产业，显示着古都北京在文化发展领域独有的优势和实力。调查表明，50.8%的被访市民认为“众多的高校和科研学术机构”最能体现北京的文化竞争力；46%的被访市民认为“高端人才聚集”最能体现北京的文化竞争力；41.6%的被访市民认为“便利的图书馆、美术馆、博物馆等公共文化设施”最能体现北京的文化竞争力（见图4）。

图 4　　北京在文化竞争力上的优势

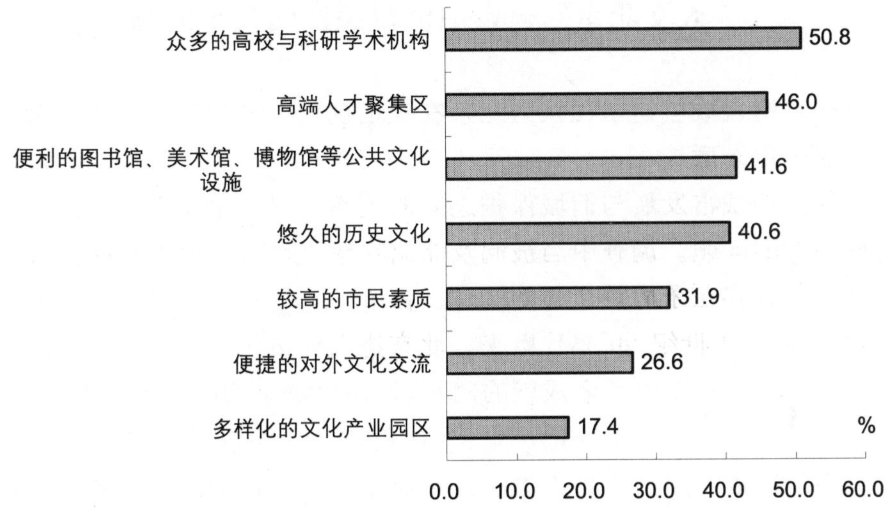

（四）民生建设是现阶段北京人文建设的重中之重

“人文北京”行动计划到 2012 年的近期目标是围绕改善民生、弘扬文明、繁荣文化、构建和谐四大支柱，把“人文北京”建设提高到新的水平。当被问及“现阶段北京人文建设最重要的方面”时，41.6%的被访市民认为是“关注百姓衣食住行”，30%的被访市民认为是“提高市民道德修养素质”，18.4%的被访市民认为是“发扬民主、维护社会安定”，10%的被访市民则认为是“弘扬传统文化、鼓励新兴文化，促进文化建设”（见图 5）。由此可见，百姓认为体现民生、文明、文化、民主四个方面的工作中，现阶段大力发展民生建设是最重要的。

图 5　　现阶段人文建设的工作重点

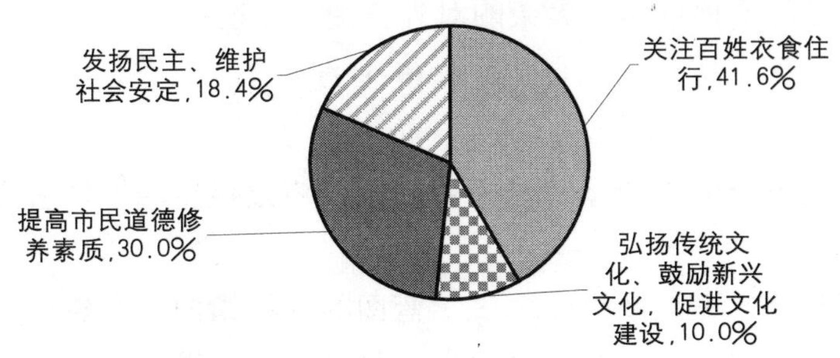

二、“人文北京”建设中值得关注的几个问题

（一）逾六成被访市民认为北京在建设现代化都市和保护古都风貌之间存在一定矛盾

如何协调城市发展与旧城保护之间的关系、寻找平衡点，是许多历史名城面对的问题。调查中当被问及北京在建设现代化都市和保护古都风貌之间是否存在矛盾时，共 692 位、占 61.1%的被访市民认为目前存在一定矛盾。20 世纪 90 年代以来，北京进入城市化高速发展阶段，快速的城市化过程在取得巨大成就的同时，旧城保护上的问题也凸现出来。旧城承载着北京八百多年建都历史积淀的特殊文化和人文价值，是北京市民、中华民族乃至全世界人类的文化瑰宝，当保护和改造二者不能兼顾应如何取舍时，692 位被访市民中，72.4%的市民认为应以保护历史文化名城和保留古都风貌为主，27.6%的则认为应以加速经济发展和城市现代化建设为主。

（二）政策上的差异最影响“新北京人”对北京的归属感

城市认同度某种意义上能够表现为民众对城市的归属感，进而体现城市的人文向心力。在对 412 位在北京长期工作或居住的外地被访者的调查中发现，其中 65%的被访者对北京的生活怀有归属感，35%的则没有归属感，并且这类人近一半拥有本科以上学历。数据显示，造成此类人群没有归属感主要是以下三方面原因：“教育、医疗等方面的政策对待本地人和外地人上的差异”，选择此项的人占 66.0%；“激烈的就业竞争和巨大的生活压力”，选择此项的人占 54.9%；“亲朋好友不在北京，情感上缺失”，选择此项的人占 50.7%。

三、一些思考和建议

（一）北京在建设世界城市过程中，应以保持和发扬古都风貌为着眼点和闪光点

世界城市，是北京“十二五”蓝图的目标指向。在建设世界城市的过程中，如何贯穿和保持人文北京、科技北京、绿色北京的发展战略和

中国特色世界城市的基调，始终值得思考。从调查数据可以看出，当城市现代化与古风原貌之间出现冲突时，市民更看重的是对“原汁原味”古都北京的保护。北京在协调城市发展规划与历史文化名城保护时，更需要积极创新体制机制，进一步完善各项政策、法规，使历史文化名城保护进一步走上良性发展轨道。北京在建设世界城市过程中，更应以保持和发扬古都风貌为着眼点和闪光点，使北京凭借文化积淀和人文魅力特质跻身于世界城市之列。

（二）坚持共建共享原则，提高首都的人文向心力、文化竞争力和文明感召力

随着社会的变迁，“新北京人”逐渐成为建设北京不可或缺的重要力量，也应该是“人文北京”建设成果的享有者。在未来工作中要通过方法创新、完善制度等多种手段，推进教育公平、社会保障覆盖、医疗卫生资源整合等民生工作，始终坚持共建共享原则。“人文北京”要营造人人关心、人人认同、人人践行的良好社会氛围，才能显著提高首都的人文向心力、文化竞争力和文明感召力。

居民收入保持较快增长　消费呈现多点支撑格局

◆◇江　羽

2011年以来，我市着力加大民生改善力度，城镇居民收入保持较快增长，1-11月人均可支配收入30016元，同比增长12.3%，比去年同期提高3.5个百分点；人均消费性支出19891元，同比增长9.5%，交通和通信支出受汽车限购政策影响增速持续放缓，家用设备用品及服务、教育文化娱乐服务、其他商品服务支出快速增长，呈现出多点支撑的格局。

一、人均可支配收入两位数增长，四项收入均有提高

1-11月，我市被调查的5000户城镇居民家庭人均总收入为33861元，同比增长10.7%。其中，人均可支配收入为30016元，同比增长12.3%。城镇居民家庭总收入中，工资性收入、经营净收入、财产性收入和转移性收入均呈现增长态势（见表1）。

表1　　2011年1-11月我市城镇居民收入主要来源及其增长

收入项目	金额（元）	同比增长（%）	拉动（带动）总收入增（减）（百分点）	构成（%）
家庭总收入	33861	10.7	—	100.0
其中：可支配收入	30016	12.3	—	—
一、工资性收入	23204	10.4	7.2	68.5
其中：工资及补贴收入	22633	10.1	6.8	66.8
二、经营净收入	1078	9.8	0.3	3.2
三、财产性收入	663	7.6	0.2	2.0
其中：利息收入	54	35.0	0.0	0.2
其他投资收入	117	7.3	0.0	0.3
出租房屋收入	426	33.1	0.3	1.3
四、转移性收入	8916	11.5	3.0	26.3
其中：养老金或离退休金	7990	14.2	3.2	23.6

从收入构成上看，我市城镇居民家庭收入仍以工资为主，转移性收入比重较大，二者是拉动总收入增长的主要力量，其中，工资性收入拉动总收入增长7.2个百分点，转移性收入拉动总收入增长3.0个百分点。经营净收入和财产性收入所占比重较小，分别拉动总收入增长0.3个百分点和0.2个百分点。

（一）就业稳定薪金提高，工资性收入同比增长10.4%

1-11月，我市城镇居民人均工资性收入为23204元，同比增长10.4%。其中，占工资性收入97.5%的人均工资及补贴收入达到22633元，同比增长10.1%。此外，灵活就业收入和各种兼职收入快速增长，1-11月人均其他劳动收入571元，同比增长26.9%。

2011年是“十二五”开局之年，各级政府采取积极的策略，通过推动产业结构调整、稳定就业、税收优惠、补贴增加等方式促进居民增收。有利于我市城镇居民工资性收入增长的因素主要有：

（1）市、区（县）两级政府陆续出台的各种促进就业的政策、开发的各种公益性岗位、各级公共就业服务机构的就业帮扶措施都巩固了我市城镇居民稳定就业的局面，而我市吸引高端产业入驻带来的新增岗位需求也对吸纳周边区县各种有就业意愿的人员就业起到积极作用。

（2）盈利企业的职工奖金、绩效工资、过节费有所提高，面对居高不下的物价，不少单位相继增加了津贴补贴，铁路、公交等行业一线职工、社区工作者、军人的工资收入也有不同程度增长。

（3）从2011年1月起，我市最低工资标准从每月960元提高到1160元，增幅超过20%。

以上因素都对促进2011年城镇居民工资性收入整体水平的提高起到积极作用。1-11月我市城镇居民工资性收入增幅呈现波动中上行趋势，由于企事业单位奖金和补发津贴补贴多集中在年初和年底发放，2月、10月、11月工资性收入增幅明显高于其他月份，这三个月的累计增幅也都超过10%（见图1）。

（二）政府转移支付力度加大，居民转移性收入显著增加

2011年，我市各级政府继续加大对社会弱势群体的转移支付力度，尤其是面对2011年以来居民消费价格指数持续走高的形势，在年初大幅上调企业离退休人员基本养老金、最低生活保障金等各项社会保障标准的基础上，自7月起再次上调包括基础养老金、福利养老金、失业保险金、最低生活保障金、伤残津贴在内的多项救助性社保标准。同时，为了缓解物价上涨对居民生活的不利影响，我市分别于7月和11月向200多万企业离退休人员和20万低收入群体发放一次性生活补贴。各项社会保障标准的多次提高和生活补贴的发放有力促进了离退休人员和低收入人员收入水平稳步提高。

图1　2011年1–11月北京市城镇居民累计人均工资性收入同比增速

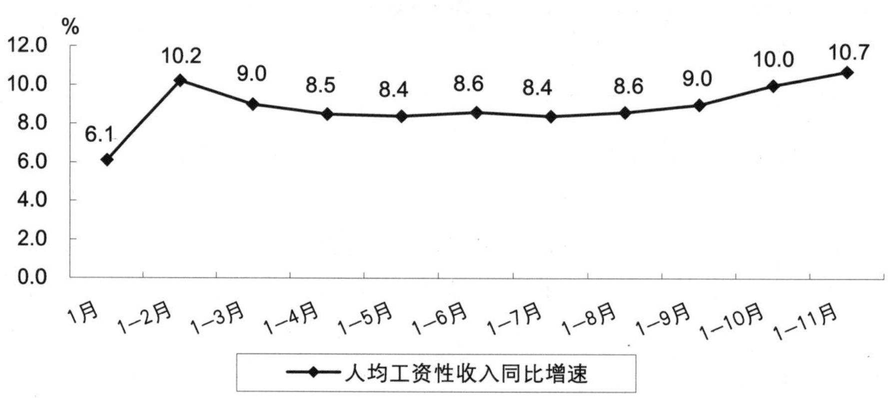

1–11月，我市城镇居民人均转移性收入为8916元，同比增长11.5%。其中，人均养老金或离退休金收入同比增长14.2%，达到7990元，拉动总收入增长3.2个百分点。从1–11月走势上看，人均养老金及离退休金在标准提高和补贴集中发放的2、3月及6、7月呈现明显上扬态势，1–3月累计增幅比1月提高6.8个百分点，1–7月累计增幅比1–5月提高2.4个百分点（见图2）。

（三）财产性收入小幅增长，房租收入为增长主因

1–11月，我市城镇居民人均财产性收入663元，同比增长7.6%，拉动总收入增长0.2个百分点。

城镇居民财产性收入增长的主要原因是出租房屋收入增长较快。出租房屋收入的增长有“价”和“量”两方面因素。随着我市城镇化进程的推进和外来人口的增加，房屋租赁市场日益活跃。尤其是2011年楼市调控政策频繁出台，新住宅成交量明显下跌，楼市转冷的同时，房屋租赁市场则迅速升温。租房需求的增大在一定程度上推高了租金上涨，我市 1—9 月居民消费价格指数中，住房租金价格指数达到 111.0%。另一方面，随着居民家庭财富的积累和近几年房地产市场的发展，居民家庭拥有存量住房增加，除了满足自住需求，更多的家庭拥有二套以上住房并用于出租以获取租金收益。2011 年 1—11 月，我市 5000 户城镇居民家庭户均其他住房套数同比增长了 9.1%；其中户均出租房套数同比增长 16.7%，户均出租房建筑面积同比增长 39.4%。在出租房屋租金提高和出租房屋数量增加的共同推动下，1—11 月我市城镇居民人均出租房屋收入同比增长 33.1%。

图 2　　2011 年 1—11 月北京市城镇居民累计人均养老金及离退休金同比增速

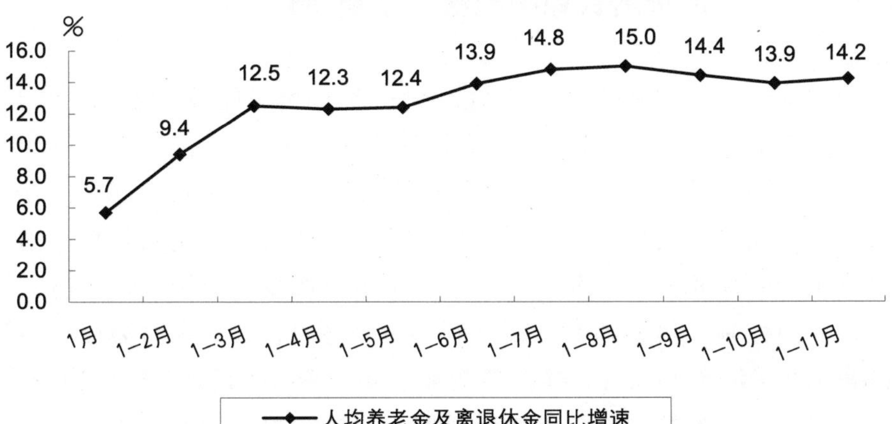

利率上调带来的存款利息收入增加也是城镇居民财产性收入增长的一方面因素。2011 年以来，居民储蓄存款利率连续三次上调，一年期储蓄存款基准利率从 2.75%上调至 3.50%，居民储蓄意愿提高，存款利息明显增加。1—11 月，我市城镇居民人均利息收入 54 元，同比增长 35.0%。

（四）个税征收办法调整，减税效果显现

2011 年 9 月 1 日起实行的新《个人所得税法》在起征点和税率上都进行了调整：将工资薪金项目费用的扣除标准由原来每月 2000 元提高至

3500元；将现行工薪所得九级超额累进税率修改为七级，取消15%和40%两档税率，同时将第一档税率由5%降为3%。个人所得税扣除标准和税率调整直接导致就业人员个人所得税支出下降，可支配收入相应增加。

受工资发放时间有差异的影响，个人所得税起征点和税率调整的效应在9–10月逐步显现。数据显示，9月我市城镇居民人均交纳的个人所得税比8月下降24.6%，被调查的5000户城镇居民家庭中交纳个人所得税的就业人员比8月减少30.8%；10月，人均交纳个人所得税比9月下降32.6%，比去年同期下降43.6%，减税的效果已经显现。11月，我市城镇居民人均交纳个人所得税25元，比新《个人所得税法》实施前的1–8月月平均水平降低33元，拉动11月城镇居民人均可支配收入增长1.4个百分点。

二、消费增长稳中趋缓，呈现多点支撑格局

2011年，我市城镇居民消费继续增长，同比增速稳中趋缓，1–11月，被调查的5000户城镇居民家庭人均消费支出19891元，同比增长9.5%，增速比上年同期下降1.2个百分点。2011年以来，在住房、汽车市场调控政策和多项消费激励措施的双重作用下，城镇居民消费面临总体增长和热点转换的局面。一方面，在楼市、车市调控政策作用下，住房、汽车增量受到控制，对总消费形成抑制；另一方面，我市在着力拉动保值性消费、电子消费的同时，继续实施家电以旧换新政策，并通过购物季、消夏节、商品大集等形式扩大增量消费，居民消费选择的层次更多，有利于培育新的消费热点。受多种因素综合影响，1–11月我市城镇居民消费增幅呈现前高后低的走势（见图3）。

1–11月城镇居民八大类消费全面增长，增长较快的支出分别是医疗保健、其他商品和服务、家庭设备用品及服务、教育文化娱乐服务四类支出，同比分别增长15.6%、13.6%、13.4%和12.9%；受机动车“摇号”限购政策的影响，交通和通信支出增速放缓，在八大类消费中增速最低。食品支出和教育文化娱乐服务对消费增长的拉动作用最强，分别拉动消费支出增长2.6个百分点和1.9个百分点（见表2）。

图 3　　2011 年 1—11 月北京市城镇居民累计人均消费性支出同比增速

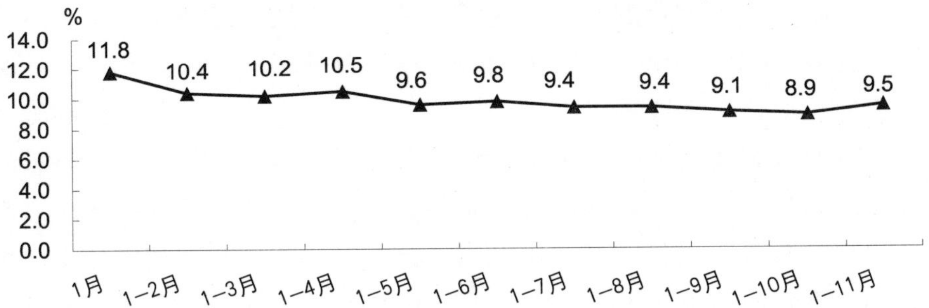

表 2　　2011 年 1—11 月我市城镇居民消费支出来源及其增长

消费项目	金额（元）	同比增长（%）	拉动（带动）消费增（减）（百分点）
人均消费性支出	19891	9.5	—
其中：服务性消费支出	5807	11.9	3.4
1.食品	6343	7.9	2.6
其中：肉禽蛋水产品类	1316	12.6	0.8
在外饮食	1698	8.7	0.7
2.衣着	2033	8.4	0.9
3.居住	1583	12.0	0.9
其中：租赁房房租	242	105.1	0.7
住房装潢支出	431	4.9	0.1
4.家庭设备用品及服务	1448	13.4	0.9
其中：耐用消费品	687	18.7	0.6
家庭服务	103	14.4	0.1
5.医疗保健	1395	15.6	1.0
6.交通和通信	3116	3.9	0.7
其中：家庭交通工具	860	−1.0	0.0
车辆用燃料及零配件	699	19.9	0.6
通信工具	239	18.9	0.2
通信服务	706	−6.9	−0.3
7.教育文化娱乐服务	3077	12.9	1.9
其中：教育	1098	14.7	0.8
文化娱乐	1979	11.9	1.2
8.其他商品和服务	896	13.6	0.6

近年来，城镇居民消费结构不断优化升级，呈现出由基本生活消费向发展享受型消费过渡、由商品性消费向服务性消费发展的趋势。尤其是近几年随着汽车消费的升温，城镇居民人均交通和通信支出比重迅速提高。但是2011年受汽车限购的影响1–11月城镇居民家庭购车明显减少，交通和通信支出比重比上年同期下降了0.8个百分点；与此同时，受家电以旧换新政策延续、金银升值、人民币升值和国际旅游价格下降等因素的影响，家电、金银珠宝、旅游消费的热度提升，城镇居民家庭设备用品及服务支出、教育文化娱乐服务支出、其他商品和服务支出比重分别比上年同期提高0.3个百分点、0.5个百分点和0.2个百分点，城镇居民消费逐渐呈现出多点支撑的格局（见表3）。

表3　　1–11月北京市城镇居民消费结构两年对比（%）

项目	2011年1–11月	2010年1–11月	同比增减（百分点）
食品	31.9	32.4	–0.5
衣着	10.2	10.3	–0.1
居住	7.9	7.8	0.1
家庭设备用品及服务	7.3	7.0	0.3
医疗保健	7.0	6.7	0.3
交通和通信	15.7	16.5	–0.8
教育文化娱乐服务	15.5	15.0	0.5
其他商品和服务	4.5	4.3	0.2

（一）价格和在外就餐推动食品支出增长，低收入家庭生活受涨价影响明显

食品支出依然是城镇居民家庭消费最主要的项目。2011年各类食品价格普遍增幅较高，在一定程度上推动了城镇居民商品类食品消费支出的增加；快节奏的生活使越来越多的居民选择在外就餐，与此同时，居民食品消费正逐步由“果腹”向“享受”发展，在外就餐档次提升，在外饮食支出增加，成为拉动食品增长的又一因素。1–11月，我市城镇居民家庭人均食品支出6343元，同比增长7.9%，拉动消费支出增长2.6

个百分点。其中，人均在外饮食支出为 1698 元，同比增长 8.7%，拉动食品支出增长 2.3 个百分点。主要由于价格上涨较快，肉禽蛋水产品类和干鲜瓜果类支出分别同比增长 12.6%和 10.0%，分别拉动食品支出增长 2.5 个和 1 个百分点。

从分组数据看，20%低收入组家庭受食品价格上涨的影响尤为明显。1–11 月，我市被调查的 20%城镇低收入家庭人均食品支出为 4227 元，占消费支出的比重（恩格尔系数）为 41.2%，比上年同期提高 1.5 个百分点。低收入家庭的人均粮食、肉禽蛋、鲜菜、鲜奶消费量同比分别减少 6.9 千克、3.5 千克、5.7 千克和 2.6 千克，降幅分别为 11.7%、8.9%、5.7%和 16.7%。

（二）家庭耐用消费品加速更新换代，家政服务方兴未艾

1–11 月，我市城镇居民人均家庭设备用品及服务支出 1448 元，同比增长 13.4%。家庭设备用品及服务快速增长主要由耐用消费品的快速增长所带动。

随着居民对生活品质的要求逐步提高，城镇居民耐用消费品更新换代速度加快，家具及室内装饰品的增置日益普遍。2011 年以旧换新政策的继续实施进一步促进了我市城镇居民家庭中洗衣机、电冰箱、空调等家庭设备的购买更新。数据显示，1–11 月，城镇居民人均耐用消费品支出 687 元，同比增长 18.7%，拉动家庭设备用品及服务支出增长 8.5 个百分点。

此外，社会分工的细化和人们对于家庭劳动观念的变化促进了家政服务市场的发展，家务劳动服务外包逐渐被越来越多的居民家庭所接受，我市城镇居民家庭家政服务支出也出现了较快增长。1–11 月，城镇居民家庭人均家庭服务支出 103 元，同比增长 14.4%。

（三）房租支出迅速增加，拉动居住支出较快增长

1–11 月，我市城镇居民人均居住支出 1583 元，同比增长 12.0%，拉动消费支出增长 0.9 个百分点。居住支出的增长主要受住房支出中的租赁房房租大幅增长所带动。2011 年以来我市房地产市场房屋租赁价格的快速上涨推动了居民租赁住房支出的迅速增加。数据显示，1–11 月，城镇居民人均租赁房房租支出 242 元，是上年同期的 2.1 倍，拉动居住支出增长 8.8 个百分点。另外，人均水电燃料及其他支出 739 元，同比增长 6.0%，拉动居住支出增长 3.0 个百分点。

（四）交通支出增速放缓，通信支出稳中有降

与去年 1—11 月我市城镇居民交通和通信支出基本保持在 20%左右的同比增速不同的是，2011 年 1—11 月交通和通信支出同比增幅持续走低，尤其在 7 月时累计增幅骤然下降了 4.8 个百分点，1—11 月累计同比增幅仅为 3.9%，在八大类消费中增速最低（见图 4）。其中，交通支出增速放缓，通信支出同比下降。前者是交通和通信支出增速放缓的主要原因。

图 4　2010—2011 年北京市城镇居民人均交通和通信支出同比增速走势对比

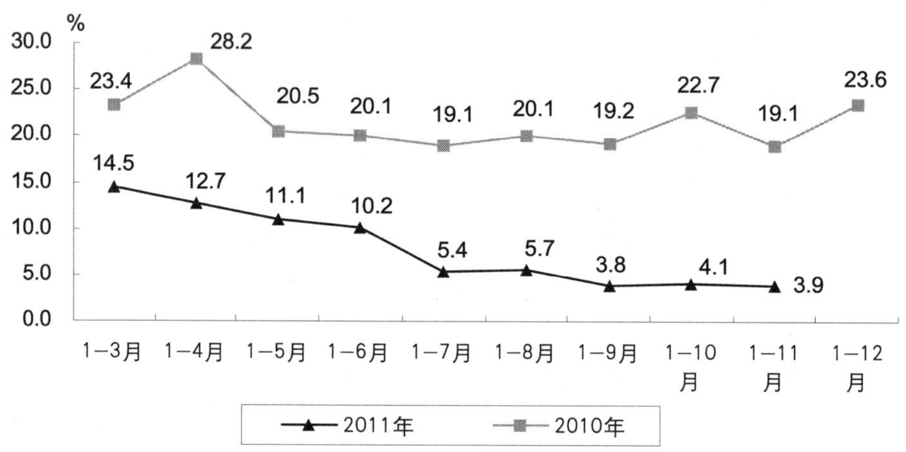

受机动车“摇号”限购政策的影响，城镇居民家庭购车支出大幅缩减，尤其是去年年底限购政策实施前抢购的车辆指标在 2011 年 7 月中旬到期，导致 7 月以来交通支出增幅进一步大幅收窄，交通支出对消费支出增长的拉动作用继续下降。1—11 月，我市城镇居民人均交通支出 2171 元，同比增长 6.4%，拉动消费支出增长 0.7 个百分点，拉动作用进一步下降，仅为上年同期的 1/3。其中，人均家庭交通工具支出为 860 元，同比下降 1%。另一方面，受汽车保有量提高和汽油价格上涨的影响，城镇居民车用燃料及零配件支出、交通工具服务支出同比分别增长 19.9%和 9.5%。

1—11 月，我市城镇居民人均通信支出 945 元，同比下降 1.5%，其

中，通信工具支出同比增长18.9%，购买移动通信工具支出增长是主因；通信服务支出同比下降6.9%，电信费下降是主因。由于居民家庭购买移动电话数量和档次均较去年同期提升，1–11月，我市城镇居民人均购买移动电话机支出同比增长21.2%，其中所购买的移动电话机单价同比上涨15.6%。由于2011年以来运营商通过优化资费套餐、下调漫游资费和超时语音单价、调整宽带费用等方式，进一步降低移动电话资费和上网费，1–11月城镇居民人均电信费同比下降7.1%。

（五）外出旅游快速增长，校内外教育一降一升

1–11月，我市城镇居民人均教育文化娱乐服务支出为3077元，同比增长12.9%，拉动消费支出增长1.9个百分点。其中，主要受参观旅游支出增长的带动，文化娱乐支出同比增长11.9%；主要受培训班等支出大幅增加的带动，教育支出同比增长14.7%。

生活水平的提高带动了旅游的发展。近年来，城镇居民外出参观旅游范围不断扩大，尤其是国际旅游线路的不断增加和人民币升值带来的出境游费用的下降使城镇居民家庭出国旅游现象日益增多。1–11月，我市城镇居民人均团体旅游、参观游览支出同比分别增长16.6%和13.5%，共同拉动教育文化娱乐服务支出增长4.5个百分点。

城镇居民教育费用支出呈现校内学杂费支出持续下降、校外非义务教育支出迅速增长的态势。一方面，由于近几年政府继续加大对教育的投入，教育的覆盖面不断扩大，居民家庭的教育负担逐步减轻，义务教育和非义务教育阶段的学杂费支出明显下降。1–11月，我市城镇居民人均义务教育学杂费同比下降25.0%；非义务教育学杂费同比下降23.4%。另一方面，随着社会平均受教育程度的提高和竞争的加剧，居民家庭教育观念逐步增强，不仅越来越注重对孩子的教育培养，也更加重视自身素质的提高。1–11月，我市城镇居民人均家教费、培训班费和成人教育费同比分别增长17.3%、40.2%和14.3%，共同拉动教育文化娱乐服务支出增长5.5个百分点。

（六）金银价格快速上涨，其他商品和服务支出明显增加

受金银价格快速上涨的影响，城镇居民日益注重黄金珠宝等保值性商品的消费。城镇居民购买金银珠宝饰品的支出继续增加，拉动其他商品和服务支出快速增长。1-11 月，我市城镇居民人均其他商品和服务支出为 896 元，同比增长 13.6%。其中，人均购买金银珠宝饰品支出 277 元，同比增长 37.1%，拉动其他商品和服务支出增长 9.5 个百分点。

京郊农民家庭现金收入增长提速 生活消费支出增长平稳

◆◇方晓丹

据 3000 个农民家庭抽样调查资料显示，2011 年 1—11 月，京郊农民家庭人均现金收入达到 15932 元，同比增长 13.8%；人均生活消费现金支出达到 9820 元，同比增长 7.5%。2011 年，京郊农民外出就业人员持续增加，工资水平有较大增长，社会保障制度更加完善，保障水平大幅提高，农民家庭人均现金收入增长为近十年来同比最快速度。农民家庭八大类生活消费现金支出六升两降，消费水平稳定增长。

一、农民现金收入增长提速

京郊农民家庭现金收入增速高位开局，逐季走高。2011 年第一季度农民人均现金收入 4986 元，增长 11.6%；前两个季度农民人均现金收入 8732 元，增长 12.4%；前三季度农民人均现金收入 12964 元，增长 12.8%；前 11 个月农民人均现金收入 15932 元，增速达到 13.8%，农民现金收入和增速呈阶梯状逐季走高（见图 1）。

图 1　　农民人均现金收入增长情况

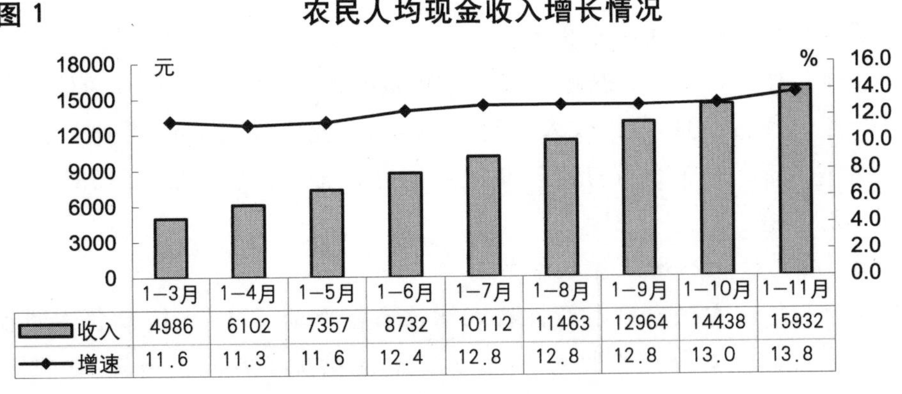

	1—3月	1—4月	1—5月	1—6月	1—7月	1—8月	1—9月	1—10月	1—11月
收入	4986	6102	7357	8732	10112	11463	12964	14438	15932
增速	11.6	11.3	11.6	12.4	12.8	12.8	12.8	13.0	13.8

1—11 月，农民人均现金收入增速同比提高 2 个百分点，是近 10 年来的最快增速。农民收入增长呈现如下特点：

（一）工资性收入和转移性收入增收贡献突出

从四种收入来源看，工资性收入和转移性收入增收贡献作用最为突出（见表 1）。两者合计增收贡献率达到 91.7%，拉动总体增收 12.6 个百分点。

表 1　　1—11 月农民人均现金收入增长及贡献率

	农民人均现金收入（元）	同比增长（%）	增收贡献率（%）	拉动增收（百分点）
合　　计	15932	13.8	100.0	13.8
1.工资性收入	8887	16.2	64.3	8.9
2.家庭经营收入	3431	0.7	1.2	0.2
3.财产性收入	1426	10.5	7.1	1.0
4.转移性收入	2188	31.9	27.4	3.7

1. 工资性收入增收贡献率最大

1—11 月，农民家庭工资性收入增收贡献率为 64.3%，拉动总体增收 8.9 个百分点。人均工资性收入达到 8887 元，同比增加 1240 元，增长 16.2%，同比增速提高 4.3 个百分点。其中外出从业收入迅猛增长，人均达到 3309 元，增长 65.0%；人均在本乡镇地域内劳动得到收入 5086 元，增长 5.1%。

2. 转移性收入增收贡献率次之

1—11 月，农民家庭转移性收入增收贡献率为 27.4%，拉动总体增收 3.7个百分点。人均转移性收入达到 2188 元，同比增加 529 元，增长 31.9%，同比增速提高 18.1 个百分点。其中人均养老金、退休金收入 1387 元，增长 32.2%。

3. 财产性收入增收贡献率第三

1—11 月，农民家庭财产性收入增收贡献率为 7.1%，拉动总体增收 1 个百分点。人均财产性收入 1426 元，同比增加 136 元，增长 10.5%。其中，人均租金收入 930 元，增长 40.9%。

4. 家庭经营增收贡献率第四

1–11 月，农民家庭经营性现金收入增收贡献率为 1.2%，拉动总体增收 0.2 个百分点。人均家庭经营现金收入为 3431 元，同比增加 23 元，增长 0.7%。其中，人均第一产业现金收入 1684 元，下降 9.4%；人均第二产业现金收入 360 元，增长 17.3%；人均第三产业现金收入 1387 元，增长 11.6%。

（二）生态涵养区农民收入增速领先

1–11 月，京郊三个功能区农民收入均保持了较快增长态势，其中生态涵养区农民人均现金收入水平虽然落后，但增收速度领先，分别快于功能拓展区和发展新区 0.2 个百分点和 2.2 个百分点（见表 2）。

表 2　　1–11 月各功能区农民人均现金收入增长情况

指标名称		功能拓展区	发展新区	生态涵养区
人均现金收入	金额（元）	18184	15744	14679
	增长（%）	14.3	12.3	14.5
1.工资性收入	金额（元）	11774	8219	7919
	增长（%）	9.4	17.8	17.5
2.家庭经营收入	金额（元）	526	4059	4471
	增长（%）	28.3	4.3	−1.0
3.财产性收入	金额（元）	2471	1557	519
	增长（%）	14.0	3.0	23.0
4.转移性收入	金额（元）	3413	1909	1770
	增长（%）	33.3	16.4	55.4

生态涵养区农民人均现金收入 14679 元，同比增加 1863 元，增长 14.5%，增速提高 2.4 个百分点，居各功能区农民收入增速之首。其中工资性收入 7919 元，增长 17.5%；家庭经营收入 4471 元，下降 1.0%；财产性收入 519 元，增长 23.0%；转移性收入 1770 元，增长 55.4%。工

资性收入和转移性收入增收贡献率分别为 63.3%和 33.9%，拉动生态涵养区增收分别为 9.2 个百分点和 4.9 个百分点。

功能拓展区农民人均现金收入 18184 元，同比增加 2281 元，增长 14.3%，增速提高 3 个百分点。其中工资性收入 11774 元，增长 9.4%；家庭经营收入 526 元，增长 28.3%；财产性收入 2471 元，增长 14.0%；转移性收入 3413 元，增长 33.3%。工资性收入和转移性收入增收贡献率分别为 44.2%和 37.4%，拉动功能拓展区增收分别为 6.3 个百分点和 5.4 个百分点。

发展新区农民人均现金收入 15744 元，同比增加 1720 元，增长 12.3%，增速提高 0.6 个百分点。其中工资性收入 8219 元，增长 17.8%；家庭经营收入 4059 元，增长 4.3%；财产性收入 1557 元，增长 3.0%；转移性收入 1909 元，增长 16.4%。工资性收入和转移性收入增收贡献率分别为 72.0%和 15.6%，拉动发展新区增收分别为 8.8 个百分点和 1.9 个百分点。

（三）外出就业工资上涨和政策性收入提高是农民增收主因

1. 农民外出就业工资水平上涨较快

工资性收入是京郊农民收入的主要来源，1—11 月人均现金收入中，工资性收入比重占 55.8%。随着京郊农村城市化进程的发展，越来越多的农民从农业就业转向非农就业，从季节性就业趋向常年就业，从不稳定就业趋向稳定就业，农民收入工资化程度进一步提高；另外今年以来农民外出就业的工资水平上涨较快。据 3000 个农民家庭调查资料，前三季度京郊农民外出从业人员同比增加了 36.9 %，外出从业人员工资收入平均每月 2060 元，同比提高 14.6%。

2. 政策性收入增收力度大

据调查资料显示，前三季度农民人均获得养老金、退休金 1131 元，同比增加 275 元，增长 32.1%；人均获得各种政策性收入 447 元，同比增加 163 元，增长 57.4%。农民政策性收入增加主要得益于以下各种政策因素：

一年内两次调整提高三种社会保障标准。一是农村最低保障标准年初从每人每月 210 元提高到 300 元，7 月起又提高到 340 元，增幅高达 62%；二是福利养老金年初从每人每月 200 元提高到 230 元，7 月起又提高到 250 元，上调 25%；三是新型农村养老保险基础养老金从年初的每人每月 280 元提高到 310 元，7 月起又将其提高到 330 元，上调 18%。

完成京郊林权制度改革，确权林地面积达 1296.5 万亩，市、区两级财政每亩林地发放生态林补偿金 24 元。年底前约有 152.6 万名农民股东陆续领到补偿金。

村集体经济不断壮大，提高村民养老金标准、增加村民福利积极性提高。农民享受村集体发放的各种补贴，例如养老补贴、过节费、自谋职业费、燃气补贴、卫生费、旅游费等，一些集体经济力量较强的村，不仅补贴种类繁多、补贴标准也较高，大大提高了农民政策性收入水平。

二、农民生活消费支出增长平稳

农民生活消费支出增速呈现低开高走、逐渐回稳的态势。2011 年第一季度农民人均生活消费现金支出 2631 元，增长 5.8%；前两个季度农民人均生活消费现金支出 5166 元，增长 9.3%；前三个季度农民人均生活消费现金支出 7878 元，增长 7.6%；前 11 个月农民人均生活消费现金支出 9820 元，增长 7.5%，总体增速较为平稳（见图 2）。

图 2　　农民人均现金消费支出增长情况

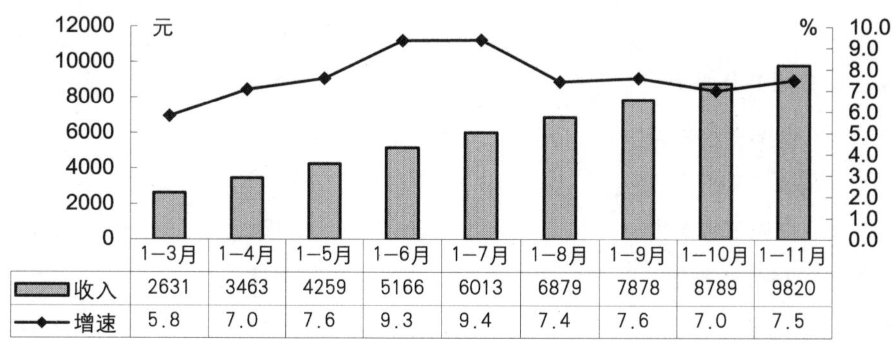

	1–3月	1–4月	1–5月	1–6月	1–7月	1–8月	1–9月	1–10月	1–11月
收入	2631	3463	4259	5166	6013	6879	7878	8789	9820
增速	5.8	7.0	7.6	9.3	9.4	7.4	7.6	7.0	7.5

今年以来，农民用稳妥的消费意愿应对物价快速上涨，1–11 月人均生活消费现金支出增长 7.5%，同比下降 1.9 个百分点，比同期人均现金收入增速低 6.3 个百分点。农民人均生活消费支出呈现以下特点：

（一）八大类消费六升二降

1–11 月，农民八大类生活消费支出中，人均食品支出、衣着支出、居住支出、家庭设备用品及服务支出、医疗保健支出和其他商品及服务支出六类支出上升，交通和通讯支出、文教娱乐用品及服务支出下降。八大类消费情况为：人均食品现金支出为 3211 元，同比增长 15.3%，其中人均在外饮食支出 526 元，下降 7.9%；人均衣着支出 757 元，增长 7.4%；人均居住支出 2048 元，增长 3.0%；人均家庭设备用品及服务支出 646 元，增长 28.2%，其中机电设备支出 243 元，增长 13.0%；人均交通和通讯支出 1108 元，下降 7.0%，其中交通工具支出 326 元，下降 31.7%；人均文教娱乐用品及服务支出 831 元，下降 9.6%；人均医疗保健支出 955 元，增长 16.2%；人均购买其他商品及服务支出 264 元，增长 19.5%（见表 3）。

表 3　　1–11 月农民人均生活消费现金支出增长情况

	人均生活消费现金支出（元）	同比增长（%）
人均生活消费现金支出	9820	7.5
1.食品支出	3211	15.3
其中：在外饮食	526	−7.9
2.衣着支出	757	7.4
3.居住支出	2048	3.0
4.家庭设备用品及服务	646	28.2
其中：机电设备支出	243	13.0
5.交通和通讯支出	1108	−7.0
其中：交通工具支出	326	−31.7
6.文教娱乐用品及服务	831	−9.6
7.医疗保健支出	955	16.2
8.其他商品及服务支出	264	19.5

受北京市小汽车购买指标调控政策影响，农民交通工具支出降幅显著，拉动人均交通和通讯类支出下降。由于对低收入和困难家庭进行教

育救助和取消义务教育阶段学杂费等政策影响，文化教育服务费用持续降低。

（二）生存型消费支出增长快于发展型和享受型消费支出

在生活消费价格指数高位运行的情况下，农民家庭忧患意识增加，为了缩减消费开支，农民保留生存型消费需求，压缩发展型和享受型消费需求。从消费需求分类上看，食品消费和商品消费内容更偏向于生存型消费，因此快于其他消费支出增长。

食品支出增长快于非食品支出。1–11 月，农民家庭人均购买食品消费现金支出 3211 元，同比增加 425 元，增长 15.3%；人均非食品消费现金支出 6609 元，同比增加 258 元，增长 4.1%，食品消费支出增速快于非食品消费支出 11.2 个百分点。食品消费现金支出占生活消费现金支出的比重达到 32.7%，比上年同期增加 2.2 个百分点。食品消费支出增加额占生活消费支出增加额的 62.2%。

商品性消费现金支出增长快于服务性现金消费支出。1–11 月，农民家庭人均商品性消费现金支出 6724 元，同比增加 700 元，增长 11.6%；人均服务性消费现金支出 3096 元，同比减少 17 元，下降 0.5%，商品性消费现金支出增速快于服务性现金消费支出 12.1 个百分点。

（三）生态涵养区农民生活消费现金支出增长快于其他两个功能区

1–11 月，生态涵养区农民人均生活消费现金支出 8012 元，同比增长 10.0%，增速高于其他各功能区，其中食品消费支出 2593 元，增长 12.1%。功能拓展区农民人均生活消费现金支出 14104 元，增长 9.5% ，其中食品消费支出 4631 元，增长 18.1%。发展新区农民人均生活消费现金支出 9076 元，增长 2.6%，其中食品消费支出 2976 元，增长 12.7%。

三、关注问题和建议

（一）增加非农产业生产，提高家庭经营纯收入

1–11 月，人均家庭经营现金收入仅增长 0.7%，扣除生产经营费用后同比纯收入下降。主要原因是第一产业经营收入下降，第二、三产业经营规模不大，拉动力较弱。因此需要广开非农生产经营门路，促进家庭经营纯收入增长。当前农民家庭经营存在的主要问题有：

农产品涨价农民不增收。前三季度，农民人均出售农产品收入为1167元，下降14.3%。据调查资料测算，农民因农产品价格上涨人均多收入145元，因农业生产和畜牧业养殖规模缩小，出售玉米、蔬菜、生猪、蛋类、奶类等产品均有不同程度减少，农产品出售量减少人均少收入339元，两因素冲抵后农产品出售收入净减少194元。农民人均第一产业现金收入为1199元，下降14%，其中人均农业收入577元，增长7.6%；人均畜牧业收入579元，下降27.6%。

生产资料价格上涨冲减现金收入增加，家庭经营纯收入下降。前三季度农民家庭人均生产经营费用支出为1364元，同比增加180元，增长15.2%，费用高于收入18.4个百分点。据调查资料测算，由于生产资料价格提高，人均多支出105元，占生产经营费用支出增加额的58.3%。

（二）控制物价上涨速度，提高农民实际生活水平

控制物价过快上涨，提高农民实际生活水平，是当前值得关注的问题。尽管1-11月农民人均现金收入高于上年同期2个百分点，是近10年来的最快增速，但受价格因素影响，农民实际增收速度低于上年。农民人均现金收入扣除价格因素(1-10月累计5.9%)影响，实际增长7.5%，低于上年实际增速2个百分点。农民人均生活消费支出扣除价格因素影响，实际增长1.5%，低于上年实际增速6.1个百分点。由于担心物价上涨，农民服务性消费和非食品消费等弹性较大的支出明显减少，导致农民消费水平增长缓慢。

北京市经济社会统计报告

Beijing Economic-Social Statistical Profile

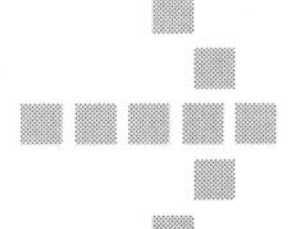

专题研究

对北京“十二五”开局之年“调结构、转方式”的观察与思考

◆◇夏沁芳　孙　涛

近年来，随着北京人均GDP突破万美元，经济发展步入新阶段，经济增速呈现放缓态势。2010年全市经济增长10.3%，在31个省区市中居倒数第二位；2011年前三季度增长8%，在31个省区市中居末位。与此同时，国内知名机构的研究表明，北京近年来在“调结构、转方式”上取得积极进展，综合发展水平在各省区市中处于领先地位。如中国科学院首次发布的《中国科学发展报告2011》显示，北京位于中国各地区GDP质量排行榜的第一位。应该说，“十二五”开局之年，北京正面临在高起点上推进发展动力转换、产业结构深度调整和升级的新形势，经济发展方式将进入深度转变的深水作业阶段。数据显示，“十二五”开局之年，北京“调结构、转方式”取得了一定进展，同时要实现深度调整也面临着一些长期以来形成的深层次问题的制约，如何在这些问题上取得突破，将是北京顺利实现经济结构深度调整的关键。

一、进展与特点

2011年以来，全市经济工作坚持以加快转变经济发展方式为主线，以经济结构战略性调整为主攻方向。在一系列有压有保、有限有促的调控措施作用下，“调结构、转方式”在一些领域取得进展，具体可概括为“四降四升”；同时，从调控成效看，呈现出“四快四慢”的特点。

（一）进展：“四降四升”

1.“四降”

一是限购汽车，机动车销售量下降四成。受小客车限购政策的影响，1-10月，全市累计销售机动车60.2万辆，比上年同期下降42.4%；汽车类零售额占限额以上批发零售企业零售额的比重由上年同期的1/3

(32.8%)降为不足1/4(23.6%)。

二是严控房地产，纯商品住宅交易量、房价涨幅下降明显。在上年《国务院关于坚决遏制部分城市房价过快上涨的通知》(国十条)及2011年国务院《关于进一步做好房地产市场调控工作有关问题的通知》(国八条)、北京《关于贯彻落实国务院办公厅文件精神进一步加强本市房地产市场调控工作的通知》(京十五条)等一系列房地产调控政策的共同作用下,1-10月,全市销售纯商品住宅487万平方米,同比下降31.8%,延续了2010年以来持续下降的趋势；与此同时，房价上涨势头得到明显遏制,新建商品住宅销售价格同比涨幅从上年5月份的23.9%回落至2011年10月份的2.2%，回落了21.7个百分点(见图1)。

图1　　2010年以来全市新建商品住宅销售价格各月同比涨幅

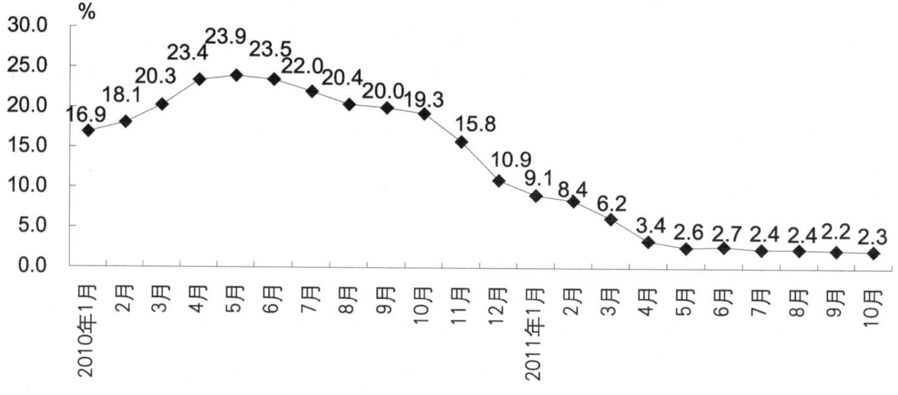

三是迁出涉钢产业，钢铁行业生产规模大幅收缩。1-10月，全市规模以上黑色金属冶炼及压延加工业增加值比上年同期下降74.3%，占工业增加值的比重由上年同期的1.7%降为0.4%，比“十一五”期间平均占比下降6.3个百分点；钢材产量245.6万吨，比上年同期下降64.1%，日均产量仅相当于“十一五”期间日均产量的34.6%。

四是关停淘汰高耗能、高污染企业，万元GDP能耗、污染物排放降低。前三季度，全市关闭规模以上“三高”企业(即“高耗能、高污染、高耗水”企业)38家，提前完成全年关停目标。全市万元GDP能耗0.4575吨标煤，同比下降8.2%，降幅较上年同期扩大6.1个百分点；主要降耗领域——规模以上工业万元增加值能耗同比下降 21.1%，降幅较上年同期扩大 15.4 个百分点。在节能降耗及环境治理措施的大力推进下，全市污染物排放量不断减少。前三季度，全市可吸入颗粒物、二氧化氮、二氧化硫日均值分别为 0.112、0.051、0.026 毫克/立方米，同比分别降低 0.004、0.001、0.003 毫克/立方米，下降幅度均高于上年同期。

2. “四升”

一是大力度推进政策性住房建设，政策性住房在房地产中的地位显著提升。1–10 月，全市完成政策性住房投资 596.5 亿元，比上年同期增长 1.6 倍，占房地产开发投资的比重接近 1/4（23.1%），同比提高 13 个百分点。政策性住宅新开工面积超过纯商品住宅新开工面积，同比增长 2.1 倍，占商品住宅新开工面积的 68.4%，同比提高 34.3 个百分点；政策性住宅销售面积增长 56.8%，占商品住宅销售面积的 30.1%，同比提高 14.3 个百分点。

二是注重实体投资、产业投资，全社会固定资产投资中建安投资、重点行业投资占比上升。与上年投资主要靠费用形成拉动不同，2011 年投资向实体倾斜，投资结构明显优化。1–10 月，代表工程建设实际进度的建安投资完成 1960.8 亿元，比上年同期增长 26.2%，增速高于费用形成投资 21.8 个百分点；占全社会固定资产投资比重为 41.2%，同比提高 3.7 个百分点；对全市投资增长贡献率为 65.5%，远高于费用形成投资的增长贡献率（3.5%）。重点行业投资增长迅速。工业完成投资 579.3 亿元，增长 58.5%。其中电子、汽车、医药行业投资分别增长 1.8 倍、1.3 倍和 1.3 倍，在工业投资中的比重同比分别提高 15.4 个、6.9 个和 1.1 个百分点。

三是推进产业结构调整，医药、汽车制造业以及信息服务业等与战略性新兴产业相关的行业对经济增长的带动作用提升。1–10 月，全市规模以上医药、汽车制造业增加值同比分别增长 28%和 15%，远高于全市规模以上工业 7.1%的平均增速；信息传输、计算机服务和软件业前三季度增加值增长 23.5%，比全市地区生产总值增速高 15.5 个百分点，拉动地区生产总值增长 2.1 个百分点，是第三产业中增长最快、拉动力最强的行业。

四是改善要素投入结构，中关村创新资源聚集度有所上升。在“1+6”

政策（1 个首都创新资源平台、6 项先行先试政策）及人才特区政策等一系列政策措施的推动下，前三季度，示范区开展科技活动的企业占园区企业的比重达到 67.3%，同比提高 1.1 个百分点；科技活动人员占从业人员的比重为 27.7%，2011 年以来呈上升趋势；企业内部科技活动经费支出同比增长 19%，拥有发明专利授权个数 3700 件，增长 21%，增幅均高于上年同期水平。

（二）特点："四快四慢"

综观 2011 年以来"调结构、转方式"推进情况，可以发现，相比较而言，在不同领域、不同环节通过不同途径收到的成效有快有慢。

一是调降领域大多见效快，调升领域大多见效慢。从调降领域来看，无论是房、车限购，还是首钢涉钢产业迁出，短期内都见到成效。(1)车市。从 2011 年 1 月份开始实施小客车限购政策，当月机动车销售量即从上年 12 月份的 23.6 万辆骤降至 2.4 万辆，比上年同月下降 76.2%。(2)房市。2010 年 4 月份，中央及北京遏制房价过快上涨的措施相继出台，当年 5 月份全市商品住宅销售面积同比和环比分别下降 65.1%和 47.9%，新建商品住宅销售价格涨幅也在 5 月(23.9%)见顶后开始进入下行区间。2011 年随着"国八条"、"京十五条"等措施的出台，调控效果更加明显，全市新建商品住宅销售规模进一步收缩，价格同比涨幅也逐步回落到 10 月份的 2.2%。(3)涉钢产业。随着首钢石景山厂区钢铁主流程于上年年底全面停产，2011 年年初开始全市规模以上黑色金属冶炼及压延加工业各月增加值同比降幅都在七成左右。从调升领域来看，北京市"十二五"规划提出，"十二五"期间，北京要更加注重高端引领，创新驱动。从 2011 年以来情况看，虽然有一些积极的变化，如中关村示范区创新资源聚集度有所提升，部分战略性新兴产业增势良好，但距离高端引领、创新驱动尚有较大差距。

二是投资结构调整见效快，产业结构、消费结构调整见效慢。2011 年以来，在调控政策作用下，投资结构明显改善。如建安投资、工业投资特别是电子、汽车制造业投资在全社会固定资产投资中的比重明显提升，而纯商品房、费用形式投资所占比重迅速下降。但另一方面，产业结构和消费结构调整过程却显得漫长而曲折。如高技术产业、生产性服务业、文化创意产业近年来一直是北京重点发展的产业，但其在地区生产总值中的地位 2008 年前稳步提升，之后出现波动。2010 年三者在地区生产总值中所占比重分别为 6.3%、47.5%和 12%，比 2008 年分别低 1.4 个、0.7 个和 0.1 个百分点。消费品市场对车、油的依赖仍然很大，2011 年 1–10 月汽车类和石油制品类零售额占限额以上批零企业零售额的比重虽有所降低，但仍高达 34.4%；居民消费支出中服务性消费、文化消费、旅游消费等发展、享受型消费比重与国外相比仍然偏低，消费尚未形成多点支撑的局面。

三是创新投入见效快，创新产出见效慢。2010 年，全市 R&D 经费支出 821.8 亿元，相当于 GDP 的比重为 5.8%，连续十余年居全国首位；但另一方面，创新产出相对于投入则显得效果欠佳。2000–2010 年，全市高技术制造业新产品销售收入年均增长 13.5%，增速处于全国六个高技术大省末位，低于广东（29%）、江苏（24.7%）、山东（24.6%）、浙江（21.4%）、上海（14%），也低于全国增速（20.7%）；在国内市场占有率由 2000 年的 14.4%下降到 2010 年的 8.5%，在出口市场占有率由 2000 年的 18.3%下降到 2010 年的 8.1%。从 2011 年的情况看，创新投入力度进一步加大，包括资金投入以及出台了一系列优惠政策等，但重点发展领域尚未对经济发挥实质性带动作用，新增长点形成还有待时日。这也使得 2011 年经济增速在主动调控背景下出现明显放缓。

四是政府主导见效快，市场作用见效慢。从 2008 年金融危机爆发以来经济调整的效果看，政策调控往往具有立竿见影的效果。如房地产市场在政策调控下，经历了 2008 年销售量同比下降与房价涨幅回落、2009 年二季度开始量价齐升、2010 年二季度再次进入下行通道的波动，2011 年小客车销售量、涉钢产业增加值的骤降也表明政策调控具有力度大、见效快的特点；相比较而言，市场作用就要缓慢得多，如培育高技术产业，培育新的消费增长点，这些领域长期启而难动，难以发挥预期的带动作用。近年来高技术产业在全市经济中的地位下降；消费增长过度依赖车、房，导致 2011 年受车、房限购影响，1–10 月社会消费品零售额增速比“十一五”同期平均增速回落 4.9 个百分点。

总的来看，调降的领域主要依赖政府主导，具有见效快、力度大的特点，前三季度下拉全市经济增长 2 个百分点左右；但调升的领域主要依赖市场作用，见效较慢，还难以弥补调降领域造成的经济增速下滑，需要长期关注与培育。

二、问题与根源

如前所述,“十二五”开局之年,北京在“调结构、转方式”方面取得了一定进展,但同时经济增速也明显放缓,在全国 31 个省区市中居末位。要实现调结构、稳增长、提质量间的共赢,还面临着一些长期以来形成的深层次和体制性问题的制约,主要表现为“四个不强”。

(一)居民消费带动作用不强

北京“扩内需”尤其是“扩大消费需求”已提了多年,但从发展历程和实际效果看,居民消费增长乏力是一个长期积累的问题,难以在短时间内解决。从历年支出法地区生产总值相关数据看,1978-1996 年的 19 年间有 15 年全市居民消费增速高于 GDP 增速,但 1997-2010 年的 14 年间仅有 6 年高于 GDP 增速。增长上的不协调导致居民消费在全市地区生产总值中的比重在 1996 年达到峰值 45.6%后 1997 年开始呈下降趋势(见图 2),2010 年为 32.9%,虽较前两年有所上升,但与发达国家(美国在 70%左右)相比差距较大,也低于上海 42.4%的水平。从居民消费水平看,2010 年上海为人均 32271 元,其中城镇 34588 元,农村 13609 元。北京为人均 25015 元,比上海低 7256 元;其中城镇 27070 元,农村 12887 元,分别比上海低 7518 元和 722 元。可见,北京居民消费对经济的带动作用要低于上海,尤其是城镇居民。

图 2　　1978-2010 年全市居民消费占地区生产总值的比重

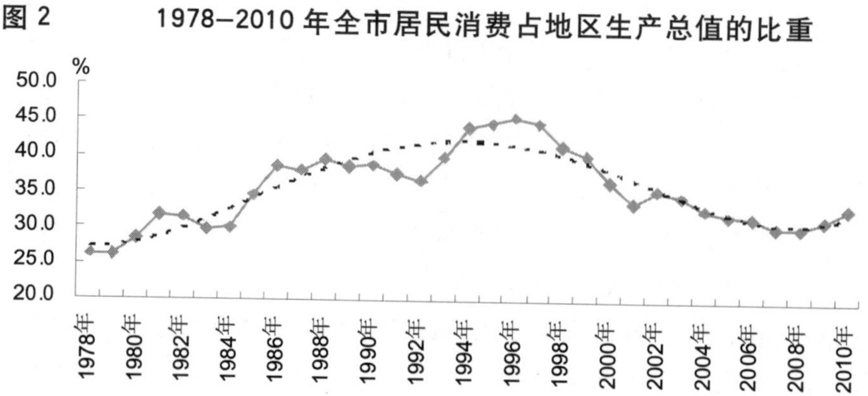

按照弗里德曼的持久收入理论，居民消费取决于居民的持久收入。北京城镇居民消费带动作用相对偏低，很大程度上与“十一五”期间特别是2008年以来居民收入增长慢、消费倾向低密切相关。“十一五”期间，北京城镇居民人均可支配收入年均增长11.2%，而同期上海为11.3%，天津为13.9%，重庆为13.3%。2007年，北京城镇居民人均可支配收入相当于上海的93.1%，天津的1.3倍，重庆的1.6倍，而到2010年则变化为相当于上海的91.3%，天津的1.2倍，重庆的1.5倍。可见，北京城镇居民收入水平与上海的差距在拉大，与天津、重庆相比领先优势在缩小。如果考虑到北京的高房价等因素，那么居民的实际购买力还要再打折扣，这也是导致北京居民消费倾向偏低的重要原因之一。“十一五”期间，北京城镇居民的消费倾向为0.69，分别比上海、天津、重庆低0.04、0.02、0.10。2011年前三季度，北京城镇居民人均可支配收入增长10.7%，分别低于上海、天津、重庆2.6个、3.1个、4.4个百分点。此外，在物价高涨的影响下，居民消费倾向进一步降低至0.66，发展态势不利于消费的持续扩大。

（二）创新驱动作用不强

北京在“十二五”规划中明确提出了要在全国率先实现创新驱动的发展格局，但通过对2000—2009年北京经济结构调整、技术进步和创新、收入与保障、资源环境领域数据的模型分析，结果显示，技术进步和创新提升1%，仅能带动全要素生产率提升0.06%，表明技术进步和创新对全市经济增长尤其是生产率提升的带动作用很弱，远低于经济结构调整的带动作用（数据显示，经济结构改善1%，可以带动全要素生产率提升1.07%）。

造成全市创新驱动作用不强的原因是多方面的：一是“墙内开花墙外香”。目前，北京技术合同成交额已占到全国的四成以上，但流向本市的比重2010年为21.5%，比2000年降低了30.6个百分点，仅相当于流向外省市和出口的1/4，很多新技术由于北京土地及人力成本高、规划限制、对国有垄断企业吸引力不大等因素而被外省市企业购买并转化为生产力。二是企业开展研究与发展（R&D）活动的积极性不高。2009年全国R&D清查资料显示，全市各类企业中仅有17.2%的企业开展了R&D活动，比2000年下降了37.2个百分点。三是小型企业创新潜力有待挖掘。2009 年，全市有 R&D 活动的企业中 71.1%是小型企业，但受政策支持力度小、融资能力弱、销售网络不畅等因素影响，小型企业新产品价值量较小。2009 年，小型工业企业创造的新产品产值仅占全市新产品产值的 21.3%，分别低于大型和中型企业 29.9 个和 6.2 个百分点。从国外经验看，小型企业是科技创新领域的重要力量，还需加大扶持力度。四是产学研结合不紧密。高等院校和科研院是北京 R&D 经费的主要支出部门，2009 年所占比重达到了 58.6%，但全市开展产学研合作的企业所占比重仅为 6.7%，产学研合作项目数占全部项目数的比重只有 8.6%，凸现出技术供给与技术需求存在较大的不匹配。

（三）高端引领作用不强

作为高技术制造业、现代制造业的代表——电子和汽车行业，2004—2010 年平均增加值率分别为 13.3%和 18.3%，还达不到规模以上工业平均水平（21.9%）。第三产业中部分居于高端领域的行业，如租赁和商务服务业，科学研究、技术服务和地质勘察业，增加值率也低于三产平均水平。上述高端行业总体来说目前尚不具备高效、高附加值的特点，因此无法对提升全市经济发展质量发挥较强的引领作用。

“高端不高”表明北京重点发展的高端制造业行业，也多从事产业链中的低附加值生产环节。以北京某大型电子及通信设备制造企业为例，在京没有研发活动，没有发明专利，只通过引进国外先进、成熟的生产线进行生产加工，无法起到提升全市自主创新能力的作用。在国际金融危机及国外新产品的冲击下生产规模迅速缩小，对全市工业的平稳发展造成了巨大的冲击，亟须进行调整和提升。类似现象在服务业中也并不少见，即高端服务业行业内部从事劳动密集型、低附加值环节的份额仍较大。如租赁和商务服务业，2010 年限额以上单位从业人员达到 68.1 万人，但其中 28.4%属于职业中介服务、16.7%属于保安服务；而且近年来，职业中介服务就业增长迅猛，就业人数居租赁和商务服务业内部各行业之首，明显超过技术含量较高的咨询与调查（13.3%）、广告（5.8%）、法律服务（1.6%）等行业，表明目前我市商务服务业中劳务派遣占有较大比重，本应为高端之列的行业其实并不够高。

（四）经济内在活力不强

相对于公有经济，非公经济的生产经营主要依靠市场机制来运作和调整，其对市场信号的反应更灵敏，在市场经济大潮中表现更活跃。因此，非公经济的发育程度常用来反映一个地区的经济活力。20 世纪九十年代以来，北京非公经济得到长足发展，但在经济规模上公有经济仍占据绝对优势，造成很多领域市场化程度不高，国内外相关研究成果普遍认为北京的经济活力弱于上海、深圳。第二次经济普查结果显示，2008 年，北京非公经济单位数量虽占全市的八成以上（81.3%），期末从业人员占比接近一半（46.2%），但总资产仅占全市的 6.5%，收入合计、利润总额分别占全市的 37.2%和 21.2%，明显弱于公有经济。此外，受准入门槛、技术要求、资金等多方面制约，非公经济资产仍然主要聚集在一些传统行业和劳动密集型行业。从非公经济的行业偏向指数[1]看，房地产业、住宿餐饮业、制造业、居民服务和其他服务业、批发零售业行业偏向指数较高，分别为 8.6、7.1、7.0、6.5 和 5.7，表明非公经济资产在这些行业的集中程度远高于全市平均水平。而在科技、文化、信息、金融等重点发展领域非公经济所发挥的作用还较为有限。

导致北京非公经济发展相对缓慢的原因主要有三个：一是体制性障碍。目前，全市基础设施、能源、教育、卫生、文化等行业仍存在体制性壁垒，非公经济很难进入；二是政策差别化对待。与公有经济相比，非公经济在获取政策信息、争取政策支持、金融信贷等方面都有较大差距。比如北京设立的每年 5 亿元文化创意产业支持基金，绝大部分都支持了公有经济。我局队相关调查结果显示，八成左右的非公单位反映未享受到政府支持政策的优惠；三是从世界城市商务成本的比较来看，与纽约等世界城市相比，北京虽然在劳动力成本、商业地产租金等方面有一定优势，但获取资源、资本的成本较高。而非公经济由于九成以上为民营企业、中小型企业，资本、资源等生产要素恰恰是其发展瓶颈，这无疑很不利于非公经济的发展和市场竞争力的提升。

1　行业偏向指数＝某行业非公企业资产占全部非公企业资产的比重/同行业全部企业资产占全市企业资产的比重，指数值大于 1，说明非公经济在该行业资产集中程度相对较高；小于 1，则表明集中程度比较低。指数值越大，说明偏向该行业的程度越高。

总的来看，全市经济在“调结构、转方式”过程中凸现了体制与市场、定位与现实、投入与产出的矛盾，使过去一些不易察觉、久拖未决的问题得以集中爆发。特别是在当前国内外复杂的经济环境中，更要坚定以“调结构、转方式”来应对严峻的经济形势，为北京中长期发展创造有利条件。

三、对策及建议

下一阶段，应理性看待经济增速放缓，坚持“调结构、转方式”不动摇，关键在于提升“四个力”。

（一）加快调节收入分配格局，着力提升消费力

当前制约和影响居民消费增长的因素和环节较多，但收入分配历来是与消费直接挂钩的最为重要的要素之一。世界各国经济发展历程表明，在人们的温饱需求得到满足之后，将进入以公共交通、廉价住房、邮电通信为主导产业的小康阶段；之后是以私人轿车、高级住宅为主导产业的富裕阶段；最后进入服务业为主导产业、消费品需求高级化、丰富化为特点的高度富裕阶段。目前北京正处于由富裕阶段向高度富裕阶段转型的关键期，消费结构的顺利升级有赖于收入分配结构调整对居民增收的强力推动。应通过工资政策改革改变劳动者报酬在初次分配中比重走低的趋势（2010 年北京劳动者报酬占地区生产总值的比重由 2008 年的 50.5%降为 49%），收入分配机制逐步向居民倾斜；根据经济发展阶段和特点制定并实施收入倍增计划，不断提高从业人员工资水平和居民收入水平，使得北京在工资薪金、劳动报酬方面对高端人才具备一定的吸引力，这样既有利于提高劳动者素质，打造人才高地，也有利于扩大居民消费需求，增强社会购买力和购买愿望，拉动消费能级上升，促进消费需求逐步形成高端化、多元化发展趋势。同时应进一步健全社会保障体系，减轻居民消费的后顾之忧，充分释放居民的消费潜力。据人民银行营业管理部 2011 年三季度城镇储户问卷调查结果显示，选择储蓄用于“养老防病防失业等”的居民比例仍居首位，达 59.6%。

（二）注重创新政策的有效性，着力提升创新驱动力

为加快转变经济发展方式，建设中关村国家自主创新示范区，率先

形成创新驱动格局，近年来全市相继出台了一些鼓励创新的政策和优惠措施。然而，从 2011 年 5 月份我局队对 3684 家规模以上工业企业开展的企业家创新调查结果看，部分创新政策的实施效果并不显著。在调查列举的 12 项创新政策——包括财税、产业、知识产权保护、人才吸引、金融支持政府采购、对外经贸等政策中，有一半左右的创新政策落实不到位，效果不显著。主要是由于政策知晓率低、吸引力不强、受益面小和办理手续繁杂，使得企业家认为政策对企业开展创新活动作用不大。因此，一方面在制定政策时应统筹兼顾、彼此衔接，在政策设计上要进一步贴近企业生产经营实际，提高政策对企业创新需求的针对性和适应性，以增强吸引力，特别是要研究促进高端产业发展的相关政策，有效激发科技人才进行创新的积极性。另一方面在政策实施中要加强宣传、简化办理手续，以提高政策的有效性，让创新政策切实对提升企业创新积极性和创新能力发挥作用。

（三）注重科研、知识、技术优势转化，着力提升高端产业、企业市场竞争力

北京的科技、人才资源在国内得天独厚，政府对创新的扶持力度以及高新区发展全国领先，但上述优势并未有效转化为生产力方面的优势。如北京高技术制造业与上海、江苏、浙江、山东、广东等高技术大省相比，其新产品市场占有率呈下降趋势，优势逐渐减弱。因此，应注重科研、知识、技术优势的转化，提升产业竞争力，特别是高端产业、高端企业的竞争力，以发挥“高端引领”作用。一是加强产学研结合。从政策上鼓励研究机构、高等院校与企业合作，搭建技术商业信息服务平台，形成产学研三方紧密结合的技术创新与转化模式。二是提高科研经费使用效率。通过调整科研经费的投向，鼓励学研方“技术入股”企业，对开展 R&D 的企业加大支持力度等方法，使学研方和企业愿意投入大量的研发经费进行自主创新，逐步变“北京制造”为“北京创造”。三是扶持中小企业创新活动。政府要在政策和资金方面给予支持，要通过创业投资、低息贷款、税收优惠、孵化器等方式为中小企业提供帮助，拓展中小企业融资渠道，鼓励中小企业的技术创新和转化应用。

（四）优化发展环境，着力提升微观经济主体活力

在市场经济体制下，一个地区的经济发展环境往往对当地经济活力和发展水平具有决定作用；而优化发展环境则涉及硬环境、软环境建设，具有系统性、长期性、复杂性的特点。当前的重点，一是切实提高政府服务水平和行政效率，尊重经济自身发展的规律，更多发挥市场作用，为企业营造更加宽松、更加自由的竞争环境；准确判断国内外最新经济形势，在宏观调控上把握“适时适度”及“预调微调”的节奏和力度，提高公共资源的配置效率。二是加大对非公经济特别是民营经济的扶持力度。民营企业是推动经济自主增长的重要主体，但其参与经济制度设计、参与经济决策的机会却少之又少，处于弱势地位。此外还面临一些不合理的行政规章的挤压。例如，在近年来多次对民营企业家的调查中，“融资难”都成为企业家们所面临最大问题的首选。较大的竞争压力、过少的发展出路、信息不对称、外部环境不利等使得多数民营企业发展受困，无法实现产业升级，在一定程度上制约了经济发展活力的提升。目前，中国进入世界 500 强的绝大多数都是国有企业，少有民营企业。因此，首要的是营造公平、合理竞争的制度环境，加快包括法律制度和其他社会规定、规则在内的制度建设与规范步伐，在规划、审批、融资、管理等各个环节给予公平待遇，不断提升全市经济的市场化程度，扩大民营经济发展空间。其次，要取消对民营企业的不合理行政规章和设限，加大针对民营企业的财税金融政策、产业政策与就业政策支持力度。据对民营企业的调查显示，企业认为税收政策对企业的生产经营影响最大，其次是产业政策、就业政策。同时要扩大政策的覆盖面，使更多民营企业受益。调查显示：目前只有不到 20%的企业享受了国家政策（减免税费、资金支持、政府采购）的支持，受益面较窄。此外要加强市场监管，维护市场秩序，畅通市场信息，营造良好的市场环境。

对新时期北京人口发展趋势的研究与思考

◆◇夏沁芳　朱燕南　仲长远　班成英　秦丽媛

北京在人均 GDP 突破 1 万美元，调结构、转方式步伐加快的大背景下，经济社会发展进入新时期。与此同时，人口快速扩张，总体布局不均衡引发的问题日益突出。如何从北京实际出发，科学引导人口流动，在主动调整、积极疏解的过程中将北京人口引上规模适度、布局优化的协调发展之路至关重要。

北京的人口发展基本符合其他国际大都市人口发展趋势，但由于外部环境和客观条件与其他国际大都市存在较大差异，人口发展也有着自身特点。本文借鉴国际大都市人口发展规律，结合第六次人口普查数据，从总量和分布两个维度探究北京人口发展趋势，为构建适应首都发展的人口格局提供决策参考。

一、国际大都市人均 GDP 过万美元后人口发展趋势

人口规模和分布与工业化、城市化进程密切相关。观察国际大都市人口变化历程发现，人均 GDP 超过万美元后，人口随着经济社会结构调整呈现趋势性特征。

（一）人口从快速增长向平稳低速增长过渡

经济增长影响劳动力需求，进而影响人口增长，这种影响在城市化快速推进，外来人口成为人口增长主因的大城市更加明显。从国际城市发展轨迹看，人均 GDP 低于万美元时经济快速增长，充裕的就业岗位吸引人口快速聚集。而当人均 GDP 超过万美元后，经济进入平稳增长的调整期，增长动力从依赖劳动力增加向依赖创新和技术进步过渡，从投资驱动型向消费驱动型过渡，产业结构服务型特征明显，各产业内部结构不断优化，就业增长相对温和，人口增速逐步放缓。

图 1　　东京和纽约人口总量（1920—2009 年）

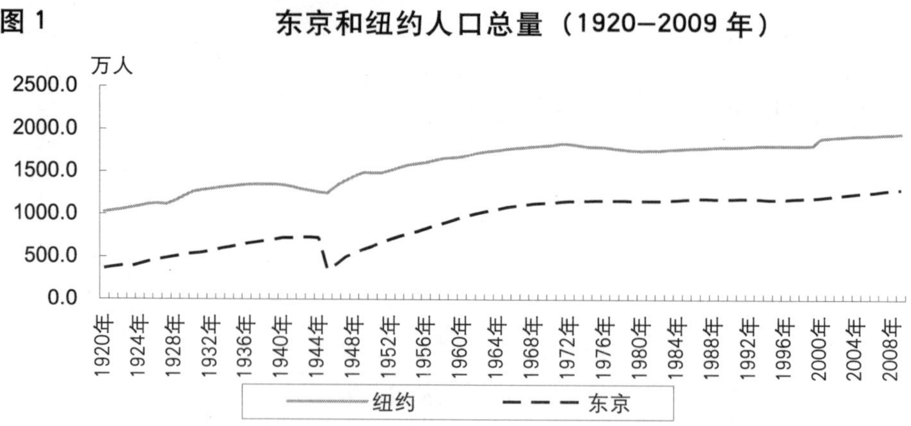

纽约在 20 世纪 40 年代，伦敦和东京在六、七十年代人均GDP超过万美元。近三十年来，随着经济增速放缓，东京[1]、伦敦和纽约三个国际大都市人口增速基本稳定在 1%以下（见图 1）。东京GDP增速从五、六十年代万美元前的年均 9.4%下降到之后 80 年代的 5.5%，21 世纪以来增速始终在 1%左右徘徊。人口则由 60 年代前期的年均增长 2.3%，下降到 60 年代后期的 1%，70 年代以来一直维持在 1%以下（见图 2）。纽约也随着人均GDP突破万美元，人口平均增速从 40 年代后期的 3.5%，下降到 50 年代前期的 1.4%，80 年代以来进一步降至 0.4%。伦敦人口在近三十年中也呈现出年均 0.5%的低速增长。

图 2　　东京地区生产总值和人口增速图（1950—2009 年）

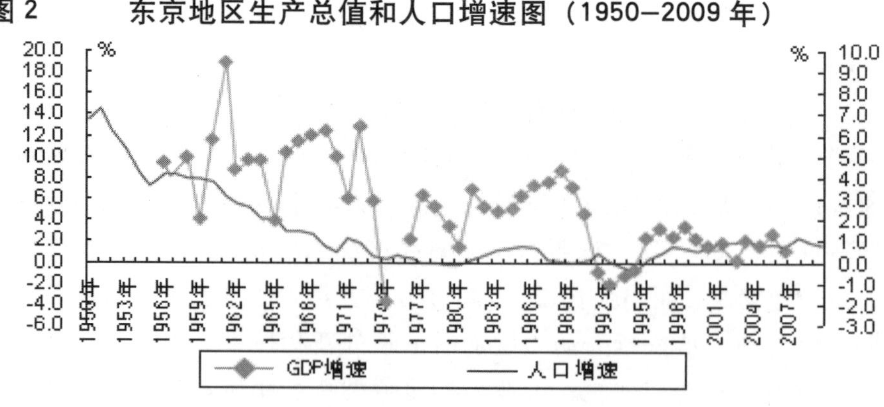

1 为和北京的对比更合理，此处采用行政区划意义上的东京人口。

（二）主动疏解城市功能，引导人口向郊区加速转移

随着人均 GDP 超过万美元，国际大都市在城市化进程及都市圈形成过程中，都经历了由核心区域向外围无序扩张，人口膨胀、交通拥挤、房价飞涨、环境恶化、承载力受到挑战等大城市病。政府开始从被动的控制城市规模，转向主动调整规划，在中心城周围建设形成若干与中心城联系紧密、功能完备的副中心，积极疏散引导过度集中和膨胀的城市功能，引导人口向郊区流动，开始形成“多核多心”的新型都市圈，郊区化进入加速期。

如东京 1984 年 5 月公布了《首都改造基本设想》，改变城市机能过度集中于东京中心部的单极依存结构，将其分散开来，形成有多个核心和圈城的多核多圈型的地区结构。纽约大力发展北部新泽西和长岛。20 世纪 70 年代以来，纽约都市圈核心区人口开始大量向郊区和远郊转移，郊区逐步演变成功能完善的卫星城。2006 年郊区人口达到 1108 万，占都市圈总人口的 61%，比 20 世纪 40 年代比重最低时提高了十几个百分点，比 60 年代提高了约 5–6 个百分点（见图 3）。

图 3　　纽约大都市圈城郊人口演变趋势（1979–2006 年）

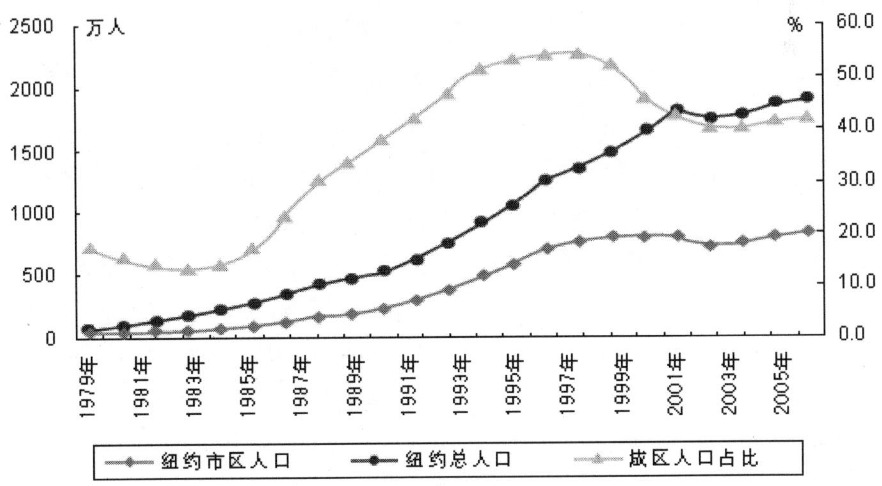

二、未来北京人口总量发展趋势及影响因素

（一）目前总量处于快速扩张阶段

第六次人口普查数据显示，北京市共登记常住人口 1961.2 万人，与 2000 年第五次全国人口普查相比，北京常住人口共增加 604.3 万人，增长 44.5%，平均每年增加 60.4 万人，年均增长率为 3.8%，属于快速增长时期。北京外来人口达到 704.5 万人，与 2000 年第五次全国人口普查相比增加了 447.7 万人，平均每年增加 44.8 万人，年均增长 10.6%，外来人口在常住人口中的比重由 2000 年的 18.9%提高到 2010 年的 35.9%，提高了 17 个百分点。

（二）未来人口总量发展趋势及影响因素

从国际大都市人口发展历程看，人均 GDP 超过万美元后，人口膨胀速度呈逐渐减缓之势。北京人均 GDP 虽已过万美元，但外部环境和客观条件迥异，未来人口总量仍将面对一定的扩张压力。主要影响因素如下：

1. 北京面对的国内人口迁移压力大于其他国际大都市

城市化率达到 50%时，人口流动处于小城市进入大城市阶段。国际经验表明，在城市化不同的阶段，人口迁移呈现出不同特征。当一国城市化率在 30%−70%之间时，城市化进入加速阶段；其中在 30%−50%之间时，人口迁移主要表现为农村人口进入城市，在 50%−70%之间时，人口迁移以城市之间的迁移为主，人口流动进入从小城市进入大城市为主导的阶段，一些大城市开始郊区化；当城市化率超过 70%时，大城市成为全国城市的主要呈现形式，人口迁移以大城市城区人口迁入郊区为主，大都市圈开始形成，郊区逐步城市化，并逐步演变为中小型城市。

其他国际大都市人均 GDP 超过万美元时，其所在国家城市化率超过 50%的时间大多已有十到二十年。纽约 20 世纪 40 年代人均 GDP 超过万美元，而美国在 1920 年城市人口就已超过农村人口，城市化率达到 51.2%。1940 年美国城市化率达到 56.5%，人口超 20 万的大都市区人口占全国人口比重达 47.6%，已成为大城市占主导的国家。这在某种程度上减轻了 40 年代人均 GDP 跨过万美元大关的纽约的人口外部压力。

北京人均 GDP 超万美元时，中国城市化率接近 50%，进入人口向大

城市流动阶段。2009 年北京人均 GDP 超万美元，同时第六次全国人口普查数据显示，2010 年中国城市化率为 49.7%，比 2000 年提高 13.5 个百分点，即将跨过 50%。按照国际经验，全国人口流动方式将从以农村进入城市为主导逐步过渡到从小城市进入大城市为主导的阶段，这将给北京等大城市带来更大的人口压力（见图 4）。

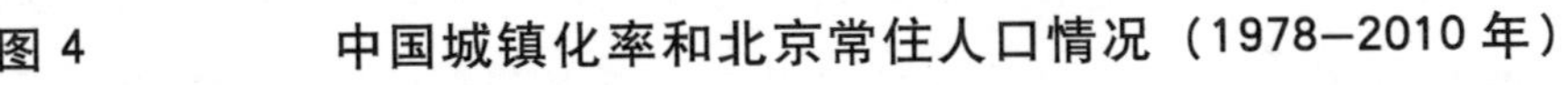
图 4　中国城镇化率和北京常住人口情况（1978—2010 年）

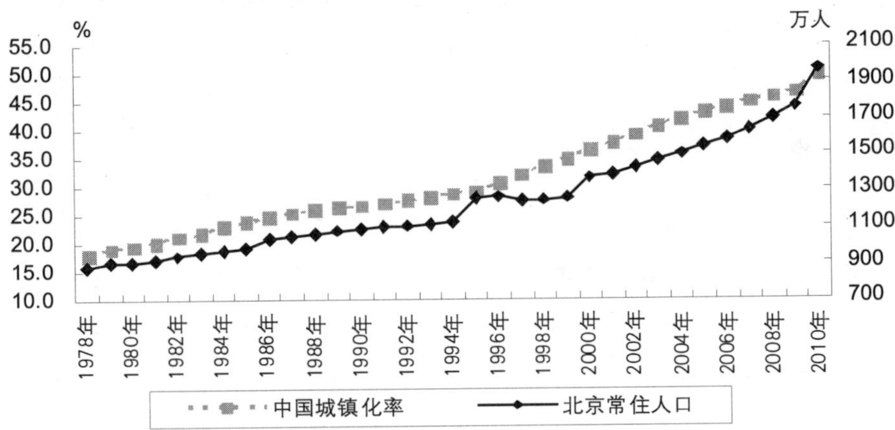

2. 经济社会发展落差大于其他国际大都市

经济社会发展差异会形成人口推拉力。人口迁移的“推拉理论”认为，人口流动是迁出地的推力和迁入地的拉力交互作用的结果。人口的流动源于地区间经济、社会发展速度差异形成的推力和拉力的相互作用。人口有就近流动和选择性流动的取向，经济发达，就业机会多，社会福利政策好的地区对周边人口吸附作用明显。区域经济差异过大会使资金、人口、技术等要素不断向发达地区集中，带来一系列经济社会问题。

其他国际大都市人均GDP过万美元时，国内经济社会发展水平比较均衡。主要国际大都市人均GDP超过万美元前后，其所在国家内部经济差距不是十分明显。从反映收入差距的基尼系数[2]看，日本 1963 年为 0.31，英国 1968 年为 0.32，美国 1970 年为 0.31。且这些国家基本建立了覆盖

2　市场经济国家衡量收入差距的一般标准为：基尼系数在 0.2 以下表示绝对平均；0.2—0.3 之间表示比较平均；0.3—0.4 之间表示较为合理；0.4—0.5 之间表示差距较大；0.5 以上说明收入差距悬殊。

全社会的社会保障制度，人口流动以及社会福利没有户籍限制，社会发展水平相对均衡。

我国区域经济社会发展极不均衡，北京发展水平明显优于周边地区。北京社会保障总体水平居全国前列，经济发展水平也与周边区域差距较大，人口被“推拉”向北京流动的力量很强。

从北京外来人口主要来源地经济社会发展情况看，人均 GDP 和就业机会与北京差距较大，这种落差对周边人口形成强劲而持久的推拉力。从区域看，北京 67.5%的外来人口来自东北、北部沿海、黄河中游等中北部地区，总体经济发展水平不高。从省份看，外来人口中来自河北省的最多，为 155.9 万人，占外来人口的 22.1%；其次是河南省 98 万人，占 13.9%；山东省 59.8 万人，占 8.5%，位居第三；安徽省、黑龙江省、湖北省和四川省的来京人口分别占 6.1%、5.7%、4.8%和 4.6%。2009 年北京人均 GDP 为 10314 美元，而当时河北、河南和山东人均 GDP 分别为 3599 美元、3016 美元和 5255 美元，仅分别相当于北京人均 GDP 的 35%、29.2%和 51%（见表 1）。

表 1　外来人口来源地基本情况

主要来源地	外来人口（万人）	占全市外来人口比重（%）	人均 GDP（美元）	相当于北京人均 GDP(%)
河　北	155.9	22.1	3599	35
河　南	95	13.9	3016	29.2
山　东	59.8	8.5	5255	51
安　徽	43	6.1	2402	23.3
黑龙江	40.3	5.7	3287	31.9
湖　北	33.5	4.8	3320	32.2
四　川	32.5	4.6	2539	24.6

注：外来人口总量情况为第六次人口普查情况，人均 GDP 为 2009 年数据。

3. 北京经济增长预期和产业结构特征更易吸引人口集聚

经济增速预期较高，就业需求大。都市圈首先是经济圈，经济增长当属人口增长的长期决定因素。从国际大都市发展历程看，人均 GDP

过万美元前为经济快速增长期，此后增长放缓并趋于稳定。近二十年来，北京经济保持了平稳快速的增长势头，2000年以来经济年均增长11.8%。经济快速增长，就业需求大，吸引了大量外来人口就业，成为北京人口增长较快的时期。与第五次人口普查相比，北京常住人口年均增长3.8%，从业人员年均增长5.2%。就业弹性系数为0.4，也就是说经济每增长1个百分点，拉动就业增长0.4个百分点。“十二五”时期北京经济增长目标为8%，虽然增速低于上一个十年的平均水平，但相对于其他国际大都市人均GDP万美元后的年均增速仍较高，对本地和外来劳动力仍有较强吸引力。

服务型经济吸纳大量就业人口。产业结构和布局的差异对劳动力人口的结构和分布起决定作用。影响人口分布的经济因子主要是产业因子，尤其是第一产业和第三产业，第三产业越发达，人口密度越大，人口分布越集中；第一产业越发达，人口密度越小，人口分布越分散。北京的产业结构以服务业为主，2010年三次产业比重为0.9：24.0：75.1，与北京相邻的河北省三次产业比重为12.7：53：34.3，天津为1.6：52.5：45.9，北京第三产业比重分别比河北和天津高40.8个和29.2个百分点。就业结构与产业结构呈现相同特征，第三产业从业人员占全部从业人员的比重达到74.4%，比2005年提高7.8个百分点，“十一五”时期新增从业人员全部来自于第三产业。过去十年间，北京第三产业就业弹性为0.68，明显高于全市平均就业弹性（0.4）。数据显示，71%的常住外来就业人口集中于第三产业，因此北京特有的产业结构对人口规模的进一步扩张具有推动作用。

三、未来北京人口分布趋势及制约因素

（一）近十年北京人口已呈郊区化趋势

从分布上看，四大功能区人口由内向外扩散，人口在四个功能区分布比例约为1：5：3：1，大致呈两头小、中间大格局。核心区目前人口约220万，比2005年减少11万，占比下降2.3个百分点；拓展区人口已超过950万，吸纳了全市近一半人口，与2005年相比，增加了200多万；城市发展新区目前人口超过600万，增加了将近200万；生态涵

养区人口小幅增长，占比下降1.8个百分点（见表2）。

表2　　2005年和2010年各功能区常住人口情况（万人，%）

年份	首都功能核心区		城市功能拓展区		城市发展新区		生态涵养发展区	
	总量	比重	总量	比重	总量	比重	总量	比重
2010	216.2	11	955.4	48.7	603.2	30.8	186.4	9.5
2005	205.2	13.3	748	48.6	411.6	26.8	173.2	11.3

（二）未来人口分布发展趋势及制约因素

国际大都市在人均GDP超万美元，工业化和城市化进入新阶段后，人口流动呈现明显的加速郊区化趋势，城市副中心（卫星城）建设快速推进，城市发展向都市圈发展阶段迈进。北京郊区化早已启动，目前政府主动疏解人口的意图明确，中心人口向外部迁居的主观意愿增强，客观条件具备，即将进入郊区化加速期。但由于产业、公共服务和交通网络布局不均衡问题突出且由来已久，将对未来人口布局调整形成制约，并使得调整可能经历较长时间。即人口分布虽将呈现郊区化加快趋势，但过程会比较漫长。分布不均衡现象主要表现为以下三个方面：

1. 产业和人口布局不匹配，业城不均现象明显

产业布局是影响人口布局的决定性因素。从区域分布看，经过二十余年的调整，北京形成了明显的从中心到边缘的三、二、一产业梯度。根据影响人口分布的经济因子分析结论“第三产业越发达，人口密度越大，人口分布越集中；第一产业越发达，人口密度越小，人口分布越分散”，各功能区产业结构不同，对人口吸引作用不同，面对的人口压力也不同。目前，各区域功能定位明确，但围绕各自功能定位布局产业，集聚人口的业城均衡状态尚未形成。

首都功能核心区和城市功能拓展区经济量与人口占比高度集中。2010年，这两个功能区经济总量占全市GDP的比重为70.1%，从业人员占比为72.8%，常住人口占比为59.7%，均高度集中。功能区内服务业密集，除石景山区外的5个区第三产业比重均超过全市平均水平，其中东西两城区第三产业比重在90%左右，对就业产生了极强的吸引力。

东城、西城、海淀常住人口比重低于从业人员比重，其中包括大量伴生在服务对象周围的生活性服务业和服务者。未来首都功能核心区疏解人口的压力很大（见表3）。

表3　　2010年北京人口和产业分布情况（%，人/平方公里）

项　目	常住人口占全市比重	从业人员占全市比重	外来人口占全市比重	常住人口密度	从业人员密度	GDP占全市比重	第二产业占全市比重	第三产业占全市比重
全　市	100	100	100	1195	394	100	100	100
东城区	4.7	8.3	3.1	21960	12762	8.7	1.6	11.0
西城区	6.3	13.4	4.6	24605	17127	14.6	6.5	17.3
朝阳区	18.1	17.8	21.5	7790	2536	19.9	9.5	23.4
丰台区	10.8	10.0	11.5	6907	2122	5.2	5.3	5.2
石景山区	3.1	2.6	2.9	7306	1986	2.1	3.8	1.6
海淀区	16.7	20.7	17.8	7617	3104	19.6	11.8	22.4
门头沟区	1.5	1.0	0.7	200	44	0.6	1.3	0.4
房山区	4.8	2.6	2.8	475	85	2.6	7.0	1.1
通州区	6.0	3.4	6.2	1307	244	2.4	4.9	1.5
顺义区	4.5	5.5	4.0	860	350	6.1	11.0	4.5
昌平区	8.5	3.8	12.0	1236	182	2.8	5.8	1.9
大兴区	7.0	5.6	9.1	1317	352	7.2	15.9	4.3
怀柔区	1.9	1.3	1.5	176	38	1.0	2.6	0.5
平谷区	2.1	1.5	0.7	438	101	0.8	1.6	0.5
密云县	2.4	1.6	1.0	210	47	1.0	1.9	0.6
延庆县	1.6	0.9	0.6	159	30	0.5	0.6	0.4

城市发展新区产业发展弱于人口吸纳。2010年，发展新区经济总量占全市的21.2%，从业人员占20.9%，常住人口占30.8%。从各区产业结构看，除房山区外，其他四个区的第三产业比重已达40%以上，二产

比重仍保持在五成左右。房山、大兴、昌平、通州四个区常住人口比重均比从业人员比重高，其中昌平和大兴是近两年吸纳外来人口最多的区域。2010 年，昌平外来人口比重达到 51%，大兴为 47.2%，通州为 36.7%，房山为 20.6%，随着大体量房地产开发项目的进驻，可以预见未来将吸纳更多人口居住。这四个区常住人口占全市比重合计达到 26.3%，但经济总量占全市比重合计仅为 15.1%，从业人员占比合计为 15.4%，产业发展明显弱于人口吸纳。

生态涵养区以一产为主，对人口吸纳作用在减弱。2010 年，生态涵养区一产比重占全市的 36.8%，与其他几个功能区相比，功能区内的 5 个区县中农业仍占较大比重。随着现代农业生产技术的应用推广，对人口的吸纳作用在减弱，常住人口占比接近一成，从业人员占比仅为 6.2%。

2. 公共资源总量不足与分布不均同时存在

国际大都市和北京以往的发展经验均已证明：城市发展的协调取决于功能配置的协调，特别是不同服务功能在空间内的合理配置，单一的产业布局调整并不能起到疏解人口的效果，反而带来大量的通勤人口钟摆式流动。真正的城市副中心是综合功能的统筹布局，应具备经济、教育、医疗、卫生、文化、体育健身、休闲娱乐等综合功能，公共服务的布局尤其要考虑与对应人群相匹配，才能达到中心疏解，周边吸引人口的作用。北京在公共服务资源配置上仍存在较为明显的总量不足与分布不均问题，对疏解人口形成制约。

医疗资源：截至 2010 年底，北京市共有医疗机构 6377 家，其中三级医疗机构仅 52 家，比重不足 1%，52 家三级医院聚集了全市 32.4%的执业医师。2010 年，城六区医院门诊量占全市医院门诊量的 76.8%。大约 80%的三甲医院仍集中在中心城区，十个远郊区县几乎没有三级医院。全市平均每万人拥有执业医师 33.6 人，其中，东城和西城分别拥有 92.4 人和 80 人，明显高于全市平均水平。而作为承担未来重要人口疏解功能的房山、顺义、大兴、昌平四个区分别拥有 25、24、21.6 和 18.7 人，明显低于全市平均水平。

教育资源：2010 年北京市 1−3 岁的幼儿每岁人数基本保持在 15 万人上下，与 2000 年人口普查相比，1−3 岁幼儿每岁人数均高出 5 万人的规模；平均每个幼儿园负担的幼儿数从 2000 年的 111 名增加到 2010 年的 222 名幼儿，扩大了 1 倍。幼儿园承载规模的扩大，一方面是政府整合、壮大学前教育资源的结果，另一方面也反映出需求不断增长、学前资源面临较大压力，存在资源配置不足问题，未来几年的幼儿园新建、扩建措施见到成效尚需一段时间。此外，幼儿园的师资力量在各区域间也存在差距。2010 年，城六区幼儿园专任教师数占全市的比重为 66%。平均 11.4 个在园儿童拥有 1 名专任教师；而承担未来人口疏解功能的房山、顺义、大兴、昌平四个区的专任教师数仅占全市的 20.2%，目前平均 15.2 个在园儿童才拥有 1 名专任教师。义务教育阶段和高中阶段教育资源，尤其是优质资源，则多集中在海淀区和西城区。数据显示，2010 年北京 5–14 岁常住人口达到 100.2 万人。其中东城区、西城区、海淀区三个区为 25.8 万人，占全市比重为 25.8%。而上述三区小学和普通中学在校生人数占全市比重为 35.7%，有近 10%的外区青少年跨区流入以上地区上学。

养老资源：2010 年，北京 65 岁及以上老年人口达到 170.9 万人，全市收养性单位床位数为 6.8 万张，人床比为 25∶1。城六区 65 岁及以上常住人口占全市比重 64.3%，而相对应的收养性单位床位数比重为 34.5%。远不能满足养老需求。随着人口郊区化加速，到郊区养老趋势明显。而“十二五”时期，需要承担中心城区综合服务和人口疏解功能的顺义、大兴、昌平、房山四个区，65 岁及以上老年人口比重为 19.4%，加上将要转移的城六区部分老年人口，以目前 34.9%的养老床位比例，显然不能满足这一承接需求。

休闲娱乐资源：2010 年，北京市共有博物馆 156 家，其中 121 家集中在城六区，占 77.6%。全市体育场馆、游泳场馆、各种训练房共 2318 个，其中，1423 个集中在城六区，占 61.4%，527 个分布在房山、顺义、昌平、大兴四区，占 22.7%。全市平均每 8400 余常住人口拥有 1 个专业健身场地，而房山等四区大约每 9200 人才拥有 1 个专业健身场地。休闲娱乐资源总量不足与布局不均并存，不利于对休闲娱乐功能要求相对较高的中高收入者向郊区迁居。

3. 轨道交通网亟待继续延伸和完善

人口的转移与交通路网，尤其是轨道交通的延伸密切相关。国际大都市发展过程中，政府都大力发展交通体系，以此来带动产业和人口的迁移。东京轨道交通纵横交错、四通八达，总长 2000 余公里，车站数量 500 多个，平均轨道网络密度为 300 米/平方公里，轨道交通承担了近九成的客运量，大大推动了人口郊区化。交通先行设计理念，使得东京在人口、建筑物迅速膨胀时期依然不断提高承载能力。

近年北京大力发展公共交通，公交和地铁运送乘客能力不断扩大，但郊区交通资源明显不足，连接市中心和郊区的快速交通和轨道交通不够发达。未来要承担人口疏解功能的顺义、昌平、大兴、房山均有轨道交通到达，但数量较少。且北京的交通呈中心城区向外放射状，远郊区没有形成多条线路平行深入的轨道，使得人口流动范围过于集中在轨道沿线地区，疏解空间受到局限。

四、缓解北京人口压力的对策建议

（一）走都市圈发展模式，在更广阔空间解决人口问题

城市群、都市圈、大城市带是城市化进程引向深入的渐次阶段，城市化发展不能逾越或止步于某一阶段。对于人口膨胀、交通拥堵等大城市病，各界学者提出的对策基本一致，即逐步培育地区性中心，构建城市群、加强产业专业化生产，促进区域产业合作，推进都市圈建设，提高地区整体竞争优势，最终形成大城市带的经济一体化构想。

伦敦、巴黎、纽约、东京都市圈是当今全球经济发展水平最高的四大都市圈。其中，东京都市圈地域面积 36436 平方公里，包括 400 多个城市和地区。从 20 世纪 50 年代到 80 年代中期的三十年间，东京四次调整首都圈基本规划，颁布《首都圈整治法》，逐步明确将东京都与其周边地区作为一体化区域。

目前，京津冀范围内，北京、天津、保定三个城市人口过千万，再加上石家庄、唐山、廊坊等具有区域辐射力的中小城市，已形成城市群，但尚未形成都市圈。北京和天津人口为净流入城市，保定虽人口过千万，但人口表现为净流出，石家庄、唐山等城市虽然人口规模不大，但人口外流特征明显，京津冀范围内人口吸附点较为单一。而长三角和珠三角两个区域内，有多个人口吸附点，区域内部的人口流动规模不大。以长三角为例，2010 年圈内 16 个城市中，13 个为人口净流入。因此要解决

北京的人口问题，就要在京津冀城市群范围内，特别是与北京临近，有地缘优势的地区，合理规划各城市的功能定位和产业布局，形成人口合理流动、合理分布的趋势。

（二）抓紧建设综合性新城，形成人口“反磁力中心”

城市副中心由于功能完备，环境好，生活成本低于中心城区或都市圈中的核心城市，对人口有较强吸引力，是人口的“反磁力中心”。法国巴黎的拉德芳斯、日本东京的新宿、美国纽约巴特利花园城都是其中的典范。

回顾二十年来，北京虽然在城市发展战略中多次提出建设卫星城、新城等类似于副中心的思路，但实践中的现实效果并不尽如人意的主要原因在于提出这些思路时，整个北京，尤其中心区域并未形成足够的辐射带动力，经济、人口仍处于快速聚集期，人口、交通、环境等问题也尚不突出，城市功能向外转移的内在动力不强。

2011 年，北京市“十二五”发展规划对各个区县的定位更加明确，综合性新城、现代化新城、区域性新城各自功能不同。其中综合性新城要承接产业和中心城区综合服务和人口疏解功能。综合性新城包括房山、顺义、昌平、大兴四个区。四区面积占全市的 32.8%，经济总量占 18.8%，常住人口占 24.7%，其中常住外来人口占全市 27.9%，教育、医疗等公共服务水平均低于全市平均水平，当前四区的经济和服务功能与其疏解人口的功能相比仍存在较大差距。为真正承接中心城人口，应加大产业和优质公共资源转移力度。形成人跟着就业和公共服务走，基本生活服务跟着人走的良性趋势，吸引中心城区和新增外来人口，成为人口“反磁力中心”。

（三）政策引导、市场规范，力促传统服务业转型

北京经济结构不断优化，服务型经济特征日益明显，经济增长方式从依靠劳动力增加向依靠技术、资本、创新等要素转变。目前，北京第三产业占比达到 75%，也吸纳了将近 75%的从业人员。服务业中的居民服务业，住宿餐饮业，水利环境和公共设施管理业，职业中介、保安、办公服务等围绕人的基本生活开展，对于北京这样的超大型城市来说需求量大，不可或缺。但这些行业大多是劳动密集型行业，劳动生产率偏低，对劳动力增长依赖较强。同时，这几个行业也是吸纳外来人口就业

的主要行业，其发展对控制人口规模意义重大。可以通过政策支持和市场规范两种手段对传统服务业进行引导。

（四）提高经济社会管理水平，更好地服务于人口发展

一要科学制定城市发展规划，统筹考虑资源、能源、环境、人口、人居等因素。二要对过去城市发展中存在的问题认真反思，科学分析特大型城市运营特点和应对可能存在的风险。北京人口还将在一段时间内面对规模扩张压力，与大城市粮食、蔬菜等生活必需品和战略物资对外依存度增大之间的矛盾将更加突出。生活必需品和战略物资的供应对于稳定经济社会发展意义重大，也是保障民生、服务人口发展的重要体现。三要加强市场监管。制定行业准入标准，规范低端行业发展，减少低层次就业人口的盲目扩张和对生态环境的消极影响。整治市容环境，清除侵占道路和绿化用地的餐馆等违章建筑。强化对出租房屋的管理。四要建立人口管理联动机制，使各有关部门形成合力，提高管理效率，降低管理成本。

（五）提高资源、能源利用效率，突破人口的承载极限

北京人口规模能不断突破所谓的承载极限，在很大程度上依赖于北京作为首都的特点和优势，但首都地位并不是解决北京人口问题的根本。调整资源、能源利用结构，提高使用效率，是在人口仍将快速增长的背景下，实现可持续发展并不断改善民生的重要途径，也是突破人口承载极限的关键。一要充分运用节能技术，扶持民用节能技术创新。二要通过发挥市场价格机制作用，提高公共服务定价弹性，研究对公共服务产品实行分区域分时段差异定价的可行性。

北京经济增长质量有所提高

◆◇郑艳丽

在宏观经济政策趋紧环境下，2011 年以来全市经济增长有所放缓。但从经济、环境、民生等方面看，北京经济发展质量有所提高。

一、经济增长速度放缓

2011 年 1-3 季度，全市实现地区生产总值 11404.3 亿元，按可比价格计算，比上年同期增长 8%，增速比上年同期降低 2.1 个百分点。从季度看，北京经济增长稳中趋缓，前三季度累计增速分别为 8.6%、8%和 8%。

1-3 季度全国国内生产总值 320692 亿元，按可比价格计算，同比增长 9.4%。从季度看，前三季度累计增速分别为 9.7%、9.6%和 9.4%。北京地区生产总值增速比全国低 1.4 个百分点，走势与全国基本一致。分省市看，中西部地区显现出明显的追赶效应。1-3 季度，西部地区经济增速约为 13.5%，中部地区增速约为 13.1%，东部地区增速约为 11%。东部地区回落幅度较大，增速在后十位的省市中，除河南和新疆外，全部为东部省市，其中浙江（9.5%）、上海（8.3%）、北京（8%）经济增速回落到一位数。

从产业看，1-3 季度，全市第一产业实现增加值 88.6 亿元，比上年同期增长 0.3%，增速比上年同期上升 2.2 个百分点；第二产业实现增加值 2609 亿元，增长 6.5%，增速比上年同期下降 7.7 个百分点，对经济增长的贡献率为 19.1%；第三产业实现增加值 8706.7 亿元，增长 8.5%，增速比上年同期下降 0.3 个百分点，对经济增长的贡献率为 80.9%。

从行业看，1-3 季度全市 17 个行业中有 10 个行业增速低于上年同期，增加值比重占全市的 70%以上。其中批发和零售业增长 8.9%，增速比上年同期下降 15.3 个百分点；文化、体育和娱乐业增长 3%，增速下降 13.5 个百分点；居民服务和其他服务业增长 8.2%，增速下降 7.9 个百分点；工业增长 7.3%，增速下降 7.7 个百分点；建筑业增长 2.3%，增速下降 7.4 个百分点。

二、北京经济稳中趋缓的主要影响因素

在世界经济恢复缓慢，国内通胀压力加大及转变经济发展方式等多重因素影响下，北京经济增速稳中趋缓。

（一）外需减弱的影响

2011 年以来，受欧美债务危机等因素影响，发达经济体下滑风险进一步加大，对北京经济造成一定冲击。1–3 季度北京海关出口低速增长，增速为 4.9%，同比回落 12.4 个百分点。从全国看，对外开放程度较高的东部地区经济回落幅度较大。1–3 季度，东部省市经济增速比去年同期回落 2.5 个百分点，其中北京回落 2.1 个百分点，而中西部省市受影响小，分别回落 1.2 个百分点和 0.2 个百分点。

（二）通货膨胀的影响

经济运行中最突出的问题是通胀压力依然较大。1–9 月居民消费价格累计同比上涨 5.9%，其中 9 月当月上涨 6.5%，涨幅比 8 月份回落 0.1 个百分点。通胀压力导致企业成本上升，资金链趋紧，企业经营困难增加，收入增速呈回落态势。1–2 月、1–5 月和 1–8 月工业规模以上企业收入增速分别为 17.4%、12.1%和 10%，第三产业规模以上企业收入增速分别为 19.6%、16.4%和 15.7%。稳健的货币政策在抑制通货膨胀的同时，也使金融业对实体经济的资金支持减弱。1–3 季度，全市金融业增加值增长 4.8%，低于“十一五”平均增速 6.2 个百分点。

（三）“调结构”对经济增长的影响

据测算，包含首钢停产和楼市、车市调控在内的一系列调整合计下拉北京经济增速 2 个百分点左右。受首钢搬迁影响，1–3 季度，规模以上黑色金属冶炼及压延加工业增加值同比下降 74.1%。初步测算，首钢搬迁影响全市规模以上工业下降 2.4 个百分点，下拉经济增速 0.4 个百分点。

2011 年以来，全市商品房销售市场依旧低迷。1–3 季度，全市商品房销售面积为 915.8 万平方米，比上年同期下降 8.3%，由此导致房地产

业增加值下降1%。初步测算，房地产限购政策影响全市经济增长约0.6个百分点。

受小客车限购政策的影响，1–3季度，全市累计销售机动车51.5万辆，同比下降44.8%。据测算，小客车限购政策下拉全市经济增速1个百分点。

（四）先期投资不足导致工业增长乏力

"十一五"时期，工业投资年均增长3.8%，增速低于"十五"时期14.2个百分点，占全社会固定资产投资比重为10%，低于"十五"时期1.5个百分点。先期投资偏低导致2011年在高耗能行业大举退出的背景下出现断层。虽然2011年1–3季度全市工业投资同比增长80.8%，占全社会投资的比重达到12.2%，但从投资建设到形成产能的周期较长，目前对工业生产的带动作用还未显现。

三、北京经济质量有所提高

"十二五"时期，北京经济步入调整–突破–提升的新阶段。目前经济增速虽然有所放缓，但经济结构发生了积极变化，初步摆脱了对房地产投资和汽车消费的过度依赖，经济质量进一步提高，人民生活持续改善。

（一）经济质量——产业结构优化，创新驱动作用显现

1. 产业结构优化

优化产业结构是转变经济发展方式的重要内容。2011年以来，受结构调整等因素影响，工业增速处于历史较低水平，第三产业对经济增长的贡献突出。1–3季度第三产业增长8.5%，高于第二产业增速2个百分点，对经济增长的贡献率达到80.9%，远高于"十一五"时期（77.5%）水平。

新兴产业发展均快于全市平均水平。1–3季度现代服务业现价同比增长13.7%，高于全市1.5个百分点；生产性服务业现价同比增长15%，高于全市2.8个百分点；信息产业现价同比增长15.9%，高于全市3.7个百分点。

工业内部结构进一步优化。1–3季度，以医药、汽车、装备为代表的现代制造业和高技术制造业分别增长11%和9.9%，均高于规模以上工业平均水平；高耗能行业持续收缩，黑色金属冶炼及压延加工业下降 74.1%，占规模以上工业增加值的比重从 2006 年的 13%调整到目前的 0.4%。

2. 创新驱动作用显现

科技进步在北京经济发展中发挥着重要作用。根据全国第二次 R&D 资源清查结果，2009 年北京 R&D 经费投入强度达到 5.5%，在全国排名第一，高于全国平均水平 3.8 个百分点，高于排名第二的上海市 2.7 个百分点。

创新投入持续增长。中关村是北京创新能力的集中代表。8 月末示范区科技活动人员比重达到 27.8%，已连续六个月比重提升。

自主创新能力有所增强。1-3 季度，全市专利授权量达到 3 万件，同比增长 25.4%。其中发明专利授权量比重达到 38.6%，同比提高 5.5 个百分点。

（二）环境质量——经济发展的可持续性增强

资源节约和环境保护是实现可持续发展的重要方式。1-3 季度，我市万元 GDP 能耗降低 8.2%，完成进度快于“十二五”目标水平（“十二五”目标为五年累计降低 17%）。能源利用效率迅速提高。“十一五”时期，全市 GDP 增长 11.4%，能源消费总量增长 4.7%。2011 年 1-3 季度，全市 GDP 增长 8%，能源消费总量降低 0.9%。2011 年以来，城市生活垃圾无害化处理率逐季提高，前三季度分别为 97.4%、97.6%和 97.8%。

（三）社会发展质量——收入差距略有缩小，就业状况改善

经济发展由单一增长转变为包容性增长，既保证社会成员能够对经济发展过程积极参与，也能够共享经济发展成果。2011 年以来，我市收入差距有缩小迹象。从城乡看，1-3 季度，我市农村居民人均现金收入 12962 元，为城镇居民人均可支配收入的 53.6%，而 2010 年这一比例为 45.6%。从行业看，1-3 季度，工资水平最高的金融业是工资水平最低的居民服务和其他服务业 7.1 倍，而 2010 年这一比例为 7.2 倍。

就业状况改善。2011 年以来，从业人员增长速度有所加快。前三季度，法人单位从业人员分别增长 4.1%、4%和 5%。

（四）生活质量——社会保障不断完善，居民收入增速有所加快

社会保障不断完善。北京市社会保障相关待遇标准不断提高，2011 年北京企业退休人员基本养老金水平提高到 2268 元，人均上调 210 元，

增长额度创历史最高；职工最低工资提升至1160元/月；城市居民最低生活保障标准提升至500元/月。2011年1—3季度，城镇职工五项保险参保率达到95.7%，高于去年同期1个百分点。

2011年以来，政府制定多项居民增收措施，城乡居民收入名义增速与前两年相比均有所提高。2011年三季度比上半年速度也有所加快，1—3季度，全市城镇居民人均可支配收入24164元，同比增长10.7%，增幅比上半年提高0.6个百分点；农村居民人均现金收入12962元，同比增长12.8%，增幅较上半年提高0.4个百分点。但由于物价高位运行使收入实际增速偏低。城镇居民人均可支配收入实际增长4.5%，农村居民纯收入实际增长6.5%。

北京二、三产业融合趋势日益显现

◆◇王　敏　邵　玮　胡　迪　米宏伟　姜　虹

一、研究的背景和意义

产业融合是指不同产业之间相互影响、相互制约、相互促进的作用关系，主要表现为不同产业或同一产业内不同行业间的渗透、交叉，是产业发展的高级阶段。自 20 世纪 80 年代起，随着全球经济一体化进程的加快，产业结构的不断升级，新技术的不断涌现，产业融合正日益成为世界经济发展的重要趋势。

从产业融合的发展历程看，当第三产业的比重达到 60%以后，便开始涉及经济的服务化问题，出现二、三产业融合发展的现象。目前，以东京、香港、伦敦为代表的国际大都市普遍存在着第二产业与第三产业融合发展，都经历了由工业主导经济发展，工业升级转型向城市外围、外区域转移，服务业快速发展，主导经济发展的历程。

北京市第三产业增加值在经济中的比重已超过 75%，在全国率先形成了服务经济主导的产业结构，服务业正加速向制造业生产前期研发、设计，中期管理、融资和后期物流、销售、售后服务、信息反馈等全过程渗透。本课题通过二、三产业融合状况的研究，深层次反映北京产业结构现状，为经济结构调整提供决策参考依据。

二、产业融合的主要方式

产业融合的形成和发展受到多种因素的影响，融合的方式很多，归纳起来，可分为企业内部融合和产业链融合两种。

企业内部融合是指工业企业从单一制造环节向服务业领域等高端环节延伸，成为以生产制造为基础，以生产性服务业为纽带，涵盖产业上、中、下游各环节的综合产业部门。同时，随着消费者从关注实体产品的功能、质量逐渐向售后服务、品牌、形象等方面的转变，企业必须通过内在或外在方式整合生产与服务两类资源，以满足消费者需求，这促进了企业制造服务功能化的转型，从根本上引导了二、三产业的融合。

产业链融合实质就是产业价值链的分解和整合。随着产业逐渐发展成熟，专业化程度不断提高，价值链开始重新整合，形成了新的附加价值曲线，即“微笑曲线”。企业为提升综合竞争力，将发展重心不断向微笑曲线的两端转移。在这个过程中，企业一般情况下会先拓展业务链条，融合多个发展环节，探索培养自己的核心竞争力，将其他链条逐渐剥离、分包出去。众多企业围绕价值链进行业务分解和整合的行为，汇聚起来形成了二、三产业融合现象。

三、北京市二、三产业发展特点及融合的有利因素

近年来，北京市立足首都功能定位，积极调整经济结构，在经济快速发展的同时，经济发展方式不断转变，第三产业比重不断提高。2010年，北京市实现地区生产总值14113.6亿元，其中第二产业实现增加值3388.4亿元，占全市GDP的比重为24%；第三产业实现增加值10600.8亿元，占全市GDP的比重为75.1%，初步形成服务经济主导的产业结构。而工业和服务业企业间通过企业内部融合、产业链融合等方式，逐步将技术研发、生产制造、销售等环节整合，二、三产业间的关联度不断提高，初步形成了二、三产业融合发展的趋势。

（一）工业稳定增长、呈现高端化发展特征

北京工业呈现“增长稳，持续长”的发展态势。2001至2010年工业年均增速为10.6%，对全市经济增长的贡献率达到21.8%，是经济增长的主要力量。

在稳定增长的同时，北京市工业呈现出高端化发展特征。2010年，北京市人均GDP达到11218美元，三次产业结构为0.9：24：75.1；就业构成为6：19.6：74.4，按照工业化发展阶段（见表1）的判定标准，已经具有后工业化阶段的特征。

经验表明，进入后工业化阶段后，国际大都市产业升级的驱动力以科技引领为主，高技术产业和现代制造业呈上升态势。工业生产由以原

材料工业为主逐步转向以深加工和组装工业为主，工业更多依赖于资本、技术投入，从而带动了技术密集的现代制造业和高新技术产业比重的上升。“十一五”时期，以汽车、电子为主导的现代制造业迅速发展，成为北京的支柱产业，工业高端化特征明显（见表 2）。

表 1 工业发展阶段特点

	工业化起始阶段	工业化实现阶段			后工业化阶段
		初期阶段	中期阶段	后期阶段	
人均 GDP（2007 年、单位：美元）	748-1495	1495-2990	2990-5981	5981-11214	11214 以上
三次产业增加值构成	第一产业占绝对支配地位，S<20%	P>20%；S 值较低，但超过 20%	P<20%，S>T 且在 GDP 中最大	P<10%，S 值保持最高水平	S 值相对稳定或下降，T>S
农业从业人员占全社会从业人员的比重	60%以上	45%-60%	30%-45%	10%-30%	10%以下
工业内部结构变化	—	以原料工业为重心的重工业化阶段	以加工装配工业为重心的高加工度化阶段	技术集约化阶段	—

注：P、S、T 分别代表第一、第二和第三产业在 GDP 中所占的比重。

（二）现代服务业、生产性服务业不断壮大

从第三产业发展情况看，现代服务业、生产性服务业的不断壮大成为第三产业发展的重要特征。

2009 年北京市人均 GDP 突破 1 万美元，知识、资本、技术密集的现代服务业快速发展，提升了服务业的整体素质和水平。“十一五”时期，现代服务业保持较快增长，年均增长 17%（按现价计算）。2010 年，现代服务业实现增加值 7026.3 亿元，占全市第三产业的比重达到 66.3%。

“十一五”时期，北京市生产性服务业快速发展，产业规模不断扩大。全市生产性服务业增加值由 2005 年的 2802.1 亿元，增加到 2010 年的 6705.0 亿元，年均增长 19.1%（按现价计算，下同），高于第三产业增加值年均增速 2.2 个百分点，高于地区生产总值年均增速 3.9 个百分点；占地区生产总值的比重由 2005 年的 40.2%，提高到 2010 年的

47.5%。“十一五”时期，生产性服务业对全市经济的贡献率始终保持在50%以上，带动作用明显（见表3）。

表2　　北京市三次产业结构及工业支柱行业变动情况

	人均GDP（美元）	第一产业比重（%）	第二产业比重（%）		第三产业比重（%）	工业支柱行业
				工业比重（%）		
“六五”时期	926.6	6.6	62.0	54.2	31.5	机械工业、黑色金属冶炼及压延加工、化学工业
“七五”时期	963.2	8.2	54.8	46.4	37.0	化学工业、机械工业、电子及通讯设备制造业
“八五”时期	1260.0	6.0	45.8	37.8	48.2	黑色金属冶炼及压延加工业、通信设备、计算机及其他电子设备制造业、石油加工、炼焦及核燃料加工业
“九五”时期	2305.9	3.2	35.4	28.6	61.4	通信设备、计算机及其他电子设备制造业、黑色金属冶炼及压延加工业、石油加工、炼焦及核燃料加工业
“十五”时期	4346.4	1.6	29.8	24.8	68.6	通信设备、计算机及其他电子设备制造业、黑色金属冶炼及压延加工业
“十一五”时期	9147.5	1.0	24.5	20.6	74.5	通信设备、计算机及其他电子设备制造业、交通运输设备制造业
其中：2010年	11218.0	0.9	24.0	19.6	75.1	—

四、北京市二、三产业融合的实证分析

工业生产的高端化，现代服务业、生产性服务业的壮大为北京市二、

三产业的融合发展创造了有利条件。服务业为工业生产提供金融、信息、管理及科研和综合技术等方面的保障；发展现代服务业有利于工业产业内部结构的优化重组，增强企业核心竞争力，提高工业信息化水平，实现工业可持续发展。

表3　“十一五”时期生产性服务业增加值情况（亿元，%）

项　目	2006年	2007年	2008年	2009年	2010年	年均增速（现价）
地区生产总值	8117.8	9846.8	11115.0	12153.0	14113.6	15.2
第三产业增加值	5837.6	7236.1	8375.8	9179.2	10600.8	16.9
生产性服务业增加值	3409.4	4425.2	5355.3	5676.1	6705.0	19.1
一、流通服务	844.9	1062.1	1365.0	1379.5	1733.0	21.0
二、信息服务	696.4	870.5	999.1	1066.5	1214.1	15.7
三、金融服务	982.4	1302.8	1519.2	1603.6	1863.6	17.3
四、商务服务	447.1	623.6	765.3	809.6	953.2	21.5
五、科技服务	438.6	566.2	706.7	816.9	941.1	22.1

下面我们就利用相关统计数据，通过定性、定量方式对北京市二、三产业融合程度进行实证测算分析。

（一）企业内部融合

企业内部融合可以理解为企业的多元化发展现象。即工业企业在生产工业品的同时发生相关的服务性活动；或服务性企业在提供服务的同时也生产相关工业产品。

北京市中关村示范区是全国第一个国家自主创新示范区，经历了20多年的快速发展，逐渐形成了以科技型企业为主体，多种产业融合共同发展的高新技术产业聚集区。中关村企业重视与产品有关的技术研发、生产制造、销售等环节，形成了集知识技术、产品和服务于一体有别于传统企业的技工贸一体化产业发展模式，使传统意义上的产业边界逐渐消融，最终出现二、三产业由分立走向融合的趋势。

1. 中关村示范区产业融合现状

一是工业企业总收入中的三产比重上升。随着国际市场竞争加剧、产品更新换代的加快，产品创新、市场营销和服务的增值作用日益明显。制造业从生产产品转变为同时包含服务活动在内的多元化经营，工业企业收入中的三产收入逐步扩大。2010 年中关村示范区工业企业共实现总收入 5609.8 亿元，其中由第三产业业务活动形成的收入 531.9 亿元，所占比重为 9.5%，比 2005 年提高 2.3 个百分点（见图 1）。

图 1　　中关村示范区工业企业总收入中三产比重

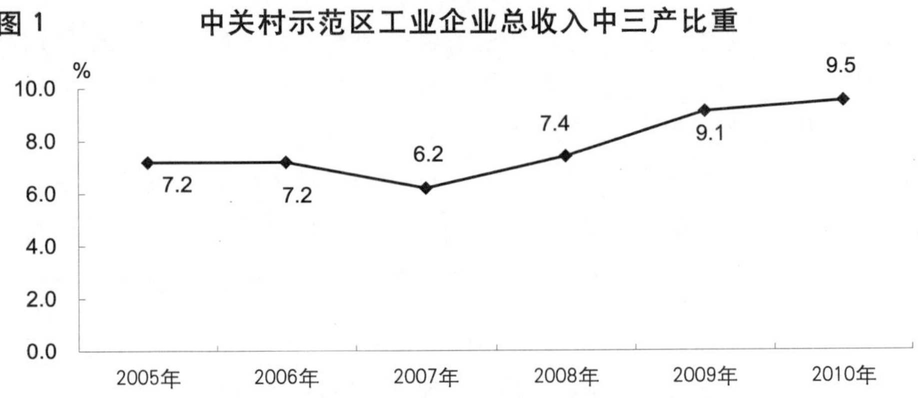

图 2　　中关村示范区重点高新技术领域工业企业总收入中三产比重

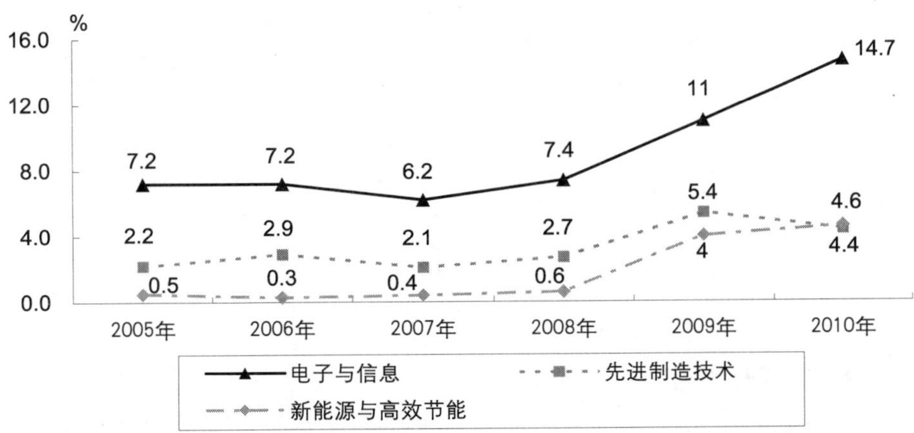

电子信息领域二、三产业融合最为明显。例如从事计算机生产的企

业把研发、设计、销售与服务等价值链高端环节保留在本部，而将生产制造环节外包给其他企业，形成了产业服务化倾向。2010 年中关村示范区电子信息技术领域工业企业共实现总收入 2393.2 亿元，其中从事第三产业经营活动收入为 351.7 亿元，所占比重为 14.7%，比 2005 年提高 7.5 个百分点（见图 2）。

二是三产企业总收入中含有二产份额。现代信息技术的广泛运用及网络化在一定程度上改变了服务的固有属性，数字化服务产品可存储、可远距离传送，可交易性的特点，使服务业呈现出产业化的新趋向。同时，服务业企业的品牌、技术等无形资产通过授权、特许、代理、贴牌生产等方式，将产业触角从服务环节延伸到制造环节，向客户提供包含服务品牌、服务内容的实物产品，服务业也具有工业制造的特征。从中关村示范区历年数据看，服务业中来自制造业环节的收入近五年平均在 23%左右，但呈现逐年下降趋势。2010 年中关村第三产业共实现总收入 9008.9 亿元，其中产品销售收入 1571.5 亿元，所占比重为 17.4%，比 2005 年下降了 9.2 个百分点（见图 3）。

图 3　　中关村示范区第三产业总收入中工业比重

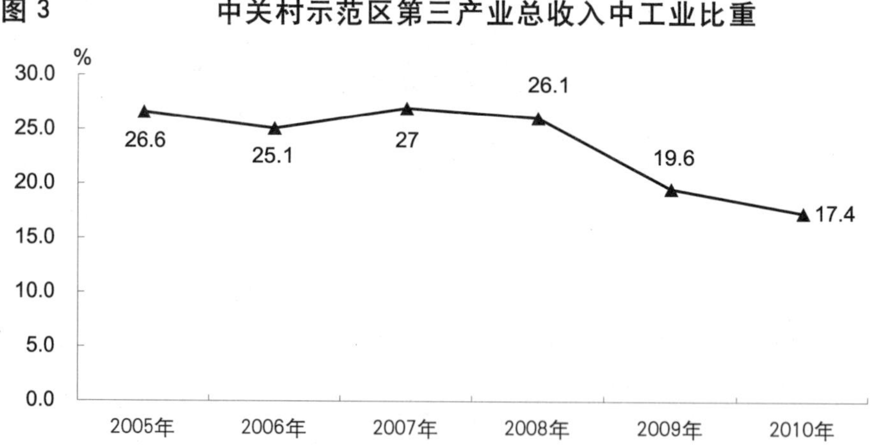

2. 中关村示范区产业融合特点

一是第三产业向第二产业融合趋势明显。第二产业和第三产业之间相互渗透，边界越来越模糊，二者之间逐步建立了一种相互作用、相互依赖、共同发展的内在动态联系。但就中关村示范区来说，2005 年至 2010

年，工业企业收入中由于从事服务活动获得的收入比重提高了 2.3 个百分点，而第三产业企业收入中工业产品的销售收入比重则呈下降趋势，第三产业向第二产业融合的趋势更明显。

二是有研发活动的企业二、三产业融合度高。技术创新是产业融合的基础，是产业融合的内在驱动力。在中关村示范区中，有 R&D 活动的企业二、三产业融合度高。2010 年，有 R&D 活动的工业企业实现总收入 2941.5 亿元，其中第三产业收入 440.1 亿元，所占比重为 15%，高出中关村平均水平 5.5 个百分点；有 R&D 活动的第三产业共实现总收入 2892.9 亿元，其中工业产品销售收入 757.8 亿元，所占比重为 26.2%，高出中关村 8.8 个百分点。

三是文化创意产业工业化水平高。文化创意产业是工业化发达阶段出现的信息、知识密集型产业。随着经济水平的不断提高，文化创意产业在中关村经济中的比重不断上升，其内部工业化水平也相应有所提高。2010 年，文化创意产业共实现总收入 4151.2 亿元，其中工业产品销售收入 869.2 亿元，所占比重为 20.9%，高出中关村 3.5 个百分点。

四是外向度高的工业企业服务化程度高。外向型企业与国际市场连接紧密，以满足市场需求为目的，不受行业、地域限制，经营方式灵活，产业融合现象更加突出。2010 年中关村示范区外向型工业企业共实现总收入 3465 亿元，其中第三产业收入 363.6 亿元，所占比重为 10.5%，高出中关村 1 个百分点。

（二）产业链融合

产业链融合是指企业间在研发、生产、销售及售后服务等环节上出现的价值链的分解和整合。对于企业通过产业链形成的融合，我们可以通过依赖度系数进行测量，依赖度系数越高，可认为融合程度越高。依赖度系数是指企业在生产过程中消耗某种产品或服务占消耗的全部产品或服务的比重，反映的是某一企业在生产过程中对于其他行业产品的依赖程度，可通过投入产出表计算获得。

1. 融合的总体情况

根据北京市 2007 年 144 部门投入产出表，分别计算第二产业各行业对第三产业的依赖度及第三产业各行业对第二产业的依赖度。各行业依赖度及增加值分布见表 4。

表 4　　二、三产业依赖度系数的行业分布（2007 年）

依赖度范围	二产各行业对三产依赖度		三产各行业对二产依赖度	
	行业个数	增加值占二产比重（%）	行业个数	增加值占三产比重（%）
80%以上			1	2.5
70%–80%			6	5.9
60%–70%	1	0.8	4	4.9
50%–60%			5	9.0
40%–50%	1	0.7	10	16.4
30%–40%	4	5.1	6	12.6
20%–30%	30	21.4	5	16.4
10%–20%	49	61.4	5	26.1
10%以下	8	10.6	4	6.2
合计	93	100.0	46	100.0

从二、三产业依赖度的行业分布看，第二产业所含的 93 个行业，对第三产业依赖度系数主要分布在 10%–30%之间，这一区间的行业总数为 79 个，占二产行业总数的 84.9%；第三产业所含的 46 个行业中，对第二产业的依赖度主要分布在 30%–80%之间，这一区间的行业总数为 31 个，占三产行业总数的 67.3%。第三产业各行业对第二产业的依赖度总体上高于第二产业各行业对第三产业的依赖度。

利用二、三产业增加值在各依赖度水平上的比重乘以 2010 年北京市二、三产业增加值数据，可以得到不同依赖度水平的二、三产业融合量数据（见表 5）。

在高于 50%的依赖度水平上，第二产业中融合量为 26.7 亿元，第三产业中融合量为 2364.7 亿元，融合总量为 2391.4 亿元，占全市地区生产总值的 16.9%。

表 5　　2010 年二、三产业融合量（亿元）

依赖度系数	二、三产业融合量		
	第二产业增加值	第三产业增加值	合计
	3388.4	10600.8	13989.2
≥50%	26.7	2364.7	2391.4
≥40%	49.4	4106.5	4155.9
≥30%	221.8	5441.0	5662.9
≥20%	947.8	7182.3	8130.0
≥10%	3029.6	9944.6	12974.2

2. 重点行业的融合情况

一是工业重点行业对三产的依赖度偏低。“十一五”时期，通信设备制造业、计算机及其他电子设备制造业、交通运输设备制造业成为北京市工业的支柱产业。除电子计算机制造业对第三产业的依赖度系数达到 21.4%，在第二产业所含 93 个行业中排名第 25 位外，其他三项重点行业的依赖度系数均低于 20%，且排名靠后（见表 6）。

表 6　　工业重点行业依赖度排名

排名	行业名称	对第三产业依赖度（%）
25	电子计算机制造业	21.4
53	电子元器件制造业	16.8
61	通信设备制造业	15.4
74	汽车制造业	12.9

从发达国家看，在电子设备制造行业较为发达的美国和日本，其电子设备制造业对第三产业的依赖度都超过 30%。与发达国家相比，北京市工业重点行业对第三产业依赖度偏低。在与第三产业相关的研发、技术服务等要素投入方面与国外先进水平还存在差距（见表 7）。

表 7　　发达国家工业相关行业对第三产业依赖度（%）

行业	美国	日本	德国
电子设备制造业	33.6	33.3	28.8
广播电视与通讯设备制造业	–	30.2	35.3
汽车及交通设备制造业	25.5	16.7	21.1

注：利用 OECD2005 年投入产出表数据计算。

二是生产性服务业与第二产业的融合程度高。生产性服务业是从企业内部的生产服务部门分离出来且独立发展起来的新兴产业，它依附于制造业企业的发展。从生产性服务业与第二产业的关系来看，计算机服务、铁路运输等技术服务、运输类生产性服务业，经营过程中投入的工业产品多，对第二产业的依赖度高（见表 8）。

表 8　　第三产业依赖度排名前十位行业

排名	行业名称	依赖度系数（%）
1	教育	85.5
2	城市公共交通业	79.9
3	*计算机服务业	78.7
4	*水上运输业	74.2
5	水利管理业	71.4
6	*科技交流和推广服务业	70.5
7	*铁路运输业	70.4
8	*专业技术服务业	69.9
9	社会福利业	64.7
10	居民服务业	63.0

注：*为生产性服务业相关行业。

五、需要关注的问题及政策建议

北京二、三产业融合趋势明显，相互依赖程度不断提高。我们将依赖度高于50%的行业认定为相融合行业，并计算得出2010年全市二、三产业融合总量达到2391.4亿元，占全市地区生产总值的16.9%。但在二、三产业融合发展过程中，依然存在较大空间。为继续保持二、三产业协调发展，优化产业结构，转变经济发展方式，促进全市经济又快又好增长，需要关注以下问题：

（一）工业在产业融合中的作用不容忽视

近年来，由于产业结构的调整，工业在北京经济中的比重不断降低，从1999至2010年，工业占地区生产总值的比重由27%降低至19.6%。但从北京二、三产业融合特点看，二产仍是服务业尤其是生产性服务业发展基础，三产各行业对二产的依赖度高，邮政、电信计算服务等生产性服务主要是为二产提供服务，第二产业在北京经济中仍将发挥重要作用。

从东京、纽约等国际大都市的产业发展历程看，虽然它们都形成了以服务业为主的经济结构，但工业仍是城市经济总量和城市功能的重要组成部分。各国在经济发展过程中都逐步认识到制造业的重要地位，如：2005年伦敦正式发布了《伦敦制造业发展战略与行动纲要》，采取一系列措施振兴伦敦制造业发展，希望实现“制造业回归”。2010年8月，美国总统奥巴马签署了《美国制造业促进法案》，拟投入170亿美元，推动制造业发展。虽然目前北京制造业呈现出功能服务化特征，但仍需保持工业在总体经济中的一定比例，防止产业空心化，为第三产业发展提供有力支撑。

（二）提高工业创新能力推动产业结构优化

虽然目前北京已具有后工业化特征，但工业仍存在附加值不高，科技含量不高，劳动力素质不高和生产效率不高问题。2010年北京大中型工业企业R&D经费支出占全国比重仅为2.6%，比津、沪两市分别低0.9个和3.3个百分点。在生产上缺乏核心技术，自主创新、研发不够，对服务业依赖度低。如以北京市工业支柱行业的通信设备制造业、计算机及其他电子设备制造业、交通运输设备制造业为例，与美、日、德等发达国家相比，这些行业对三产的依赖度水平仍偏低。因此，需要鼓励相关企业不断提高研发投入，不断创新，提升现代制造业发展水平，推动工业产业结构不断优化（见表 9）。

表 9　　2010 年各省市大中型企业 R&D 相关情况（亿元，%）

	R&D 经费	主营业务收入	R&D 投入强度	R&D 经费占全国比重
全国	4015.4	433191.0	0.9	
北京	106.1	11387.5	0.9	2.6
天津	139.2	13024.4	1.1	3.5
上海	237.7	23818.1	1.0	5.9

（三）处理好产业园区发展与产业融合关系

企业的发展需要技术、人才、资本等生产要素的共同作用，产业的融合过程，也是这些要素的集聚过程，因此产业集聚可以说是产业融合的一种外在表现形式，是建立在企业内融合和产业链融合基础上的更为高级的产业融合方式。

北京市中关村示范区作为全国第一个国家自主创新示范区已形成了以软件、集成电路、网络通信、计算机、清洁能源、生物医药产业为主导的高新技术产业聚集区，是北京市二、三产业融合发展的典型模式。为了更好地发挥中关村示范区在全市的高端引领作用，政府要加大投入，吸引国内外创新人才，提高自主研发能力。通过“园聚”促“业聚”推动产业融合，发挥示范作用。

北京行业结构对居民收入的影响研究

◆◇谢　黎

改革开放以来，北京经济连续30年保持快速增长，1978—2010年，地区生产总值按可比价格计算年均增长10.5%，但城乡居民收入却未能保持同步增长，1979—2010年城镇居民人均可支配收入和农村居民人均纯收入年均实际增速分别为8.1%和9.1%。与此同时，伴随产业结构调整出现的行业发展失衡成为影响收入分配的一个重要因素。《北京市国民经济和社会发展第十二个五年规划纲要》中明确提出："十二五"期间，要切实改善收入分配，努力实现城乡居民收入与经济发展同步增长。如何实现同步增长？本文从行业收入分配角度进行分析。

一、北京市经济发展方向及结构特征

（一）北京市经济发展进入转型阶段

图1　　1978—2010年北京市地区生产总值总量与增速

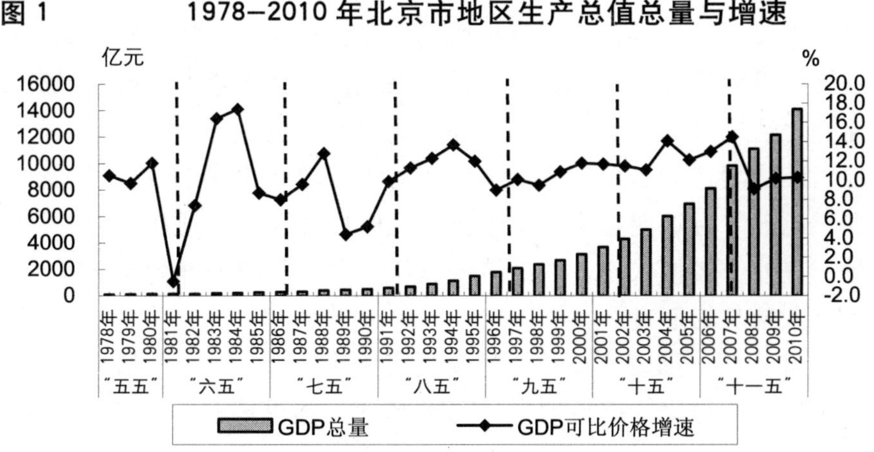

注：数据来源于《北京统计年鉴2011》，下同。

2010 年，北京市实现地区生产总值 14113.6 亿元，比上年增长 10.3%，经济总量较 2005 年翻了一番。从“十一五”时期的情况看，GDP 平均增速达到 11.4%（见图 1）。

图 1 是 1978−2010 年北京市地区生产总值与增速变化曲线，从中可以看出，2008 年以来，受国际金融危机和北京经济自身周期性波动影响，北京经济增长速度较前些年有所降低，目前，转变经济发展方式已成为我国调整经济结构的战略性选择，北京经济也将进入新的发展阶段。如何进一步优化产业结构，优化收入分配，需要进行深入分析。

（二）产业结构调整任重道远

北京市在以加快转变经济发展方式为主线的产业结构升级中，提出“优化一产、做强二产、做大三产”的转变方向。这必将对北京市的经济发展、就业人口分布产生重大影响，并由此影响居民收入水平及收入结构的变动。

改革开放以来，北京市三次产业结构由 1978 年的 5.2∶71.1∶23.7 演化为 2010 年的 0.9∶24.0∶75.1，符合产业结构调整方向，但 2010 年由于房地产业增加值出现大幅下降（同比增速为−14.2%），导致第三产业增速由上年的 10.2%降至 9.3%，反映出产业发展依赖于少数行业的易波动性缺陷，产业结构进一步调整势在必行。

（三）城乡居民收入增速低于 GDP 增速

经济发展决定收入分配，经济增长与居民收入之间的关系问题，历来是经济学界的热点话题。从 1978 年以来北京市经济增长和城乡居民收入增速变化情况看（见图 2），总体呈现大致相似的走势。在“八五”时期以前，经济增速和居民收入增速的变动幅度较大，其中城镇居民收入增速在“七五”时期明显呈下降趋势，农村居民收入增速从“七五”时期开始一直处于较低状态，而经济增速从“七五”时期开始显著高于城乡居民收入增长的速度。

1995 年以后，随着产业结构的深刻变化（“三、二、一”格局形成），北京经济增长的稳定性明显增强，GDP 增速基本保持在 10%以上。但相比之下，居民收入增速波动仍然较大，而且相对较低，大约低于 GDP 增速 2−4 个百分点（个别年份例外）。而且呈现“GDP 增速＞城镇居民收入增速＞农村居民收入增速”阶梯型格局。

图 2　1978—2010 年北京市城乡居民人均可支配收入与 GDP 增速

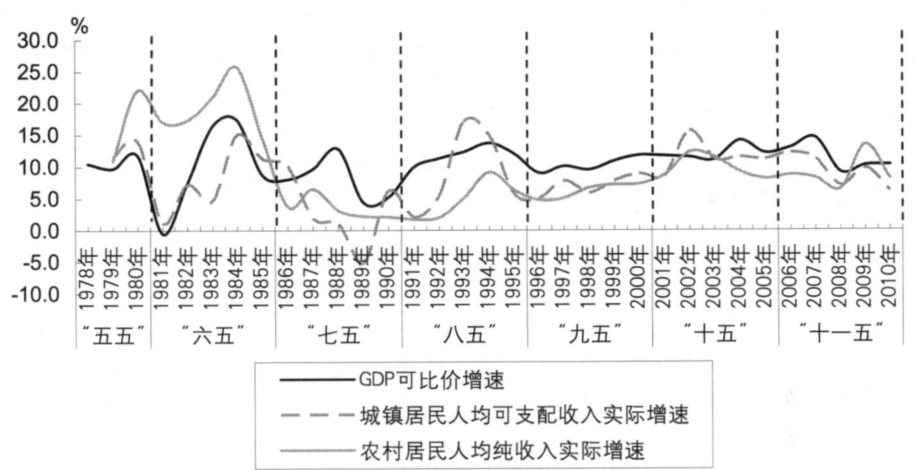

二、北京市居民收入特点分析

（一）收入分配格局发生积极变化

宏观收入分配是指国民收入在居民、企业和政府三者之间的分配比例及其相互关系，它包括初次分配和再分配两个环节。十七大报告中提出，要“深化收入分配制度改革，增加城乡居民收入”和“逐步提高居民收入在国民收入分配中的比重，提高劳动报酬在初次分配中的比重”，这意味着我国的收入分配格局将进行积极的调整，更加注重社会公平。

1. 初次分配逐渐倾向居民

初次分配是生产要素所有者和政府按照参与和贡献程度分配生产活动的过程。在初次分配中，政府主要得到生产税净额，企业主要得到固定资产折旧和营业盈余，居民主要得到劳动报酬。

收入法 GDP 数据显示，北京市居民初次分配所得劳动报酬，其总量不断扩大，从 1978 年的 37.1 亿元上升到 2010 年的 6920.0 亿元。从构成看，居民劳动者报酬所占份额呈现稳步上升的态势（见图 3），由 1978 年的 34.1%上升到 2010 年的 49.0%，尤其是从“十五”末期开始，比重迅速上升。2010 年，政府、企业、居民三者初次分配构成分别为 15.6%、35.4%和 49.0%，分别比 2001 年提高 0.2、−2.0 和 5.8 个百分点，居民初次分配收入增长快于企业、政府。

图 3　　1978—2010 年北京市劳动者报酬占 GDP 比重变化趋势

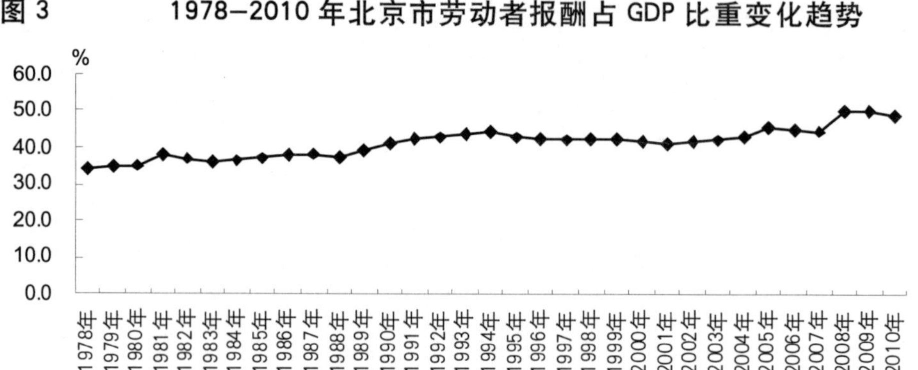

2. 再分配城乡居民收入有差距

在初次分配的基础上，经过所得税、社会保险、补助等转移进行再分配，形成最终的可支配收入。劳动者报酬只是国民收入初次分配用于居民所得的结果，只能在一定程度上反映居民的收入状况，而居民可支配总收入才能够真实有效地反映社会财富用于居民所得的实际分配程度。

伴随着经济的快速发展，北京市城乡居民收入稳步增长，1978—2010 年，北京城镇居民人均可支配收入由 365.4 元增加到 29073.0 元，增长近 80 倍；农村居民人均纯收入由 224.8 元增加到 13262.0 元，增长近 60 倍，相对而言，城镇居民在国民收入再分配中占有了更多资源。

（二）收入结构呈多元化趋势

伴随着改革开放的深入，人们的收入来源越来越多元化，除劳动收入外，资产性收入日益提高。无论是城镇，还是农村，居民收入水平都有了较快的增长，各收入构成要素的收入水平也随总收入的增长而增长，其中，工资性收入作为城镇居民和农村居民收入的最主要来源，其主体性特征越来越明显，对总收入的影响也越来越大。

1. 城镇居民工资性收入约占七成

从城镇居民收入来源看，四项收入中（见表 1），工资性收入为主体，且比重基本稳定在七成。转移性收入稳中略有下降，占比约为四分之一。经营净收入和财产性收入所占比重较小，但增长非常迅速。

表 1　2000 年与 2010 年北京市城镇居民收入来源结构比较（%）

年　份	工资性收入	经营净收入	财产性收入	转移性收入
2000	71	1	1	27
2010	69	4	2	25

工资性收入成为居民收入主体是现代市场经济发展的必然要求。工资性收入一般来自于劳动就业，合理的份额意味着居民就业面广泛，这就需要促进产业结构升级，从而提高整个社会的劳动就业率。提高居民财产性收入比例有利于扩大中等收入者比例，缩小社会贫富差距。虽然目前财产性收入在居民收入中所占比例还比较小，仅为 2%左右，但近几年增长较快，其 2010 年增速为 11.8%，高于可支配收入的 8.7%（名义增速），仅次于工资性收入的 12.5%，具有良好的增长潜力，未来增长空间巨大。

2. *农村居民收入结构变动较大*

从农村居民收入来源看，四项收入中（见表 2），工资性收入为主体，且比重基本稳定在六成。家庭经营纯收入比重下降较快，与此同时，财产性收入和转移性收入比重快速上升，2010 年此三项收入比重基本持平。

表 2　2000 年与 2010 年北京市农村居民收入来源结构比较（%）

年　份	工资性收入	家庭经营纯收入	财产性收入	转移性收入
2000	62	29	4	5
2010	60	14	12	14

在城乡二元化的经济下，农村居民远远未达到充分就业状态，他们只能依靠自我家庭经营来获得收入。如果增加农村居民的就业机会，使其能够从事社会规模化的分工活动，从而获得更多的工资性收入，就需要加快工业化进程，升级产业结构，这对提高农村居民的劳动力素质，增加农村居民的收入水平都非常重要。转移性收入是城乡居民收入差距的主要因素之一，加大对农村居民的转移支付力度可以提高农民收入，

缩小城乡收入差距。北京市农村居民财产性收入和转移性收入比重的提高，有利于缩小居民收入差距，促进经济与社会协调发展。

三、行业结构与收入分配关系的理论分析

收入分配问题不可能离开经济增长本身而进行分析，必须以经济增长为依据，由此判定收入分配的格局与协调程度。实际上，经济结构、资本市场以及社会环境等各种因素作用于资源配置过程中，对于收入分配与经济增长的相互关系产生巨大的影响。经济行业结构与收入分配之间有着积极的、相互促进的关系。

（一）产业结构演进直接影响收入分配变动

产业结构演进导致资本配置比例上升而劳动配置比例下降，会加剧资本和技术的短缺，由此引起拥有资本和技术的人赚钱机会增多，收入增长速度加快；资本增长快于劳动就业增长，还会引起这些行业劳动者工资的上涨。但是这种工资上涨是以部分劳动者丧失就业机会为代价的。产业结构调整中传统的第二产业在市场改革中受到冲击，国有企业转制过程中的下岗分流和减员增效的措施，增加了城镇失业人员和领取城镇最低生活保障的人员的数量，使一部分原有的中收入阶层，在产业结构调整中进入低收入阶层。

因此，从静态角度看，产业结构的比例协调要求经济资源配置在各个产业之间大体保持适当比例，而均衡资源配置会影响经济结构平衡，从而形成经济增长改善收入分配状况的结构条件。从动态角度看，产业结构高度化演进会引起国民收入递增效应和就业结构转换效应，并由这两个因素影响甚至决定收入分配状况。

（二）收入分配间接推动产业行业结构升级

收入分配通过需求结构与供给结构两个方面来影响经济结构。随着人民收入水平的不断提高，需求、供给结构的不断升级推动产业结构不断高度化、协调化，从而使得主导产业在经济发展中不断由低级产业部门向高级产业部门转换，许多新兴产业也会随之形成。

1. 收入分配→需求结构→产业结构

从社会总需求的角度看，居民的收入可以分为消费和投资两个部分，

收入分配主要通过上述两种渠道对经济结构发挥作用。

恩格尔定律表明，居民收入水平增长会对社会消费数量、消费结构及消费趋势均产生重大影响。消费需求结构的变化和消费层次的提高推动了市场导向型企业的生产投向，促进了产业升级和优化，进而提高了经济增长的速度和质量。收入分配使金融资产积聚，客观上为非公有制经济的发展创造了条件，有利于拓宽社会就业渠道，增加经济活力，促进经济的发展和社会投资结构的改善。

2. 收入分配→供给结构→产业结构

收入分配变化还同供给结构产生种种关联性，对供给结构、生产结构和产业结构甚至产品结构、企业结构产生较大影响。尤其是高档品领域，收入分配带动其生产结构变化，但市场规模有限，导致产业结构演进处于一种两难的选择。一些产业生产能力过剩，但又不能退出市场，只好压价竞争，如家电行业；而一些产业如新能源行业、高新制造业等尚未成长为主导产业，产业升级脱节。第二产业的结构发展升级受限制，进而又影响了第三产业和第一产业的发展。

四、行业收入分配现状及发展分析

通过上面的理论分析可以发现，收入分配结构通过需求结构与供给结构两个方面对各大产业之间的比例协调程度和产业行业结构升级有重要的诱导和牵引作用，同时，产业结构高度化演进也影响甚至决定收入分配状况，收入分配与经济结构有着密切的关系。行业收入分配是收入分配的重要方面，以下分别从产业结构调整和行业协调发展两个角度进行分析，探讨北京市行业收入分配的现状及发展，进而对优化收入分配政策提出政策建议。

（一）产业结构调整对收入分配影响显著

在产业结构升级的过程中，三次产业从业人员分布也不断变化，在各产业绝对就业人数都增加的状况下，第一、二产业从业人员比例逐步下降，第三产业从业人员比例则不断上升，由 1978 年的 31.6%增加为 2010 年的 74.4%，增长一倍多，容纳劳动力的能量显著增加。

“十一五”时期，产业结构调整对收入分配影响较为显著（见表 3）。

收入法 GDP 显示，劳动者报酬中第三产业为分配主体，且增长迅速，从 2006 年的 72%提高到 2010 年的 80%；第一产业所占比重维持低水平；第二产业受产业结构调整影响，下降较快。

表 3　2006 年与 2010 年北京市三次产业劳动者报酬结构比较（%）

年　份	第一产业	第二产业	第三产业
2006	2	26	72
2010	1	19	80

注：2006 年数据来源于《北京统计年鉴 2007》，2010 年数据来源于《北京统计年鉴 2011》。

第一产业一般是居民平均收入比较低的行业，该行业的劳动力素质相对较低，居民获取收入的渠道狭窄，收入来源主要是劳动收入；第三产业则包括了多数附加值高、利润空间大或者是以技术密集为特征的高科技行业，如金融业，房地产业，信息传输、计算机服务和软件业等，这些行业的劳动力一般具有某项技术专长或者是高学历，居民平均收入水平较高，收入来源较为多样化，除了工薪收入外，财产性收入所占比例较高。产业结构调整向第三产业倾斜使得整体居民收入水平增加，居民收入构成中财产性收入所占比重不断加大。

（二）行业工资较快增长，分配比例不够协调

行业收入分配是收入分配的重要方面，产业结构升级带动收入分配的变化，向第三产业的倾斜提高居民收入水平。在此调整下的行业结构也在转变，整体工资水平得到大幅度提升，但各行业职工收入的分配比例很不均衡。

1. 各行业职工收入稳步提高

随着市场经济体制改革的深化，各行业在岗职工收入水平稳步提高。从 1978 年的 673 元，增长至 2010 年的 65683 元；增幅也从 1992 年开始出现明显扩大（见图 4）。市场因素在职工工资决定方面所起的作用越来越大，行业收入分配结构也随之发生了巨大的变化。2003[1]−2010 年间，在全部的 19 个行业中，16 个行业的城镇单位在岗职工平均工资年均增

1　2003 年以后依据国家 2002 年版国民经济行业划分标准进行分类。

长达到 10%以上，其中 4 个行业平均工资年均增长达到 15%以上。

图 4　　1978—2010 年北京市城镇单位在岗职工平均工资

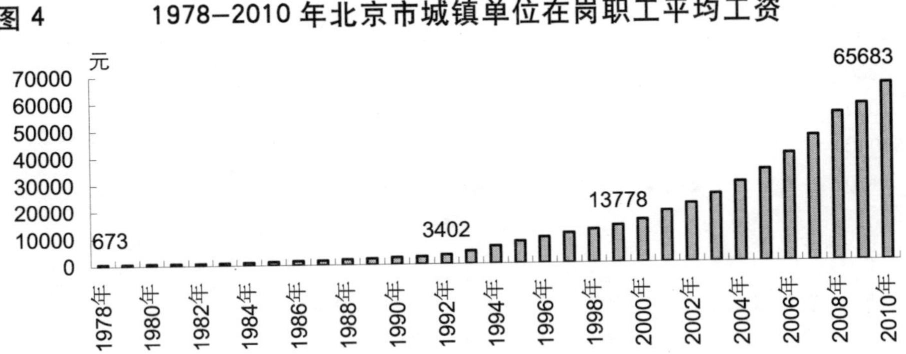

从行业工资水平来看，“八五”时期排名前三位的行业是房地产业，电力、燃气及水的生产和供应业，交通运输、仓储及邮电通信业。到“十一五”时期，收入最高的三个行业则演变为金融业，信息传输、计算机服务和软件业，科学研究、技术服务与地质勘察业。行业收入水平变化较大，表明收入正在向科技含量更高的行业和新兴产业倾斜，脑力劳动者、技术密集领域的劳动者以及资本密集型产业的劳动者的收入正在迅速增长。

2．行业收入分配比例不够协调

在平均工资水平大幅提升的同时，由于各行业工资水平的增长速度极不均衡，使得行业收入分配比例渐趋失调。以农林牧渔业、建筑业、电力、燃气及水的生产和供应业以及金融业[2]四个典型行业为例，不同行业的工资水平显示出不同的变化趋势（见图 5）。金融业工资水平上升迅速，特别是进入 20 世纪 90 年代以后，增势较为陡峭，以此为代表的新兴行业的工资水平一直都高于全市平均水平，属于高收入行业群体。电力、燃气及水的生产和供应业属于第二产业，呈现平稳上升的态势，这与其垄断性行业的特点有关，该行业职工工资水平普遍较高，而且增长速度较快。以建筑业为代表的具有高劳动强度的行业逐渐被挤出高工资的行业之列，取而代之的是具有较高垄断程度和较高人力资本的行业。第一产业的农林牧渔业，多年来一直处于各行业的最低水平，而且相对水平也在不断下降。

2　典型行业分别从三次产业中选择，并且考虑到 2002 年前后国民经济行业分类标准的变动，选择行业标准可比性较高的行业。

图 5　　1978—2010 年北京市四个典型行业的工资趋势

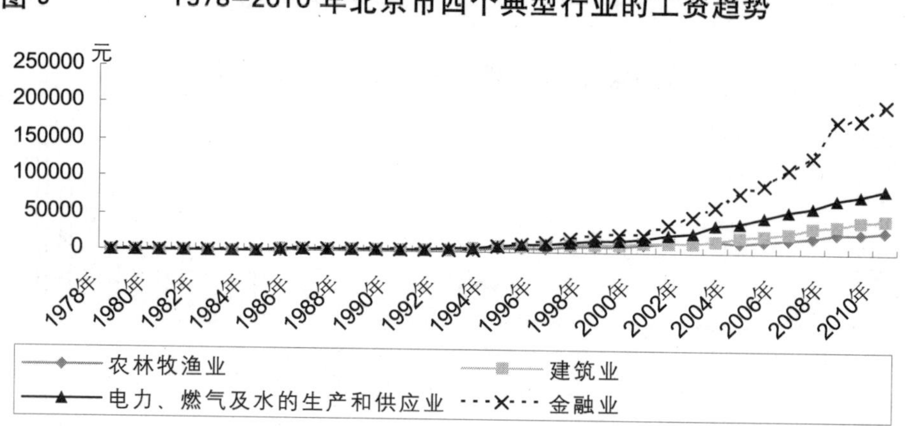

注：2009—2010 年数据来源于《北京统计年鉴 2011》，1978—2008 年数据来源于《北京六十年》。

由于不同行业的技术含量不同、对劳动者的要求不同，因此不同行业间必然存在一定的工资差距，这并不违背经济学规律，关键是看各行业的劳动付出与劳动所得是否相匹配。在此，我们考察上述四个典型行业各年平均工资的实际比例关系（见表 4）。

表 4　　北京市四个典型行业各时期平均工资的比例关系

时期	行业平均工资（元）				比例关系
	农林牧渔业	建筑业	电力、燃气及水的生产和供应业	金融业	
“六五”(1981—1985 年)	987.2	1177.6	1085.8	1006.8	1∶1.19∶1.10∶1.02
“七五”(1986—1990 年)	1736.2	2369.6	2385.8	1785.8	1∶1.36∶1.37∶1.03
“八五”(1991—1995 年)	3681	5316.6	5933	5678.2	1∶1.44∶1.61∶1.54
“九五”(1996—2000 年)	8335	10889.8	15272.8	20521.4	1∶1.31∶1.83∶2.46
“十五”(2001—2005 年)	14448.6	17786.2	36414.8	64672.2	1∶1.23∶2.52∶4.48
“十一五”(2006—2010 年)	23735.5	35972	67343	150553	1∶1.52∶2.84∶6.34

注：1. 2009—2010 年数据来源于《北京统计年鉴 2011》，1978—2008 年数据来源于《北京六十年》。
2. 各时期行业平均工资为各年算术平均数。

1995 年之前四个典型行业的实际工资水平较为接近，以后，电力、煤气及水的生产和供应业以及金融业相对于农林牧渔业的工资比例不断上升，而建筑业相对有所下降，行业的工资差距不断拉大。这四个典型行业工资水平的变动趋势也透视出大多数行业工资比例关系并不合理。从事高技术含量及复杂劳动行业的收入水平普遍高于技术含量低的行业收入水平，这符合市场规律的要求，是有利于社会和经济发展的正常变化。但是，分配比例应控制在合理的范围内，在新兴行业工资不断攀升的同时，也要提高一、二产业基础行业的工资水平。

五、构建合理的行业收入分配的对策建议

20 世纪 90 年代以来，随着经济平稳较快增长、产业结构深刻变化，北京市居民收入水平有了较快增长，但是收入增长速度明显低于经济增长速度，行业收入分配比例不协调状况日益凸显，从长期看，这种状况将阻碍居民收入与经济发展同步增长。如何构建合理的行业收入分配结构，促进城乡居民收入与经济协调增长，本文提出以下对策和建议。

（一）以产业结构升级为依托，优化产业收入分配结构

产业升级是推动国民经济快速发展的内生动力，同时也是提高居民收入，实现产业收入分配结构优化的重要途径。“十二五”期间，应抓住大力发展战略性新兴产业的机遇，进一步提升高技术和现代制造业发展水平，深入落实重点产业调整振兴规划，坚持高端发展方向，改造提升传统制造业。同时，改善产权结构、推进市场机制和公平准入的改革进度，通过国有资源收入再分配提高居民可支配收入和缩小收入差距。

（二）以垄断性行业改革为起点，建立工资增长机制

垄断性行业的效率与价格关系国民收入的公平分配，过高的成本或过高的利润，都是对公共利益的侵占，对低收入阶层的影响尤为明显。“十二五”时期，应继续推进垄断性行业的市场化改革和现代监管体系的建设，限制垄断企业高利润或不合理的成本支出，促进行业间的全面发展，努力消除行业间的不平等，创造收入分配公平的制度环境。

建立工资增长机制，保证职工工资与企业利润增长一致、与行业发展一致、与经济增长一致。加强政府监督职能，促使劳动者工资良性增

长机制得到执行和完善，稳步促进企业职工收入正常增长。特别是收入明显与社会经济发展水平不相适应的过低收入群体的工资收入增长速度应快于高工资收入群体。

（三）以缩小收入差距为原则，完善社会保障体系

社会保障是国家对国民收入进行再分配，提高低收入者收入水平从而减小收入差距的一种有效手段。随着物价水平的不断提高，应增加各项财政补助的标准和水平。调整贫困线、建立健全最低工资制度、提高对老年保险、失业保险和贫困家庭等的补助，以增加居民的可支配收入，构建更为完善的社会安全网。

日、美两国居民收入与经济发展协调增长及其对北京的启示

◆◇黄思宁　谢　黎

改革开放以来，北京经济连续30年保持快速增长，但城乡居民收入却未能保持同步增长。《北京市国民经济和社会发展第十二个五年规划纲要》设定“十二五”时期北京地区GDP年均增长8%，比“十一五”规划的目标低1个百分点；北京市城乡居民收入年均增长也为8%，比“十一五”规划目标高2个百分点。这意味着北京市将努力实现城乡居民收入与GDP的同步增长。本文研究总结了日美两国居民收入与经济发展协调方面的成功经验，联系北京实际进行了对比分析，并提出了对策建议。

一、日、美两国居民收入与经济发展协调增长过程与政策借鉴

无论是居民收入增长长期过快还是过慢，都会对经济可持续发展产生不利影响。发达国家的主要做法分为两类，一类是以日本为代表的收入政策，措施主要在于调整居民收入增长滞后于经济增长的情况；另一类是以美国为代表的收入政策，主要在于调整居民收入增长快于经济增长的情况。分析两方面的经验有助于探讨和把握居民收入增长与经济增长之间的关系。

（一）日、美两国居民收入与经济发展协调演变过程

1. 美国的居民收入与GDP增速基本协调

从美国情况来看，居民收入增速多数时期与GDP增速持平或略高于GDP增速。对比1930—2009年美国GDP名义增速和个人收入名义增速走势（见图1），两条增速曲线吻合度很高。特别是从1952年开始，美国经济进入相对稳定的发展期，居民收入增速大部分在GDP增速上下1个百分点以内区间浮动。1930—2009年，美国GDP年均增速为6.34%，而居民收入年均增速达到6.4%，居民收入增长与GDP增长基本同步。

同期，两者的相关系数为0.98，高度正相关，说明美国居民收入与GDP一直保持着密切的相关关系。

图1　　美国1930—2009年居民收入增速和GDP增速

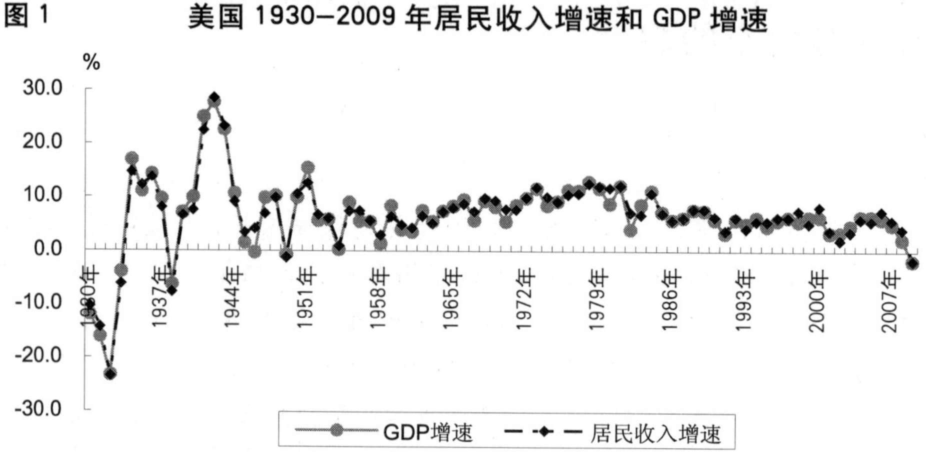

注：数据来源于美国经济分析局和普查局网站，图中增速为名义增速。

美国居民的个人收入结构呈现多元化分布特点（见图2）。20世纪80年代是收入结构变化的分水岭，此时也正是经济发展阶段提升（人均GDP突破1万美元）的关键时期。期间各项收入结构的变化特点为：(1) 80年代以后，其他劳动收入和转移性收入比重上升迅速，两项收入比重分别从1950年的3.5%和6.1%，上升至2010年的12.6%和18.3%。美国的转移支付制度和社会保障制度对收入分配起到很好的调节作用。(2) 财产性收入比重在80年代以后保持了平稳，2010年比重为26%。说明美国的市场经济体制比较成熟，投资产品和形式多样化，居民财产性收入比重较高也相对平稳。(3)工资和薪金所占比重自1978年美国人均GDP突破1万美元之后出现明显下滑，1980年已下滑至60%以下，2010年为51.1%。

美国居民收入结构的变化不仅与美国协调居民收入与经济发展的政策效果相符；同时，也说明当经济发展阶段进入到人均GDP 1万美元之后，呈现工资性收入比重下降、转移性收入比重上升、财产性收入比重平稳的历史规律性。

图 2　　1950 年以来美国居民收入结构及与经济发展阶段的变化

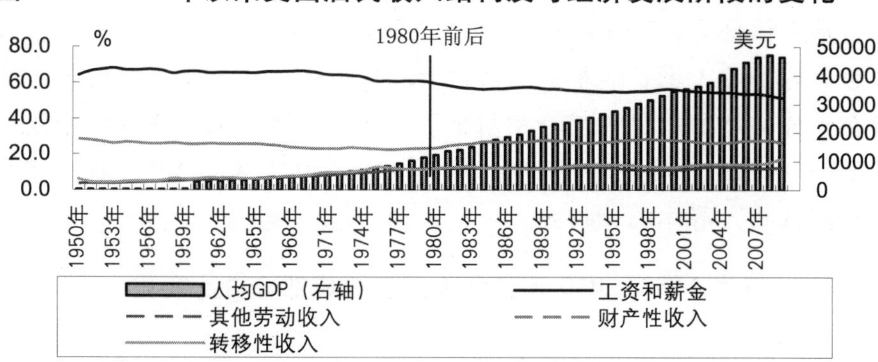

2. 日本的居民收入与 GDP 增长趋于协调

对比 1964–2010 年日本 GDP 和家庭（不包含农林牧渔业家庭）收入的名义增速走势（见图 3）可以发现：居民收入增长与经济增长走势基本一致，但以 20 世纪 70 年代为分界，幅度上则呈现明显差异。1964–1969 年 GDP 年均名义增速达到 16.3%，平均高于居民收入增长 5.7 个百分点。此阶段开始实施的“国民收入倍增计划”对之后的收入与经济增长关系改善产生了长远影响。1971–1975 年的六年中，居民收入与 GDP 增长的差异幅度最小，居民收入增速平均高于 GDP 增速 0.8 个百分点。1971–2010 年，日本 GDP 年均名义增速为 5.12%，而居民收入年均名义增长达到 3.9%，低于 GDP 增速 1.2 个百分点。从总体来看，日本 20 世纪六十年代实施的“国民收入倍增计划”是促进居民收入与经济发展协调增长的有效政策。

图 3　　日本 1964–2010 年居民收入增速和 GDP 增速

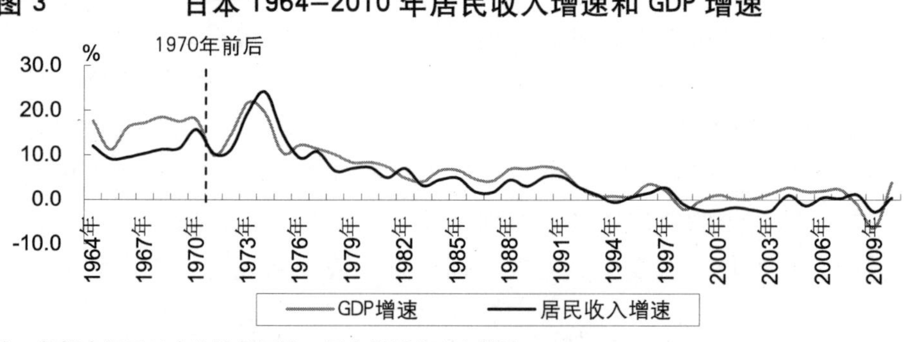

注：数据来源于日本统计局网站。图中增速为名义增速。

从日本居民收入结构看（见图 4），家庭收入中的经常收入项下工资和薪金是主体部分，比重在 93%-95%之间小幅变动。1964-2009 年工资和薪金对居民收入增长的年平均贡献率高达 93%，表明提高居民收入的关键在于如何增加居民的工资和薪金。而社会保障收入比重提高较快，从 1963 年的 0.72%提升至 2009 年的 4.47%，说明增加转移性收入能有效地提高低收入群体的总收入。

图 4　　日本 1963-2010 年居民收入各组成部分占比变化

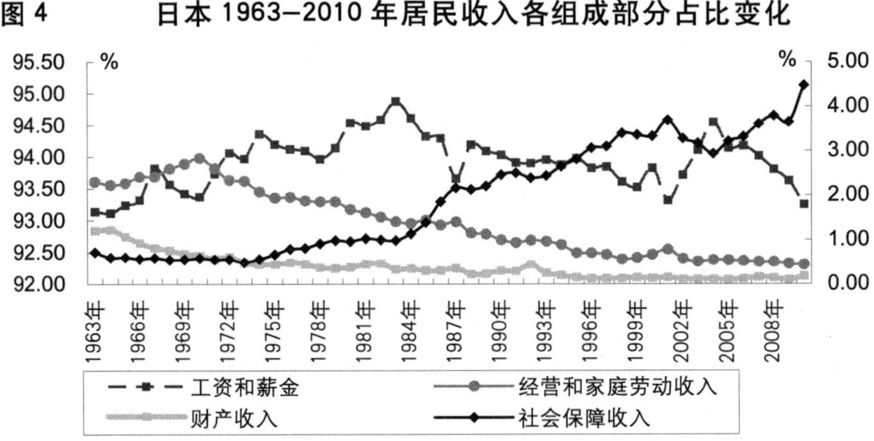

注：数据来源于日本统计局网站。工资和薪金数据参照主坐标轴（左），其他数据参照次坐标轴（右）。

（二）日、美两国促进居民收入与经济协调增长的政策分析

1、日本的“国民收入倍增计划”

一是“计划”的提出及实施背景。“国民收入倍增计划”（以下简称“计划”）是指日本在 1961-1970 年间实施的，以实现“10 年内国民生产总值及人均国民收入增长 1 倍”为目标，从而达到国民经济和国民生活均衡发展的经济发展计划。推动“计划”出台的前提为：(1) 日本高速增长的经济与过低的国民收入之间的矛盾是其根本原因：1956-1960 年，日本GDP年均增长已达 10.5%，但国民生活水平并没有相应的提升，1955-1960 年全行业年工资增长率平均只有 5.6%[1]。(2) 经济不平衡增长与二元结构中的突出矛盾直接促使了“计划”提出。表现为：传统工业生产大幅下降，造成失业人数大幅增加；农业从业者与工人收入不平

1　数据来源：日本实施《国民收入倍增计划》的背景、措施及启示．张凤林．学术交流 2011 年 2 月。

衡、中小企业与大企业的工资收入相差悬殊；二元结构和经济危机导致消费能力不足，产品滞销状况严重等问题。

二是“计划”的实施措施及制度保证。“计划”中的“倍增”是指国民收入总量的倍增，主要做法主要有如下几个方面：第一，加大公共投资力度，充实社会资本。政府用庞大的财政预算作后盾来整顿和完善产业基础设施建设。1958—1973 年，财政投资额从 4252 亿日元迅速增长到 69248 亿日元，增长了 15 倍，年均增速为 20.44%。同期，公共事业费由 2030 亿日元增至 25604 亿日元，年均增速为 18.41%；其中，1961—1970 年十年间平均增长率为 16.3%，高于计划中提出的 13%的目标[2]（见图 5）。

图 5　　日本 1958—1973 年公共投资增长情况

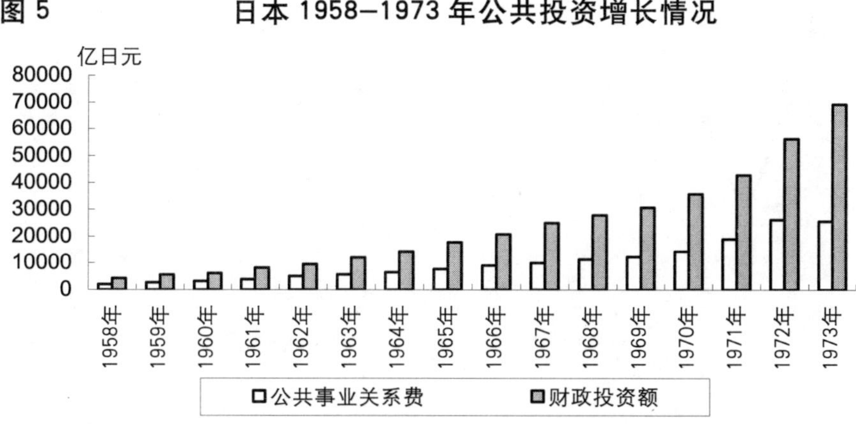

第二，大力提高职工工资和农民收入。“计划”中提出“人均工资的目标年次为基础年次的 1.94 倍[3]”。建立最低工资制度，缩小行业工资差别和提高整体工资水平。日本在 1961—1970 年间，工资指数增长 167%，在同期的主要发达资本主义国家中是最快的。另外，通过提高农业补贴和农产品收购价格来提高农民收入。对农业的政府补贴从 1960 年的 747 亿日元增加到 1969 年的 3023 亿日元。农民收入从 1960 年的 37.12 万日元迅速增加到 1965 年的 76.56 万日元。

第三，调整财政政策和健全社会保障机制。日本政府一直把税负不

2　数据来源：日本经济企划厅．国民收入倍增计划[M]．孙执中，郭士信，译．北京：商务印书馆，1980。

3　本计划中的基础年次是指 1956—1958 年度的平均数，目标年次是指 1970 年。

超过 20%作为重要施政目标。从 1961 年开始，每年在个人收入调节税和企业所得税两方面减少约 1000 亿日元。1959−1973 年间，日本在财政支出中用于社会保障方面的费用增速均保持在 13%以上，年均增长率高达 21.33%，充分发挥保障福利的功能，为计划的实现创造了有利条件。

三是“计划”的效果评价。“计划”的实施开创了日本的黄金时代。1961−1970 年十年间，人均 GDP 和人均国民总收入的实际年均增长率分别达到了 11.6%和 11.5%；在 1967 年就实现了国民收入增长一倍的预定目标。人均国民总收入与人均国内生产总值增速基本一致（见图 6）。

图 6　日本 1956−1975 年人均 GDP 和人均国民总收入增速

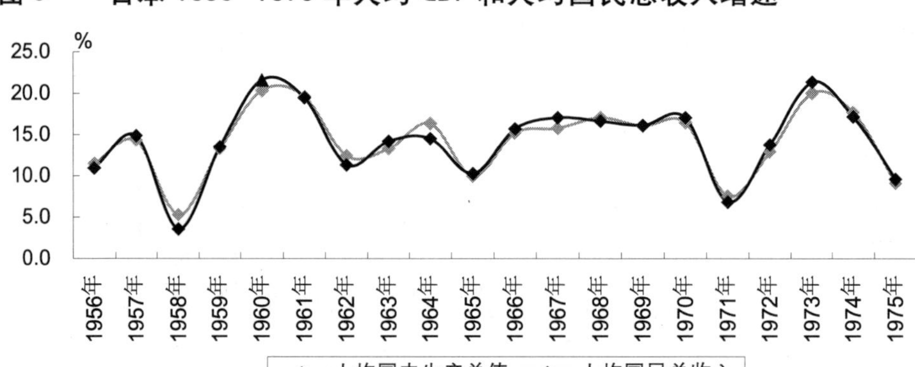

“计划”的整体实施效果与原计划目标的对比情况如表 1 所示，从实施效果看基本达到了日本政府的预定计划。主要表现在经济高速增长、产业结构显著优化、劳动力就业水平提高、二元结构问题改善、国际收支水平提升。

2. 美国的限制收入过快增长及社会保障措施

从长期趋势来看，美国居民收入与 GDP 的增速变动幅度较小，且居民收入略高于 GDP 速度，两者变动的方向一致，呈现协调增长态势。这得益于美国政府依据经济发展的波动性采取不同的政策调控收入分配。如 20 世纪 30 年代美国经济大危机之后，政府陆续出台了一系列政策法规，包括旨在保护穷人和劳动者的瓦格纳法、促使工会复兴的《全国工业复兴法令》、提高工资者收入的《工资与工时法令》等，通过这些法令及措施保障居民收入的快速增长。另一方面，在居民收入快速增长时期，美国政府又注重通过相关政策调控其过快增长。如在肯尼迪－约翰逊政府时期、尼克松政府时期和卡特政府时期，美国先后采用了工资—价格指导标准计划和需求管理政策来进行调控，限制工资增长以便与物价和经济增长协调发展。例如卡特时期收入政策的主要措施包括：一是要求雇员和雇主“自愿灵活”地限制工资增长以便与物价和经济增长协调发展，物价和工资（包括福利）的年增长的上限分别为6.5%和7%；二是对于违反工资和物价指导线的企业给予社会舆论谴责和经济等方面的制裁。

表1　　日本“国民收入倍增计划”实施效果与原计划的对比

	国民收入倍增计划		实际成绩	
	1970年目标值	年增长率(%)	1970年实际值	年增长率(%)
就业人数（万人）	4689	0.9	10372	1.0
雇佣者数（万人）	1924	4.1	3306	4.3
GDP(1958年价格,亿日元)	260000	7.8	405812	11.6
国民收入（亿日元）	213232	7.8	328516	11.5
个人消费（亿日元）	151166	7.6	207863	10.3
国民收入构成比				
第一产业（%）	10.1	–	7.4	–
第二产业（%）	38.6	–	38.5	–
第三产业（%）	51.3	–	54.1	–
出口额（亿美元）	93.2	10.0	202.5	16.8
进口额（亿美元）	98.9	9.1	195.3	15.5

注：年增长率是与基础年次（1956–1958年平均值）比较的结果，资料来源于日本经济企划厅编《现代日本经济的展开——经济企划厅史》，大藏省印刷局1976年版第137页。

同时，美国居民收入的稳定增长与其良好的再分配体系也有密切关系，如转移支付制度和社会保障制度的良好运作都起到改善的作用。早在1935年美国就推出了《社会保险法令》倡导开展大规模社会救助，实施“向贫困作战”、“医疗照顾、医学补助与社区法案”等。美国的社会保障项目繁多、标准低、覆盖面广，具有科学的管理体系，并且政府对社会保障制度的实施时机和力度具有很好的经验，这些都对收入再分配起到很好的调节作用。

美国限制收入过快增长和社会保障的措施，对于限制垄断行业收入过快增长以及提升整体社会保障水平具有重要作用，其成功经验值得北京借鉴。

二、北京市居民收入与经济发展现状及国际比较

（一）北京市居民收入增速长期低于经济增速

1978 年以来，北京市经济快速增长，居民生活条件得到显著改善，经济增长和居民收入增速总体呈现大致相似的走势（见图 7）。但“九五”时期以来，随着产业结构的不断调整，北京地区生产总值增速基本保持在 10%以上。相比之下，城镇和农村居民的收入增速波动仍然较大。从“六五”时期以来居民收入与 GDP 增速的对比来看（见表 2），除“十五”时期城镇、农村居民收入增速与 GDP 增速相差最小，分别为 0.5 个和 2.1 个百分点以外，在大部分时期居民增速约低于 GDP 增速 2-7 个百分点。而且呈现“GDP 增速＞城镇居民收入增速＞农村居民收入增速”的阶梯型格局。

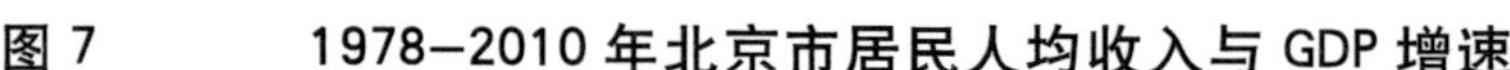
图 7　　1978-2010 年北京市居民人均收入与 GDP 增速

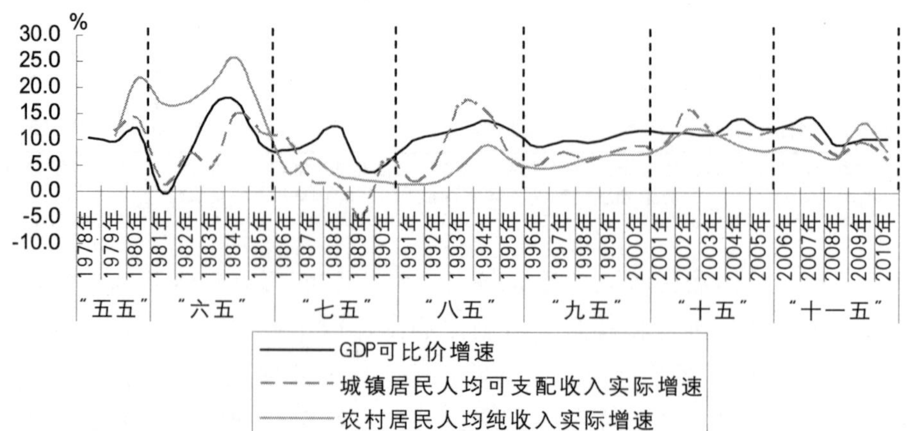

表 2　“六五”时期以来北京市居民收入与 GDP 的年均增速（%）

	北京地区 GDP	城镇居民人均可支配收入	农民人均纯收入
“六五”时期	9.7	7.8	19.0
“七五”时期	8.0	2.7	3.5
“八五”时期	11.8	8.9	4.8
“九五”时期	10.3	7.1	6.2
“十五”时期	12.1	11.6	9.9
“十一五”时期	11.4	9.2	9.0
1981–2010 年	10.5	7.8	8.6

（二）北京所处经济发展阶段的国际比较

目前北京已进入人均 GDP 1 万美元的阶段，根据《北京市国民经济和社会发展第十二个五年规划纲要》中的要求，“十二五”期间，北京 GDP 年均实际增速目标为 8%，如果假定人口增长速度和汇率相对稳定，则到“十二五”末期时人均 GDP 有望达到 1.5 万美元的水平。下文重点比较日本、美国在人均 GDP 为 1–1.5 万美元时，居民收入与经济发展的关系，并将北京的现状与之进行对比。

1. 日、美在人均 GDP 1–1.5 万美元阶段时居民收入与 GDP 均保持了同步增长

图 8 显示，1970 年以来美国人均 GDP 稳步提升，居民收入与 GDP 的实际增长均在 8%以下，很少出现负增长。美国在 1978 年时人均 GDP 突破 1 万美元，达到 10229 美元，1983 年时人均 GDP 即达到 15008 美元。这六年中，居民收入年均增速为 1.6%，与 GDP 年均 2.2%的增速基本持平，两者变动幅度与方向一致。1978–2008 年间，GDP 与居民收入的增幅差异平均为 0.49 个百分点，方差为 1.07，居民收入增长与 GDP 增长的协调性较强。

日本于 20 世纪六、七十年代实施的“国民收入倍增计划”在八十年代乃至之后的很长一段时间均有明显效果。从图 9 的变化来看，日本的经济增长变动幅度明显要大于美国。经济增长幅度普遍大于居民收入增

长幅度，1998 年后居民收入增速基本处于负增长，但居民收入与 GDP 的变动方向基本一致。1984 年时，日本的人均 GDP 为 10482 美元，1986 年时提高至 16425 美元，经济发展较快。三年间居民收入年均增速为 2.1%，GDP 年均增长 3.7%。1984—2009 年间 GDP 与居民收入的增幅差异平均为 1.6 个百分点，方差为 1.75，协调性较强。

图 8　美国 1970—2008 年居民收入与 GDP 实际增速、人均 GDP 总量的情况

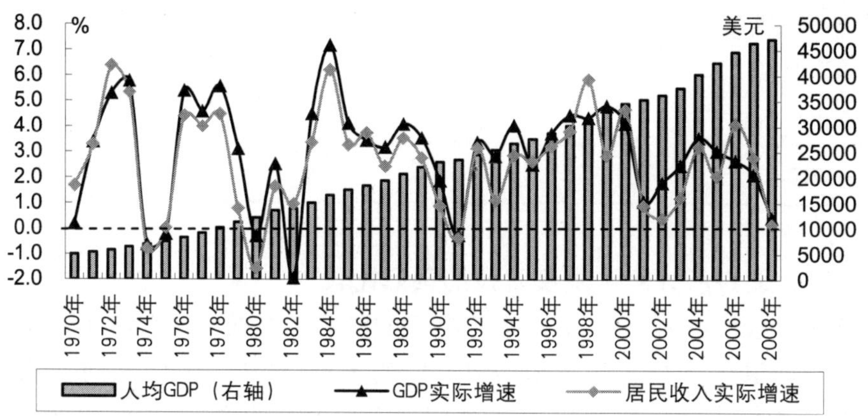

注：1. 1970—1977 年美国 GDP 实际增速数据来源于美国经济分析局和普查局网站；1978—2008 年数据来源于国际货币基金组织数据库。
2. 居民收入实际增速=居民收入名义发展速度/CPI（上年=100）−1；名义增速数据来源于美国经济分析局和普查局网站；CPI 数据来源于国际劳工组织数据库。

图 9　日本 1979—2009 年居民收入与 GDP 实际增速、人均 GDP 总量的情况

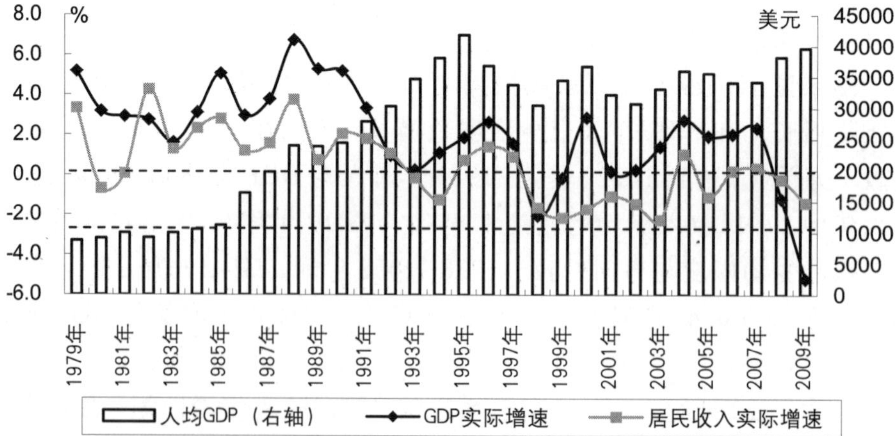

注：GDP 实际增速数据来源于国际货币基金组织数据库；居民收入总量数据来源于日本统计局网站；CPI 数据来源于国际劳工组织数据库。

2. 北京的居民收入与经济增长协调性有待进一步提高

从图 10 来看，北京的人均 GDP 规模自 1995 年后快速提升，目前已突破 1 万美元关口；20 世纪 90 年代以前，GDP 与居民收入增长变化较大，90 年代以后，GDP 增速基本稳定在 10%左右，但居民收入增速变动在 5%–15%的区间范围内。1990–2010 年期间，GDP 与城镇居民收入的增幅差异平均为 2 个百分点，方差为 3.13；GDP 与农村居民收入的增幅差异平均为 3.87 个百分点，方差为 2.91。

北京的人均 GDP 从 8000 美元进入 10000 美元用了 3 年左右时间，三年间 GDP 平均增速为 11.2%，城镇、农村居民收入平均增速均为 9.3%；GDP 与城镇居民收入增幅的方差为 1.4，与以往时期比较，说明居民收入与 GDP 增长的协调性有所提高。

图 10　北京 1978–2009 年居民收入与 GDP 实际增速、人均 GDP 总量的情况

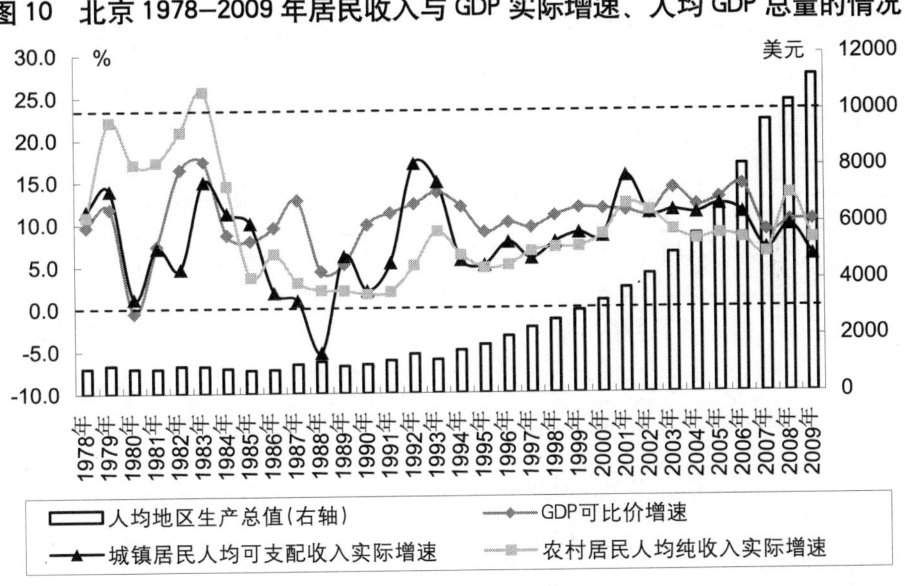

三、对北京“十二五”时期居民收入与经济发展的预测

（一）对北京市经济发展的预测和判断

国务院发展研究中心副主任刘世锦在 2011 财新峰会上指出，中国经济增速将由高速转入中速。根据日、韩、德，还有我国台湾等成功追赶

型经济体的经济发展规律：在经历了二战以后20年、30年的高速增长，人均收入达到11000国际元左右(指的是麦蒂森1990年的购买力元)时，这些经济体几乎都出现了增长速度的自然回落，由高速增长阶段转入中速增长阶段。根据他的测算，中国的人均收入在2010年的时候按照1990年的国际元的标准已经达到8000国际元，如果保持现在的增长速度，在今后两三年的时间内中国就可能达到11000国际元的水平，也就是说中国将会进入一个增长速度下台阶的时间窗口，即今后几年中国的经济增长速度由高速增长转入中速增长，中国经济增长速度阶段的变化将是一个大概率的事件。

表3所示，各个发达国家在进入人均GDP1-1.5万美元发展阶段的时期不同，美国和德国进入此阶段的时间最早，而亚洲除日本之外，韩国和新加坡进入的时间较晚；从两者关系来看，除新加坡以外，其余发达国家的经济增速与国民收入增速差距不大。但同时，到达此阶段后甚至更长的时间内，这些发达国家的GDP增速均呈现一定回落，表现出很强的规律性。

表3　　部分发达国家的国民收入与经济发展的规律

发达国家	达到人均GDP为1-1.5万美元的时期（年）	GDP年均增速(%)	GDP增速走势
加拿大	1980-1987	7.4	有所下降
德国	1979-1987	6.4	波动下行
美国	1978-1983	9.7	波动下行
英国	1986-1989	16.6	有所下降
日本	1984-1986	6.7	有所下降
新加坡	1989-1992	18.3	有所下降
韩国	1995-2004	5.5	波动下行

注：此表中数据来源于《国际统计年鉴》；增速均为名义增速。

对于首都北京来说，“十二五”规划中GDP年均增速为8%的预期目标与“十一五”的规划目标相比已有所下降，说明市委、市政府已对经济发展规律做出了科学的判断，在这一经济发展阶段，转变经济发展方式也恰逢其时。

（二）对北京市居民收入增长的预测和判断

考虑到影响居民收入增长的因素众多，同时居民收入受自身因素的惯性影响较大，因此本文利用北京市 2001−2010 年间城镇、农村居民人均收入数据构建了居民收入增长的灰色模型 GM(1,1)，对未来几年居民收入水平进行预测。

通过 R 软件运行 GM(1,1)模型函数，得到城镇居民人均可支配收入模型和农村居民人均纯收入模型的相对精度 P 值分别为 0.98 和 0.99(大于标准值 0.95)，后验差比值分别为 0.04 和 0.02（小于标准值 0.35），综合评定模型预测精度为好。图 11 所示两个模型对历史数据具有较好的拟合效果，其预测值可信度较高。按照以往规律，未来几年北京市居民收入仍将保持较快增长，呈现平稳攀升的态势。

图 11　　北京市城镇、农村居民收入模型拟合效果图

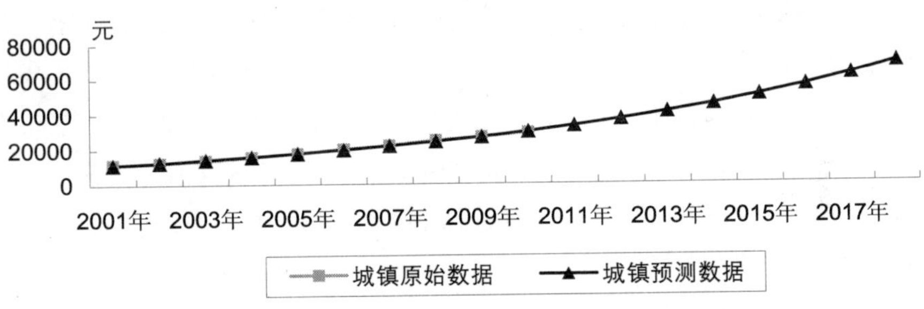

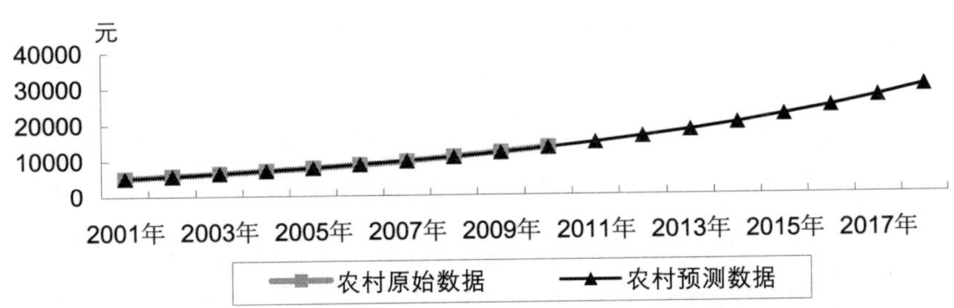

考虑到通货膨胀的因素，参考了 2010 年 CPI 为 2.4%，“十一五”时期年均 CPI 为 1.8%的情况。本文对 GM（1，1）模型进行灵敏度测算（见表 4）。

表 4　北京市城镇、农村居民收入模型 2015 年和 2018 年预测情况表

通胀率（%）	城镇居民人均可支配收入模型				农村居民人均纯收入模型			
	2015 年预测值（元）	2015 年是 2010 年的百分比（%）	2018 年预测值（元）	2018 年是 2010 年的百分比（%）	2015 年预测值（元）	2015 年是 2010 年的百分比（%）	2018 年预测值（元）	2018 年是 2010 年的百分比（%）
1	47758	164	63504	218	20973	158	27714	209
2	45462	156	58691	202	19965	151	25613	193
3	43298	149	54284	187	19014	143	23690	179
4	41256	142	50247	173	18117	137	21928	165
5	39328	135	46543	160	17271	130	20312	153

假定今后几年北京市通胀率达到 1%-5%的情况下，城乡居民收入的增长预期。预测结果显示，在年均 CPI 为 2%的情况下，城镇居民收入至 2018 年可翻一番（2.02 倍），农村居民收入为 2010 年的 1.93 倍。但是，如果通货膨胀率居高不下，在年均 CPI 为 5%的情况下，2018 年城镇和农村居民收入分别仅为 2010 年的 1.6 倍和 1.53 倍。说明北京市在努力提高居民收入的同时，必须考虑到通货膨胀对实际收入水平的影响。在保持经济平稳增长的同时，努力维持温和的通胀率，有利于保障居民实际收入的稳定增长。

四、政策建议

总结日、美两国居民收入与经济增长协调发展的演变过程，可以得到以下几点启示：首先，实现居民收入与经济协调增长是可行的。其次，在经济发展进入人均 GDP1 万美元以后，经济会出现调整和下行的趋势，此时出台收入分配制度和社会保障方面的调整政策是十分必要的。第三，从收入结构来看，工资性收入比重是对居民收入贡献最大的，但会随着经济的发展出现下降，而转移性和财产性收入比重的稳步上升能够反映出国民福利和社会保障效果以及市场经济体制的完善。借鉴发达国家的成功经验，现就改善北京居民收入与经济增长的关系提出以下几方面的

政策建议。

（一） 促进经济平稳较快发展、在增长中实现收入分配格局的调整

“十二五”期间，面对日新月异的产业技术变革、激烈的国内外市场竞争和不断强化的资源环境约束，首都经济在服务业主导格局总体确立、消费拉动作用日益突出之后，应进一步彰显首都经济特征，更加注重产业结构升级，强化创新驱动，增强经济发展的协调性、稳定性和可持续性。

同时，提高劳动者报酬比重和保持经济持续增长是提高居民收入的前提。经济增长过程中调整分配格局虽会改变各行为主体所得的相对地位，但其绝对收益是在不断增加的。只有政府、企业让税、让利于民，才能达到居民收入与经济增长的协调发展。

（二） 依靠强大的财政后盾，让利于民

“十一五”期间北京市地方财政收入增幅年均 30.5%，2007 年更达到 52.3%的高点。在财政收入持续增长的情况下，调整财政收支规模，一方面促进税收制度的合理化，减轻企业和国民负担，同时限制垄断行业和不法收入的过快增长，起到调节收入分配的效果；另一方面提高财政支出的投资效率，进一步完善产业基础设施建设。政府让利于民是提高国民收入的关键。

（三） 建立工资增长机制，提高整体工资水平

在居民收入中，虽然工资性收入比重有所下降，但仍是提高居民收入的关键要素。在城镇，通过教育投入和立法保障，提高整体劳动力素质，建立劳资平等协商制度；在农村，不仅可以通过提高农业补贴和农产品收购价格来提高农民收入，同时也可以大力发展乡镇经济，提高农民的工资性收入，共同建立与经济增长相匹配的国民收入稳定增长机制。

（四） 完善社会保障体系，促进社会和谐

健全法制保障，提高政府和企业在保障中的份额，增加保障项目、降低保障标准、扩大保障覆盖面，使需要救助者享受全面、及时的帮助。调整贫困线、建立健全最低工资制度，提高社会保险特别是老年保险、失业保险和贫困家庭补贴力度，提高居民的长期收入增长预期。同时，逐渐完善全国性再就业培训和职业介绍机制，提高就业水平。政府也应该多总结发达国家在社会保障制度的实施时机和力度方面的成功经验，提高科学管理水平，构建更为完善的社会安全网。

2010 年国际主要经济体经济形势及对北京的影响和启示

◆◇刘立功

2010 年全球经济开始逐步摆脱金融危机的影响，呈现回暖上升态势，但一些不确定因素依然存在。从国际主要经济体[1]经济形势来看，呈现整体复苏态势，并带动全球经济回暖。但各个国家面临的具体问题不尽相同，发展速度的差异也比较大，因而采取了不同的经济政策来促进经济的恢复和发展。

2010 年，面对复杂的国内外经济环境，北京经济在调整中保持了较快增长，并在各主要领域指标稳步回升和上年基数的共同作用下呈现高开稳走的态势。同时，北京与世界其他经济体的联系也更加密切，2010 年北京海关进出口总值达到 3014.1 亿美元，同比增长 40.3%，世界 500 强企业约有一半在北京有投资，北京已基本成为一个国际城市。因此分析世界主要经济体经济发展对北京经济的影响，通过国际比较发现北京经济存在的问题和差距，将对北京建设有中国特色的“世界城市”有重要的参考和借鉴意义。

一、主要发达经济体经济形势

（一）欧元区：深陷主权债务危机的影响，只得采取紧缩的财政政策来改善政府财政赤字与公共债务加剧的状况

2010 年美国、欧元区和日本根据自身具体的情况，选择了不同的宏观经济政策来摆脱金融危机影响，刺激经济发展。其中，欧元区深陷主权债务危机的影响，只得采取紧缩财政政策，提高税收，削减财政预算，

1　国际主要经济体是指美国、欧元区国家、日本等发达经济体以及新兴经济体中被称为金砖四国的中国、印度、俄罗斯和巴西，根据世界银行 2009 年的统计，这些经济体约占全球经济总量的 70%。

减少公共开支，并计划到 2013 年前后将财政赤字占 GDP 的比重降至欧盟《稳定与发展公约》设定的 3%上限以内。从欧元区 OECD 先行指数来看，虽然在 9 月份止跌回升，但全年升幅只有 0.38 个点，在三个主要发达经济体中升幅最小，显示出未来一段时间内经济增长乏力；从 GDP 同比增速来看，2010 年欧元区各季度同比分别增长 0.8%、2.0%、1.9%和 2.0%，但这是在 2009 年各季度同比下降 5.0%、4.9%、4.1%和 2.1%基础上取得的，所以欧元区至今还未恢复到危机前的水平；而欧元区失业率一直维持在 10%左右的高位，创下欧元区成立以来的最高纪录。

从欧元区各个国家的具体情况来看，“核心”欧元区国家经济表现理想:欧洲最大经济体德国 2010 年各季度 GDP 同比分别增长 2.1%、3.9%、3.9%和 4.0%,法国各季度 GDP 同比分别增长 1.2%、1.6%、1.7%和 1.5%；但另一方面，希腊、葡萄牙、西班牙和意大利经济则表现呆滞：西班牙 2010 年各季度 GDP 同比分别下降 1.4%和增长 0.0%、0.2%和 0.6%，欧债危机的源头希腊 2010 年各季度 GDP 同比分别下降 0.7%、5.1%、5.7%和 6.6%。同时，各国工业产值的同比增速差距也进一步加大，例如德国 2010 年 10 月份工业产值同比增长 12.1%，希腊则是同比下降 4.6%。随着欧元区主权债务危机的蔓延，欧元币值的稳定性也开始受到影响，欧元兑美元汇率由 2008 年 7 月中旬的 1∶1.60 降至 2011 年 1 月 18 日的 1∶1.3268，降幅达到 17.1%。但在欧洲央行和国际货币基金组织的贷款援助下，这次危机不会引发欧元体系的崩溃（见表 1）。

表 1　　欧元区 2010 年 OECD 先行指数、失业率和 GDP 增速

	1 月	2 月	3 月	4 月	5 月	6 月
OECD 先行指数	100.93	101.07	101.16	101.21	101.20	101.18
失业率（%）	9.9	9.9	9.9	10	10	10
GDP 增长速度（%）	0.8			2.0		
	7 月	8 月	9 月	10 月	11 月	12 月
OECD 先行指数	101.16	101.15	101.15	101.19	101.24	101.31
失业率（%）	10	10	10	10.1	10.1	10
GDP 增长速度（%）	1.9			2.0		

（二）美国：经济复苏动力不足，失业率居高不下，量化宽松的货币政策导致全球新兴经济体面临巨大的输入型通胀压力

美国经济复苏动力不足，劳动力和大宗商品市场需求疲软，房地产市场表现低迷，失业率居高不下，2010年平均失业率为9.6%（见表2），并且连续21个月失业率超过9%，创下二战以来最长时间纪录。许多企业通过裁员和消减开支来降低成本，提高利润，导致失业率并没有随着经济复苏而显著改善，所以美国在宏观经济政策组合中果断地放弃了紧缩性的政策。早在金融危机爆发时，为了满足全球对美元货币的需求，美联储就通过对各国央行掉期、短期贷款和收购不良资产等方式投放美元，把资产负债表规模从危机前的8500亿美元水平迅速提升到2.2万亿美元。2009年12月16日的美联储议息会议表示开始考虑购买美国长期国债，以替代危机期的临时性注入资金工具，维持2.2 万亿美元的资产负债表规模。2009年3月18日，美联储正式推出量化宽松方案（QE1），总共购买1.25万亿美元MBS[2]、2000亿美元机构债和3000亿美元美国长期国债，从而将美联储资产负债表规模维持在2.3万亿美元左右的危机时规模，保证危机后通过临时性政策工具向市场注入的资金不会因为政策工具到期而减少。QE1的推出并没有进一步增大2008年底危机之后的货币注入规模，而是起到了维持政策力度不变的效果。2010年美国表现为无就业增长的经济恢复现象，经济增长内生动力不足。有鉴于此，美联储在2010年8月10日的议息会议中表示将维持美联储资产负债表规模不变，将到期的MBS本金用于购买长期国债，开始引导市场对二次量化宽松（QE2）的预期。2010年11月3日的议息会议正式推出购买6000亿长期国债的方案，从而将美联储资产负债表规模推高到3万亿美元左右。与QE1仅是维持危机后的市场注入资金规模不缩减为目的不同，2010年11月推出的QE2实际上是2008年底以来美联储首度推行实质上的量化宽松政策，在某种程度上也意味着是美国货币当局量化宽松货币政策常态化的开端。

随着美联储量化宽松货币政策的实施，美国经济有复苏加快的迹象：OECD发布的美国先行指数从2010年1月份的100.07上升至2010年12月

2　MBS：Mortgage-Backed Security，抵押支持债券或抵押贷款证券化。它主要是由美国住房专业银行及储蓄机构利用其贷出的住房抵押贷款，发行的一种资产证券化商品。

份的101.07，表明美国经济未来一段时间内有望加速回升；2010年各季度 GDP同比增速分别为2.2%、3.3%、3.5%和3.1%（见表2），环比折年率也由二季度的1.7%升为四季度的2.8%，提高了1.1个百分点；12月份失业率为9.4%，创下年内新低。但是美国量化宽松货币政策制造的充裕流动性并未全部进入美国实体经济，而是大量流向新兴市场国家和大宗商品期货市场，推高资产价格。面对汹涌的通胀压力，2009年下半年以来，澳大利亚、印度、巴西、韩国、中国等国家不得不采取包括提高准备金率和加息在内的各种货币政策来抑制国内物价快速上涨。

表 2　　美国 2010 年 OECD 先行指数、失业率和 GDP 增速

	1月	2月	3月	4月	5月	6月
OECD 先行指数	100.07	100.35	100.55	100.66	100.67	100.62
失业率（%）	9.7	9.7	9.7	9.8	9.6	9.5
GDP 增长速度（%）	2.2			3.3		
	7月	8月	9月	10月	11月	12月
OECD 先行指数	100.58	100.59	100.65	100.76	100.90	101.07
失业率（%）	9.5	9.6	9.6	9.7	9.8	9.4
GDP 增长速度（%）	3.5			3.1		

（三）日本：经济形势有所改善，但日元升值和通货紧缩的压力巨大，同时 2011 年 3 月 11 日的大地震也给本已呈现复苏态势的日本经济带来了重大的负面影响

2010 年日本经济表现出进一步复苏态势：OECD 发布的日本先行指数连续从 2010 年 1 月的 99.98 升至 2010 年 12 月的 101.08，连续 20 个月呈上升态势，在主要发达经济体中上升时间持续最长，这表明日本经济在未来一段时间内有望持续增长；2010 年各季度 GDP 同比分别增长 5.7%、3.2%、5.2%和 2.3%，创下近年新高。但日本的失业率和美国一样没有明显改善，除 2010 年 12 月失业率为 4.9%外，其余月份均高于或等于 5.0%，且过去的 5 个月，日元兑换美元累计升值 14%左右，日元大幅升值给制造业带来了严重的负面影响（见表 3）。同时日本面临财政赤字高、出口市场脆弱、通货紧缩等不利因素，经济增长依然有动力不足的担忧。为避免日本经济出现二次衰退，推动经济复苏，日本议会众议院 2010 年 11 月 16 日通过了一项规模达 5.1 万亿日元(约合 620 亿美元)的新经济刺激议案。虽然这已是日本采取的第二次经济刺激方案，但由于日元升值和海外需求的下降，日本经济增长的阻力依然比较大，并且日本国家债务居高不下，根据国际货币基金组织的预测，如果加上日本地方政府负债，2011 财年日本国家负债总额将达到 997 万亿日元，债务总水平可能达到当年 GDP 总量的 227.5%，使得日本无论债务总额与 GDP 之比，财政赤字与 GDP 之比，还是国债依存度，都成为发达经济体中最差的国家之一。

2011 年 3 月 11 日，日本东北部发生里氏 9.0 级强烈地震，给日本带来巨大的破坏性灾难。为支持灾后重建，日本央行向市场立即注资规模已达 34 万亿日元，创下有史以来最大规模，而利率依旧维持在 0-0.1% 之间。这次地震后日本央行大规模注资，无疑将推高日本主权债务风险，使日本债务危机进一步恶化。同时受地震影响最大的日本东海岸，是日本的“京滨工业区”，集中了大量的汽车、钢铁和电子等工业企业，在地震、海啸和电力不足的影响下，这些企业均面临大面积的停产，例如丰田、本田、日产等汽车企业在日本本土的工厂已经全面停产，这给本已呈现复苏态势的日本经济带来了重大的负面影响，预计 2011 年 1-2 季度，日本经济增速将可能放缓。

表 3　日本 2010 年 OECD 先行指数、失业率和 GDP 增速

	1月	2月	3月	4月	5月	6月
OECD 先行指数	99.98	100.16	100.28	100.35	100.39	100.42
失业率（%）	5.10	5.00	5.10	5.10	5.10	5.20
GDP 增长速度（%）	5.70			3.20		
	7月	8月	9月	10月	11月	12月
OECD 先行指数	100.46	100.52	100.61	100.73	100.89	101.08
失业率（%）	5.10	5.00	5.00	5.10	5.10	4.90
GDP 增长速度（%）	5.20			2.30		

二．金砖四国经济形势

与发达经济体经济增长缓慢形成鲜明对比的是，被称为金砖四国的中国、印度、俄罗斯和巴西 2010 年内需增长强劲，对外贸易快速回升，GDP 增速高位运行，已经成为全球经济回暖的领头羊。但随着本币升值和国际热钱的涌入，金砖四国同时面临着巨大的通胀压力。提高抵抗输入型通胀能力，抑制国内物价快速上涨已成为金砖四国当前迫切需要解决的问题。

（一）中国：经济平稳较快增长，但面临通货膨胀和经济结构调整的巨大压力

中国为降低金融危机带来的不利影响，于 2008 年底提出了 4 万亿经济刺激计划及适度宽松的货币政策，使得经济在金砖四国中最先走出低谷并开始快速增长。2010 年中国OECD先行指数在经历了 1–8 月连续 7 个月下降后，从 9 月份开始走势平缓，这表明中国经济 2011 年将继续保持平稳较快的增长态势。从GDP增长情况来看，2010 年各季度同比分别增长 11.9%、10.3%、9.6%和 9.8%，全年增长 10.4%，在金砖四国中增速最快（见表 4）。从国际情况来看，随着美国启动二次量化宽松货币政策，国际大宗商品的价格在过去一年内持续走高：纽约交易所原油价格由每桶最低 68.58 美元升至每桶最高 106.18 美元，升幅达 54.8%；伦敦 3 个月期铜由最低 6130 美元升至最高 10160 美元，升幅达 65.7%，芝加哥黄豆期货由最低 925 美元升至最高 1449.80 美元，升幅达 56.7%。同时，随着美元持续贬值，资金加速流入新兴市场国家，这使得中国面临巨大的输入型通胀压力。从国内环境来看，由于金融危机后采取适度宽松的货币政策，货币供应相对宽松，截至 2010 年 12 月末，广义货币(M2)余额 72.58 万亿元[3]，与 2010 年GDP（39.80 万亿元）之比为 1.82。在美国二次量化宽松和国内货币流动性宽松的双重背景下，今后一段时间内，中国通货膨胀的压力不容忽视。同时，随着经济快速增长，中国经济面临调结构、促升级和节能降耗巨大压力。在人均GDP达到 4000 美元

3 数据来源于中国人民银行网站。

左右，开始进入中等收入国家和地区的平均水平（低水平）时，如何在保持经济持续快速增长的同时，缩小收入分配差距，实现公平分配，避免陷入“中等收入陷阱”，也是中国经济所必须解决的问题。

表 4　　中国 2010 年 OECD 先行指数和 GDP 增速

	1月	2月	3月	4月	5月	6月
OECD 先行指数	101.92	101.87	101.77	101.60	101.33	100.95
GDP 增长速度（%）	11.90			10.30		
	7月	8月	9月	10月	11月	12月
OECD 先行指数	100.58	100.39	100.36	100.40	100.36	100.25
GDP 增长速度（%）	9.60			9.80		

（二）印度：消费需求和投资需求势头强劲，经济快速增长

印度经济在过去几年快速发展，在金砖四国中的表现仅次于中国。印度国民经济以服务业为主，注重消费和内需。印度的高新技术产业，尤其是信息技术和服务比较发达，这种经济结构使印度经济对金融危机冲击的抵抗力较强。2010 年 1–4 季度， GDP 同比增长 8.8%、8.4%、8.9%和 8.2%。根据国际货币基金组织预测，2010 年印度国内生产总值增长有望达到 9.7%，2011 年和 2012 年也将分别达到 8.4%和 8%。同时，印度的货币政策较为宽松，这都为印度经济增长提供了良好的内部发展空间。而全球经济持续复苏则为印度经济快速增长提供了良好的外部环境， 2010 年 12 月印度出口额为 225 亿美元，环比增长 36.4%，为过去 33 个月最高增幅。但是印度和中国一样面临国内物价快速上涨的压力，根据印度国家统计局公布的数据，2010 年印度国内 CPI 为 9.4%，创下近几年新高，通胀势头明显。高通胀已经影响到印度经济未来的发展，其 OECD 先行指数从 2010 年 1 月份的 101.04 降至 12 月份的 99.57，是金砖四国里唯一一个全年都呈下降趋势的国家（见表 5）。2010 年 1 月以来，印度央行已经 6 次上调利率，未来一段时期内，保持物价稳定将是印度首要解决的问题。

表 5　　印度 2010 年 OECD 先行指数和 GDP 增速

	1 月	2 月	3 月	4 月	5 月	6 月
OECD 先行指数	101.04	101.07	101.02	100.94	100.86	100.78
GDP 增长速度（%）	8.80			8.40		
	7 月	8 月	9 月	10 月	11 月	12 月
OECD 先行指数	100.70	100.58	100.40	100.17	99.86	99.57
GDP 增长速度（%）	8.9			8.2		

（三）俄罗斯：经济增长速度较快，但对自然资源依赖较大，经济增长稳定性较差

俄罗斯是世界上石油、天然气等自然资源蕴藏最丰富、生产能力最大的国家之一，经济呈现资源型发展模式。2008 年的金融危机引发国际原油价格迅速下挫，使俄罗斯经济自 2008 年四季度起陷入近 10 年来最严重的衰退。此后，随着全球经济复苏和原油价格逐步上升，特别是 2010 年 9 月份以来，美国实施量化宽松的货币政策，美元贬值和通货膨胀预期较强，能源价格飙涨，原油价格不断攀升，使得俄罗斯经济迅速回升。2010 年 1–12 月，俄罗斯OECD先行指数保持持续上升趋势，从 1 月份的 99.59 升至 12 月的 101.61，是金砖四国里唯一一个全年都呈上升趋势的国家，也是四国里升幅最大的国家，这表明随着国际大宗商品，特别是原油价格持续在高位运行，今后一段时间内俄罗斯经济增长动力强劲。2010 年俄罗斯国内生产总值各同比分别增长 3.5%、5.0%、3.1% 和 4.5%[4]，失业率前三季度也从 9.2%下降至 1.9%（见表 6）。据国际货币基金组织预计，2010 年俄罗斯国内生产总值将增长 3.4%，2011 年和 2012 年也将增长 4.6%和 4.3%。但是 2010 年的大火使俄罗斯农产品收成大减，农业受到重创。同时过度依赖自然资源性产品又没有其定价权，使得俄罗斯经济发展受国际市场行情影响较大，经济增长呈现低质和不稳定性。转变经济增长模式，特别是摆脱对石油的依赖是俄罗斯经济实现持续稳定发展的必然选择。

4　俄罗斯的部分 GDP 数据来源于相关网站。

表 6　　俄罗斯 2010 年 OECD 先行指数和 GDP 增速

	1月	2月	3月	4月	5月	6月
OECD 先行指数	99.59	99.73	99.90	100.09	100.29	100.49
GDP 增长速度（%）	3.50			5.00		
	7月	8月	9月	10月	11月	12月
OECD 先行指数	100.71	100.94	101.16	101.35	101.50	101.61
GDP 增长速度（%）	3.1			4.5		

（四）巴西：经济呈现高增长和高通胀的发展态势

作为南美洲最大的经济体，巴西经济受金融危机的影响相对较小，尽管 2010 年初该国实施一系列利率上调政策，同时减税政策到期，但内需增长强劲，经济呈现快速发展势头。根据巴西统计局的统计数据，2010 年各季度巴西 GDP 同比分别增长 9.3%、9.2%、6.7%和 5.0%，全年增长 7.5%。失业率从 1 月份的 7.2%降到 12 月份的 5.3%，是 2002 年 3 月开始此项统计以来的历史最低水平（见表 7）。

表 7　　巴西 2010 年 OECD 先行指数和 GDP 增速

	1月	2月	3月	4月	5月	6月
OECD 先行指数	100.07	100.17	100.21	100.19	100.11	99.99
GDP 增长速度（%）	9.30			9.20		
	7月	8月	9月	10月	11月	12月
OECD 先行指数	99.86	99.77	99.77	99.85	99.92	100.00
GDP 增长速度（%）	6.7			5.0		

2010 年 9 月份巴西外汇经常账户出现盈余，入境外资超过出境资金 167 亿美元，创下 1982 年中央银行有记录以来的历史新高纪录。随着国际经济的进一步复苏，巴西进出口增长迅速，2010 年巴西出口额为 2019 亿美元，进口额为 1816 亿美元，分别打破了 2008 年创造的出口 1970

亿美元、进口1730亿美元的最高纪录，巴西OECD先行指数自2010年全年走势平缓，这表明未来一段时间内巴西经济将继续平稳增长。但是巴西国内物价也呈现快速上涨态势，根据巴西国家统计局2011年1月7日公布的数据，受食品价格上升推动，衡量巴西通货膨胀水平的指标——扩展的全国消费者价格指数（IPCA）2010年上涨5.91%，涨幅创六年来新高，高通胀已经影响到巴西未来的经济增长，降低国内的通货膨胀率是当前巴西必须解决的问题。

三．国际主要经济体对北京经济发展的影响和启示

北京作为首都，在过去几十年里经济经历了一个快速发展的阶段。进入21世纪以来，北京在经济总量快速扩张的同时，与世界上其他国家和经济体的联系也越来越密切，据统计，北京海关进出口总额由2000年的494亿美元增加到2010年的3014.1亿美元，增加了5.1倍；截止到2009年，外国及港澳地区企业驻京代表机构总数达到15147个，世界500强企业约有一半在北京投资，北京已基本成为一个国际城市。在此基础上，市委市政府提出按照高标准、高质量、高水平的要求，把北京建设成有中国特色的“世界城市”新目标。因此分析国际主要经济体经济形势变化及其对北京经济的影响，对做好北京今后的经济工作有重要意义。

（一）量化宽松货币政策带来全球性流动宽松，间接影响北京物价走势

美国和日本由于失业率居高不下，需求不振，产能过剩，相继实施了进一步的量化宽松货币政策，这种充裕流动性大量流向新兴市场国家和大宗商品期货市场，推高了资产价格，加剧了新兴经济体经济过热的风险，也给它们的经济调整带来了更大的困难。从我国的情况来看，2010年全年居民消费价格同比指数为103.3。单月同比指数从9月份开始加速上涨，12月份达104.6（见图1）。这个时间段内，随着美联储讨论并正式推出二次量化宽松的货币政策，国际大宗商品价格开始快速上涨。而我国作为一个资源进口大国，面临着巨大的输入型通胀压力。

图 1　　全国和北京居民消费价格指数单月同比增速

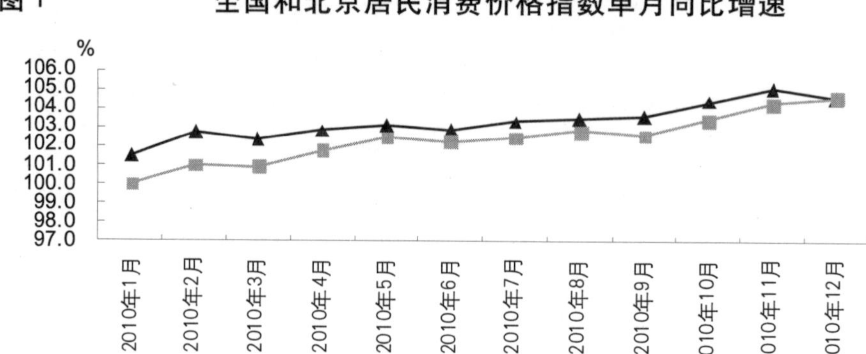

从北京的情况来看，2010 年居民消费价格单月同比指数与全国走势基本一致。据初步测算，在过去的 24 个月内，北京居民消费价格指数和全国居民消费价格指数单月同比数据在显著性水平为 0.01 时，二者 Pearson相关系数[5]为 0.94。从这些分析来看，北京居民消费价格指数和全国居民消费价格指数高度相关，所以全球性的货币流动宽松在直接影响全国物价走势的同时，也间接地影响了北京的物价走势。而从美国和日本等经济发达体的数据来看，它们的经济恢复缓慢，量化宽松货币政策将持续较长时间，原油、粮食等国际大宗商品价格持续上涨，我国面临的输入型通胀压力较大，北京物价也将继续间接地受到上行压力。所以北京需要继续加强对市场物价的监管，疏通各类产品的流通渠道，特别是农产品流通渠道，区分合理涨价和哄抬物价；继续严格控制信贷规模，引导资金流向基础交通设施建设、医疗卫生和保障性住房等民生领域。在保持经济快速增长的同时，提高居民生活质量，保持居民消费品，特别是生活必需品价格在一个合理的区间运行。

（二）国外量化宽松货币政策对北京房地产市场影响不可忽视

量化宽松的货币政策也导致更多的国际热钱流向新兴经济体，而这些热钱流向最多的领域就是楼市和股市。2010 年我国房地产业利用外资 795.56 亿元，同比增长 66%，其中外商直接投资 676.96 亿元，同比增长 67.8%，分别比国内银行贷款增速高出 55.7 个百分点和 57.5 个百分

5　Pearson 相关系数又称简单相关系数，它描述了两个定距变量间联系的紧密程度。

点。如果加上未被统计的热钱数量，将会是一个更大的数字。从北京的房地产市场运行情况来看，虽然中央政府和北京市政府运用利率、首付比例、购买限制、面积控制和预售控制等手段来调控房地产市场，但是北京市房屋销售环比价格指数从2010年9月到2011年1月连续5个月上涨，开始时间与美联储在2010年8月的议息会议开始引导市场预期二次量化宽松的货币政策相一致，所以国际热钱对北京房地产市场具有一定的影响。由于热钱流动具有速度快，隐蔽性强，并且以投机为主要目的特点，所以热钱的涌入积累了北京房地产市场的泡沫，加大了北京房地产市场调控的难度。从国际发达经济体的经验来看，无论是20世纪90年代经济陷入停滞的日本，还是这次金融危机的源头美国以及当前正在陷入主权债务危机的希腊、葡萄牙、西班牙和意大利，一个共同的特点就是在经济的上升期，社会大众普遍预期房价只升不跌，对未来价格上涨过度乐观，纷纷投资房地产市场，国际热钱大量涌入房地产市场，房价快速上升（例如西班牙的地价在过去10年上涨了5倍），价格严重扭曲，泡沫不断积累，最终泡沫破裂，国际热钱迅速撤出，导致这些国家整体经济受到严重破坏。当前，北京的房地产市场与这些国家房地产市场泡沫破灭之前有几分相似，都是经济快速增长的同时，房价也快速上涨，同时国际热钱大量涌入，对房价的上涨推波助澜。所以北京市在利用立法、财政、税收和金融等各种手段对房地产市场进行调控的同时，也须加强对流入本市的国际热钱的监管，严格控制热钱向房地产市场流动，引导并利用外资发展高新技术和环保等产业，增强经济的健康可持续发展。

（三）建立扩大消费长效机制，提升消费对经济增长的贡献水平

从国际主要发达经济体经济形势来看，它们增长速度缓慢，并且将经济政策转向扩大出口和提高就业率，所以今后北京的出口对经济增长的贡献很难在短时间内有明显的改善。固定资产投资这一经济增长的主力现在已经达到一个较高的水平，随着经济发展方式的转变，今后的增速将有所减缓。所以消费将成为北京经济增长最重要的支撑点。从消费总量来看，2009年北京人均GDP达到1万美元时，消费占GDP的比重为55.6%，而美国在1978年人均GDP超过1万美元，其消费占GDP的78.7%，北京低于美国（1978年）类似阶段23.1个百分点。从消费结构来看，2009 年美国消费占 GDP 总量的 87.9%，其中私人消费占 GDP 总量的 70.8%，政府消费占 GDP 总量的 17.1%；北京 2009 年消费占 GDP 总量的 55.6%，低于美国 15.2 个百分点，其中居民消费占 GDP 总量只有 31.4%，低于美国 39.4 个百分点，政府消费占 GDP 总量的 24.2%，高于美国 7.1 个百分点，所以北京的消费，特别是居民消费还有很大的提升空间。“十二五”期间中央将继续坚持扩大内需的政策，北京需要建立扩大消费需求的长效机制，而建立这一机制的首要措施就是提高居民收入以及居民收入在经济总量中的占比。政府应该努力提高劳动者报酬在国民经济初次分配中的比重，在二次分配中加大对高收入的调节，利用税收、政策和法律等手段提高二次分配的正向调节作用，促进社会公平发展。只有大多数居民的钱袋子鼓了，才能把更多的钱用于消费。只有居民把更多的钱用于消费，消费总量才能扩大，生活质量才能提高，消费对 GDP 增长的贡献也才能提高。

（四）发挥北京与新兴经济体的经济互补优势，加强北京与新兴经济体的贸易往来

2008 年金融危机虽未能从根本上改变世界经济格局，但新兴经济体的崛起已是毋庸置疑的事实，它们对全球影响力正不断增长。根据国际货币基金组织的预测，到 2015 年，新兴经济体在世界 GDP 总量中的比重将突破一半，达到 52%。而当前发达经济体经济复苏缓慢，失业率居高不下，贸易保护主义不断抬头，这使得我国对发达经济体的贸易不可避免地受到阻碍。因此要实现把北京建设成中国特色的“世界城市”的新目标，就必须加强北京与新兴经济体的双边贸易。根据北京海关的统计，2010 年北京与主要新兴经济体国家印度、俄罗斯、巴西和南非的进出口额只占到其全部进出口额的 10.2%，不到与美国、欧元区和日本进出口额的一半，所以北京与新兴经济体之间的贸易增长潜力非常巨大。

当前，新兴经济体已经成为全球重要的商品供应国和销售市场，根据世界银行的统计，美国、欧元区和日本经济总量占全球经济总量由 2000 年的 64.3%降至 2009 年的 54.4%，金砖四国则由 2000 年的 7.9%升至 2009 年的 15.6%，并且它们与北京经济互补优势明显，例如巴西人口只占全球约 3%，可耕地面积超过全球可耕地面积的 10%，这与北京人口密度大，耕地面积严重不足形成了鲜明的对比。此外，巴西自然资源丰富，基础设施建设需要大量的资金和技术，而且相对于欧美国家，巴西对来自国外的投资壁垒较少，所以北京可以将其作为今后对外投资和经济合作的重点对象；印度的软件和信息服务产业在全球占有举足轻重的地位，北京在发展高新技术产业时，可以积极引进诸如印度信息系统技术有限公司等优秀的IT公司和IT人才来北京发展。同时，印度基础设施建设相对较为薄弱，随着经济的快速发展，基础设施建设必将迎来一个高峰期，这为北京的企业实施“走出去”战略提供了广阔的市场机遇；俄罗斯和南非同样在商品市场和自然资源方面和北京有明显的互补优势。北京应该适应世界经济结构发生的新变化，发挥自身的优势，在“引进来”和“走出去”两个方面加强与新兴经济体的联系，加速对外贸易的多元化，促进与新兴经济体开展多领域和多层次的经济贸易合作，提高对外开放水平。只有这样，北京才能更好地与世界经济相融合，提高自身对全球经济的影响力和协调力，也才能早日实现成为中国特色的“世界城市”的新目标。

京、沪、苏、浙、鲁、粤高技术制造业竞争力比较

◆◇夏沁芳　朱燕南　周　冲　吕华斌　马俊炯

中国的高技术产业起步于20世纪80年代末期，以北京中关村新技术产业开发试验区的成立为标志，经过二十多年坚持不懈的努力，取得了诸多辉煌成绩。从地域分布来看，目前形成了以北京、上海、江苏、浙江、山东、广东为代表的六个高技术大省[1]，成为中国高技术产业的引领与主导。

“十二五”时期，中国的经济社会将以“科学发展为主题”，以“转变经济发展方式为主线”，面临一系列深层次调整。《北京市“十二五”规划纲要》中明确提出了北京要在全国实现“两个率先”的目标，其中之一就是“首都要以强化创新驱动为重要着力点，率先在全国形成创新驱动的发展格局”。深化产业结构调整、切实做到高端引领将成为实现这一“率先”和首都经济科学发展的重要途径之一。本文从高技术制造业[2]入手，对京、沪、苏、浙、鲁、粤六省市的竞争力进行比较，旨在准确把握自身优劣势，明确未来发展的重点和方向。

一、六省（市）高技术制造业发展基本情况

北京：1988年，中国第一个国家级新技术产业开发试验区在北京中关村成立，标志着中国高技术产业的兴起与发展，北京也成为国内高技术产业发展的先驱。2010年，北京拥有高技术制造业企业1103家，从业人员25万人，实现总产值2992.7亿元，分别比2000年增长89.5%、

1　根据国家统计局《2010年高技术产业年鉴》各主要指标数据对比，京、沪、浙、苏、鲁、粤在多数领域占优，在此称为高技术大省。

2　高技术制造业：根据国家统计局2002年公布的《高技术产业统计分类目录》，我国目前界定的高技术产业在制造业范畴包括电子及通信设备制造业、电子计算机及办公设备制造业、医药制造业、医疗设备及仪器仪表制造业、航空航天器制造业、信息化学品制造业和核燃料加工业七类行业。但受统计资料来源的限制，文中高技术制造业仅包含前五个行业。除特别说明，统计口径为规模以上。

57.7%和2.1倍；占规模以上工业的比重分别为16%、20.1%和21.8%。从在全国的位次看，2010年北京高技术制造业产值占全国比重为4%，位居第六位。高技术产品中，北京的手机优势明显，2010年产量达到2.7亿部，占全国产量的27.4%，居第二位，仅次于广东省。

上海：上海高技术产业的迅猛发展始于20世纪90年代中后期。2010年，上海市拥有高技术制造业企业1423个，从业人员53.2万人，实现总产值6900.6亿元，分别比2000年增长93.1%、1.5倍和5.9倍；占规模以上工业的比重分别为8.5%、18.2%和22.9%。2010年，上海高技术制造业产值占全国比重为9.2%，居第三位。微型电子计算机作为上海高技术产品的代表，2010年产量达到9388.4万台，占全国总量的38.2%，居第一位。

江苏：1988年以来，江苏开始实施“科技兴省”战略，高新技术产业蓬勃兴起。2010年，江苏省拥有高技术制造业企业4868个、从业人员226.8万人、实现总产值16277.8亿元，分别比2000年增长3.3倍、4.7倍和11.8倍；占规模以上工业的比重分别为7.6%、19.7%和17.7%。从在全国的位次看，2010年，江苏省高技术制造业实现产值占全国的21.8%，居第二位。江苏省微型电子计算机、集成电路产量在全国领先，2010年分别达到9364.6万台和223.2亿块，占全国比重分别达到38.1%和34.2%，分别居第二位和第一位。

浙江：自1992年党的十四大提出大力发展高技术产业以来，浙江省高技术产业迅猛发展。1995年以后，随着一系列发展高技术产业方针政策的出台以及相关产业、项目的推进，高技术产业发展进一步加快。2010年，浙江省拥有高技术制造业企业3339个、从业人员64.6万人、实现总产值3413.3亿元，分别比2000年增长2.9倍、2倍和5.5倍；占规模以上工业的比重分别为5.2%、7.5%和6.6%。2010年，浙江省高技术产业实现产值占全国比重为4.6%，居第五位。浙江省化学原料药产量在全国位居前列，2010年达到28.5万吨，占比达到12.6%，仅次于山东居第二位。

山东：1990年，山东省做出了发展高新技术产业，促进山东经济振兴的决定，首次把发展高新技术产业提升到促进经济振兴的战略高度来认识。2000年、2002年又先后下发了《山东省高新技术产业发展纲要》

和《关于进一步加快高新技术产业发展的决定》等文件，进一步推动了山东省高新技术产业的发展。2010 年，山东省拥有高技术制造业企业 1847 个、从业人员 54.5 万人、实现总产值 5175.6 亿元，分别比 2000 年增长 3.4 倍、2.2 倍和 13 倍；占规模以上工业的比重分别为 4.2%、5.9%和 6.2%。2010 年，山东高技术制造业产值占全国比重为 6.9%，在全国居第四位。化学原料药是山东省高技术制造业的代表性产品，2010 年产量达到 30.3 万吨，占全国的 13.4%，位居第一位。

广东：20 世纪 90 年代以来，广东得益于毗邻港澳、劳动力资源丰富、工资低廉等优势，承接了世界电子信息产业的转移，以电子通信、计算机设备为主的高技术制造业迅猛发展，成为带动全省工业增长的主要力量。2010 年，广东省拥有高技术制造业企业 5774 个、从业人员 354.7 万人、实现总产值 21050.2 亿元，分别比 2000 年增长 2.4 倍、3.4 倍和 6.8 倍；占全省规模以上工业比重分别为 10.8%、22.6%和 24.5%；占全国高技术制造业比重分别达到 20.5%、32.5%和 28.2%，均列首位。集成电路、手机作为广东高技术制造业的代表产品，2010 年产量分别达到 161 亿块和 4.9 亿部，占全国的比重分别为 24.7%和 48.7%，分列第二位和第一位（见表 1）。

表 1　　六个高技术大省（市）高技术制造业基本情况及排位[3]

地区	企业数量（个）		从业人员（万人）		产值（亿元）		
	2000 年	2010 年	2000 年	2010 年	2000 年	2010 年	年均增长（%）
北京	582（5）	1103（6）	15.8（6）	25.0（6）	974.9（4）	2992.7（6）	11.9（6）
上海	737（4）	1423（5）	21.5（4）	53.2（5）	1006.8（3）	6900.6（3）	21.2（4）
江苏	1144（2）	4868（2）	40.0（2）	226.8（2）	1271.7（2）	16277.8（2）	29.0（2）
浙江	861（3）	3339（3）	21.8（3）	64.6（3）	522.6（5）	3413.3（5）	20.6（5）
山东	424（6）	1847（4）	17.2（5）	54.5（4）	370.6（6）	5175.6（4）	30.2（1）
广东	1711（1）	5774（1）	81.2（1）	354.7（1）	2714.9（1）	21050.2（1）	22.7（3）

3　括号内为六省市排名，下同。

综上所述，我们可以看到：一是20世纪90年代后，在各种促进高技术产业发展政策措施的推动下，六省市高技术制造业呈现出蓬勃发展态势。近十年间，无论是企业个数、从业人员还是生产规模几乎都实现了成倍增长。二是从规模上看，广东、江苏作为经济大省，也一直是我国高技术制造业规模最大的两个地区。2000年以来，无论是企业个数、从业人员还是产值总量，两个省的排名均稳居第一位和第二位。三是从发展态势看，山东是近年来高技术制造业发展最快的地区，北京是发展最慢的地区。2001-2010年，山东省高技术制造业产值年均增速达到30.2%，北京仅为11.9%。四是从高技术制造业在本省（市）及全国所处地位看，广东、江苏、上海高技术制造业产值在本省、全国都占有重要地位；浙江、山东高技术制造业产值虽然占全国比重有所提升，但占本省工业比重仍然较低；北京占全国比重偏低，但占本市工业比重较高。五是从产品上观察，电子、医药产品占有重要位置，其中手机产量上，北京、广东领先；集成电路产量上，江苏、广东领先；医药生产上，浙江、山东领先。

二、北京与沪、苏、浙、鲁、粤高技术制造业竞争力比较

产业竞争力指的是某国或某一地区的某一特定产业相对于他国或地区同一产业在生产效率、满足市场需求、持续获利等方面所体现的竞争能力。从大量研究高技术产业国际竞争力的文献来看，高技术产业竞争力直接表现为创新能力、市场份额以及影响产业发展的环境因素等。下文即参考高技术产业国际竞争力的分析方法，拟从基础竞争力、核心竞争力、市场竞争力及环境竞争力四个方面对北京高技术制造业竞争力水平进行对比分析（见表2）。

（一）基础竞争力：逐渐弱化，处于中下游水平

从产值看，增长逐年放缓，粤、苏具备较强竞争力。北京高技术制造业产值增速明显回落，由“九五”时期发展最快变为“十五”和“十一五”时期发展最慢，占全国的比重从2000年六省市中的第四位降至2010年的末位；粤、苏二省规模始终位列六省市前两位，苏、鲁增长最快。

表 2　高技术制造业竞争力分析指标

	一级指标	二级指标
高技术制造业竞争力分析	基础竞争力	生产规模及增速
		投资规模及增速
	核心竞争力	科技投入
		科技产出
	市场竞争力	市场占有率
		盈利能力
	环境竞争力	技术创新环境
		政府扶持力度
		高新技术产业开发区

从投资看，长期不足，竞争潜力令人担忧，苏、鲁投资增势迅猛。2001—2010 年，北京高技术制造业投资年均增长 16.8%，居末位，而同期位居前两位的江苏、山东的投资增速都在 50%以上；北京高技术制造业完成投资额占全国的比重远远落后于其他五省市（见表 3）。

表 3　六省市高技术制造业基础竞争力相关指标排名

地区	产值规模		1996—2010 年产值平均增速	每百家企业施工项目个数		投资额占全国比重	
	2000 年	2010 年		2000 年	2010 年	2000 年	2010 年
北京	4	6	6	3	6	4	6
上海	3	3	4	3	4	2	4
江苏	2	2	1	5	2	3	1
浙江	5	5	5	2	3	6	5
山东	6	4	2	1	1	5	2
广东	1	1	3	6	5	1	3

（二）核心竞争力：优势相对明显，处于中上等水平

科技投入[4]强度尚可，但投入增势缓慢。2010 年，北京高技术制造业R&D经费投入强度在六省市中位居第四位，R&D人员投入强度位居第二位，尚处于中上等水平。但从投入变动趋势来看，增势缓慢。2001—2010年北京每百家高技术制造业企业R&D经费支出年均增长 5.6%，位居六省市末位，比增速最高的山东省低 13.5 个百分点；每百家高技术制造业R&D人员全时当量[5]总体呈下降趋势，其他五个省市都保持了一定程度的增长，年均增速最高的浙江省达 11.2%。

科技产出处于领先地位。2010 年，北京高技术制造业 R&D 人员人均拥有有效发明专利量为 0.19 件，拥有新产品开发项目 0.12 项，实现新产品销售收入 1191.6 万元，与其他五省市相比，均处首位，且优势明显（见表 4）。

表 4　　六省（市）高技术制造业核心竞争力相关指标排名

地区	R&D 经费投入强度	R&D 人员投入强度	2001—2010 年每百家企业 R&D 经费支出年均增速	2001—2010 年每百家企业 R&D 人员全时当量年均增速	人均有效发明专利数
北京	4	2	6	6	1
上海	5	5	2	3	3
江苏	6	6	3	4	6
浙江	1	1	4	1	4
山东	3	4	1	2	5
广东	2	3	5	5	2

（三）市场竞争力：优势逐渐减弱，水平中等偏上

从新产品市场占有率[6]看，下降幅度明显，处于中下等水平，粤、苏占优。国内市场上，2001—2010 年，北京高技术制造业新产品国内销售收入年均增长 11.4%，增速位居六省市末位，比增速最高的江苏省低 12.5

4　此处考虑到数据的可比性，数据口径为大中型工业企业，科技产出数据同此。

5　R&D 人员折合全时当量是国际上通用的、用于比较科技人力投入的指标。指 R&D 全时人员（全年从事 R&D 活动累积工作时间占全部工作时间的 90%及以上人员）工作量与非全时人员按实际工作时间折算的工作量之和。

6　用各省市高技术产品国内销售收入和出口销售收入占全国的比重来反映。

个百分点；新产品在国内市场上的占有率由2000年的14.4%下降到2010年的8.5%，位居第五位，而居于前两名的广东和江苏的新产品市场占有率大幅上升，2010年分别达到25.9%和16.6%，分别比2000年提高10.3个和6.9个百分点。国际市场上，2001—2010年，北京高技术制造业新产品出口销售收入年均增长17.1%，增速位居第五位，比增速最高的山东省低28.4个百分点；新产品出口市场占有率由2000年的18.3%下降到2010年的8.1%，位居第三位，分别比前两位的广东、江苏低42.2个和6.4个百分点。

从盈利能力看，相对较强，但优势有所弱化。2000年，上海和北京高技术制造业产值利润率分别为9.2%和8.5%，位居六省市前两位。但此后，由于北京、上海的利润和产值年均增速均在六省市中排名靠后，尤其是利润表现更差，使得二者的产值利润率均呈下降的趋势。2010年，北京高技术制造业产值利润率为6.1%，比2000年下降2.4个百分点，位居第三位，分别比居第一位和第二位的浙江和山东低2.6个和1.3个百分点（见表5）。

表5　六省（市）高技术制造业市场竞争力相关指标排名

地区	新产品国内市场占有率		新产品出口市场占有率		产值利润率	
	2000年	2010年	2000年	2010年	2000年	2010年
北京	2	5	2	3	2	3
上海	3	4	4	4	1	6
江苏	4	2	3	2	6	5
浙江	6	6	5	6	3	1
山东	5	3	6	5	4	2
广东	1	1	1	1	5	4

（四）环境竞争力：具有绝对优势

从创新环境看，科技资源[7]得天独厚。截至2009年底，北京拥有全

7　科技资源数据来源于《2010年中国火炬统计年鉴》，为目前可取得的最新数据，高新区数据同此。

国一半以上数量的两院院士，科学家和工程师共36万人；拥有国家重点实验室和国家工程实验室86个和32个，分别占全国的28.1%和43.2%；国家级大学科技园14个，科技企业孵化器66个，均处领先水平。从政府扶持力度看，名列前茅。2010年，虽然北京高技术制造业的R&D经费支出位居六省市末位，但来自政府的资金占R&D经费支出的12.2%，居六省市首位。从高新区作用看，发展全国领先。2009年，北京高新区内企业个数达到1.7万个，实现收入12995.1亿元，分别占到全国56个高新技术产业开发区的31.6%和16.5%；拥有科技活动人员32.2万人，R&D经费支出235.4亿元，分别占全国高新区的20.7%和17.5%，规模和科技实力均列各高新区首位。

综上，北京高技术制造业经过二十多年的发展，已经积聚了一定的实力。与其他高技术大省相比，北京的环境竞争力最强，与首都特点、优势、城市发展方向密不可分；核心竞争力与市场竞争力处于中等偏上水平，但优势减弱；基础竞争力落后，这虽然和北京作为直辖市、难以与经济大省同级较量有关，但投入与产出增势放缓应引起足够关注。

三、北京与沪、苏、浙、鲁、粤高技术制造业分行业竞争力比较

为进一步探究北京同其他五省市在高技术制造业发展上的优势和劣势，明确未来发展方向，下文拟从分行业角度对高技术制造业的竞争力进行深入的比较分析。鉴于分行业与高技术制造业整体所处的外部环境差异性不大，因此在进行分行业竞争力分析中，仅对基础竞争力、核心竞争力和市场竞争力进行比较。

（一）电子及通信设备制造业

从基础竞争力看，北京中等偏下，较为稳定。2010年，北京该行业实现产值1850.4亿元，位居第四位，广东省产值规模始终居第一位；2001−2010年北京产值规模年均增长12%，处于末位，比最快的江苏省低15.1个百分点。从核心竞争力看[8]，北京较为落后。2010年，北京该行

8 在分行业比较中，无科技产出数据，因此仅用R&D投入强度反映核心竞争力，下同。

业R&D经费投入强度仅为 0.8%，居六省市末位；R&D人员投入强度为3.63%，排名第四。从市场竞争力看，北京处于中下游水平。广东省新产品市场占有率[9]遥遥领先，2010 年达到 35.9%；江苏、北京处第二梯队，在 10%以上。盈利能力上，2010 年北京该行业产值利润率仅为 3.2%，排名跌至末位，比位列第一的浙江省低 3.7 个百分点（见表 6）。

表 6　　六省（市）电子及通信设备制造业相关指标排名

地区	2000 年				2005 年				2010 年			
	产值	R&D 经费投入强度	新产品市场占有率	产值利润率	产值	R&D 经费投入强度	新产品市场占有率	产值利润率	产值	R&D 经费投入强度	新产品市场占有率	产值利润率
北京	4	6	3	2	4	6	6	3	4	6	3	6
上海	3	3	2	1	3	4	2	5	3	2	4	5
江苏	2	5	4	6	2	5	3	1	2	5	2	2
浙江	5	4	6	3	6	1	5	5	6	4	6	1
山东	6	1	5	5	5	3	4	4	5	3	5	4
广东	1	1	1	4	1	2	1	2	1	1	1	2

综上，作为北京高技术制造业的第一大行业，电子及通信设备制造业的基础竞争力和市场竞争力均处于中等偏下水平，特别是核心竞争力严重缺乏，不仅会对行业未来发展形成强烈的制约，也将对高技术制造业总体产生不利影响。

（二）电子计算机及办公设备制造业

从基础竞争力看，北京逐渐跌至末位。自 2008 年起，北京电子计算机及办公设备制造业产业规模已被起步较晚的浙江、山东超过，始终处于末位；2001—2010 年年均增长 5%，远低于其他五省市 25%以上的增速。从核心竞争力看，北京具有一定竞争力，但前景不容乐观。2010 年，北京 R&D 经费投入强度为 1.5%，居第二位；R&D 人员投入强度为 9.5%，

9　此处依据国内市场和国际市场合计情况进行市场占有率综合考量，下同。

居首位。但 2000 年以来，北京每百家企业 R&D 经费投入增速较低，R&D 人员全时当量呈下降趋势，而其他五省市则较快增长。从市场竞争力看，北京优势弱化，处于中下游水平。2010 年，北京电子计算机及办公设备制造业新产品市场占有率为 7.3%，比 2000 年降低 22.4 个百分点，在六省市中的位次也由领先降到中游水平；盈利能力上，浙江领先，鲁、苏、京、粤处于第二梯队，均在 3%以上，且差距不大（见表 7）。

表 7　　六省（市）电子计算机及办公设备制造业相关指标排名

地区	2000 年				2005 年				2010 年			
	产值	R&D 经费投入强度	新产品市场占有率	产值利润率	产值	R&D 经费投入强度	新产品市场占有率	产值利润率	产值	R&D 经费投入强度	新产品市场占有率	产值利润率
北京	3	1	1	2	4	3	3	6	6	2	3	4
上海	4	3	4	1	3	4	1	5	3	6	4	6
江苏	2	3	3	3	2	4	5	4	2	5	2	3
浙江	6	–	–	6	5	2	6	2	5	1	6	1
山东	5	2	5	5	6	1	4	1	4	4	5	2
广东	1	3	2	4	1	4	2	3	1	3	1	5

综上，北京的电子计算机及办公设备制造业近年来发展缓慢，规模偏小，曾经一度具有的科技优势和市场优势也在逐渐减弱和被赶超。

（三）医药制造业

从基础竞争力看，北京产业规模偏小。近十年来，北京该行业产值虽然保持了年均 20.7%的较高增速，但规模在六省市中始终居末位。山东产值规模快速扩张，由 2000 年的第五位上升到 2010 年的第一位；江苏持续保持优势，产值规模一直处于前两位。从核心竞争力看，北京表现落后。2010 年，北京的 R&D 经费、人员投入强度分别为 0.9%和 4.7%，分列末位和第五位；浙江省分别为 1.7%和 6.2%，均居六省市首位。从市场竞争力看，北京市场份额低、盈利能力强。2010 年，苏、鲁、浙市场占有率均超过 10%，其余三省市均在 5%左右，北京排在末位，但较 2000

年水平有所提高；在盈利能力上，北京一直居首位，且优势较为明显（见表 8）。

表 8　　六省（市）医药制造业相关指标排名

地区	2000 年				2005 年				2010 年			
	产值	R&D 经费投入强度	新产品市场占有率	产值利润率	产值	R&D 经费投入强度	新产品市场占有率	产值利润率	产值	R&D 经费投入强度	新产品市场占有率	产值利润率
北京	6	6	6	1	6	4	6	1	6	6	6	1
上海	4	1	2	6	5	3	4	5	5	1	5	2
江苏	2	4	1	3	2	1	1	3	2	3	1	6
浙江	3	2	3	2	3	1	2	2	3	1	3	4
山东	5	4	5	4	1	6	3	4	4	5	2	5
广东	1	2	4	3	4	5	5	6	3	4	4	3

综上，北京的医药制造业发展较快，占全市高技术制造业的比重由 2000 年的 5.8%提高到 2010 年的 12.5%。但该行业增势尚不及其他高技术大省，规模较小；核心竞争力、市场占有率仍显不足，但市场占有率显示出走高趋势；盈利能力较强，仍具有较大的提升空间。

（四）医疗设备及仪器仪表制造业

从基础竞争力看，北京居末位。2010 年，除江苏省外，其他五省市产值规模均在千亿元以下，其中北京居末位。从核心竞争力看，北京研发投入强度领先，但发展后劲不足。2010 年，R&D 经费投入强度位居前三位的是粤、京、浙，R&D 人员投入强度位居前三位的是京、苏、浙，北京在科技投入上具有较强优势。但从研发投入增势看，2001–2010 年，北京每百家企业 R&D 经费投入年均增速位居第五位，比最高的广东省低 14.3 个百分点；每百家企业 R&D 人员全时当量年均增速位居第四位，比首位的浙江低 12.8 个百分点。从市场竞争力看，北京市场占有率较低，盈利能力最强。2010 年，苏、浙占据新产品市场占有率的前两位，北京位列第五位。北京盈利能力最强，近十年来产值利润率基本处于首位，2010 年达到 15.5%，比位居第二的上海高 3.1 个百分点（见表 9）。

表 9　六省（市）医疗设备及仪器仪表制造业相关指标排名

地区	2000 年				2005 年				2010 年			
	产值	R&D 经费投入强度	新产品市场占有率	产值利润率	产值	R&D 经费投入强度	新产品市场占有率	产值利润率	产值	R&D 经费投入强度	新产品市场占有率	产值利润率
北京	5	1	3	1	5	2	5	2	6	2	5	1
上海	3	5	1	3	4	5	3	3	5	5	3	2
江苏	1	3	4	5	2	3	2	3	1	4	1	6
浙江	2	3	2	2	3	1	1	4	2	3	2	5
山东	6	1	5	4	6	6	6	5	4	6	6	4
广东	4	6	6	6	1	3	4	5	3	1	4	3

综上，北京医疗设备及仪器仪表制造业虽然规模较小，但科技投入强度具备明显优势，市场占有率处于中等水平，尤其是盈利能力长期居于领先位置，未来具有较好的发展前景。

（五）航空航天器制造业

从基础竞争力看，北京最强，但增势落后于其他省市。2000 年以来，北京航空航天器制造业产值规模始终居六省市首位；但 2001–2010 年年均增速为 14.1%，处于末位。从核心竞争力看，北京具备一定优势。2010 年，北京 R&D 经费投入强度为 4.6%，位列第二位。从市场竞争力看，北京市场占有率遥遥领先，盈利能力较强。2010 年，北京航空航天器制造业新产品市场占有率为 4.3%，比位居第二的江苏省高 3 个百分点；反映盈利能力的产值利润率为 7.9%，低于最高的广东省 1.4 个百分点，位居第二位（见表 10）。

表 10　　六省（市）航空航天器制造业相关指标排名[10]

地区	2000年				2005年				2010年			
	产值	R&D经费投入强度	新产品市场占有率	产值利润率	产值	R&D经费投入强度	新产品市场占有率	产值利润率	产值	R&D经费投入强度	新产品市场占有率	产值利润率
北京	1	4	3	2	1	1	1	1	1	2	1	2
上海	3	1	2	5	2	2	2	2	3	1	3	6
江苏	2	3	1	3	4	3	3	5	2	4	2	3
浙江					6			3	6	3	4	4
山东	5		4	4	5	5		6	5	6	5	5
广东	4	2		1	2	4	4	4	4	5		1

综上，北京在航空航天器制造业领域具有绝对优势，基础竞争力、核心竞争力、市场竞争力都较为突出，但生产规模增长慢于其他省市，将影响到未来的基础竞争力。

分行业看，相对于其他五个高技术大省，北京高技术制造业中除航空航天器制造业具有竞争力绝对优势外，其他行业表现均不容乐观，分项竞争力多处于中等或中下游水平。其中，基础竞争力上，除第一大行业——电子及通信设备制造业居中下游外，其余行业均处末位，这与北京作为直辖市与经济大省具有一定不可比性有关，但更需关注的是生产规模扩充乏力；核心竞争力上，电子计算机及办公设备业、医疗设备及仪器仪表制造业表现尚好，但后劲不足，作为主导行业的电子及通信设备制造业则严重缺乏；市场竞争力上，两个电子行业均处于中下游水平，医药制造业、医疗设备及仪器仪表制造业均表现为盈利能力强而市场份额低，缺乏市场地位对发展的支撑。

10　空值表示无当年数据。

四、对北京高技术制造业发展的政策建议

通过对六省市高技术制造业及其内部行业的竞争力比较，可以看到，北京高技术制造业起步早，技术创新环境得天独厚，积聚了相当优势；但由于近年来投资、科技投入增势明显放缓，后起省市快速追赶，使得原有优势有所减弱。具体到行业中，更是多数居于中等甚至落后水平，未来发展面临巨大压力。“十二五”时期，北京提出要“率先形成创新驱动的发展格局”，提出“深度推进产业升级”，坚持高端、高效、高辐射的产业发展方向，以提升产业素质为核心，显著增强首都经济的竞争力和影响力。高技术制造业是实现创新驱动的重要组成部分，对于产业整体优化升级具有重要意义。北京高技术制造业应着力于巩固现有优势，牢牢把握世界高技术产业发展方向和自身潜力，创造新优势。为此，提出以下建议：

（一）夯实基础，规模与质量并重

产业的快速发展一方面依赖于一定的规模基础，形成实质性的规模效应；另一方面要提升内在质量，增强核心竞争力，实现可持续发展。因此，应以加快转变经济发展方式为契机，以“提升北京高技术和现代制造业发展水平，坚持高端发展方向的发展思路”为指导，切实加大对高技术制造业的投入力度，既扩充优质企业规模，也发掘、引入高品质的新项目，引导、鼓励企业增加科技投入，激发企业的创新活力，培育一批有产业规模、有竞争实力和发展潜力的大型企业、龙头企业，以大带小，抢占产业发展的制高点，促进北京高技术制造业整体实力的提升。

（二）充分利用优势，加强产学研结合

产学研结合是技术创新、提升高技术制造业层级的主要路径之一。北京拥有数量众多的高等院校、科研院所及科研人员，在技术创新环境上具有绝对优势，但相对于全市科技发展综合水平，高技术制造业表现并不突出，没有充分利用环境优势。因此，需要有关部门发挥主导、引导作用，搭建、完善多方合作平台，逐步建立以市场为导向的产学研用支撑体系和长效机制，使企业、高校和科研机构在市场、人才、技术以及资金等方面优势互补、各尽其能，提高技术创新与转化、应用能力，

为高技术制造业的发展提供重要技术支撑。

（三）找准着力点，实施差异化行业发展策略

航空航天器制造业是北京具备绝对竞争力的优势产业，也是“十二五”时期的战略新兴产业之一，北京应着重发展并扩大在该领域的规模优势、科技优势和市场优势，同时注重盈利能力的提升，以便巩固该行业整体竞争力。电子行业是我市高技术制造业的主要行业，但表现出核心竞争力落后，科技投入长期不足，总体竞争力不强，处于高端产业链条的低端环节等问题。未来应将发展重点放在提升内涵上，通过增加研发投入，注重自主研发，提升产品层次，培育自有品牌，切实提高竞争力。参考OECD的高技术产业发展目录，医药制造业始终是高技术产业的组成部分，医疗、精密及光学仪器业也被加入最新目录之中，在一定程度上说明了这两个行业是未来世界高技术制造业的发展趋势，北京应结合自身实际，尽早谋划，将这两个领域列入未来高技术制造业发展的重点领域。针对我市医药制造业近年来发展较快，但基础竞争力、核心竞争力、市场竞争力仍不足的现状，要加大各要素尤其是创新要素的投入，给予适当的政策倾斜，促进其发展；针对医疗设备及仪器仪表制造业已经具备一定的核心竞争力和市场竞争力，但基础竞争力弱、行业发展存在“多、小、散”等问题，应规范整合现有资源，研究制定行业发展规划，扶持、加快产业发展，力争在全国形成引领优势。

北京外商投资企业技术外溢效应分析

◆◇李晓敏

外商投资企业作为国际间要素转移的主要载体，拥有先进的技术、管理方法和丰富的管理经验，对引入地（以下简称“当地”）企业的技术开发和生产经营形成了示范作用；同时，外资企业通过对与之关联的内资企业的订货要求与技术支持，提高了当地内资企业的技术水平和产品质量。外商投资企业的进入不仅促进了当地经济的增长，还在一定程度上产生了技术的外溢效应。

北京的外商投资企业自20世纪80年代开始进入，90年代初，跨国公司在京设立第一家合资R&D机构——北邮北电R&D中心，拉开了北京外商投资企业技术投资的序幕。进入21世纪，随着跨国公司在京的生产企业增多，其R&D投入也开始出现大幅度的增长，并开始注重对高新技术的投入，主要标志是更多的跨国公司逐步在京设立研发中心，部分基础性研究转移增多，北京正在成为跨国公司全球重要的R&D基地之一。

本文利用2009年北京市第二次R&D资源清查结果，分析了近年来北京外商投资企业科技活动的总体情况和主要特点；从技术聚集和输出情况、内外资企业技术水平差异和部分行业的前后向联系等方面阐述了北京外资企业产生技术外溢的前提条件；通过工业分行业和服务业汇总的历史数据，运用时间序列和横截面序列相结合的回归方法，分析和检验了北京外商投资企业对内资企业的技术外溢效应，计量结果显示，外商投资企业对服务业内资企业存在着较为显著的正向溢出效应，近年来对内资工业企业没有表现出明显的正向溢出效应；最后结合多方面数据及分析，指出北京外资企业技术外溢方面存在的主要问题，并就如何更好地利用外资企业的技术外溢效应提出建议。

一、北京外商投资企业 R&D 活动的总体情况

进入 21 世纪以来，北京外资企业R&D活动总体呈稳步上升趋势。北京市第二次全国R&D资源清查结果显示，2009 年，北京外商投资企业有R&D活动的单位数共 318 家，与 2000 年北京市科技资源清查相比，增长 35.3%；占全市的比重为 13.8%，提高 1.9 个百分点。R&D人员折合全时当量[1]为 2.3 万人年，比 2000 年增长 4.4 倍；占全市的比重为 12.2%，提高 7.8 个百分点。R&D经费内部支出为 92.1 亿元，比 2000 年增长 3.8 倍；占全市的比重为 13.8%，提高 1.5 个百分点。有效发明专利数 1857 件，比 2000 年增加 1706 件；占全市的比重为 5.8%，下降 0.4 个百分点。R&D机构数为 257 家，比 2000 年增加 88 家；占全市的比重为 12.7%，提高 4.5 个百分点。

二、北京外商投资企业 R&D 活动的主要特点

（一）外资企业在高技术产业中的研发投入比重较高

2009 年，外资企业 R&D 经费内部支出中，投入到高技术制造业的支出为 14.6 亿元，占制造业 R&D 支出的 58.1%，其中电子及通信设备制造业、电子计算机及办公设备制造业两个行业的 R&D 支出最大，两行业支出占高技术制造业的 77.8%；非工业企业中，R&D 经费内部支出以信息传输、计算机服务和软件业，科学研究、技术服务和地质勘察业，租赁和商务服务业三个科技含量较高的行业为外资企业研发投入的主要领域，三个行业的 R&D 支出为 66.6 亿元，占非工业 R&D 支出的 99%。

（二）非工业外资企业 R&D 活动主要以独资经营企业为主

2009 年，北京外资企业中，独资企业 R&D 经费内部支出为 52.2 亿元，占全部外资企业的 56.7%，其中，工业独资企业为 0.5 亿元，占工业外资企业的 1.9%；非工业独资企业为 51.7 亿元，占非工业外资企

1　R&D人员折合全时当量是国际上为比较科技人力投入而制定的可比指标，即全时人员数（在报告年度实际从事研发活动的时间占制度工作时间90%及以上的研发人员）加非全时人员按工作量折算为全时人员数的总和，一个折合全时当量是一人年。

业的 77.3%。

三、北京外商投资企业产生技术外溢效应的前提

一般来说，技术外溢效应主要是通过引进或输出技术、技术许可使用、与上下游产业关联及人力资本流动等途径产生。北京外商投资企业的技术水平较高，技术聚集与输出能力较强，是北京技术转移的主体之一，并与上下游产业的联系较为紧密，北京外商投资企业基本具备了产生技术外溢效应的前提。

（一）外资企业是技术转移的主体之一

技术之间的转移是技术产生外溢的途径之一。北京外资企业作为技术转移的主体之一，其技术聚集与输出的能力较强。

北京外资企业技术进口合同金额占全市的三分之一以上。据北京技术市场管理办公室统计，2006—2010 年，外资企业累计签订技术进口合同 3447 个，占全市的 44.6%，合同成交额为 64 亿美元，占全市的 37%。与内资企业以引进机器设备等硬件技术不同，外资企业以引进软技术为主要特征。2006—2010 年，外资企业进口合同中技术费用支出为 63.1 亿美元，占全部成交额的 98.6%，而内资企业这一比重仅为 49.4%。

北京外资企业技术输出中出口合同占四分之三。2008—2010 年，外资企业累计输出技术成交额为 552.1 亿元，占全部输出技术成交额的 14.4%。同时，外资企业技术输出主要面向国际市场。2008—2010 年，外资企业累计技术出口金额 415.6 亿元，占其输出技术的 75.3%，在全市技术出口中占 34.9%。

（二）外资企业技术水平高于内资

外资企业产生技术外溢的前提条件之一是外商投资企业的技术水平要高于内资企业的技术水平。为了从数量上更好地说明外商投资企业和内资企业技术水平的差异，本文选取了资产效率即工业增加值与总资产的比率这一指标来粗略衡量企业的技术水平，因为特定的生产技术和管理水平总是存在于资产中并能通过资产的运作发挥出来，所以可以用企业新创造的产值即增加值占总资产的比例来体现其技术水平。

表 1　　2010 年规模以上内外资工业资产效率对比情况

规模以上工业行业	外资资产效率	内资资产效率
合　计	23.0	9.4
农副食品加工业	24.8	12.2
食品制造业	18.6	15.2
饮料制造业	20.8	12.0
纺织业	15.5	14.7
纺织服装、鞋、帽制造业	37.9	30.4
皮革、毛皮、羽毛(绒)及其制品业	21.6	16.7
木材加工及竹、藤、棕、草制品业	7.7	12.1
家具制造业	16.3	17.8
造纸及纸制品业	29.6	10.8
印刷业和记录媒介的复制	26.0	22.3
文教体育用品制造业	23.7	16.2
石油加工、炼焦及核燃料加工业	38.7	71.2
化学原料及化学制品制造业	37.1	13.4
医药制造业	51.8	22.2
橡胶制品业	40.2	18.5
塑料制品业	16.2	19.5
非金属矿物制品业	29.5	13.4
黑色金属冶炼及压延加工业	12.2	7.1
有色金属冶炼及压延加工业	24.3	15.1
金属制品业	20.2	13.8
通用设备制造业	22.0	17.5
专用设备制造业	15.5	15.4
交通运输设备制造业	36.1	22.7
电气机械及器材制造业	17.6	12.4
通信设备、计算机及其他电子设备制造业	15.9	9.1
仪器仪表及文化、办公用机械制造业	24.6	17.0
工艺品及其他制造业	26.6	7.8
电力、热力的生产和供应业	12.2	4.3
燃气生产和供应业	10.7	0.7

从表 1 中可看出，在有外资的 29 个工业行业中，除木材加工及竹、藤、棕、草制品业，家具制造业，石油加工、炼焦及核燃料加工业三个行业外资的资产效率低于内资外，其余行业外资资产效率均高于内资资产效率，表明北京绝大多数外资企业技术水平高于内资企业。

(三)外资主要行业与其他行业联系程度高

外资企业在生产经营过程中，往往需要与内资的上下游关联企业发生经济往来，即前向联系和后向联系。当内资企业从这种经济往来中获得了先进技术和管理经验而又不需支付相关费用时，技术外溢效应便形成了。

前向联系是指本地企业为外资企业提供成品市场营销服务、半成品、零部件或原材料的再加工和各种服务。后向联系是指由本地厂商为外资企业提供成品生产或制造所需的原材料、零部件和各种服务。一般认为，后向联系比前向联系对本地产业技术扩散和技术升级更为重要。后向联系的外溢包括多个方面：如帮助未来的供货商建立生产性设施、为改善供货商产品的质量或促进其创新活动提供技术帮助或信息服务、提供或帮助购买原材料和中间产品、提供组织管理上的培训和帮助、通过发掘新客户帮助供货商从事多样化经营等。

利用投入产出表中的感应度系数和影响力系数可以近似地反映外资企业与内资企业的前后向联系。从 2007 年投入产出表的 42 个行业中，本文选取了部分行业规模较大、外资比重较高、R&D 投入较大的行业，观察其前后向的技术联系程度，其中工业选取了化学工业，通用专用设备制造业，交通运输制造业，电气、机械及器材制造业，通信设备、计算机及其他电子设备制造业五个行业。2010 年，这五个行业的外资企业比重在 42%-67%之间，增加值共占规模以上工业的 43.2%，同时，这五个行业 R&D 经费内部支出较高，2009 年为 21.5 亿元，占全部工业外资企业的 85.4%。非工业外资企业中，选取了信息传输、计算机服务和软件业作为观察对象，这个行业 2010 年增加值占三产的 11.5%，外资企业比重约占 60%左右， 2009 年的 R&D 经费内部支出为 56.7 亿元，占全部非工业外资企业 R&D 经费内部支出的 84.7%。

表 2　　外资主要行业前后向联系情况

行　业	外资比重(%)	占工业或三产比重(%)	R&D 经费内部支出(万元)	影响力系数(后向联系)	感应度系数(前向联系)
化学工业	42	3.1	12612	0.96	2.04
通用、专用设备制造业	45	9.9	53199	1.08	1.15
交通运输设备制造业	67	16.6	11980	1.19	1.09
电气、机械及器材制造业	59	4.9	23457	1.12	0.93
通信设备、计算机及其他电子设备制造业	67	8.7	113363	1.29	2.07
信息传输、计算机服务和软件业	60	11.5	566846	1.02	0.72

从表 2 中可看出，在六个行业中，除化学工业的后向联系较低以外，其他行业影响力系数均大于 1，表明这些行业外资企业为上游内资配套企业提供了较多的技术帮助和信息服务，带动其技术水平的提升。从前向联系看，除信息传输、计算机服务和软件业，电气、机械及器材制造业两个行业的感应度系数较低外，其他四个行业感应度系数均大于 1，表明这四个行业的外资企业对下游内资企业的再加工、培训和营销等活动较多，从而产生技术的外溢效应。总体来看，这些规模较大、外资比重较高的行业，其 R&D 支出较高，前后向联系程度较强，表明这些行业产生技术外溢的可能性较大。

四、外资企业技术外溢的计量检验

经济增长理论认为技术进步是经济长期增长的源泉，而包括技术外溢在内的技术扩散最终决定了经济增长的速度和生产率提高的幅度。外资企业的技术外溢效应是技术转移的一种非自愿形式，是指由于外资企业资本通过人力资本、R&D 投入等因素从各种渠道导致技术的非自愿扩散，促进了当地生产率的增长，进而对当地经济长期增长作出贡献，而外资企业又无法获取全部收益的情形。外资企业的技术外溢效应主要表现为促进当地产业配套的形成和产业规模的扩大，对技术和管理的示范作用明显，同时，内资企业的学习效应显著增强，行业内竞争对技术进步产生激发作用。

由于技术是一种很难直接测度的无形产品，技术外溢是经济外部性的一种表现形式，因此如何选取合适的指标来衡量外资企业的技术外溢效应仍然是一个难题。综合国内外学者的研究，本文运用时间序列和横截面的面板数据，对生产函数进行回归分析。同时，选取外资的资产比重来近似地反映技术外溢效应，因为外资企业是包含资本、专利、管理技术和生产技术等一系列生产要素的综合体，而所有这些生产要素都是通过资产的运作来发挥作用的，所以外资企业的总体外溢效果假定是可以近似地通过外资资产比重来衡量的。

假设北京内资企业的生产函数为：

$$Y_d = AK_d^{\alpha} L_d^{\beta} \tag{1}$$

其中，Y_d 为内资工业企业产出，K_d 为内资企业资本，L_d 为内资企业从业人员，α 和 β 分别为资本和从业人员的产出弹性，A 为全要素生产率，即要素使用效率提高对内资企业增加值的作用。

假设外资企业技术外溢通过改变各要素的使用效率，即全要素生产率 A 而影响内资企业的产出，且两者之间存在指数关系：

$$A = Ce^{\delta SPILL} \tag{2}$$

其中，$SPILL$ 为外资资产比重，$0< SPILL <1$；δ 是技术外溢系数，度量了外资企业对内资企业技术外溢效应的大小；C 衡量了除外资企业技术外溢之外的其他因素对内资企业全要素生产率的影响作用。将（2）式代入（1）式，得到新的包含外资企业技术外溢效应的内资企业的生产函数：

$$Y_d = Ce^{\delta SPILL} K_d^{\alpha} L_d^{\beta} \tag{3}$$

对（3）式两边取自然对数，得到新的函数，如果 $\delta>0$，则说明外资企业的先进技术外溢到内资企业，提高了内资企业的技术水平，从而促进了内资企业的产出增长。

由于 2004 年为第一次经济普查年份，为便于数据的可比性，本文对工业企业分别使用了 2001－2004 年和 2005－2010 年分行业的面板数据，同时，考虑到北京服务业利用外资占全市的 80%以上，服务业外资企业的技术外溢效应不容忽视，因此本文将对服务业外资企业对内资企业技术外溢效应进行计量检验，但由于服务业外资分行业的产出数据缺失，因此本文仅采用 2004–2010 年服务业汇总数据进行粗略考察。

通过应用 Eviews 软件，分别对 2001–2004 年、2005–2010 年工业分行业内外资数据和 2004–2010 年服务业汇总的内外资数据进行参数估计，得到如下数据：

表 3　　外资企业对内资企业技术外溢的估计结果

	2001–2004 年规模以上工业	2005–2010 年规模以上工业	2004–2010 年服务业
LnC	−1.280273	−1.515462	−1.213372
LnK_d	0.822094	0.587263	0.340226
LnL_d	0.174826	0.568944	0.856113
SPILL	0.004341	−0.008179	0.136161
校正 R^2	0.829151	0.834423	0.993361
F 值	199.9783	289.9308	300.2423
样本数	124	173	7

在表 3 中，共进行了三次估计，三个回归模型的效果都很显著，并且所有解释变量在 10%的显著水平下都通过了检验。从回归结果可以得到如下结论：

一是 2001–2004 年，内资工业的资本产出弹性(LnK_d)远远高于从业人员的产出弹性(LnL_d)，说明这一时期资本增加对工业产出增长的贡献远高于从业人员增加对产出增长的贡献，表明这一阶段内资工业产出增长最重要的源泉来自于资本的积累，而不是劳动力的增加。而从 2005–2010 年数据看，内资工业的资本产出与从业人员产出弹性基本相当，而这一阶段工业从业人员规模增长并不明显，表明其劳动力技术水平在不断提高，从而对工业产出的增长贡献有所增强；与此同时，资本对工业产出的增长则显得不如前一阶段那么重要了。另外，从表中 2004–2010 年服务业数据可看出，内资服务业的从业人员产出弹性高于资本的产出弹性，而这一阶段，服务业从业人员规模增长较快，表明这一时期服务业产出的增长主要来源于从业人员规模的扩大。

二是三个模型的回归结果中，变量2001—2004年工业的SPILL回归系数为正，而2005—2010年工业的SPILL的回归系数为负，表明21世纪初，外资工业企业对内资企业有较明显的外溢效应，而近几年外资工业企业对内资企业则没有产生明显的外溢效应。造成这一现象的原因之一是，近几年内资工业企业的技术水平不断提高，而引进的外资工业企业的技术水平没有明显优势，造成内外资企业技术水平差异不断缩小，从而导致外资企业的技术外溢效应不明显。另外，从表中数据还可看出，2004—2010年服务业的SPILL回归系数为正，表明这一期间服务业外资企业对内资企业存在着比较明显的技术外溢效应，技术外溢提高了内资企业各要素的使用效率，外资企业的技术外溢是内资服务业企业提高产出水平的一个重要途径。

五、外商投资企业技术外溢过程中存在的问题及建议

通过以上分析可以看出，北京外资企业在某些领域的技术溢出效应还不十分明显，同时，由于技术溢出效应的非自愿性特征，如何更好地利用外资企业的技术溢出效应应是今后利用外资的重要方向。

（一）加大对高新技术的外资引进

从回归分析的计量检验结果看，近年来工业外商投资企业对内资企业的技术外溢效应不明显，原因之一就是因为引进的外资工业企业技术水平不够领先，与内资企业技术水平差距不大，因此，建议北京今后在引进工业外资企业时，应注重引进技术水平相对高的企业，提高外资引进的质量。

（二）继续加大服务业外资企业的引进

服务业外资企业的技术外溢效应较为明显，特别是信息传输计算服务和软件业、商务服务业（主要是跨国公司地区总部）和科学研究与试验发展等领域不仅技术水平较高，其外溢效应也较明显，因此应继续加大这些行业的外资引进。

（三）缩小内外资企业研发人员支出方面的差距

从R&D清查结果看，北京外资企业在人力资源开发方面的支出远远超出北京内资同类企业。2009年，外资企业R&D经费内部支出中的

人员劳务费为 44.3 亿元，占全市企业的 44%，占其 R&D 经费内部支出的 48.1%，也就是说外资企业的 R&D 经费内部支出中近一半的费用用于人员支出，R&D 人员人均劳务费支出为 15.5 万元；而内资企业 R&D 人员人均劳务费支出仅为 6.9 万元。内资企业与外资企业在研发人员支出方面差距较大，造成外资企业向内资企业的人员流动较少，由劳动力流动带来的溢出效应还不明显。

（四）加强外资企业与国内科研机构、高校及内资企业的合作

2009 年，北京外资企业 R&D 经费外部支出为 3.4 亿元，其中对国内研究机构、国内高等学校和国内企业支出 2.6 亿元，而 2000 年的外资企业 R&D 经费外部支出为 4.2 亿元，2009 年比 2000 年下降近两成，表明北京外资企业与国内单位的技术合作不强，其技术外溢效应还有待挖潜。

（五）加大前后向联系较大行业的外资引进

从前文分析中可看出，前后向联系强的行业产生技术外溢的可能性高，因此北京应加强前后向联系高的行业的外资引进力度，从而使技术外溢的产生成为可能。

科学认识税收与GDP的关系

◆◇郑艳丽

经济是税收的源泉，经济决定税收，而税收又反作用于经济。总体上讲，税收和GDP有紧密联系，但由于核算范畴、价格因素、时间差异和政策性因素的影响，税收和GDP增长并不完全同步。本文通过分析税收与GDP核算范畴的异同探讨两者之间的关系。

一、GDP与税收的核算范畴

（一）GDP

GDP是按市场价格计算的国内（地区）生产总值的简称，是指一个国家(或地区)所有常住单位在一定时期内生产活动的最终成果。可见，GDP首先是生产的概念。从生产角度看，GDP为常住单位在核算期内生产的全部货物和服务总产品价值，扣除生产过程中投入的中间产品价值，得到的增加值。

GDP=总产出-中间投入

GDP核算是以市场价格对货物和服务进行估价，市场价格包括生产者价格和购买者价格，这些价格均为含税（生产税）价格，因此GDP和税收有着必然的联系。

（二）税收

税收是政府为了满足社会公共需要，凭借政治权利，强制、无偿地取得财政收入的一种形式。税收作为政府的一种分配行为，在性质上属于经济活动的分配范畴。

1. 税收管理体制

1994年的分税制改革将税种统一划分为中央税、地方税、中央和地方共享税，不同的税种按相应的分税比例划分到中央和省、市、区等各级财政（见表1）。

表 1　中央政府与地方政府税收收入划分

类别	包含税种	征管部门
中央税	为中央政府固定收入，包括消费税、车辆购置税、关税、海关代征的进口环节增值税	国家税务局 海关
中央与地方共享税	中央政府与地方政府共享收入，包括增值税、营业税、企业所得税、个人所得税、资源税、城市维护建设税、印花税	国家税务局，地方税务局
地方税	地方政府固定收入，包括城镇土地使用税、耕地占用税、土地增值税、房产税、车船税、契税等	地方税务局

税收收入有不同界定，国税税收收入和地税税收收入是基于征收管理权。以北京为例，国税税收收入为北京市国税局负责征收的税收总额；地税税收收入为北京市地税局负责征收的税收总额。地方一般预算财政收入中的税收收入基于税款所有权。是税务部门征收的税收收入扣除上划中央部分，留存在北京的税收收入。

财政中的税收收入=（国税税收收入－上划中央部分）+（地税税收收入－上划中央部分）

2010 年国税征缴税收为 4351.7 亿元，地税征缴税收为 2104.9 亿元，两者合计 6456.6 亿元。财政中的税收收入为 2251.6 亿元，约占全部征缴额的 1/3。不论上缴中央的税收还是留存在地方的税收，都是北京地域内常住单位创造的，因此税收征缴额在总量上应该与 GDP 更匹配。但 GDP 核算以常住单位为原则，由于北京市国税局负责征收铁道部、各银行总行、各保险总公司集中缴纳的营业税、所得税，中央企业缴纳的所得税等，而这些税收并不完全是北京常住单位创造的，还包含其在外地的下属单位创造的税收，这些税收与北京 GDP 没有关系。2010 年税务部门税收征缴额为 6456.6 亿元，而属于北京常住单位创造的税收约占全部征缴额 80%，即税收征缴额中 20%的税收与北京经济没有关系。

2. 税收分类

按照征税对象性质，可以将税收划分为五类：流转税、所得税、财产和行为税、资本税和特定目的税（见表 2）。

从征税环节看，流转税、财产和行为税和特定目的税均在生产和流通环节征收，全部纳入 GDP 核算。而所得税是在分配环节缴纳，即在生产环节之后，针对 GDP 中的营业盈余和劳动者报酬课征的企业所得税和个人所得税，因此不包含在 GDP 核算中。资本税是在资本转移时缴纳，属于资本账户（记录非金融资产的价值）的核算范畴，因此也不包含在 GDP 核算中。

表 2　　税收分类（按征税对象性质）

类别	定义	包含税种	征税环节
流转税	以商品生产、流通环节的流转额或者数量以及非商品交易的营业额为征税对象的一类税收。	增值税、消费税、营业税和关税	生产和流通环节
所得税	指对法人、自然人和其他经济组织在一定时期内的各种所得征收的一类税收。在国民收入形成后，对生产经营者的利润和个人的纯收入发挥调节作用。	企业所得税、个人所得税	分配环节
财产和行为税	以纳税人拥有的财产数量或财产价值为征税对象或为了实现某种特定的目的，以纳税人的某些特定行为为征税对象的税种。	房产税、车船税、印花税、契税、城镇土地使用税	生产和流通环节
资本税	基于机构单位拥有的资产价值，或因法律、赠予或其他机构单位间转移的资产价值，而不定期收取的各项税收。	土地增值税、耕地占用税	资本转移环节
特定目的税	为了达到某些特定目的，对特定对象和特定行为发挥调节作用。	城市维护建设税、车辆购置税等	生产和流通环节

二、GDP 与税收的关系

（一）　生产税是 GDP 的组成部分

从收入角度看，GDP 是生产要素在生产过程中应得的收入份额。常住单位生产中产生的收入由支付给雇员的劳动报酬、上缴政府部门的生产税、补偿固定资产正常磨损的固定资产折旧以及属于生产单位的营业盈余组成。

GDP=劳动者报酬+生产税净额+固定资产折旧+营业盈余

其中生产税净额即为企业上缴政府的生产税减掉生产补贴，取净值。生产补贴是政府对企业的收入返还，看做是一种“负税”。从GDP的核算方法可以看出生产税是GDP的组成部分。

生产税分为两类：产品税和其他生产税。产品税是每单位货物或服务应缴纳的税收，指对生产、销售、转移、出租或交付货物或服务而征收的税收；或者对以自身消费或资本形成为目的使用货物或服务而征收的税收。（摘自联合国：《国民经济核算体系 2008》）。根据我国税收体制产品税应包括增值税、消费税、营业税和关税等流转税。

其他生产税指除产品税以外，企业因从事生产活动而应缴纳的所有税收。如针对生产中所用的土地、建筑、其他资产等的所有权或使用而征收的税收（摘自联合国：《国民经济核算体系2008》）。根据我国税收体制其他生产税应包括房产税、车船税、印花税、契税等财产行为税，同时也包括城市维护建设税、车辆购置税等特定目的税。

2010年全市征缴生产税达到3000亿元左右，其中约2300亿元计入GDP，占GDP总量的16%。GDP包含的生产税与税务部门征缴额存在差异的主要原因有：北京总部企业众多，2010年已达到1110家，总部企业上缴的税收并不完全是北京常住单位创造的，外地企业由总部企业代扣税款不能计入北京的GDP。此外由于GDP与税收的核算原则不同，记录时间上存在“时间差”，也造成税务部门征缴的生产税无法与GDP一一对应。

生产税是GDP的构成项目，从图1看出，“十一五”时期，生产税占GDP的比重一直稳定在17%左右。

图 1　　2006—2010 年生产税占 GDP 比重

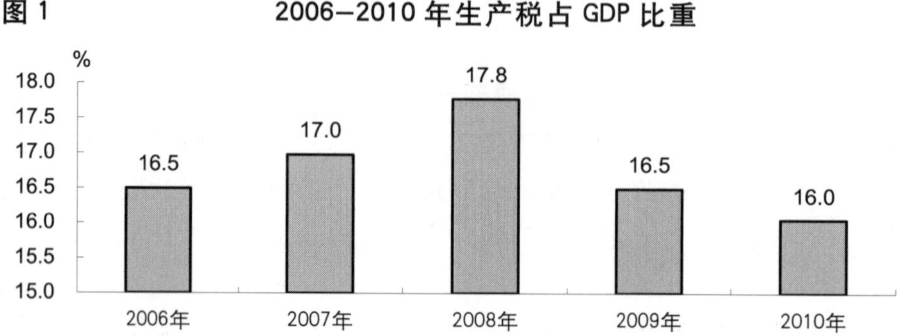

（二）所得税不直接纳入 GDP 核算，但其税基与 GDP 有密切关系

2010 年税务部门征缴的企业所得税和个人所得税总计达到 3355 亿元，约占全部税收征缴额的 52%，所得税属于国民经济二次分配范畴，不直接纳入 GDP 核算，但其税基（据以计算应纳税额的基础或依据）与 GDP 有密切关系。

企业所得税以利润为主要计税依据，包括生产经营利润和资本利得，其中生产经营利润与 GDP 中的营业盈余相对应，而资本利得（主要包括企业的股息、红利，转让财产收入）虽然交纳企业所得税，但不包含在 GDP 核算中，属于财产收入分配的范畴。

2010 年企业所得税征缴额达到 2815.2 亿元，若扣除外地企业由总部企业代扣的税款，真正反映北京地域企业效益的所得税在 1730 亿元左右，占所得税征缴额的 60%左右。反映北京地域内企业效益的所得税与营业盈余存在较为密切的关系，2010 年企业所得税占营业盈余比重达到 56.4%，“十一五”时期，这一比重在 40%-65%之间波动。我们可以看出，企业所得税占营业盈余的比重较高，且年度之间有所波动，原因在于企业利润中的投资收益不纳入 GDP 核算，但应缴纳企业所得税。从图 2 可见，投资收益高的年份，企业所得税占营业盈余的比重相应也高。

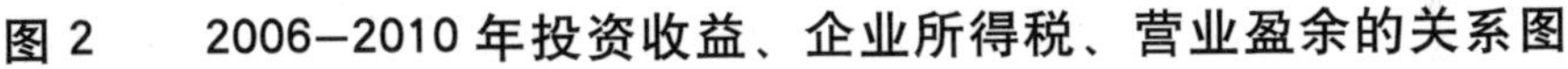
图 2　2006—2010 年投资收益、企业所得税、营业盈余的关系图

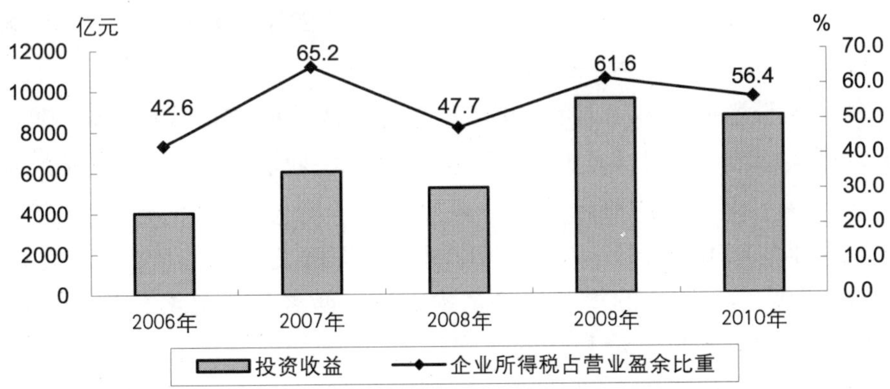

个人所得税的征税范围主要包括工资、薪金所得，个体工商户的生产、经营所得，劳务报酬所得，这些与 GDP 中劳动报酬相对应，但其征税范围中利息、股息、红利所得，财产转让所得等不纳入 GDP 核算，属

于财产收入分配范畴。目前，个人所得税主要来自城镇居民，工资性收入是城镇居民收入的主要来源，2010 年工资性收入占城镇居民收入的七成，可见工薪收入是个人所得税的最大税源。因此个人所得税与 GDP 中的劳动者报酬关系密切，2010 年个人所得税占劳动报酬的比重达到 7.8%，“十一五”时期这一比重一直稳定在 7%左右。

图 3　　2006—2010 年个人所得税占劳动者报酬比重

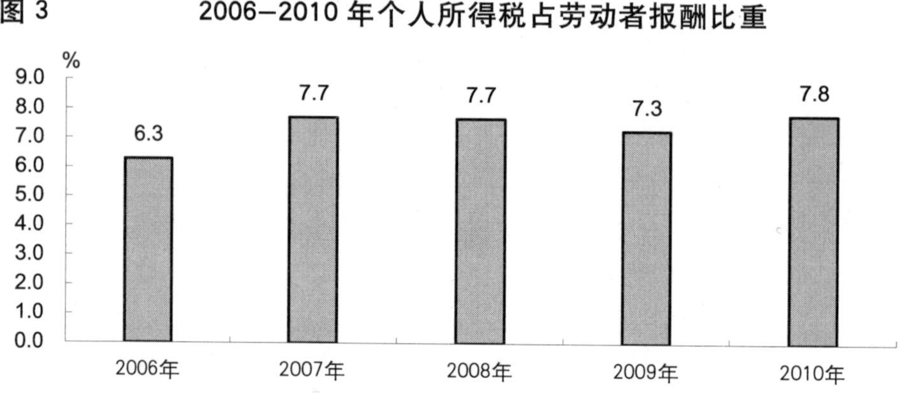

三、GDP 和税收的差异

经济增长与税收提高紧密相连，但两者之间也存在差异，表现为 GDP 和税收收入在一个地区较短时期内同向不同步，也就是说 GDP 和税收收入增长并不是完全一一对应的。

我国现行税制基本上是在 1994 年分税制改革时期形成的，为了避免政策性因素影响，我们仅考察 1995 至 2010 年税收收入[1]与GDP增长的关系。从图 4 可见，税收收入增长一般快于GDP增长，1995 至 2010 年，税收收入年均增长 20.1%，同期GDP现价年均增长 17%。

税收收入与 GDP 的增长趋势基本一致，两者的相关系数为 0.76。但税收增长相对于经济增长波动幅度较大，表现为经济增长较快的年份，税收收入增长更快，而在经济增长放缓的年份，税收收入增速放缓的更加明显。

1　税收收入为地方财政收入中的税收收入。

图 4 1995—2010 年税收收入与 GDP 增速

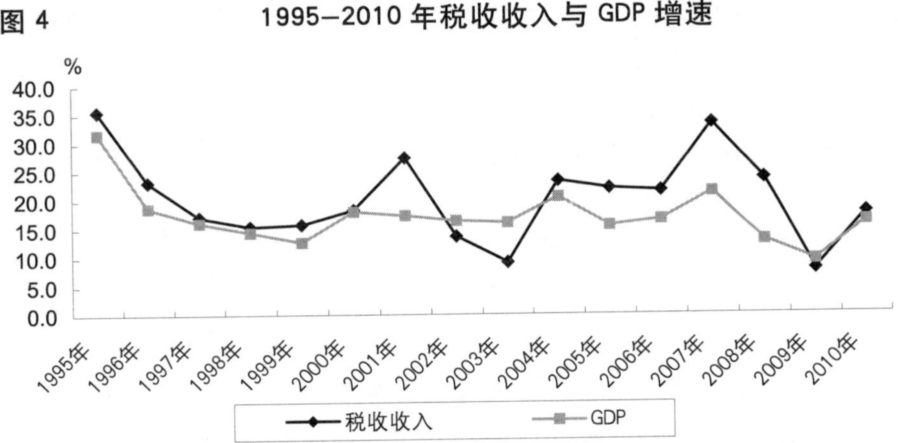

（一）GDP 和税收指标性质上有区别

GDP 是经济发展成果最直接的反映，它的多少直接取决于经济的规模和增长速度；税收收入虽然主要来源于经济增长，但它还受政府财税政策调整的影响，不同的财税政策，会带来税收收入中非经济因素的变化，直接影响税收收入的规模和增长速度。2003 年以来，我国进行了新一轮税制改革。2006 年 1 月 1 日，废止了农业税；2009 年 1 月 1 日，增值税由生产型向消费型转变；2008 年 1 月 1 日，内外资所得税合并；2011 9 月 1 日将个人所得税起征点提升至 3500 元；2011 年 11 月 1 日提高增值税、营业税起征点。这些税收政策将反作用于经济，如以上“减税”措施，会导致税收总量减少，但对经济总量具有扩张作用。由此可见 GDP 的指标性质是纯经济性范畴的指标，而税收收入作为国家权力意志的体现，是经济和政策兼具、且偏重政策性范畴的指标。

（二）GDP 和税收指标构成存在差异

GDP 是由个人所得（劳动报酬）、企业所得（营业盈余、固定资产折旧）和政府所得（生产税净额）三部分组成。生产税与 GDP 有直接关系，其比重一直稳定在 17%左右，但 GDP 还受其他因素的影响，所以仅用税收收入的高增长难以验证 GDP 增长的情况。

（三）GDP 和税收核算原则上的差别

大部分行业的征税时间比增加值发生时间晚 1 个月，GDP 与税收收入存在一定的时间差。同时 GDP 核算原则是“应收”的原则，即采取的是权责发生制原则。税收收入核算原则是“实收”的原则，采用的是收付实现制，也会造成两者差异。

（四）GDP和税收增长速度计算方法的差异

GDP 增长速度反映的是剔除物价因素后的 GDP 实际增长速度，而税收收入增长速度反映的是含有物价变动因素的税收的名义增长速度。所以 GDP 可比价增速与税收名义增长有一定的差异，特别是在物价变动较大的时期，差异会更大。2006−2010 年 GDP 现价增速为 15.2%，按可比价格计算实际增长 11.4%，即价格因素影响 GDP3.8 个百分点。

（五）税收管理体制造成税收与经济不同步

目前北京总部经济总量占全市 GDP 在 45%左右，由于总部企业税收征管的特殊方式，造成税收与经济的增长不匹配。在总部经济模式下，总部企业贡献的增值税、营业税、企业所得税等税源具有不确定性和流动性。因为总部企业可以将其设在所在地以外的子公司、分公司创造的税收，转移至总部企业，也可以将总部企业自身创造的税收，转移至其他地区的子公司、分公司，这完全取决于企业(集团)的整体经营发展战略。此外总部企业的一些高管人员还会有股息、红利所得，而根据我国现行个人所得税法的规定，无论是工资、薪金所得，还是股息、红利所得，其应缴纳的个人所得税，都应由总部企业代扣税款，并向总部企业所在地的主管税务机关代为缴纳。这两种税源转移方式的运作，会使总部企业对其所在地税收的贡献超过或少于其自身创造的税收，也会造成税收与经济发展的不协调。如 2010 年税务部门税收征缴额为 6456.6 亿元，而属于北京常住单位创造的税收约占全部征缴额 80%，即税收征缴额中 20%的税收与北京经济没有关系。

北京能源消费情况的国际比较

◆◇李　昕

“十一五”时期，北京的能源利用效率和万元 GDP 能耗下降幅度均位于全国首位，圆满地完成了“十一五”规划确定的主要目标和任务。“十二五”时期，北京仍将处于平稳较快增长的经济发展阶段，能源能否高效利用、能源自身结构能否优化和升级对经济发展产生着极大的推动或制约作用。世界城市作为后工业化时代城市的代表，其能耗变化历程和能源利用现状可对北京提供很好的借鉴作用。

一、北京与世界城市能源利用水平仍有较大差距

（一）北京的能耗增长速度高于世界城市

近年来，北京以较低的能耗增速支撑了较快的经济发展。1990－2009 年，北京能源消费的平均增速为 4.8%，与其他省市相比，仅高于吉林（4.2%）和黑龙江（3.7%），是全国第三低的地区。“十一五”前四年，北京更是以 4.4%的平均增速成为全国能耗增长速度最低的地区。

世界城市中，东京在 1990－2005 年间，能耗的平均增速仅为 0.8%，在 2000－2005 年，能耗总量年均下降 0.3%。伦敦 2007 年的能耗总量比 2006 年下降 2.3%，比 2005 年下降 3.5%。纽约州[1]在 1995－2008 年间，除个别年份，能耗增速也普遍低于北京（见图 1），并且在 2000 年后，数次出现能耗负增长的年份。虽然北京目前的能源消费平均速度在全国处于较低水平，但同主要世界城市相比，增速仍然较高。

（二）北京万元 GDP 能耗水平远高于世界城市

北京是“十一五”时期全国唯一一个连续五年完成既定节能目标的

1　由于纽约市的数据比较有限，因此某些指标在分析比较时会采用纽约州的数据，会在文中写明是纽约州。

地区。2010 年，全市万元GDP能耗为 0.582 吨标煤[2]，全国最低，仅为全国平均水平的 56.3%，但同世界城市相比，单耗仍处于较高水平。

图 1　　1995—2008 年北京与纽约州能耗增速对比

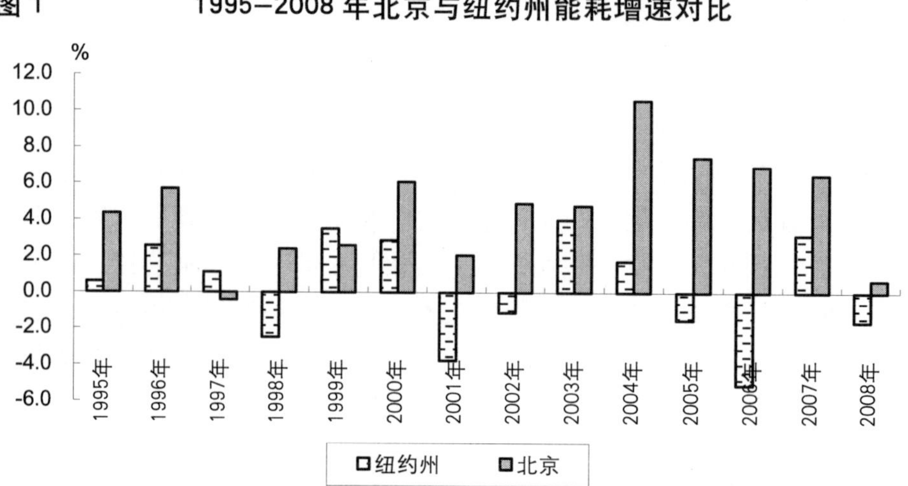

数据来源：New York State Energy Research And Development Authority。

2007 年，东京、伦敦、纽约州的万元GDP能耗[3]分别为 0.04 吨标煤、0.08 吨标煤、0.26 吨标煤，而同时期北京的万元GDP能耗远高于世界城市的水平，分别是东京的 17.8 倍、伦敦的 8.9 倍、纽约州的 2.7 倍。

（三）以煤炭为代表的高碳能源在世界城市的使用率极低

当前北京的能源结构是煤炭占 32%，油品占 30.9%，外调电力占 23.5%，天然气占 12.8%，还有少量其他能源。与世界城市相比，高碳能源在北京能源结构中的比重仍然较大。伦敦以天然气为主要能源品种，大约占总消费的 50%，其次是电力和油品，二者的消费量大致相同，电力稍高，基本没有煤炭的消费；纽约的能源品种的排序为石油占 40%，天然气占 28%，煤炭只占 6%左右；东京以电力消费为主，占能源消费的约 40%，其次为石油和天然气，没有煤炭的消费（见图 2）。

（四）北京的能源消费结构与世界城市相比存在较大差异

从终端能源消费结构来看，纽约州（2008 年）的工业、商业、交通、居民各部门的能耗占比分别为 8%、24%、40%、28%，交通部门最高，

2　全市 2010 年数据为初步核算数据。

3　已将世界城市的 GDP 按人民币折算，数据来源：《能源参考》(2010.2)。

工业最低；伦敦(2007 年)工商业、交通、居民各部门的能耗占比分别为 36.4%、21.6%、42%。而北京经过 10 余年的结构调整，工业能耗比重不断下降，三产和居民的能耗占比不断上升，但同世界城市相比还存在较大差距。将 2009 年北京终端能源消费量按国际核算方法进行调整[4]，大致可得出工业、非工业（不含交通）[5]、居民、交通各部门的占比分别为 33.3%、28.3%、13.4%、25%，与世界城市相比，工业的能耗占比仍然较高，未来还存在进一步调整的空间。

图 2　　东京能源品种消费结构变化

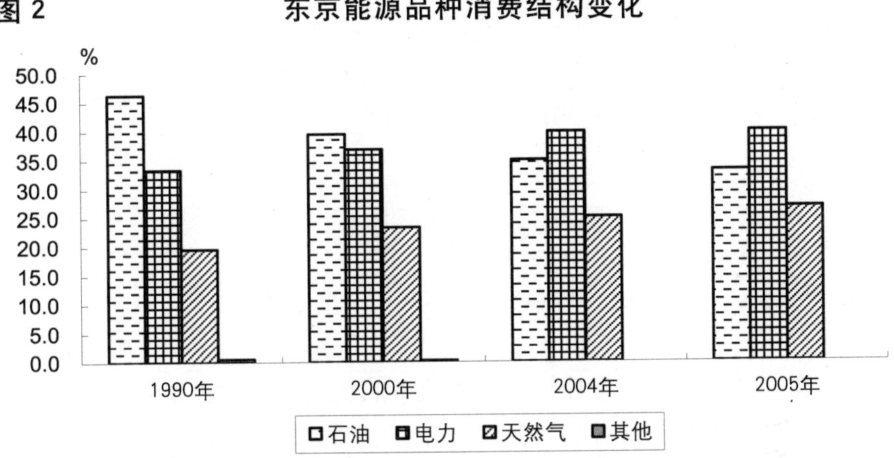

数据来源：Tokyo Metropolitan Government Bureau of Environment

二、世界城市能源消费特点的原因剖析

（一）从发展历程上来看，世界城市已进入“后工业化”的发展时期，能源需求趋于平稳

工业化过程中，随着经济的发展，能源消费强度呈现先升后降的“钟型”模式。在工业化早期，由于主要以发展轻工业为主，能源消费强度

4　我国与国际能源核算的主要差异在交通门类的界定上，国际上将所有运输工具消费都计入交通门类，而我国则将运输工具的消费计入所属单位的行业，因此，本文仅对汽油、柴油进行调整。具体调整方法为：将汽油全部计入交通门类，将工业柴油消费全部计入交通门类（发电供热用柴油不计入终端消费量、用作原材料的柴油的量极少，可忽略不计），非工业及居民消费的柴油按 80%计入交通门类（80%的比例为根据 2010 年规上单位非工业能源年报有关数据测算）。

5　非工业指一产、建筑业、三产中非交通部门。

很低；在进入以重工业为主导的工业化中期后，能源消费强度达到顶峰；当经济逐渐成熟进入后工业化阶段，经济增长方式发生重大转变，现代制造业和第三产业是主要特征，能源消费强度又开始下降（见图 3）。

图 3　　先期工业化国家的能源消费强度曲线

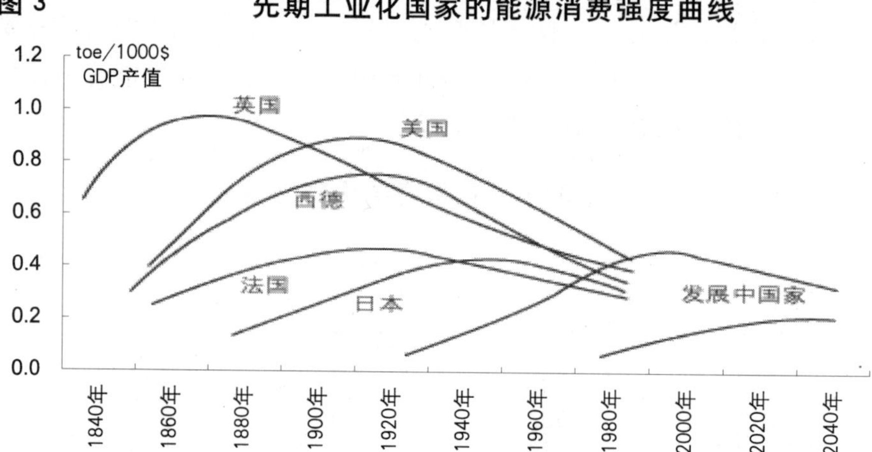

数据来源：Reddy and Goldberg (1990)。

作为发达国家中“后工业化”时代城市的代表，纽约、东京、伦敦等世界城市的经济转型及产业升级已基本完成，能源需求总体趋于平稳。如，纽约州在 20 世纪 90 年代，人均 GDP 超过 2 万美元，虽然经济仍然持续平稳增长，但能源消费却趋于平稳，甚至在进入 21 世纪后，由于技术进步、节能措施到位等原因，能耗呈现出与经济增长相反方向的变化（见图 4）。

（二）从城市经济结构来看，世界城市的经济结构决定了其较低的单耗水平

纽约作为世界最大的货币金融市场和股票市场，是跨国商业银行和金融机构中心，伦敦是全球的金融中心，日本也是影响全球经济的重要管理中心。纽约、伦敦、东京这些世界城市，在 20 世纪 60 年代以后，都经历了制造业衰退和经济重组的过程，制造业在整个产业中的比重不断下降，第三产业比重大幅上升。目前，纽约、伦敦、东京的第三产业比重都已达到 85%以上，在第三产业内部，又以金融保险、房地产等高端服务业为主导，2008 年纽约金融业占其第三产业比重达到 18.4%，2007 年伦敦该比重达到 20.3%，2006 年东京该比重达到 13.9%。从单耗水平来看，服务业的增加值能耗仅为工业的 1/3 左右，而在服务业内部，金融、保险等行业的单耗水平又远低于服务业的平均水平，由此可见，世界城市以高端服务业为主导的经济模式决定了其较低的单耗水平。

图 4　纽约州地区生产总值与能源消费总量比较（1994—2008 年）（百万美元，10^{12}英热单位）

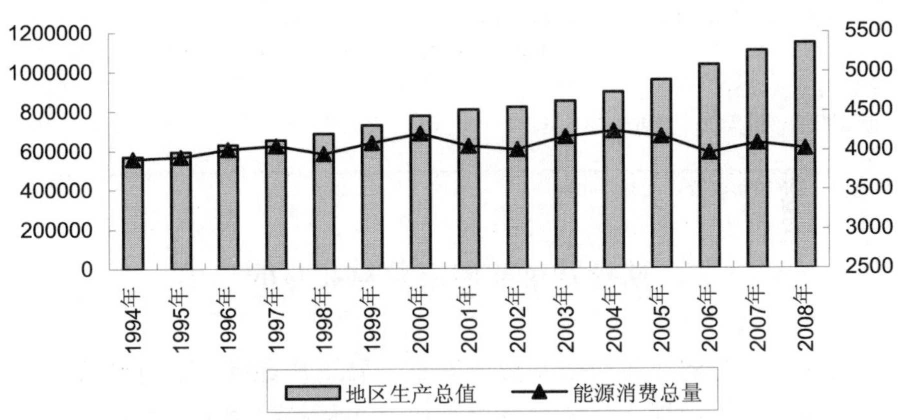

数据来源：美国商务部经济分析局。New York State Energy Research And Development Authority。

（三）从政策法规的实施情况来看，各项节能措施实施效果明显

20 世纪 70 年代的两次石油危机对发达国家的经济造成严重冲击，迫使西方国家积极寻找可替代能源，开发节能技术。同时期由于规模庞大的能源消耗带来了巨大的污染排放，使人类赖以生存的自然环境遭到严重破坏。为应对能源短缺、环境破坏等严峻现实，许多国家开始设立政府节能主管机构、出台节能法律和法规，如日本有《节能法》、美国有《国家节能政策法》，积极引进节能设备，加速节能技术的推广，对各部门制定能效标准，利用财税手段引导消费，加深消费者的节能意识。经过几十年的发展，这些政策的效果逐渐显现，例如，纽约州 2008 年的能耗总量仅比 1994 年增长 3.4%（见表 1）。

（四）从发展低碳清洁能源方面，各国的步伐大大加快

气候变化是人类面临的长期性挑战，能源作为最大的碳排放源成为解决全球气候变化的核心，加快发展低碳能源和高碳能源的低碳化利用成为重要的发展趋势，各国都在加快向低碳清洁能源转型的步伐。以东京为例，

2000－2005 年，东京的油品消费占总能耗的比重下降了 6.4 个百分点，而天然气和电力的占比分别提高了 3.5 个和 3 个百分点。2008 年经济危机以后，新能源产业更是引起各国的日益重视，以美国为代表的很多发达国家已经将发展新能源产业作为摆脱石油依赖的重要战略手段。

表 1　中国与发达国家能耗强度对比（2008 年）

	中国	美国	日本	英国	德国	加拿大	韩国
能源供应量/GDP（吨标准油/千美元，2000 年价格）	0.81	0.19	0.1	0.12	0.16	0.31	0.3

数据来源：《中国能源统计年鉴（2010）》。

三、世界城市能源消费对北京的启示

（一）统筹能源与城市发展的关系，制定合理有效的能源战略

“十二五”时期，北京经济仍将保持平稳较快增长，经济发展带来的能源增量也将持续增长，因此，北京在制定“十二五”以及更长远时期的能源战略时，要充分考虑北京所处的经济发展阶段，借鉴发达国家发展过程中的经验教训，通过细化落实国家节能减排政策法规，建立一系列产业、行业和产品的能效准入标准，步入由“以退促降”向“内涵促降”的新阶段。

节能减排的重点在三大领域——工业、交通和建筑。“十一五”期间，北京通过淘汰落后产能，开展节能改造，工业节能取得很大成就，“十二五”时期，我市将在继续开展工业节能的同时，挖掘建筑、交通领域的节能潜力。从国际上来看，美国能源部发布了非强制性的国家建筑节能示范性标准，并且在美国政府投资建设的工程中按照节能建筑的标准进行建设。日本计划在 2020 年日本国内新车销售量中，混合动力汽车和电动汽车合计达到 50%。这些都对北京起到很好的示范作用。

（二）发展高技术产业和高端服务业，调整产业结构是必由之路

2010 年北京市的第三产业占 GDP 的比重达到 75%，已经基本具备世界城市的经济结构特征。但与世界城市相比，第三产业内部结构不尽合理，高端服务业所占比重偏低，而交通运输、批发零售、住宿餐饮等

传统的服务业比重还相对较高，其增加值占 GDP 的比重超过 25%。交通运输、住宿餐饮是第三产业内部单耗最高的部门，其增加值能耗分别是第三产业平均水平的 5.9 倍和 3 倍，是单耗水平最低的金融业的 65.2 倍和 32.9 倍。因此，在当前北京以提高单位资源的经济产出为节能工作的突破口的形势下，一方面要引导资本投向金融、保险、信息、广告等资源消耗低、附加值高的产业，加大高端服务业比重；另一方面，对交通、住宿、餐饮等高耗能服务业，制定高标准的节能环保行业准则。

（三）进一步优化北京的能源结构，发展低碳能源

由于煤炭的能源效率低，环境承载压力大，虽然蕴藏量相对丰富，但并不适宜在北京这类大型城市中广泛使用。“十一五”期间，北京通过开展清洁能源改造计划，削减煤炭使用量累计约 300 万吨[6]，但目前 32% 的煤炭消费比例仍需进一步压缩。我市的煤炭消费主要用于集中供热和居民取暖，2009 年，在加工转换企业中，供热投入的煤炭量占供热总投入量的 71.4%，在居民用能中，煤炭消费量占居民消费总量的 17.1%，煤炭消费量仍需进一步削减。目前来看，可采取以下措施：

一是研究制定我市的煤炭退出机制，提高清洁能源对煤炭的替代率。在现阶段应继续坚持锅炉煤改气、平房煤改电等清洁能源改造措施，从中心城区逐渐扩展到全市范围，不断削减煤炭的使用量。二是充分利用本地可再生能源。北京拥有较为丰富的太阳能、地热能等可再生资源，需要政府积极引导推进，逐步提高其在能源消费中的比例。

6 数据来源：北京市环保局。

“十一五”时期北京消费需求变动情况分析

◆◇王　敏　于立平

“十一五”是国民经济和社会发展极其不平凡的五年，2008年金融危机全面爆发并席卷全球，全球经济遭受重创，世界主要经济体经济复苏缓慢，我国虽然发展的有利条件较多，但仍面临物价上涨、通胀预期增强、宏观调控压力加大的挑战。面对既困难又复杂的国内国际经济环境，北京市采取措施积极应对，经济实现了平稳增长。“十一五”期间，北京经济总量持续增长，经济实力显著增强，2008年经济总量突破万亿元，达到11115亿元；2009年人均GDP首次突破万美元，达到10314美元；北京经济进入消费驱动阶段，居民消费快速增长，消费结构继续优化升级；但收入增长与经济增长不同步，居民消费率低，消费需求不足等问题成为“十二五”期间需重点解决的问题。

一、回顾“十一五”，消费领域呈现积极变化

（一）消费担纲经济增长一号引擎，北京进入消费驱动型经济阶段

目前我国大多数城市尚处于投资驱动型经济阶段，由政府主导的固定资产投资是地方GDP的主要拉动力，国内城市投资对GDP的平均贡献率为40%-50%，目前只有上海、北京等少数城市实现了消费驱动主导。继2000年上海进入消费驱动经济阶段，“十一五”初期，北京也告别投资驱动型经济阶段，消费担纲起北京经济增长的一号引擎。2006年起，北京市消费率首度并连续超过投资率，到2010年消费率已经高出投资率12.8个百分点。消费对经济增长的贡献率也从2006年的58.6%上升到2010年的70.1%（见图1）。从发达国家的经验来看，消费对经济增长的贡献率一般在80%左右，北京消费增长空间依然很大。

图 1　　北京消费率、投资率变动情况

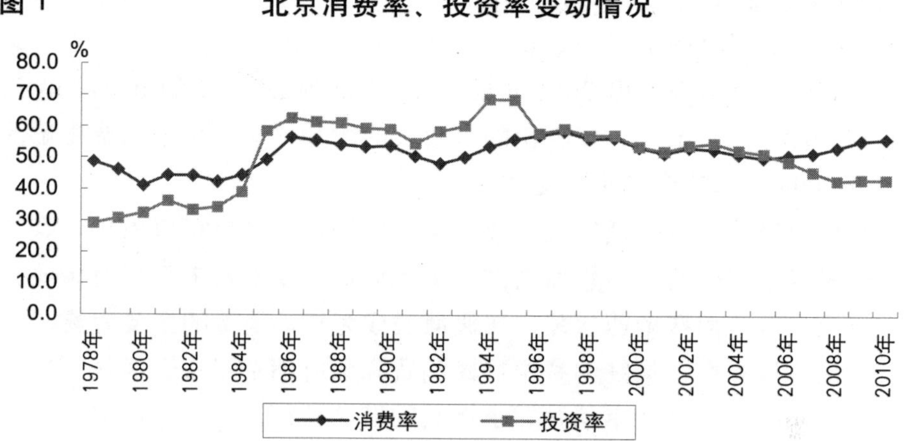

（二）扩内需政策实施效果明显，居民消费增长超过经济增长

"十一五"时期，特别是 2008 年金融危机爆发以来，为保持经济持续平稳增长，国家把扩大内需增长，特别是扩大消费需求作为重点，北京也陆续出台了相关的促消费、保民生的政策措施，如提高城乡居民收入，家电、汽车下乡和"以旧换新"，降低小排量汽车购置税等。

表 1　　"十一五"时期北京城镇居民消费倾向

年 份	人均可支配收入（元）	人均消费性支出（元）	消费倾向
2006	19978	14825	0.74
2007	21989	15330	0.70
2008	24725	16460	0.67
2009	26738	17893	0.67
2010	29073	19934	0.69

在相关政策措施的影响下，北京居民消费快速增长，居民消费倾向[1]先降后升。2006−2010 年居民消费平均增长 12.5%，高于GDP增长 1.1 个百分点。其中，"十一五"前三年GDP年均增长 12.2%，居民消费年均

1　居民消费倾向=人均消费性支出/人均可支配收入。

增长 10.9%，低于经济增长 1.3 个百分点；“十一五”后两年GDP平均增长 10.3%，而居民消费平均增长 15%，高于经济增长 4.7 个百分点。居民消费倾向先降后升，由 2006 年的 0.74 下降到 2008 年的 0.67，之后回升到 2010 年的 0.69，反映出随着收入的增加，居民用于消费支出的意愿在 2008 年后逐渐增强（见表 1）。

从快速增长的居民消费和逐步复苏的居民消费意愿可以看出，金融危机以来我市出台的一系列促内需、刺激消费的政策效果正逐渐显现。

（三）政府消费增速放缓，居民消费成为拉动消费的主要力量

支出法核算中，最终消费由居民消费和政府消费组成。居民消费与政府消费双轮驱动是北京消费需求增长的显著特征，2010 年两者的比例在 6∶4 左右。北京作为首都，是中央政府所在地，政府消费支出的结构和规模有其自身的特点和特殊性。由于汇集了大量的中央和北京各级机关，政府消费在北京的最终消费中占有举足轻重的地位，尤其是中央政府贡献突出，2010 年中央政府消费占政府消费支出的比重达到 53.7%，是政府消费支出的重要组成部分。

尽管政府消费占有举足轻重的地位，居民消费仍然是拉动消费的主要力量。“十一五”时期，居民消费对最终消费增长的贡献率不断增强，从 2006 年的 54%上升到 2010 年的 76.3%。政府消费结束高位增长态势，增速放缓，2010 年增长 7.2%，比 2006 年下降 12.1 个百分点。

（四）居民消费结构呈现“五升三降”格局，渐趋合理

从“十一五”城镇居民家庭消费支出构成项目看，呈现“五升三降”的变动格局。食品、衣着、家庭设备用品及服务、交通和通讯、其他商品与服务支出比重呈上升趋势，居住、医疗保健、教育文化娱乐支出比重呈下降趋势（见表 2）。

城镇居民食品消费支出比重（即恩格尔系数）先升后降。2007、2008 年由于食品价格大幅上涨，分别上涨 9.2%和 16.1%，城镇居民恩格尔系数呈现回升态势，分别回升了 1.4 个和 1.6 个百分点，但始终保持在 40%以下。恩格尔系数是衡量一个国家和地区人民生活水平状况的重要指标。根据联合国粮农组织的标准：恩格尔系数在 60%以上为贫困，50%−60%为温饱，40%−50%为小康，30%−40%为富裕，低于 30%为最富裕。按恩格尔系数标准衡量，我市居民生活已开始进入富裕阶段。

表 2　　“十一五”时期城镇居民家庭消费支出构成（%）

年　份	2006	2007	2008	2009	2010	变动趋势
消费支出	100.0	100.0	100.0	100.0	100.0	
食　品	30.8	32.2	33.8	33.2	32.1	上升
衣　着	9.7	9.9	9.5	10.0	10.5	上升
居　住	8.2	8.1	7.8	7.2	7.9	下降
家庭设备用品及服务	6.6	6.4	6.7	6.8	6.9	上升
医疗保健	8.9	8.4	9.5	7.8	6.7	下降
交通和通讯	14.7	15.2	13.9	15.5	17.2	上升
教育文化娱乐服务	17.0	15.6	14.5	14.8	14.6	下降
其他商品与服务	4.1	4.2	4.3	4.7	4.3	上升

交通类支出比重提高是消费结构升级的重要标志。汽车消费成为“十一五”期间居民消费升级的主要指向。得益于“十一五”期间国家出台的促进汽车消费的各种利好政策，包括燃油税改革、汽车产业调整和振兴规划、购置税减半、汽车下乡、汽车报废补贴、汽车以旧换新等，汽车普及率快速提高，越来越多的百姓圆了汽车梦。2006 年到 2010 年，北京城镇居民百户家庭家用汽车的拥有量分别为 18.1 辆、19.9 辆、22.7 辆、29.6 辆和 34 辆，城镇家庭汽车拥有量翻了近一番。在汽车持续热销的带动下，北京城镇居民交通和通讯支出从 14.7%上升到 17.2%，增加 2.5 个百分点，成为变动幅度最大的一类消费支出。

医疗、教育负担减轻，消费支出比重下降。随着医疗、教育改革的逐步深入，医疗保健支出占消费支出的比重从 2006 年的 8.9%下降到 2010 年的 6.7%；教育、文化、娱乐服务支出比重从 17%下降到 14.6%。“十一五”是政府投入卫生事业力度最大的时期，居民医疗卫生服务状况显著改善，医疗负担明显减轻。2010 年，北京市一般预算中用于医疗卫生的支出 186.4 亿元，是 2006 年的 2 倍多。北京市卫生总费用核算结果表明，2009 年北京市卫生总费用占 GDP 比例为 6%，同期全国平均水平为 5.5%。2009 年与 2007 年相比，在卫生总费用中，政府卫生支出所占比重从 26.9%增加到 29.1%，社会卫生支出比重从 42.7%增加到 44.7%，分别增加 2.2 个和 2.0 个百分点；而个人现金卫生支出比重则从 30.5%下降到 26.2%，减少了 4.3 个百分点。

二、消费领域值得关注的问题

（一）居民消费率偏低，居民有效需求仍显不足

“十一五”以来，尽管居民消费保持了较快的增长，但消费需求仍显不足，经济总量中居民消费需求所占比例，即居民消费率[2]仍偏低。“十一五”期间，全市平均居民消费率为 31.5%，低于“十五”时期 1.9 个百分点。居民消费率从 2001 年的 33.6%下降到 2010 年的 32.9%。值得注意的是，2008 年受刺激消费政策的影响，居民消费率止跌回升，进入上行通道（见图 2）。

图 2　居民消费率、政府消费率变化情况

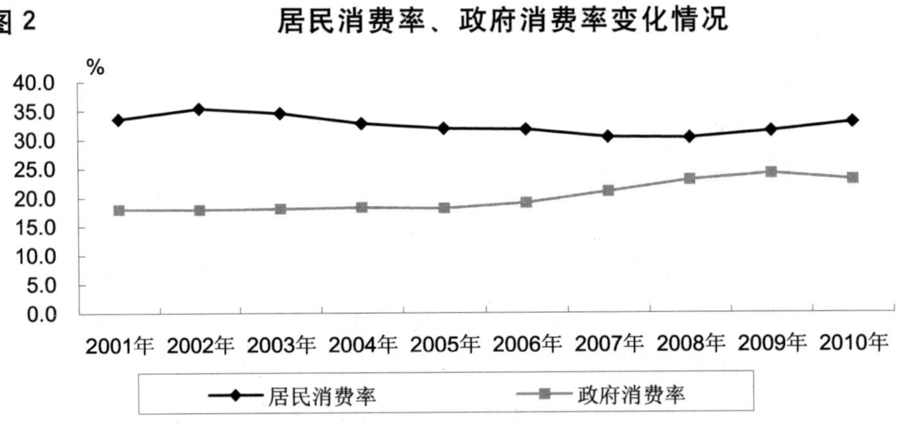

从世界各国来看，低收入国家收入水平只能维持基本生活需要，居民消费倾向很高，居民消费率一般为 70%以上；中等收入国家由于工业化和城镇化进程加快，投资建设力度大，固定资本形成总额占 GDP 比重较高，居民消费率偏低，一般为 50%以上；高收入国家消费是拉动经济增长的主要动力，居民消费率一般为 60%以上；居民消费率的世界平均

2　居民消费率=支出法居民消费支出/GDP*100%。

水平为 60%左右。北京的居民消费率远低于世界平均水平，存在 20 个以上百分点的差距；即使与全国 30%左右的平均水平相比，也存在 5 个左右百分点的差距（见表 3）。

表 3　　主要国家居民消费支出占 GDP 比重（%）

国家和地区	2000 年	2005 年	2006 年	2007 年
世界平均	61.3	61.1	60.7	
低收入国家	75.2	74.8	73.4	74.1
中等收入国家	59.8	56.1	54.7	54.6
高收入国家	61.5	61.9	61.7	
美国	69.0	70.4	70.2	70.3
英国	65.1	64.3	63.6	63.1
日本	56.2	57.0	57.1	56.3
新加坡	42.2	40.6	38.9	38.1
中国	46.4	37.7	36.3	35.6
北京	36.6	31.9	31.7	30.4

资料来源：世界银行数据库。

（二）居民收入增长慢于经济增长，消费水平提升动力不足

消费是收入的函数，收入的增加是消费水平提高和消费结构变化的前提。“十一五”期间，全市城镇居民人均可支配收入从 2006 年的 19978 元增加到 2010 年的 29073 元，扣除价格因素，实际增长 9.2%；农民人均纯收入从 2006 年的 8620 元增加到 2010 年的 13262 元，年均实际增长 9%。随着北京经济的发展，北京居民的收入水平不断提高，但仍慢于同期经济的增长。“十一五”期间，北京地区生产总值从 2006 年的 8117.8 亿元增长到 2010 年的 14113.6 亿元，年均增长 11.4%，分别高于城镇居民人均可支配收入增速 2.2 个百分点，高于农民人均纯收入增速 2.4 个百分点。

（三）与世界城市相比，消费结构仍存在一定差距

“十一五”时期，全市居民消费结构渐趋合理，但通过与世界城市的比较，仍存在一定的差距（见表 4）。

表 4　　2007—2009 年平均消费支出构成比较（%）

项　目	北京	伦敦	东京	结构比较
合　计	100	100	100	
食　品	33.1	20.9	24.1	偏高
衣　着	9.8	5.8	4.8	偏高
家庭设备用品及服务	6.7	7.4	3.2	较合理
医疗保健	8.5	1.6	4.6	偏高
交通和通讯	14.9	16.9	10.4	较合理
教育文化娱乐服务	14.9	16.4	18.0	偏低
居　住	7.7	18.0	14.2	偏低
杂项商品与服务	4.4	13.0	20.6	

注：1.北京为城镇居民消费结构；
2.东京数据来源于 http://www.toukei.metro.tokyo.jp 东京历年统计年鉴；
3.伦敦的数据来源于英国国家统计局官方网站www.statistics.gov.uk

1. 基本生活（食品、衣着）支出比重相对较高

2007—2009 年，伦敦、东京平均用于吃、穿的基本生活支出比重低于 30%，伦敦为 26.7%，东京为 28.9%，按恩格尔系数标准，伦敦、东京已进入最富裕阶段；而同期我市城镇居民基本生活支出比重高达 42.9%，分别超过伦敦、东京 16.2 个和 14 个百分点。其中不仅食品消费支出比重相对较高，服装类消费支出比重也较高，达到 9.8%，明显高于伦敦 5.8%和东京 4.8%的水平。

2. 住房消费水平较低

在居住方面，城镇居民居住类消费支出包括实际房租，水电、气和其他燃料支出，居住维修及服务费支出等，不包括居民购建房支出。2007—2009 年，我市居住类消费比重为 7.7%，与伦敦的 18%、东京的 14.2%相比，明显偏低。

房租是住房支出构成项目之一，北京房租支出占居住支出比重较低，为 8%左右，而东京居住支出中，房租支出占比则高达 36%左右。自有住房与租赁房并重是世界城市房地产市场的主要特征之一，在纽约、东京

等国际化大都市，租赁是居民解决住房问题的重要手段。如东京 2003 年租房的户数约占非空置住宅总户数的一半以上，组约 2008 年租房比例达到 66%。与世界城市相比，北京自有住宅拥有率[3]较高，2010 年城镇居民自有住房率达到 83.1%。

3. 医疗卫生消费支出依然较重，养生保健支出较少

我市城镇居民用于医疗卫生消费支出的比重虽然呈现下降趋势，但与世界城市相比，占比仍较高。2007—2009 年我市平均为 8.5%，而伦敦仅为 1.6%，东京为 4.6%。从医疗卫生消费支出构成来看，我市城镇居民医疗费用支出的 80%左右是用于疾病治疗方面的支出，即购买药品以及支付医疗费等，而东京居民医疗消费的 80%以上则是用于养生方面的支出，即购买保健品、保健器具等支出。

三、展望“十二五”，看内需拉动如何“给力”

（一）继续把扩大消费尤其是居民消费作为重点工作

在经济发展的“三驾马车”中，最终消费是拉动经济发展重要的，也是最具可持续性的。它由居民消费和政府消费两部分构成。按照瓦格纳法则[4]，随着政府提供服务范围的扩大和完善，政府支出将不断扩大。从长期来看，即使不采取特定的政策去刺激政府消费，政府消费也会持续增长。首都功能地位使得北京汇聚了大量的中央和北京各级机关，政府消费在北京的最终消费中占有举足轻重的地位。“十一五”时期，政府消费率逐年上升，平均为 22.4%，比“十五”时期高 4.3 个百分点。然而从长远来看，随着“小政府、大社会”的发展模式，居民消费占最终消费的比重应越来越大。对于政府消费，更要关心支出的范围和作用的发挥，而不能成为扩大消费的重点。

（二）积极寻找新的消费增长点，弥补“十二五”消费市场缺口

进入 21 世纪，北京开始了以车、房为代表的新一轮消费结构升级，有力地带动了经济增长。金融危机爆发后，二者更是成为拉动经济复苏的重

3　住宅拥有率=居住自有住宅的户数/总户数*100%。

4　指随着国家职能的扩大和经济的发展而要求保证行使这些国家职能的财政支出不断增加，即随着人均收入提高财政支出相对规模相应提高。

要力量。但随着国家宏观调控的展开，为适应北京自身城市发展的需要，2010 年北京相继做出了坚决遏制房价过快上涨和机动车总量调控的决定。

“十二五”期间，随着首都缓解交通拥堵措施的实施，汽车消费的支撑作用也将明显削弱，而与汽车消费密切相关的领域也会受到冲击，如物流、商业服务等也会受到相应影响。随着住房“限购令”，首付比例及贷款利率提高等调控政策的密集出台，短期内住房市场难以整体回升，与之密切关联的家具、电器、建材等消费也将受到影响。在住房和汽车消费突然减速，如何尽快找到新的替代消费增长点，是实现“十二五”消费增长面临的重要挑战。要积极培育新的消费热点，如可以进一步扩大文化消费、老龄消费、健康消费、网络消费等时尚消费。

（三）千方百计增加居民收入，推动消费结构升级

收入增加是消费提升的基础，由于边际消费倾向递减，消费率随着收入的增加而递减，所以收入水平愈高的群体，其消费率就愈低。2010 年，我市城镇居民最低 20%收入组居民消费倾向为 0.84，而最高 20%收入组为 0.58，相差 0.26。提高中低收入居民特别是低收入居民的收入水平，会大大提高全社会平均消费倾向（见表 5）。

表 5　　不同收入组的城镇居民消费倾向（元）

收入分组	2010 年平均	低收入户	中低收入户	中等收入户	中高收入户	高收入户
人均可支配收入	29073	13692	20842	25990	32595	53739
人均消费性支出	19934	11478	16611	18683	22433	31085
消费倾向	0.69	0.84	0.80	0.72	0.69	0.58

一是要扩大就业，增加就业是提高居民收入的重要渠道，同时也是提升消费信心的关键；二是逐步提高最低工资标准，促进中低收入职工收入增加；三是要建立并完善企业退休人员基本养老金、城乡最低生活保障等社会保障待遇标准正常增长机制；最后，在提高中低收入居民收入水平的同时，改革收入分配制度，防止收入差距的扩大。

“十一五”期间北京居民消费价格走势分析

◆◇赵超美　左　敏　冯　艳

“十一五”时期，北京经济水平不断提升，在整体经济平稳较快发展的大环境下，北京居民消费价格水平温和上涨，五年间累计上涨 9.4%，年均涨幅为 1.8%。

一、“十一五”时期北京居民消费价格指数总体情况

（一）居民消费价格指数整体上行，年均涨幅有所扩大

改革开放以来，经过近二十年价格宏观调控体系的逐步完善，价格涨幅较之前趋于平稳。“十一五”时期，北京居民消费价格指数总体小幅上行，累计上涨 9.4%，涨幅比“十五”时期扩大 5.4 个百分点（见图 1）。

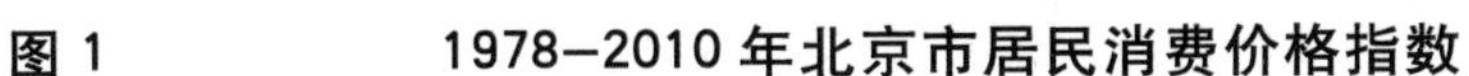

图 1　1978—2010 年北京市居民消费价格指数

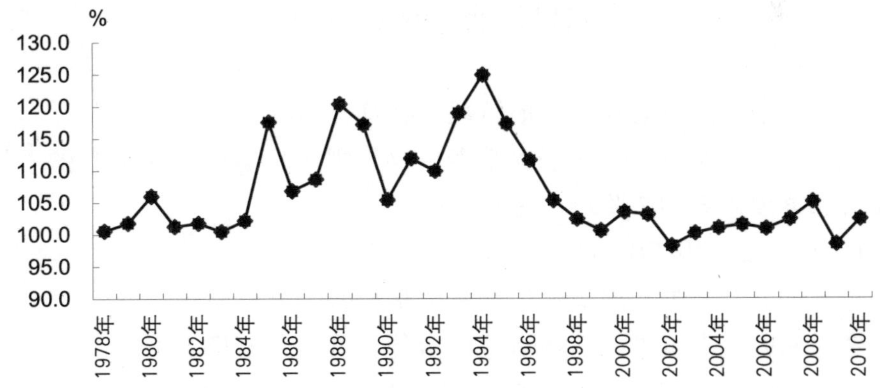

（二）分类指数“五升三降”，涨价面有所扩大

从分类指数看，八大类指数五升三降。其中，食品类价格涨幅最高，五年累计上涨 40.9%，年均上涨 7.1%；烟酒及用品涨幅次之；家庭设备用品及维修服务、医疗保健和个人用品、居住类涨幅较低。交通和通信

类降幅最高，五年累计下降 10.4%，年均下降 2.2%。与“十五”时期“四升四降”相比，涨价面有所扩大（见表 1）。

表 1　　“十一五”期间居民消费价格指数（%）

类　别	“十一五”期间		“十五”期间	
	累计指数	年均指数	累计指数	年均指数
总指数	109.4	101.8	104.0	100.8
一、食品	140.9	107.1	112.9	102.4
二、烟酒及用品	111.3	102.2	103.5	100.7
三、衣着	95.7	99.1	92.6	98.5
四、家庭设备用品及维修服务	105.8	101.1	88.8	97.7
五、医疗保健和个人用品	104.9	101.0	96.2	99.2
六、交通和通信	89.6	97.8	91.5	98.2
七、娱乐教育文化用品及服务	93.0	98.6	109.7	101.9
八、居住	101.9	100.4	115.8	103.0

二、居民消费价格运行特点

（一）价格运行呈现明显的阶段性特征

“十一五”时期，我市居民消费价格呈现平稳运行、加速上涨、大幅回落和再度攀升四个阶段（见图 2）。

1. 平稳运行（2006 年 1 月—2007 年 6 月）

“十一五”初期，我市居民消费价格涨幅一直稳定在 0.5%到 1.5%的较窄区间内，在这期间，经济平稳运行，价格基本稳定。

2. 加速上涨（2007 年 7 月—2008 年 7 月）

在食品价格上行、国际大宗商品价格连创新高、流动性过剩等诸多因素共同推动下，居民消费价格在这一时期快速上涨，涨幅从 2.1%跃升至超过 6%。2008 年 2 月份以来，价格涨幅均在 6%以上，最高攀升至 6.6%，经济增速加快，通货膨胀压力逐步显现。

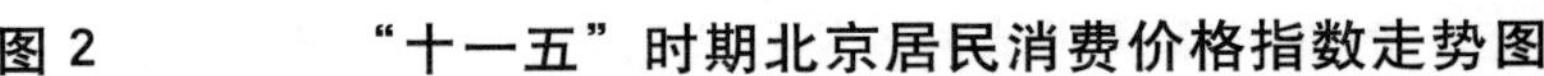

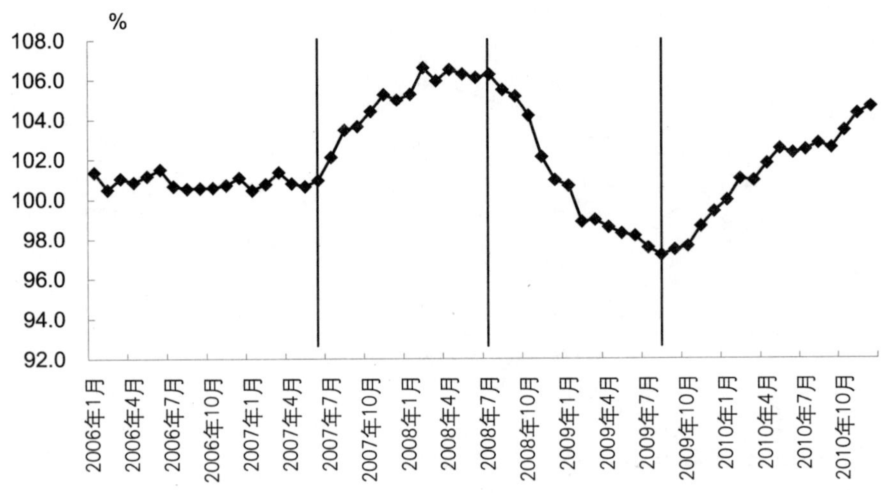

3. 大幅回落（2008 年 8 月—2009 年 8 月）

全球经济危机爆发后，国际市场大宗商品价格回落，2008 年开始逐渐传导到国内，通货膨胀压力急转为经济下行压力，5 月全国居民消费价格指数开始快速回落，2009 年 2 月起经济增长明显放缓。在这样的大背景下，北京居民消费价格指数自 2008 年 8 月出现回落，2009 年 8 月跌至 97.2%的谷底。

4. 再度攀升（2009 年 9 月—2010 年 12 月）

为应对全球经济危机，国际、国内采取了大量刺激经济增长的政策，但宽松的货币与财政政策也带来了供求关系的变化。自 2009 年 9 月起，居民消费价格降幅逐渐收窄，到 2010 年 2 月价格再度攀升，涨幅不断扩大，2010 年 12 月涨幅达 4.7%。

（二）食品、资源商品、服务项目价格明显上涨

1. 食品价格全面上涨，农副产品涨幅突出

“十一五”时期食品类价格上涨 40.9%，年均涨幅为 7.1%。食品的 55 个基本分类累计指数全面上涨，其中，农副产品走势强劲，涨幅最为突出。菜、肉禽及其制品、水产品价格涨幅较高，分别上涨 83.1%、54.2%和 53.9%；蛋、粮食、油脂价格分别上涨 38.7%、37.6%和 22.2%。五年间，食品类涨幅均高于总指数（见图 3）。

图 3 “十一五”时期北京居民消费价格总指数与食品类指数比较

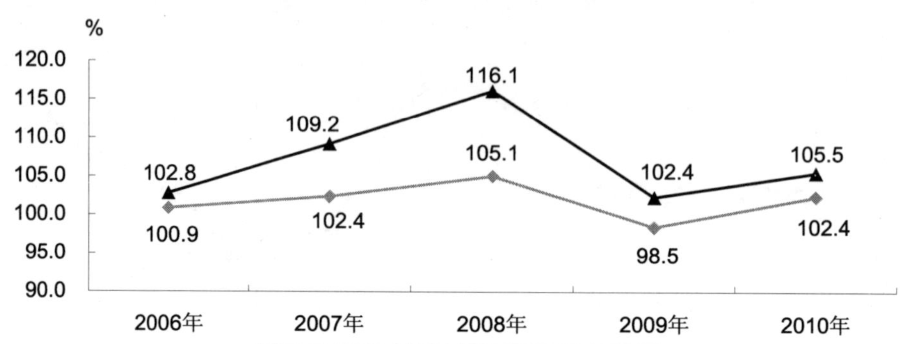

2. 资源性商品和服务项目价格上涨

受国际市场价格以及政策性调价等因素影响，资源型商品价格有所上涨。其中，黄金首饰价格逐年上行，累计涨幅为 81.2%，年均上涨 12.6%；汽、柴油价格上涨幅度较高，累计涨幅分别为 57.6%和 67%，年均分别上涨 9.5%和 10.8%；水、天然气累计涨幅分别为 8.1%和 7.9%，年均分别上涨 1.6%和 1.5%。

受人工成本上升等因素影响，服务项目价格上涨，其中家庭服务、加工维修服务累计涨幅分别为 94.8%和 12%，年均分别上涨 14.3%和 2.3%。

（三）多数工业消费品价格下行

在居民消费价格指数中，工业品价格指数累计下降 4.4%，年均降幅为 0.9%。通信工具类价格降幅最大，五年累计下降 77.2%，年均下降 25.6%；家庭设备以及文娱耐用品价格逐步下行；交通工具类价格也出现下降。西药价格除 2006 年价格微涨 0.1%以外，其他各年价格均呈下降趋势。五年间，西药价格累计下降 3.5%。

（四）价格走势与全国一致，涨幅处于国内较低水平

“十一五”期间，北京市居民消费价格指数走势与全国基本相同，但整体涨幅略低于全国水平。由于农产品的涨价是从产地到消费地、上游到下游的传导，价格上涨的时间也晚于国家。总体上看，上涨和下降的转折点普遍比全国延后 3 个月左右（见图 4）。

图 4　　“十一五”期间北京居民消费价格指数走势与全国比较

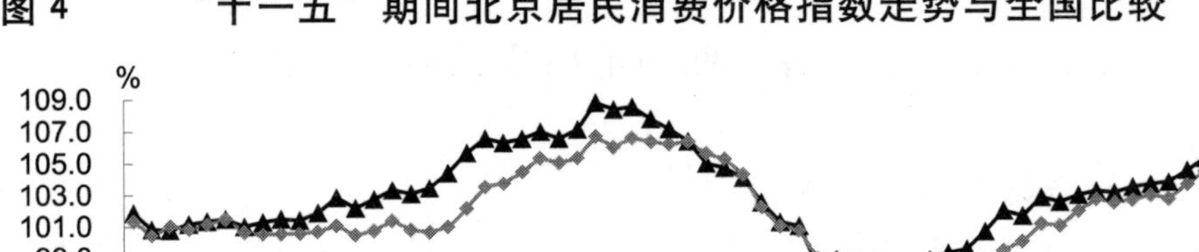

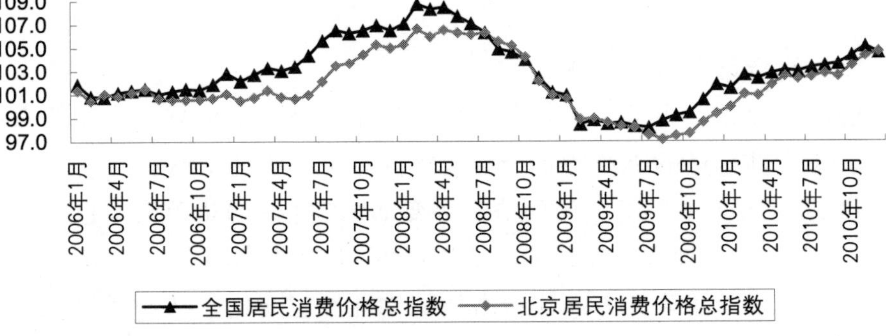

与全国其他省市相比，“十一五”期间，北京市居民消费价格各年涨幅在全国 31 个省、自治区、直辖市中位于较低水平（见表 2）。除 2009 年外，各年涨幅均低于天津、上海、广州、重庆四城市（见表 3）。

表 2　　“十一五”时期北京居民消费价格指数与全国比较（%）

	2006 年	2007 年	2008 年	2009 年	2010 年
北京	100.9	102.4	105.1	98.5	102.4
全国	101.5	104.8	105.9	99.3	103.3
北京在全国的位次	30	31	26	26	30

表 3　　“十一五”时期京、津、沪、穗、渝五城市指数比较（%）

	2006 年	2007 年	2008 年	2009 年	2010 年
北京	100.9	102.4	105.1	98.5	102.4
天津	101.5	104.2	105.4	99.0	103.5
上海	101.2	103.2	105.8	99.6	103.1
广州	102.3	103.4	105.9	97.5	103.2
重庆	102.4	104.7	105.6	98.4	103.2
北京在五城市的位次	5	5	5	3	5

三、“十一五”期间价格变动原因分析

（一）货币因素

价格从根本上讲是一种货币现象，货币量是决定价格总水平的宏观因素，货币供给量的迅速增加会导致物价总水平快速上涨。

自 2005 年起，受国内外经济形势变动影响，国内货币政策也在不断调整。“十一五”期间，央行先后 28 次调整存款准备金率，14 次调整存贷款利率。货币政策一方面使得市场流动性发生变化，从而对居民消费价格总水平产生影响；另一方面，存贷款利率调整直接影响居住类中房屋贷款利率的变化。

从国际环境看，为应对 2008 年爆发的国际金融危机，美联储及其他主要发达国家均采取了量化宽松的货币政策，增强了市场中货币的流动性。

（二）输入性通货膨胀压力

随着经济全球化和市场化进程加快，国内市场和国际市场的联系越来越密切。国际市场石油、粮食、贵金属等价格变化牵动国内市场神经，其价格波动关系到国内相关基础性商品价格，直接或间接影响到了下游商品价格变化。2008 年、2009 年国际原油价格的暴涨暴跌影响到国内汽、柴油等的价格变动。2005 年 12 月黄金价格为每盎司 500 美元上下，2010 年最高攀升至每盎司 1400 多美元，涨幅高达 1.8 倍。国际市场黄金价格震动上行带动国内首饰价格走高。

（三）供需变化

价格是供需变化的一种反映。各产业之间供给和需求的变化直接影响价格的变化。

1. 成本上升推升价格总水平

成本因素主要包括资源成本、人力成本、流通环节费用等。“十一五”期间，成本的上升是影响价格总水平上升的因素之一。首先是原材料价格上涨。近年来由于投资增长强劲，钢材、铁矿石、煤炭等原材料价格大幅上涨，上游价格上涨对消费领域的价格具有推升作用。其次是劳动力成本上涨。近些年东南沿海一些地方的制造业，出现了严重的劳动力短缺。北京消费的大多是其他省市生产的产品，劳动力成本的上升直接

推高了北京消费价格水平。

2. 科技创新提高劳动生产率，带动工业消费品价格下行

随着市场竞争的日益加剧，不少生产企业靠不断推出新产品、加快产品更新换代速度、规模生产，以及提高劳动生产率等技术进步手段，成功地化解了成本上升的压力，大部分工业消费品价格比较平稳，而移动电话机、轿车、电脑、家用电器等由于更新换代较快价格仍延续降势，成为居民消费价格总水平下降的主要因素。

四、“十二五”前期稳定价格总水平仍是宏观调控的首要任务

北京未来所处的国内外环境仍然十分复杂，不稳定、不确定的因素很多。从国际看，全球通胀压力依然很大，流动性过剩的影响日益严重，石油、粮食等大宗商品价格高位波动，多数国家价格面临较大上涨压力。从国内看，“十一五”期间宽松的货币政策仍有滞后和累积效应。国内经济形势非常复杂，经济增速缓慢回落与价格较快上涨交织在一起，价格形势仍不明朗。为进一步应对“十二五”前期北京面对的复杂形势，提出以下几点政策建议：

（一）始终坚持转变经济发展方式的主线

1. 优化调整经济结构，提升能源效率

作为开放程度很高的国际化大城市，北京的价格形势受国际大宗商品价格波动的影响很大，其中资源能源类商品影响尤为明显。它一方面直接影响价格指数，另一方面也影响到其他商品的成本，是重要的基础因素。只有通过进一步优化调整北京的经济结构，加快发展资源、能耗消耗较低的第三产业；降低能耗水平，提高能源效率，缓解国际能源价格变动对北京的影响。

2. 不断推动技术进步与创新，提高劳动生产率，消化人工成本上升带来的压力

工资水平提高会带来双重影响，在改善人们生活水平的同时，也可能导致人力成本提高，带来通胀压力。解决这个问题的关键就是要通过技术进步与创新来提高劳动生产率，即使人均工资有所提高，但人均产出也相应提高，因此人工成本并未增加。

（二）完善价格监测预警机制，降低农副产品流通费用

1. 继续强化价格监测，完善应急预警机制

为准确判断未来价格走势，防止因市场价格大幅波动对我市经济造成重创、给居民生活带来较大影响，相关部门应密切关注国内外市场价格变动情况，建立监控预警制度，及时采取相应的调控措施。跟踪掌握国内主要农副产品等重要商品市场价格变动情况，完善价格监测预警机制。

2. 着力降低农副产品流通费用

以农副产品为龙头的食品价格领涨，是拉动总指数上行的最重要因素。农副产品价格是个两难问题：如果价格走高，会导致通货膨胀；如果价格走低，又会降低农民收入，影响生产供应。因此，应千方百计降低生产成本和流通成本，减少流通环节，进一步扩大农超、农社、农餐对接的范围，同时减少流通过程中的税收和不合理收费。

（三）继续坚持稳定房价的宏观调控政策

房价虽然不是目前居民消费价格指数的直接因素，但却是决定居住类价格的重要因素，而且直接影响了企业的运营成本和人力成本。稳定房价，既是稳定价格的重要内容，也是促进经济长期持续发展的重要保障。一方面，应健全廉租房、限价房与商品房的综合供给体系，降低价格上涨预期，改善供求结构；另一方面，也要进一步坚持和完善限购制度，满足正常的居住需求，挤出投机投资需求。